자·기·계·발·을·위·한

주장훈련의
이론과 실제

김성회 저

학지사

머리말

이 책은 대인관계, 특히 주장행동에 관심 있는 분들의 연구와 실제를 위한 안내서입니다. 저자는 1970년대 후반에, 대인불안이 심해 인간관계에 어려움을 겪는 청소년을 상담하는 과정에서 주장행동에 관심을 가지게 되었습니다. 1980년에 주장훈련 프로그램을 개발하면서 관심이 더 많아졌고, 이 관심이 계속 이어져서 주장훈련으로 석사와 박사학위 논문을 쓰게 되었습니다. 이러한 과정에서 많은 사람을 대상으로 주장훈련을 실시하였습니다. 훈련을 실시할 때마다 어려움도 많았지만, 대부분의 사람에게 주장훈련이 필요하다는 생각을 가지게 되었습니다.

인간이 자기를 계발하여 타고난 잠재력을 실현하기 위해서는 여러 가지 요소가 필요합니다. 그런데 그 잠재력의 실현은 사람과 맺는 관계를 통해 가능합니다. 그래서 다른 사람과의 관계를 보다 효과적으로 맺고 유지할 수 있도록 하기 위해서는, 다른 어느 요소보다도 주장행동을 할 수 있는 것이 중요하다고 생각했습니다.

이 책은 제1부와 제2부로 나뉘어 있습니다. 제1부 주장훈련의 이론적 기초에서는 이 분야에 논문을 쓰거나 연구를 하고 싶은 사람들을 위하여 주장훈련의 개념을 정리하였습니다. 자기계발, 인간 행동, 비주장행동, 주장행동, 주장훈련 등의 주요 개념을 중심으로 저자가 이제까지 공부한 것을 요약 · 정리한 것으로 제2부에 제시된 주장훈련 프로그램의 이론적 근거입니다.

제2부 주장훈련의 실제는 실제로 주장훈련을 진행할 수 있도록 구체적인 프로그램을 제시하였습니다. 관심 있는 사람이라면 누구나 스스로 주장행동을 배울 수 있도록 상세히 기술하였습니다. 또한 집단상담 관련 자격증이 있는 사람이라면 여러 명을 대상으로 실시할 수 있도록 구성했습니다. 구체적으로 소극적 행동을 하는 장면, 공격적 행동을 하는 장면, 여러 사람을 상대로 하는 장면에서 주장행동을 방해하는 부조화 인지를 찾아 이를 조화 인지로 바꾸고, 부조화 정서를 찾아 이를 조화 정서로 바꾸며, 주장행동과 관련된 구체적인 행동 요소를 개별적으로 익히도록 구성하였습니다.

이 책이 앞으로 주장훈련과 관련된 논문을 쓰거나 주장훈련을 실시하는 데 도움이 될 수 있길 바랍니다. 많은 분의 충고를 받아 1쇄의 제목 중 '자기개발'을 '자기계발'로 바꾸고 일부 내용도 수정하였습니다. 아직도 부족한 점이 많지만, 역설적으로 이러한 부족함이 보다 좋은 책이 될 수 있는 밑거름이라 생각하며 여러분의 충고와 격려를 바랍니다.

끝으로 주장훈련 프로그램을 계속 보완할 수 있도록 지금까지 주장훈련에 참여해 주신 많은 분들과 제자들, 원고를 수정하고 정리해 준 우은택 선생님과 김명순 박사, 직 · 간접적으로 도움을 주신 모든 분과 교재가 아닌데도 기꺼이 출판을 허락해 주신 학지사의 김진환 사장님과 직원 여러분에게 진심으로 감사의 마음을 전합니다.

2009년 7월

저자 김성회

차 례

제2부 주장훈련의 실제

제1부

주장훈련의 이론적 기초

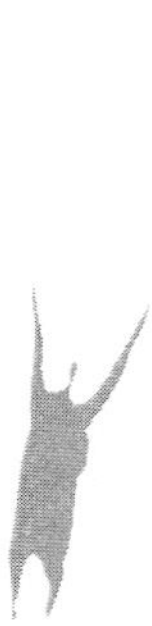

자기계발 01

인간이 그 본래의 모습으로 살아갈 수 있다면 자신을 위해서나 자연과의 조화를 위해서도 바람직할 것이다. 그러나 개개인이 자신의 본래 모습에 대해 모든 면에서 정확히 알기는 어렵다. 그렇지만 몇 가지에 대해서는 어느 정도 확신을 가지고 말할 수 있다. 그중 하나가 타고난 잠재력을 최대로 발휘하면서 살아가는 모습이다. 여기서는 인간이 어떤 잠재력을 가지고 있으며 이를 어떻게 계발할 것인지, 그리고 이를 계발하는 것이 왜 중요한지에 대해 살펴본다.

인간의 잠재력

인간이 어떠한 잠재력을 가지고 태어났으며, 그 잠재력이 얼마나 실현되는지에 대해서는 학자들마다 의견이 다르기 때문에 일반화된 결론을 내리기가 어렵다. 그렇다고 인간의 잠재력과 그 실현 정도에 대해 대답이 전혀 불가능한 것은 아니다. 여기서는 인간이 타고난 잠재력에 대해 몇 가지 가정을 제시하고자 한다.

인간에게 잠재력이 있음을 보이는 예들은 수없이 많다. 유아나 아동이 자라면서 새로운 행동이나 말과 글을 습득하는 것을 보면 너무나 놀랍다. 더욱 놀라운 것은, 부모가 어느 나라 언어를 사용하고 있는지와 관계없이 자녀는 자신이 처한 환경에 맞게 새로운 언어를 습득하고 그 문화에 적응한다는 점이다. 언어나 적응력뿐만 아니라 다른 많은 영역에서도 그러한 점을 쉽게 발견할 수 있다.

어떻게 이러한 것들이 가능할까? 이에 대해 세 가지 가정을 해보았다. 첫째, 인간은 조상이 경험한 것을 재현할 수 있는 원자료를 유전자(genes)를 통해 전달받았다는 가정이다. 둘째, 원자료가 재구성되는 과정에서 이제까지와는 다른 특성을 가진 새로운 원자료를 생성할 수 있다는 가정이다. 셋째, 우리는 유전자를 통해 조상으로부터 물려받은 원자료에 새로 생성한 원자료를 추가하여 후손에게 전달한다는 가정이다. 여기서 강조하고 있는 유전자 속의 원자료는 화학에서 보는 원소 또는 그 이하의 단위에 해당하는 것일 수도 있다. 이러한 가정을 진화론과 관련지어 좀 더 구체적으로 살펴보자.

Darwin의 진화론은 수용하는 학자도 있고 거부하거나 일부만 수용하는 학자도 있다. 그러나 1만 년 또는 10만 년 전의 인간과 현재의 인간이 같은 특성을 가졌다고 믿는 사람은 극히 드물다. 즉, 시간이 지남에 따라 인간의 특성은 변화하였다. 이러한 변화의 정도나 방향은 진화론으로 일부 설명이 가능하다.

Lerner(1968)에 의하면 인간은 지금으로부터 약 50만 년 전 빙하기에 출현해서 1만 년 전에 현대인으로 진화되었다. 그는 현대적 인간이 다른 포유동물과 구별되는 심리적 특성으로 다섯 가지를 지적하였다. 즉, 고도의 교육 능력, 자신이 살아가는 동안에 동시대 인간뿐만 아니라 후손과도 의사소통을 할 수 있는 능력, 과거와 미래로 확장된 시간 감각, 자아에 대한 의식, 자신의 진화를 계획하고 이끌어 갈 수 있는 능력이 그것이다. 이렇게 보면, 인간은 다른 동물과 구별되는 심리적 특성을 지니고 있으며, 이러한 특성이 고정되어 있지 않고 계속 진화되고 있다는 가정을 거부하기 어렵다.

생물학적 진화는 계속적 과정이며, 이 과정에는 두 가지 요인이 포함되어 있다. 그중 하나는 유전적 특성의 선택과 억제 문제고, 다른 하나는 환경의 변화다. 먼저 유전적 특성의 선택과 억제 문제를 살펴보자. 개체 간에는 같은 종족 내에서도 유전적 변이(變異)가 있어서 어떤 특성은 선택되고 전달되는 데 비해 다른 특성은 억제된다. 이러한 유전적 특성의 선택과 억제는 그 종이 환경의 변화에 보다 잘 적응할 수 있게 한다.

생물학적 진화에서 변화를 가져오는 또 다른 요인인 환경의 변화를 살펴보자. 진화가 일어나려면 그가 처한 환경이 시간이 지남에 따라 변해야 하고, 이에 따라 새로운 적응을 요청한다. 환경이 변화할 때 새로운 환경 조건에 맞는 특성은 남거나 더 잘 적응할 수 있는 특성으로 바뀌고, 그렇지 않은 특성은 억제·약화되거나 사라진다. 그런데 분명한 사실은 환경은 계속 변한다는 점과 그 때문에 진화도 계속 일어날 수밖에 없다는 점이다.

그러면 진화를 가능하게 하는 것은 무엇일까? 이는 '어떻게 진화가 일어나는가?'와 관련된 질문이다. 이러한 질문에 대한 대답은 '유전', 구체적으로는 '유전자'를 통해서 가능하다. 생물학적 진화는 오랜 세월에 걸쳐서 한 종족의 해부학적 구조에 변화를 초래하면서 환경에 적응할 수 있는 생물학적 특성을 발전시켜 주고 있다. 그뿐만 아니라 심리적인 측면을 포함한 사회문화적인 측면과 관련된 특성도 유전자를 통해 다음 세대로 전달하고 있다. 예컨대, 태어나서부터 사람과 함께 지내는 맹수를 포함한 대부분의 동물들은 세대가 거듭될수록 동물적인 야성이 줄어든다. 인간의 경우도 여러 세대에 걸쳐 비폭력적인 문화를 경험하게 되면 폭력성이 줄어든다.

이러한 생물학적 진화에서 강조하는 '도태'의 개념에 대해서 다시 생각해 볼 필요가 있다. 진화론에서는 특정 종의 생존을 방해하는 특성이 줄어들거나 없어진다고 보는 측면이 강하다. 그러나 완전히 없어지는 경우는 아주 드물 것이다. 어떤 특성이 나타나지 않는 것은 그 특성이 잠재되어 있거나 유전적 원자료를 그렇게 구성할 필요가 없었기 때문이라고 생각한다. 환경의 적응에 필요하다면 언제든지 이전에 활용한 유전적 원자료를 재구성할 수 있을 것이다. 이는 아주 어릴 때부터 훈련을 하면 대부분의 사람은 수영이나 나무에 오르기 등 다른 척추동물이 할 수 있는 것을 잘할 수 있다는 점과 DMZ 부근에서 높은 긴장감 속에 경계근무 중인 군인의 경우에, 시각과 청각 및 후각 등의 감각 기능이 거의 동물 수준으로 향상된다는 점으로도 알 수 있다. 여기서 중요한 것은 어리면 어릴수록 유전적 원자료를 더 역동적으로 재구성할 수 있기 때문에 적응을 더 잘할 수 있다는 점이다. 이는 어릴수록 유전적 원자료가 억제 또는 약화되지 않았을 가능성이 크기 때문이라고 본다.

이상의 진화론적 관점에서 볼 때, 인간의 경우에도 생존을 방해하거나 도움이 되지 않는 특성은 약화되거나 억제되고, 생존에 도움이 되는 특성은 보전되거나 더 적응적으로 재형성되어서 유전자를 통해 다음 세대로 전달될 것이라는 가정을 세울 수 있다. 인간에게는 하등동물 형태의 생활에 필요한 특성도 여전히 남아 있지만 아울러 인간만이 지닌 특성도 있다. 이는 진화론과 유전의 중요성에 대한 입장을 지지하는 것으로 볼 수 있다.

인간의 진화를 인정할 경우, 조상으로부터 전달받은 유전적 원자료가 어떻게 실제로 나타날 수 있을지가 중요한 관심사로 떠오른다. 이에 대해 신체 조건과 같은 생물학적인 측면과는 달리, 말하는 것과 같은 행동적인 측면은 신체적 진화가 허락하는 범위에서 그 원자료를 모두 가지고 태어나지만, 태어난 이후에 사용하지 않는 것은 잠재된다고 가정할 수 있다. 이는 일정 기간 내의 영아기 때 뇌세포가 가장 많고 이후로는 뇌세포 수가 줄어든다는 점으로도 알 수 있다. 이러한 변화는 새로운 환경에 적응하는 데 불필요한 원자료는 유전자에만 저장되고, 그 원자료를 활용하는 것과 관련된 뇌세포가 뇌에서 없어지기 때문으로 보인다. 비유한다면 특정 용량의 하드웨어에 너무 많은 소프트웨어가 들어가 있으면 하드웨어 기능이 저하되기 때문에 불필요한 소프트웨어를 지우는 것과 같은 이치다. 그러나 불필요한 소프트웨어도 필요할 시기가 있기 때문에 별도로 보관하는데, 인간의 경우는 그 보관소가 유전자라고 가정할 수 있다.

이상의 내용을 요약해 보면, 다른 동물과 마찬가지로 인간은 이전의 조상이 경험한 모든 것을 할 수 있는 원자료를 유전자라는 소프트웨어를 통해 계속 후

손에게 전달한다. 따라서 현재를 살고 있는 개인은 태어날 때 원자료를 유전자를 통해 전달받았다. 새로 태어난 개인은 조상이 경험한 환경과 다른 현재의 환경에 더 잘 적응하면서 살아가기 위해 이 원자료들을 역동적으로 재구성하여 사용한다. 이러한 점에서 보면 개인은 환경이 급변하지 않는 한 새로운 환경에 최대로 적응할 수 있는 잠재력을 가지고 있다고 가정할 수 있다. 자기계발이란 바로 이러한 개인의 잠재력을 계발하는 것이다.

잠재력의 자기계발

인간은 유전자를 통해 조상이 경험한 거의 모든 것을 할 수 있는 잠재력을 가지고 있다고 가정하고, 이를 계발하는 것을 자기계발이라고 하였다. 만약 개개인이 자기계발을 통해 이 원자료는 물론 이를 역동적으로 재구성하여 활용할 수 있다면 개개인의 능력은 우리가 현재 발휘하고 있는 것보다 훨씬 더 크다고 볼 수 있다. 개인의 경험은 지역이나 문화에 따라 차이가 있지만 내용 면에서는 본질적으로 크게 다르지 않다고 본다. 특히 외부인의 유전자와 교류가 비교적 적었던 우리 민족의 경우는 그 차이가 아주 적다고 할 수 있다. 그렇다면 현재 실제로 사람들 간에 나타나는 능력의 차이는 무엇 때문일까? 이러한 차이는 개인이 유전적으로 물려받은 원자료의 양에서 나타났다기보다는, 이를 계발하지 못한 측면이 더 크다고 볼 수 있다. 특히 그 원자료들의 기능이 극대화될 수 있는 시기를 놓쳤기 때문이다.

타고난 잠재력의 차이보다는 그 잠재력의 발휘 정도에 따라 나타나는 개인 간의 차이가 더 크다고 가정한다면, 그것은 개인이 환경과 상호 작용하는 데서 차이가 나기 때문이라고 할 수 있다. 따라서 잠재력의 계발을 위해서는 잠재력을 발휘하는 것과 관련된 방해 요소를 알아내서 이를 최대한 줄이는 것이 중요하다.

잠재력의 계발을 위해서는 HITS 상담이론이 도움이 될 수 있다(김성회, 2005).

HITS 상담은 조화상담(Harmony Counseling: Counseling for Harmony of Individual, Time, and Space)의 약칭이다. 그 명칭에서도 알 수 있는 바와 같이 HITS 상담은 개인과 시간 및 공간의 조화를 강조하는 상담으로, 궁극적으로는 이러한 조화가 개인의 잠재력을 가장 잘 발휘할 수 있게 한다고 가정한다. 이에 대해 상담에서 보는 인간관을 중심으로 좀 더 구체적으로 살펴보자.

상담에서는 인간에 대한 이해를 대단히 중요하게 보고 있다. 여기에 있는 한 인간을 어떻게 이해하느냐에 따라 상담의 목표와 과정 및 기법이 달라진다. 인간에 대한 이해를 위한 접근 방법은 다양하다. 그중 한 가지는 '지금-여기'에 있는 한 인간은 시간과 공간을 벗어날 수 없다는 점이다. 즉, 시간과 공간은 한 개인이 어떠한 경우에도 벗어날 수 없고, 따라서 그 영향 아래에 있을 수밖에 없다. HITS 상담은 이러한 관점에서 인간을 이해하려고 하며, 이 세 가지를 개인차원(individual dimension: ID), 시간차원(time dimension: TD) 및 공간차원(space dimension: SD)으로 분류하고 이들의 조화를 강조한다([그림 1-1] 참조).

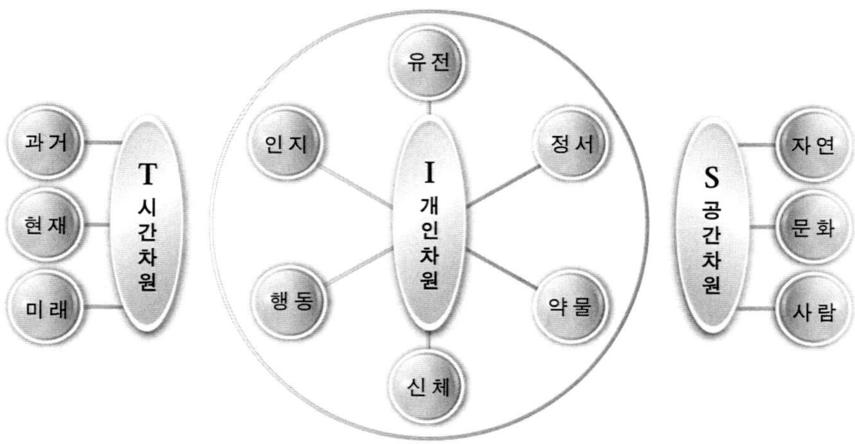

[그림 1-1] HITS 조화도

개인차원에서 한 인간에 대한 이해는 인간이 가진 많은 특성 중 어떤 것이 개인에게 중요한 영향을 미칠 수 있는가와 관련된다. 이에 대해서는 학문 분야에 따라 아주 다를 수도 있고, 같은 학문 분야 내에서도 이론에 따라 크게 차이가 날 수 있다. 여기서는 상담학의 입장에서 찾아보고자 한다.

상담이론을 중심으로 보면 인간중심적 상담, 형태주의적 상담은 인간의 감정적 측면을 강조하며, 특성 · 요인적 상담, 합리적 · 정서적 · 행동적 상담(REBT)은 인지적인 면을 강조하고, 행동적 상담은 행동적인 측면을 강조한다. 비록 각 상담이론이 인지 · 정서 · 행동 중 어느 한 특성을 강조한다고 할지라도, 각 이론이 강조하는 것의 변화를 통해 결국은 이들 셋 모두의 변화가 가능할 것이라는 가설에 토대를 두고 있다. 이러한 점에 비추어 본다면, 인지 · 정서 · 행동은 서로 밀접하게 영향을 주고받지만 각각의 고유한 특성이 있고, 이들이 곧 개인에게 중요한 영향을 미치는 핵심 요소라고 할 수 있다.

인지와 정서 및 행동이 개인차원의 핵심 요소지만 이들은 신체건강 상태나 약물 및 유전자의 특성에 크게 영향을 받는다는 점을 잊어서는 안 된다. 예를 들면, 어떤 사람은 감기만 걸려도(건강) '감기에 걸린 것은 내가 나약하다는 증거이기 때문에 절대로 다른 사람이 모르게 해야 한다.'고 생각(인지)하고는 감기에 걸린 자신에게 짜증을 내고(정서), 감기가 나을 때까지 다른 사람들을 만나지 않는다(행동). 또한 술이나 마약 등 약물이 개인에게 영향을 미치기 시작하면 정서, 인지, 행동 및 신체는 이 약물의 통제하에 놓이는 경우가 많다. 특히 최근 들어 인간의 많은 문제행동이 약물 때문에 일어난다는 점에서 약물의 영향을 무시할 수 없다. 어떤 사람은 술을 많이 마시면, 평소에는 문제 삼지 않던 사소한 일을 '이 문제는 절대로 그냥 넘어갈 수 없다.'고 생각(인지)하면서, 상대에게 화가 나서(정서), 욕설이나 폭행을 한다(행동). 이러한 개인차원의 요소들은 유전자의 특성에서 크게 벗어날 수 없다(유전자). 이 점은 일란성 쌍생아의 경우에도 태어날 때부터 정서반응수준이 서로 다르다는 사실에서 알 수 있다.

이상의 내용을 종합해 보면 개인차원에는 ABCD/GH, 즉 정서(A: affect), 행동(B: behavior), 인지(C: cognition), 약물(D: drug)은 물론 유전자(G: gene)와 건강

(H: health)이 있고, 이 요소들에 대한 이해가 인간 이해에 중요하다는 것을 알 수 있다. 그러나 유전자와 건강 및 약물에 별 문제가 없다면, 정서와 인지 및 행동이 매 순간의 인간을 이해하는 데 중요한 요소가 된다.

개인차원의 요소 중 정서와 행동 및 인지가 어떤 상태에 이를 때 한 개인이 가장 능력을 발휘할 수 있을까? 많은 경우를 생각할 수 있겠지만 세 가지 요소가 조화를 이룰 때 가장 잘 기능할 수 있다고 본다. 이는 두 팔과 두 다리를 자연스럽게 움직일 때 가장 자연스럽게 걸을 수 있는 것과 마찬가지다. 만약 한 팔이나 한 다리를 고정시키게 되면 자연스럽게 움직일 수 없다. 두 팔과 다리가 조화를 이루면서 순간순간 변할 때 비로소 우리 몸은 완벽한 균형감을 가질 수 있게 되는 것이다.

약물과 유전자 및 건강에 문제가 없는 상태에서 정서와 행동 및 인지의 세 요소가 조화를 이루도록 하기 위해서는 각각의 특징을 알아볼 필요가 있다.

먼저 정서(affect: A)는 개인의 에너지원이다. 정서는 인간에게 주어진 시간과 공간에서 가장 원하는 행동을 하게 하는 힘을 생성한다. 정서에는 그 시간과 공간에서 개인의 조화에 도움이 되는 조화 정서(harmony affect: hA)와 도움이 되지 않는 부조화 정서(disharmony affect: dA)가 있다. 조화 정서에는 부정적인 것으로 걱정, 불쾌감 등이 있고 긍정적인 것으로 호기심, 즐거움, 기쁨, 행복감 등이 있다. 부정적인 것도 조화 정서가 될 수 있는 까닭은 그 부정적인 것이 특정 상황에서 조화에 도움을 주기 때문이다. 예컨대, 시험에 대해 걱정하는 수준의 정서 상태는 시험을 더 잘 치르게 할 가능성이 크다. 그러나 그 걱정이 시험공부를 방해할 정도의 불안이 되면 이는 부조화 정서가 된다. 부조화 정서는 심적 에너지의 방향과 관련하여 세 가지로 나누어 볼 수 있다. 심적 에너지가 밖으로 나타나는 측면과 관계가 깊은 정서 상태에는 분노, 적개심, 질투심, 시기심, 원망, 미움 등이 있고, 에너지가 안으로 들어가는 측면과 관계가 깊은 정서 상태에는 공포, 비관, 불안, 초조, 우울, 죄책감 등이 있으며, 에너지가 소진된 측면과 관련된 정서 상태에는 좌절, 절망, 무력감 등이 있다.

행동(behavior: B)은 특정 시간과 공간에서 한 개인이 행하는 행위를 말한다.

정서와 인지에 비해 행동은 명확히 드러난다. 행동에도 그 시간과 공간에서 특정 개인의 조화에 도움이 되는 조화 행동(harmony behavior: hB)과 도움이 되지 않는 부조화 행동(disharmony behavior: dB)이 있다.

인지(cognition: C)는 특정 시간과 공간에서 개인의 에너지를 특정 행동으로 이끄는 역할을 하는 내적 기제다. 예를 들어, '시험을 잘 치기 위해 열심히 공부를 해야 한다.'는 인지는 공부를 열심히 하는 행동을 하게 할 수 있도록 이끈다. 그러나 이러한 인지에 일치되도록 행동을 하지 못할 수도 있다. 이렇게 되면 대개 부조화 정서를 경험하게 된다. 인지에는 크게 여섯 가지, 즉 지각, 심상, 지식, 생각, 신념 그리고 가치가 있다.

지각(perception)은 감각기관을 통하여 외부의 사물을 분별하고 의식하는 첫 단계 작용으로 인간 행동에 큰 영향을 미칠 수 있다. 예를 들면, 어두운 밤에 나무에 걸려 휘날리는 연을 보고 귀신이라고 지각하게 되면 우리는 실제로 귀신을 본 것과 거의 유사한 행동을 하게 된다. 이렇게 되면 그 상황(시간과 공간)에 조화롭게 대처할 수 없게 된다.

심상(imagery)은 기억이나 상상 또는 외적 자극으로 의식에 나타난 직관적인 표상이다. 간단히 말해 현실의 지각에 없는 어떤 모습을 마음으로 그리는 것이다. 어두운 밤길에 나무에 걸려 휘날리는 연을 보고 귀신이라고 지각하게 되는 순간, 몇 가지 단서를 근거로 전체를 생생한 귀신의 모습으로 상상할 수 있게 된다. 비록 사물에서는 단서를 찾지 못하더라도 직접적 또는 간접적 경험이나 언어적 자극에 의해 심상의 형성이 가능하고, 이렇게 형성된 심상은 개인의 행동에 큰 영향을 미친다. 예를 들어, 여러 사람 앞에서 발표를 할 경우, 이전에 실패하였던 발표 장면을 상상하는지, 아니면 성공했던 발표 장면을 상상하는지에 따라 현재 상황(시간과 공간)에서 행동이 달라진다.

지식(knowledge)은 특정 시간과 공간에서 한 개인이 하고자 하는 행동을 할 수 있게 하는 데 필요한 지적 능력을 말한다. 여러 사람 앞에서 발표를 할 경우, 발표할 내용과 발표하는 방법을 제대로 모르면 그 상황(시간과 공간)에 조화롭게 대처할 수 없게 된다.

생각(thinking, thought)은 한자어로는 사고(思考)로 표현할 수 있다. 그래서 생각과 사고는 혼용되며, 이 책에도 문맥에 따라 두 용어를 혼용할 것이다. 생각의 사전적 의미는 뇌에서 일어나는 모든 정신작용을 말한다. 그러나 상담에서는 유용성, 현실성, 논리성 등에 근거하여 그 생각이 합리적인지 비합리적인지에 강조점을 두어 사용하고 있다. 앞의 예에서와 같이 여러 사람 앞에서 발표를 할 경우, '반드시 모든 사람에게 인정을 받을 만큼 잘해야 한다.' 라든가 '내 능력껏 하면 된다.' 는 마음을 가지는 것이 생각이다. 이 생각은 지각이나 심상과 같이 의식적 집중을 하지 않는다고 해서 바로 사라지지는 않는다.

신념(belief)은 자신을 포함한 어떤 대상이나 현상에 대해 자기 나름의 논리에 근거하여 굳게 믿는 것을 말한다. 신념은 주로 개인이 그 무엇에 대해 옳다거나 그 무엇을 할 수 있다는 측면과 관련된 믿음으로, 우리 문화에서는 긍정적인 측면의 의미가 더 강조되고 있다. 즉, 누군가에 대해 '그 사람은 신념이 강하다.' 든가 '신념이 투철하다.' 고 하면 그 말에는 부정적인 측면이 거의 포함되지 않는다. 물론 '신념이 약하다.' 는 말도 사용하지만, 이 경우에도 '신념' 이라는 말 자체는 긍정적인 면에 대한 믿음에 초점을 두고 있다. 우리가 '나쁜 신념' 이라든가 '옳지 않은 신념' 등 '신념' 이라는 말 앞에 부정적 형용사를 붙이는 경우는 극히 드물다. 신념은 굳게 믿는 마음이기 때문에 생각보다 더 일관성이 있고 강도도 높다. 그러나 상담에서는 생각과 신념을 분명하게 구분하지 않고 사용하는 경우가 많다. 이는 영어의 'belief' 를 우리말로 번역하는 과정에서 사전적으로 직역한 사람과 그 의미를 우리 문화에 맞게 의역한 사람에 따라 신념이나 사고 또는 생각으로 사용되기 때문이다. 이 책에서는 특정 대상이나 현상에 대해 개인이 가지는 긍정적인 측면이 내면화되어 있고 그 개인의 강한 의지가 반영되어 있을 뿐만 아니라, 전문가의 도움 없이는 변화가 어려운 믿음을 신념으로 보았다. 여러 사람 앞에서 발표를 할 경우, '나는 모든 사람이 인정할 만큼 잘할 수 있다고 나를 믿는다.' 와 같은 마음은 신념이다.

마지막으로 가치(value)다. 가치는 자신을 포함한 어떤 대상이나 현상에 대해 가지는 일관되고 근본적인 태도나 관점이다. 여러 사람 앞에서 발표를 할 경우,

'발표 능력이 바로 개인의 능력이다.'라든가 '발표 능력은 개인의 능력 중 일부다.'라고 발표 능력에 대해 가지는 자신의 관점을 말한다.

조화상담에서는 이러한 인지 역시 그 시간과 공간에서 개인의 조화에 도움이 되는 조화 인지(harmony cognition: hC)와 도움이 되지 않는 부조화 인지(disharmony cognition: dC)로 구분한다.

시간차원은 특정 시간이 개인에게 영향을 준다는 데 근거한다. 한 인간을 시간적 관점에서 이해하기 위해 시간을 나누는 방법은 다양한데, 통상적으로 과거와 현재 및 미래로 나눌 수 있다.

과거(past)가 한 인간의 현재 행동에 영향을 미칠 수 있음은 부정할 수 없다. 그러나 과거를 어디까지로 보며, 어떻게 나누는 것이 적절할지는 학자에 따라 다르다. 시간이 무한하다는 측면에서 보면 과거는 전생, 유전적 과거, 무의식적 과거 및 의식적 과거로 구분할 수 있다. 현재 전생과 관련된 연구가 많이 이루어지고 있고 성과도 크다. 그러나 과학적 검증이라는 측면에서 보면 설명되지 않는 부분도 있고, 아직 상담학회를 포함한 상담 관련 학회에서 이에 대한 논란이 있다. 따라서 더 많은 연구가 있기까지는 한 인간의 전생을 과거에 포함시키는 것이 부적절하다.

먼저, 시간이 무한하다는 점과 관련지어 유전적 과거에 대해 생각해 보자. 여기 한 인간은 이 세상에 태어나기 전에 이미 유전적 경향성을 가지고 있다. 진화론적 관점에서 보면 인간은 진화하는 과정에서 조상이 경험한 거의 모든 것을 할 수 있는 능력을 유전자를 통해 전달받았다. 더 나아가 그 경험들을 통합해서 새로운 행동을 창조할 수 있는 능력까지 유전자를 통해 조상으로부터 받았다. 그러므로 인간이 태어나면서부터 다른 생물들과 다른 것은 유전적 요인의 영향 때문이라고 볼 수 있다.

무의식적 수준의 과거는 현재의 행동에 영향을 미칠 수 있다. 임신이 되어 모체 내에서 자라다가 태어나고 성장하는 과정에서 경험한 것들이 그 이후의 삶에 영향을 미칠 수 있음은 이미 많이 밝혀진 사실이다. 현재에서 보면, 한 인간이 경험한 것 중 의식이 가능한 영역은 아주 적은 부분이고 대부분은 무의식 수준에 있다. 여기에서 말하는 무의식은 전문가의 도움을 받지 않고서는 기억할 수 없는 인간의 경험 세계를 말한다. 이에 비해 의식적 과거는 자신이 기억해 낼 수 있는 경험 세계를 말한다. 자신이 한 행동 중 기억이 가능한 의식 수준은 현재와 미래의 행동을 결정하는 데 중요한 영향을 미친다.

현재(present)는 한 인간이 행동을 하는 그 순간만을 지칭하는 것이 아니고 그 순간을 기점으로 하여 100% 가깝게 기억이 가능한 과거와 100% 가깝게 예측이 가능한 미래를 포함한 시간대를 말한다. 현재는 인간에게 가장 중요하며, 이러한 현재가 개인을 만들어 간다.

미래(future)에는 어느 정도 예측이 가능한 미래, 즉 '예측 가능 미래'와 예측이 거의 불가능한 미래, 즉 '예측 불가능 미래' 및 내세가 있다. 예측 가능 미래는 현재의 인간 행동을 주도적으로 이끌 가능성이 크다. 이는 진학이나 취업, 결혼 등 중요한 미래가 현재의 행동을 이끌어 가기 때문이다. 개인에 따라서는 예측 불가능 미래가 큰 영향을 미치기도 한다. 왜냐하면, 미래는 엄격하게 말해 확실한 것이 없기 때문이다. 따라서 개인은 불확실한 가운데도 미래의 결과를 예측하면서 현재 행동을 하는 것이다. 내세(future life)는 비종교인의 생활에는 크게 영향을 미치지 않는 반면에, 종교인의 현재에는 큰 영향을 미친다. 그러나 내세는 특정인에게 해당되기 때문에 여기서는 참고로만 제시한다.

공간차원에서 보면 인간은 한순간도 자연이나 문화 또는 사람과의 관계 중 하나에서 완전히 벗어날 수 없다. 달리 말하면 인간이 처한 공간 중 자연이나 문화 또는 다른 사람과의 관계가 그의 현재 행동에 영향을 미칠 수 있다는 것이다.

자연(nature)은 인간의 생존과 직결되기 때문에 아주 큰 영향을 미친다. 아이들이 밖에서 놀다가 날이 어두워지면 집으로 돌아간다. 즉, 어두운 자연환경은 인간을 집으로 가게 한다. 방어력이 약했던 어린 시절에 단 한 번이라도 개한테 물리거나 물에 빠진 경험이 있으면 거의 평생 개나 물을 두려워할 가능성이 크다. 이것은 어린아이 입장에서 보면 생존과 직결되는 경험이기 때문이다. 이렇게 자연과 관계되어 경험한 부정적 영향은 전문가의 도움 없이는 벗어나기 힘들다.

문화(culture)는 동물인 인간이 다른 동물과 구별될 수 있는 것 중 하나다. 물론 동물들도 그들 나름의 문화가 있지만, 인간만큼 다양하지는 않다. 예의범절이나 제도 등 인간이 만든 많은 것 때문에 인간은 행동에 영향을 받는다. 더운 날씨에도 장례식장에서 예를 표하는 복장을 하는 것과 같이, 인간은 자신이 속한 사회의 고유한 문화 속에서 살고 있으며, 그 문화를 완전히 배제하고 현재 어떤 행동을 선택하기는 어렵다.

사람(human)은 개인의 현재 행동에 가장 영향을 미치는 공간차원의 핵심 요소다. 사람은 다른 사람과 맺는 관계를 떠나서는 살아갈 수 없다. 특히 일생을 두고 보면, 한 개인에게 영향을 미칠 수 있는 중요한 사람이 있다. 여기에는 어머니를 포함하여 다섯 살 이전에 아이를 주로 기른 사람, 다섯 살 이전에 아이와 자주 접한 아버지를 포함한 가족, 이해관계 없이 함께 지낸 또래, 친밀하게 지낸 친구, 학교 교사, 직장 동료, 결혼한 후에는 배우자, 자녀 등이 있다.

이상의 내용을 요약해 보면, 한 인간을 보다 잘 이해하기 위해서는 개인차원은 물론 시간차원과 공간차원을 함께 고려해야 한다. 그리고 이들이 조화를 이룰 때 인간의 잠재력이 가장 잘 계발된다. 이를 위해서 개인차원에서는 정서와 행동 및 인지가 조화를 이루어야 한다. 그런데 이 경우 유전적 잠재력에 위배되지 않아야 하고 건강 상태가 좋아야 하며, 약물의 영향을 받지 않아야 잠재력 계발이 극대화될 수 있다.

따라서 개인이 자신의 잠재력을 발휘하기 위해서는 유전자가 가지고 있는 잠재력을 알아보는 데 관심을 가져야 하며, 건강을 증진시키고 약물의 영향을 받지 않도록 노력해야 한다. 개인차원의 정서와 행동 및 인지 간 조화는 시간차원 및 공간차원과도 조화를 이루어야 한다. 예를 들어, 학창시절을 멋지게 보내야 한다고 생각하고(인지), 여행을 다니고 게임방에서 시간을 보내면서(행동) 늘 즐겁게(정서) 지내면, 현재의 시간차원에서는 조화를 이루지만, 미래라는 시간차원과는 조화가 이루어지지 않는다. 그래서 우리는 늘 과거와 현재 및 미래가 통합된 상태에서 정서와 행동 및 인지가 조화를 이루어야 한다. 뿐만 아니라 공간차원의 관계적 측면도 함께 고려해야 한다. 자연물이나 자연현상에 대해 불안이나 두려움이 있거나, 특정한 문화나 사람과 맺는 관계에서 정서와 행동 및 인지가 부조화를 경험하게 되면 그와 관련된 공간을 피하게 되고 결국 다양한 경험을 할 수 있는 기회가 줄어들어 자신의 잠재력을 계발할 수 없게 된다.

우리는 늘 시간적 · 공간적 · 개인적 차원에서 조화를 이루도록 하고 이를 통해 자신의 잠재력을 계발할 수 있도록 노력해야 한다. 이 책에서는 개인의 잠재력 계발에 가장 중요하다고 본 공간차원 중 사람과 맺는 관계에서 개인이 시간차원을 통합하여 조화를 이루도록 하고, 이를 통해 잠재력을 계발할 수 있도록 하는 데 주로 관심을 가졌다.

자기계발의 중요성

잠재력 계발은 모든 개인에게 대단히 중요하다. 앞서 우리는 개인이 부모로부터 그 이전 조상들이 경험한 거의 모든 것을 그 시기와 거의 같은 수준으로 현재 수행할 수 있을 가능성, 즉 잠재력을 가지고 태어난 것으로 보았다. 뿐만 아니라, 이렇게 할 수 있는 것과 관련된 원자료들이 역동적으로 작용할 경우 새로운 환경에 필요한 새로운 원자료를 창조할 수도 있다고 가정하였다. 또한 잠재력의 계발은 개인의 시간적 · 공간적 · 개인적 차원이 조화를 이룰 때 더욱 효과적으로 실현될 수 있음도 알았다. 여기서는 잠재력의 실현을 통한 자기계발이 어떤 중요성을 가지는지에 대해 살펴본다.

첫째, 목표 달성이 용이하다. 잠재력이 많이 계발될수록 목표 달성에 장애가 되는 문제를 더 용이하게 해결할 수 있다. 그렇게 되면 성공적인 목표 달성의 가능성이 높아진다. 또한 목표 달성이 용이해짐에 따라, 목표의 수준도 점점 높아지게 된다.

둘째, 성취감을 높일 수 있다. 목표가 잘 성취되고 그 수준도 높아짐에 따라 더 많은 성취감을 경험하게 되고, 이러한 성취감은 기쁨이나 행복감으로 이어질 수 있다.

셋째, 정신적 건강을 증진시킬 수 있다. 잠재력 중 중요한 한 측면은 스트레스를 주는 환경에서도 스트레스를 덜 받고 건강한 정신을 유지하면서 잘 적응하거나 자신이 처한 환경을 바꾸는 것이다. 이러한 잠재력을 스스로 계발하게 되면, 정신적으로 스트레스를 덜 받을 뿐만 아니라 이로 인해 보다 목표 달성이 용이해지고, 그 수준도 높일 수 있다.

넷째, 조상에게서 받은 잠재력의 실현을 극대화할수록 더 우수한 잠재력을 후손에게 전달할 수 있다. 현재를 사는 우리는 조상이 준 것에 더하여 우리가 경험하면서 축적한 것을 토대로 새로운 원자료를 창조한다. 자신이 창조하여 추가한 원자료가 많을수록 후손들에게 더 우수하고 많은 잠재력을 전달할 수 있게 되는 것이다.

이상에서 살펴본 바와 같이 우리에게는 현재 자신이 실제로 나타내고 있는 것 이상의 잠재력이 내재되어 있으며, 이러한 잠재력이 발휘될 때, 신체적 · 정신적으로 보다 건강해지고, 목표 달성의 가능성이나 수준도 올라가며, 이를 통해 보다 큰 성취감과 기쁨 및 행복감을 얻을 수 있다. 또한 보다 우수한 잠재력을 후손에게 넘겨 줄 수도 있다. 따라서 우리는 스스로 자신의 잠재력을 계발할 수 있도록 노력해야 한다.

인간 행동의 이해 02

인간은 진화하는 가운데 많은 경험을 하고, 그 경험을 개체나 종의 보존을 위해 보다 효과적으로 활용할 수 있도록 유전자에 저장하여 후손에게 전달한다고 가정하였다. 그리고 저장된 유전자의 효과를 극대화하기 위해 필요한 많은 원자료를 만들고, 이들이 역동적으로 상호 작용하여 보다 효과적으로 개체를 보호하고 종을 보전하는 데 기여하는 것으로 보았다. 여기서는 인간이 개체를 유지하고 종을 보전하는 방법적 측면에서 다른 동물과 같은 점과 다른 점에 대해 살펴본다.

동물로서의 행동

인간을 이해하기 위해서는 다양한 관점에서 살펴보아야 한다. 그중 하나는 '인간은 동물이다.'라는 사실과 관련된 부분이다. 우리 중 대부분은 '인간은 동물이다.' 라는 사실을 받아들이고 있지만, 그렇다고 해서 인간과 동물이 같다고 생각하는 사람은 거의 없다. 이는 인간이 동물적인 면도 있지만 동물과 다른 특성이 있음을 인정하는 것이기도 하다.

'인간은 동물이다.' 라는 사실을 받아들인다면 인간에게, 특히 인간 행동 또는 특성에 어떤 동물적인 측면이 있는지에 관심을 가질 수 있다. 인간이 가진 동물적 특성 중 가장 대표적인 것은 개체와 종을 보존하려는 본능과 관련된 행동이다. 동물은 개체를 보존하기 위해 강자를 피하거나 강자의 공격을 피할 수 있는 여러 행동을 한다. 힘이 약한 동물이나 몸집이 작은 동물은 공격을 당하면 도망을 간다. 이런 류의 동물은 비교적 덜 위협적이거나 귀여운 모습을 한 경우가 많은데, 다른 동물이 자신을 위협적으로 느끼지 않도록 하기 위한 동물의 자기보호 본능 때문으로 볼 수 있다. 이것은 모두 동물이 소극적으로 자기를 보호하는 방법이라 할 수 있다.

인간에게도 이처럼 일반적인 동물의 자기보호 방법이 그대로 적용되는 측면이 많이 있다. 자기 개체를 보호하기 어려운 어린아이의 경우, 상대의 말에 잘 따름으로써 자기를 보호한다. 예를 들면, 부모나 교사 등 어른의 말에 잘 따른다. 말이나 힘으로 상대를 도저히 이길 수 없다고 판단하는 경우에는 상대의 의도에 따르거나 상대보다 강한 사람의 권위에 호소한다. 예컨대, 자기보다 힘이 센 동료의 요구를 들어주거나, 형이나 동생의 잘못을 부모에게 일러바치고 같은 반 학생의 잘못을 담임교사에게 일러바치는 것처럼 보다 적극적인 방법으로 자기를 보호하는 것도 이와 같은 맥락이다. 이처럼 인간도 알게 모르게 자기를 보호하는 방법으로써 강자에게 순종하는 일면이 있다.

동물은 소극적 방법보다는 보다 공격적인 방법으로 자기를 보호하는 경우가 대부분이다. 다른 동물에게 잡아먹히지 않기 위해서뿐만 아니라 먹이를 얻어 개체를 보존하기 위해서 공격적 행동을 한다. 또한 종을 보존하기 위한 경우도 많다. 특히 힘이 강한 척추동물의 경우는 대단히 공격적이다. 암컷을 차지하려는 수컷끼리의 투쟁에서는 공격성이 더욱 심하다.

인간에게도 공격적인 특성이 있음을 부인하는 사람은 없을 것이다. 아주 어린아이도 동생이 태어나면 그 동생을 꼬집는 등 공격적 행동을 하는데, 힘이 강한 성인의 경우에는 공격적으로 자기를 보호하려고 할 가능성이 훨씬 크다고 할 수 있다. 인간이 얼마나 공격적이고 어떤 공격적 행동을 하는가는 전쟁의 참상에서나 각 나라 형법이 규정한 죄의 명칭과 처벌 규정에서도 잘 드러난다.

이상에서 보는 바와 같이 동물이 개체를 적으로부터 보호하기 위해서는 물론, 개체를 유지하거나 더 우수한 종을 이어 가기 위해 공격적 행동을 한다. 형법의 죄목에서 볼 수 있는 바와 같이 인간에게도 이러한 공격성이 있음을 부인할 수 없다.

인간으로서의 행동

인간이 동물과 마찬가지로 자신이나 종을 유지 또는 보존하기 위해 소극적 또는 공격적 행동을 한다는 것에 대해 살펴보았다. 그렇다면 인간이 동물적인 특성만 가지고 있는가?

인간은 태어나서 사춘기가 될 때까지는 자신을 소극적으로 보호하는 측면이 강하다. 울음을 통해 보호를 요청하고, 토라지거나 약한 면을 보임으로써 주위 사람들로 하여금 보호 본능을 일으키게 한다. 나아가 중요한 타인에게 인정을 받으려고 행동하는 등 보다 적극적으로 타인의 관심을 끌려고 하고, 이를 통해 자신을 보호한다. 이렇게 비교적 힘이 약한 사춘기 전까지는 순응적인 면이 인간에게 있다. 이러한 자기보호 방법은 다른 동물과 별로 다를 바가 없다.

그러나 사춘기가 되어 정신적으로 부모에게서 독립하고 일정 수준 이상의 체력이 생기면, 일반적으로 공격적 행동을 통해 자기를 보호하려 한다. 힘이 모자라 상대에게 직접적인 공격을 못할 경우라도 공격과 관련된 에너지가 분노나 적개심 등의 형태로 나타나고, 이를 어떤 방식으로든지 표현하려 한다. 이러한 에너지를 표현하지 못할 경우, 우울 등 정서적 문제를 유발한다. 왕따를 시키거나 언어적 · 신체적 폭력을 가하는 등의 청소년 폭력은 어떤 형태로든 자기를 공격적으로 보호하려는 시도의 일환으로 볼 수 있다. 이러한 점에 비추어 보면 사춘기를 전후한 시기부터 인간은 자기를 보호하는 방법으로 소극적 행동보다 공격적 행동을 더 선호함을 알 수 있다. 다른 동물과 마찬가지로 인간도 자기를 보호하고 자신의 후손을 영원히 보전하기 위한 최선의 방법으로 공격적 행동을 선택할 가능성이 크다.

인간의 동물적인 자기보호 방법은 사춘기가 지나면서부터 조금씩 달라진다. 그 중요한 이유는 공격적으로 자기를 보호하면 사회로부터 제재를 받고, 나아가 완전히 격리될 수도 있기 때문에 남과 더불어 살아가기 어려워진다는 데 있다. 소극적으로 자기를 보호하는 것이 주로 타인 중심적 방법이라고 한다면 공격적으로 자기를 보호하는 것은 자기 중심적 방법이다. 두 가지 중 어느 하나에 지나치게 의존하면 인간은 계약으로 이루어진 사회생활을 하기가 어렵고, 그 때문에 자신의 잠재력도 계발하기 어렵게 된다.

인간의 동물적 자기보호 방법에 여러 가지 문제가 있음을 알게 된 많은 성인은 다른 동물과 구별되는 인간의 자기보호 방법을 제시하였다. 그 내용은 조금씩 다르지만 모든 나라에서는 교육을 통해 다른 동물과는 구별되는 자기보호 방법을 가르치고 있다. 그 내용의 핵심은 자기 자신은 물론 상대방도 함께 배려해야 한다는 점이다. 형법 등에서 청소년 범죄에 대해 벌보다 선도에 더 치중하는 것은 이들이 아직 동물적 특성이 더 많다는 것을 인정한 것이기도 하다.

이상에서 살펴본 바와 같이 인간도 동물이라는 측면에서 동물이 자기를 보호할 때와 같은 방법으로 자신을 보호하려는 측면이 있다. 그러나 인간에게는 자기계발을 위해서나 실제로 자기를 더 효과적으로 보호할 수 있는 방법으로 자신은 물론 타인도 함께 배려하는 자기보호 방법이 요구되고 있음을 알 수 있다. 앞에서 살펴본 바와 같이 자신과 타인의 조화를 통해 자기를 보호하고 계발하는 자기 보호와 관련된 행동을 이 책에서는 '주장행동'이라고 한다.

비주장행동 03

앞에서 우리는 동물과 마찬가지로 인간에게도 자기를 보호하는 방법으로 소극적 행동과 공격적 행동이 있음을 살펴보았다. 여기서는 김성회(1990)를 토대로 이러한 행동, 즉 비주장행동인 소극적 행동과 공격적 행동의 의미와 함께 그 원인과 문제점, 그리고 이를 측정하는 방법에 대해 구체적으로 살펴본다.

비주장행동의 의미

동물의 자기 보호방법이기도 한 비주장행동은 소극적이거나 공격적인 방법으로 자기를 보호하는 행동을 말한다.

소극적 행동이란 자신이 표현하고 싶은 것을 나타내지 못하는 행동을 말한다. 우리는 자신의 권리, 욕구, 의견, 생각, 느낌 등 자신이 나타내고 싶은 것을 마음속에 있는 그대로 상대방에게 솔직하게 나타내고 싶어 하지만, 눈치나 체면 때문에 그렇게 하지 못하는 경우가 있다. 이러한 경우 흔히 얌전한 체, 겸손한 체 또는 예의바른 체 자신을 속이면서 아무 말도 하지 않거나, 상대방의 기분을 맞추기 위해 전혀 마음에도 없는 말이나 행동을 한다. 이와 같은 행동은 모두 소극적 행동 또는 소극적 반응이다. 예를 들면, 한 달 전에 빌려 간 돈을 갚지도 않고 다시 돈을 빌려 달라고 하는 친구에게 돈이 있으면서도 "지금 그만한 돈이 없는데."라고 거짓말을 함으로써 돈을 더 빌려 주고 싶지 않은 본심을 그대로 말하지 못하거나, 빌려 주기 싫으면서도 돈을 빌려 주는 행동은 모두 소극적 행동이다.

공격적 행동이란 상대방에게 피해를 주면서까지 자신이 표현하고 싶은 것을 나타내는 행동을 말한다. 자신의 권리나 의견만 내세우는 행동에는 자신도 모르게 상대방을 얕보고 창피하게 하거나, 상대방을 자기 마음대로 휘둘러 보려는 의도가 담겨 있기 때문에 상대방이 불쾌감을 느끼게 된다. 자기 기분에 도취되어 상대방의 기분을 고려하지 못해서 본의 아니게 공격적 행동이 되어 버리는 경우도 있다. 공격적 행동의 예를 들면, 한 달 전에 빌려 간 돈을 갚지도 않고 그 돈에 대해서는 아무런 이야기도 없이 다시 돈을 빌려 달라고 하는 친구에게, "너는 돈을 빌려 갈 줄만 알고 갚을 줄은 모르는 사람인데 어떻게 또 빌려 주겠니!"라고 표현하는 것이다.

비주장행동의 원인

지금까지 주장행동과 관련된 많은 연구에서는 주로 주장훈련 방법의 개발이나 그 효과를 밝히는 데 중점을 두었다(Wolpe, 1973). 그래서 비주장행동의 원인은 대부분의 연구에서 부분적으로 다루고 있을 뿐 체계적으로 논의되지는 않았다. 이러한 실정은 우리의 정서, 행동, 인지 등 심리적 기능이 서로 밀접히 관련된 가운데 하나의 전체로서 기능한다(Ellis, 1979)고 보기 때문에, 비주장행동의 원인을 몇 가지로 나눈다는 것은 큰 의미가 없다는 데 근거한 것으로 보인다. 그러나 최근에 들어서는 비주장행동의 원인과 이를 확인할 수 있는 방법에 대해 관심이 높아지고 있다. 아직까지는 비주장행동의 원인에 대한 학자들 간의 의견이 완전히 일치되지는 않고, 각 원인을 밝힐 수 있는 방법에 대한 연구도 부족한 편이다. 그렇지만 문헌 연구를 통해 비주장행동의 원인에 대한 구체적 내용을 밝히고, 그 내용을 토대로 비주장행동의 원인을 확인할 수 있는 방법이 개발된다면 주장행동의 연구에 크게 도움이 될 것이다. 이에 먼저 비주장행동의 원인을 구분해 보고 나서 각 원인을 밝힐 수 있는 비주장행동의 원인 분석 방법에 대해 알아보자.

주장행동과 관련된 이제까지의 저서나 논문 또는 주장훈련 프로그램을 분석해 보면 비주장행동에는 몇 가지의 원인이 있음을 알 수 있다. 비주장행동의 원인은 Jakubowski와 Lange(1978), Lange와 Jakubowski(1980) 등의 저서와 Rakos와 Schroeder(1980)의 주장훈련 프로그램에 비교적 구체적으로 나타나 있다. 그 중에서도 비주장행동의 원인을 세부적으로 제시한 Rakos와 Schroeder(1980)의 자기지도 주장훈련 프로그램(self-directed assertiveness program)에 의하면, 비주장행동의 원인을 세 가지로 요약할 수 있다. 첫째는 주장행동과 관련된 기술 부족으로 인하여 주장행동을 하지 못한다고 보는 행동적 원인(behavioral cause)이고, 둘째는 주장행동과 관련된 부정적 인지와 같은 비합리적 신념이나 생각 때문에 주장행동을 하지 못한다고 보는 인지적 원인(cognitive cause)이며, 셋째는 주장행동과 관련된 불안이나 두려움 또는 적개심 등의 정서 때문에 주장행동을 하지 못한다고 보는 정서적 원인(emotional cause)이다. 여기서는 세 가지 비주장행동의 원인에 대한 이론적 근거와 각 원인의 구체적인 내용을 차례로 살펴본다.

1) 행동적 원인

비주장행동의 행동적 원인은 외계의 실재에서 진리를 찾으려는 실재론에 근거를 두고 있다. 실재론적 입장에서 본다면 인간 행동의 이해는 인과성의 원리에 따라 관찰할 수 있는 객관적인 자료에 의해서만 가능하다(Rimm & Masters, 1979). 따라서 이러한 입장을 지지하는 행동주의 심리학자들은 부적응행동의 원인을 개인의 내부에 두기보다는 외부 환경에 두고 있으며, 부적응행동도 학습원리로 설명하려고 한다(Hall & Lindzey, 1978). 행동주의 심리학에 의하면 비주장행동과 주장행동은 모두 같은 학습원리에 의해 습득된 것이다.

비주장행동의 한 원인으로 주장행동과 관련된 기술 부족, 즉 주장행동의 구체적 방법 또는 내용을 습득하지 못하였기 때문이라는 점이 지적되었다. Lazarus(1971)는 주장행동을 하는 데에 특별한 기술이 있어야 한다고 하였다. Hersen, Eisler, Miller, Johnson 및 Pinkston(1973)도 기술이 들어가지 않은 연습은 언어적 및 비언어적인 면에서 주장행동을 신장시키지 못한다고 하였다. Eisler와 Hersen(1973)도 대인관계에서 적절한 주장행동을 보여 주지 못하는 많은 사람은 불안 때문이 아니라, 어떻게 하는 것이 주장행동인지를 모르고 있기 때문이라고 하였다. 또한 Rakos와 Schroeder(1980)도 비주장행동을 하는 사람은 무엇을 말해야 할지, 그 말을 어떻게 해야 할지, 말을 할 때 음성이나 몸짓은 어떻게 해야 할지 등에 대해 모르기 때문에 주장행동을 하지 않고 수동적으로 침묵을 지키는 등 소극적 행동을 하거나, 부적절하고 불쾌한 공격적 행동을 하게 된다고 하였다.

2) 인지적 원인

비주장행동의 인지적 원인은 개체와 환경의 상호 작용 내지 상대적 관계에서 인간 행동을 이해하려는 인지론의 입장에 그 근거를 두고 있다. 인지론적 입장에서 본다면 어떤 실재는 심리적인 것으로서 객관적인 것과는 다르며, 개인이 오관을 통해서 얻은 자신의 경험을 자료로 하여 사고과정을 거쳐 만들어 낸 것이다(Rimm & Masters, 1979). 이렇게 본다면 비주장행동을 포함한 문제행동이라는 것도 객관적인 것이 아니라 개인이 만든 것이라는 의미가 된다. 따라서 비주장행동의 인지적 원인이란 외적 사실이나 경험에 대해 개인이 가진 생각, 신념 및 가치 등 인지에 문제가 있어 주장행동을 하지 못하는 경우를 말한다.

그리고 개인의 인지체계와 주장행동의 관계에 관심을 가진 학자들도 많았다. Kuperminc와 Heimberg(1983)에 의하면 주장적인 사람은 비주장적인 사람보다 그들의 대인관계에서 더욱 긍정적인 결과를 기대하는 것으로 나타났다. 또한 Alden(1984)에 의하면 주장적인 여대생이 비주장적인 여대생보다 긍정적 귀환(feedback)을 더 내적으로 귀인(attribution)시키는 반면, 비주장적인 여대생은 주장적인 여대생보다 부정적 귀환을 더 내적으로 귀인시켰다. Borgart(1985)도 주장적인 사람과 비주장적인 사람은 결과에 대한 기대, 귀인과정 등에서 차이가 있다고 하였다.

Ellis(1962)에 따른다면 주장적인 사람과 비주장적인 사람이 결과에 대해 다른 기대를 갖거나 다른 귀인과정을 가진다는 것은, 그들의 인지체계가 다름을 의미한다. 비주장적인 사람들이 많이 가지는 인지란, Ellis(1962)의 입장에서 본다면 비합리적인 생각 또는 신념이다. Alden, Safran 및 Weideman(1978)에 의하면 Ellis(1962)의 비합리적 생각에 대한 지지도가 높은 사람은 지지도가 낮은 사람보다 덜 주장적이다. Lohr와 Bonge(1982)의 연구에서도 비합리적 생각검사 전체 득점과 주장행동 득점은 부적 상관이 있었다. 그렇다고 Ellis(1962)가 제시한 보편적인 비합리적 생각 열한 가지 모두가 비주장행동과 관련이 있다고는 볼 수 없다. 그래서 비주장행동의 직접적인 원인이 되는 비합리적 생각에 대한 구체적인 연구가 많았다.

Ludwig와 Lazarus(1972)는 비주장행동과 관련된 네 가지의 주요한 비합리적 생각을 제시하였다. 비주장적인 사람은 ① 자기비판적이고 자신이 완벽해야 한다고 생각하며, ② 다른 사람으로부터 현실적으로 불가능한 인정을 받아야만 한다고 생각하고, ③ 주장행동을 하는 것은 상대방에게 공격적인 행동을 하는 것이라고 생각하며, ④ 자신과 마찬가지로 상대방도 완벽해야 하며, 그렇지 못할 경우 비난을 받아야만 한다고 생각하는 것이다.

Lange와 Jakubowski(1980)는 비주장행동의 이유 또는 원인을 여러 가지 제시하고 있다. 그들이 제시한 비주장행동의 이유 중에는 ① 주장행동을 공격적 행동으로 생각하고, 소극적 행동을 공손한 행동으로 생각하는 것, ② 개인이 자신의 권리나 욕구 등 자신이 표현하고 싶은 것을 나타낼 수 있는 권리가 있다는 점을 받아들이지 않는 것, ③ 소극적 행동을 하는 것이 상대방에게 도움이 된다고 생각하는 내용이 포함된다. 이는 모두 개인의 생각과 주장행동이 관련되고 있음을 말해 준다.

Lohr와 Bonge(1982)도 비주장행동과 관련된 비합리적 생각 세 가지를 제시하였다. 구체적으로 살펴보면, ① 모든 의미 있는 사람들로부터 승인과 사랑을 받아야만 하고, ② 가치 있는 사람이 되려면 모든 면에서 완벽할 정도로 유능하고 적절해야 하며, ③ 어떤 어려움이나 책임에 직면하는 것보다는 회피하는 것이 더 쉽다고 생각하는 내용이 포함되어 있다.

Rakos와 Schroeder(1980)는 우리가 문화를 통해 배운 생각 중에는 비합리적이고 그릇된 것이나 인간의 삶을 즐겁게 하는 데 전혀 도움이 되지 못하는 것이 많음을 지적하고, 편의상 이들 생각을 두 개의 영역으로 나누어 제시하였다. 그중 하나가 다른 사람에게는 부여하는 인간의 기본 권리를 자신에게는 부여하지 않는 것이고, 다른 하나는 자신의 문화권에서 배운 불합리한 생각이다. 이들 중 개인의 권리와 관련된 것부터 구체적으로 열거해 보면, ① 자기 자신을 스스로 무가치하다고 생각하며, ② 원만한 인간관계가 중요하기 때문에 인간관계를 위해서는 참아야 하고, ③ 자기 자신의 권리를 받아들이면 타인의 권리도 받아들일 의무가 주어지기 때문에 자신의 권리를 포기하고 타인의 권리도 받아 주지 않으며, ④ 자기 자신의 권리를 옹호하는 것은 바로 공격적 행동이므로 그것은 바람직하지 못하고, ⑤ 소극적인 행동이 예절 바른 행동이라고 생각하는 것이다.

한편, 불합리한 생각과 관련된 것으로는 ① 세상 일이나 자기 자신의 행동이 바람직하지 못한 결과를 가져올 때, 그것은 무섭고 끔찍하며 부당한 것이라 생각하고, ② 자기 자신을 가치 있는 사람으로 여겨, 중요한 일에 참여하였을 때, 자기 자신은 빼놓을 수 없는 존재고, 틀림없이 그 일을 성취할 수 있다고 여기며, ③ 자기 자신에게 대단히 중요한 주변의 많은 사람에게 반드시 좋은 평판을 받아야 하고, ④ 만약 업적을 통해서 스스로의 권리나 가치를 인정받지 못하면 자신은 어떠한 권리나 가치도 없다고 생각하며, ⑤ 인간관계에서 갈등에 부딪히기보다는 점잖은 것이 긴 안목으로 볼 때 더 좋다고 생각하는 경우 등이 있다.

Ludwig와 Lazarus(1972), Lange와 Jakubowski(1980), Lohr와 Bonge(1982) 그리고 Rakos와 Schroeder(1980)의 의견을 종합하여 주장행동과 직접 관련지어 보면, 첫째 주장행동의 중요성과 비주장행동의 문제점을 포함하여 주장행동과 공격적 행동 및 소극적 행동을 구별하지 못하는 것이 비주장행동의 한 원인이 되고, 둘째 주장행동과 관련된 다음과 같은 비합리적 사고, 즉 ① 하고자 하는 일이나 행동 또는 말이 바람직하지 못한 결과를 가져온다면 이는 파멸이라는 생각, ② 어떤 말이나 행동 또는 일을 할 때 실수 없이 완벽하게 해야 한다는 생각, ③ 부모나 교사 또는 상급자 등과 같이 중요한 의미를 가진 사람들로부터 늘 칭찬과 인정을 받아야만 한다는 생각, ④ 자신이 유능하지 못하면 하고 싶은 말을 할 수 있는 권리를 포함하여 인간으로서의 기본 권리조차 가질 수 없다는 생각, ⑤ 자신의 기본 권리를 내세워 갈등에 부딪히기보다는 아무 말도 하지 않고 참는 것이 인간관계에 더 도움이 된다는 생각, ⑥ 저렇게 해서는 안 된다는 생각이 비주장행동의 인지적 원인이 된다고 볼 수 있다.

3) 정서적 원인

불안이나 두려움 및 분노와 같은 정서가 문제가 되어 주장행동을 하지 못할 경우, 그것은 비주장행동의 정서적 원인이 될 수 있다. 여기서는 이러한 정서적 원인에 대해 좀 더 구체적으로 살펴본다.

Salter(1949)에 의하면, 인간이 경험하는 많은 문제의 근원은 억제이고, 노이로제는 자연적인 충동을 억제한 결과다. 이는 인간 내면에서 일어나는 충동을 포함한 정서를 그대로 표현하지 못하거나 표현하지 않는 것이 문제가 됨을 의미한다. Salter(1949)는 비록 주장(assertiveness)이란 말을 사용하지는 않았지만, 훈련의 내용상 주장훈련을 칭하고 있는 흥분성 훈련(excitatory exercise)에서 억제된 감정을 표현하는 데 중점을 두었다. 그가 제시한 흥분성 훈련 중에는 느끼는 그대로 솔직하게 말해 버리는 것(feeling-talk), 즉 그 느낌이 긍정적이든 부정적이든 자신에게서 일어나는 느낌을 그대로 말로써 나타내는 것이라든가, 자신의 느낌을 표정으로 나타내는 것(facial talk) 등이 포함되어 있었다. Salter(1949)가 흥분성 훈련에서 느낌의 표현을 강조한 점은, 그 자체가 주장행동의 일부이기도 하지만, 억제된 감정이 주장행동을 못하게 막는 측면도 있음을 말해 주는 것이라고도 볼 수 있다.

Wolpe(1958)는 상호제지(reciprocal inhibition)이론을 통해 주장행동을 설명하였다. 상호제지이론에 따르면 만약 불안유발자극이 존재할 때 그 때문에 일어난 불안반응과 반대되는 다른 반응이 일어나서 이 반응이 불안을 완전히 혹은 부분적으로 제지할 수 있다면, 불안유발자극과 불안반응 사이의 결합은 약화된다는 것이다. 즉, 한 반응의 유발이 동시에 일어나는 다른 반응의 강도를 약화시킬 수 있고, 이때 두 반응은 상호 제지한다는 것이다. 주장행동과 불안을 상호 제지의 양립할 수 없는 반응으로 본다면 비주장행동의 원인은 불안이라고 볼 수 있다.

주장행동과 불안의 관계에 대한 연구 결과는 상호제지이론을 뒷받침해 준다. 즉, 주장적인 주부는 비주장적인 주부보다 불안이 더 낮다거나(Percell, Berwick, & Beigel, 1974), 불안과 주장행동은 유의한 부적 상관관계가 있으며(Johnson, 1977; Orenstein, Orenstein, & Carr, 1975), 주장훈련이 불안을 줄인다는 연구 결과(Wehr & Kaufman, 1987)를 통해서도 알 수 있다.

불안이 비주장행동과 관계가 있음은 Markham(1980)의 연구에서도 찾아볼 수 있다. 그는 45명의 여자를 행동 연습 집단과 체계적 둔감법 집단 및 통제집단으로 나누어 처치한 후, 자기보고형의 주장척도와 행동적 주장척도를 사용하여 사후 및 3개월 후의 추후검사를 통해 행동 연습과 체계적 둔감법의 효과를 밝혀 보았다. 그 결과, 두 처치집단은 모두 주장행동을 신장시켰고, 그 효과는 3개월 이상 지속되는 것으로 나타났다. 이러한 결과는 체계적 둔감법만으로도 주장행동을 신장시킬 수 있다는 것을 의미한다. 체계적 둔감법은 불안을 줄이는 훈련이다. 따라서 불안을 줄이는 것만으로도 주장행동을 신장시킬 수 있다는 것이다. 이는 불안이 비주장행동의 한 원인이 될 수 있음을 의미한다.

문제가 되는 불안을 구체적으로 제시한 연구도 있다. Lange와 Jakubowski (1980)는 주장행동으로 인한 부정적 결과와 관련된 불안을, Rakos와 Schroeder (1980)는 주장행동을 할 때 지나치게 말을 잘하려는 것과 관련된 불안을 비주장행동의 원인에 포함시키고 있다.

Jakubowski와 Lange(1978)가 소극적 행동과 공격적 행동의 원인으로 제시한 것 중에는 화내는 사람에 대한 두려움(fear), 상대방의 거부나 보복에 대한 두려움도 포함되어 있다. 이는 상대방에 대해 가지는 두려움 때문에 주장행동을 하지 못한다는, 즉 두려움이 비주장행동의 원인이 된다는 것을 의미한다.

억제된 충동이나 각종 불안, 그리고 두려움은 주장행동 자체를 원천적으로 막아 버리거나, 주장행동을 시도한다 해도 성공하기 어렵게 만든다. 왜냐하면, 심한 불안이나 두려움과 같은 정서는 근육의 긴장을 가져오기 때문이다(James & Lange, 1922). 즉, 심한 불안이나 두려움 등의 정서는 거의 동시에 근육의 긴장을 가져오는데, 근육이 긴장되면 말을 더듬거나 음성이나 손발이 떨려서 자신의 생각대로 나타낼 수 없게 만든다. 이렇게 되면 결국 주장행동을 성공적으로 수행할 수 없게 된다. 실패가 자주 일어나면 더 심한 불안과 두려움이 일어나게 되고, 더 심해진 불안과 두려움은 성공적인 주장행동의 경험을 더욱 줄일 것이다. 이렇게 볼 때, 불안이나 두려움을 포함한 정서는 비주장행동의 한 원인이 된다는 것을 알 수 있다.

비주장행동의 문제점

인간의 행동 구분에서도 밝힌 바와 같이, 비주장행동인 공격적 행동과 소극적 행동에는 많은 문제점이 있다. 이에 대해 좀 더 구체적으로 살펴보자.

비주장적인 사람은 심한 스트레스를 경험할 가능성이 크다. 공격적인 사람의 경우 비록 공격적 행동을 하는 순간은 통쾌할지 모르나, 그 이후에 가족, 주변 사람, 사회의 시선 및 법적 책임까지 져야 할 경우라면, 심한 스트레스를 받지 않을 수 없다. 소극적인 사람은 자신이 표현하고 싶은 것을 나타내지 않거나 참기 때문에 많은 스트레스를 경험한다. 소극적 행동은 대인관계에서 경험하는 정신적 찌꺼기를 거의 배출하지 않는 것과 같다. 정도가 심하면 우울증상이 나타나거나 정신과에 입원할 수도 있다.

비주장적인 사람은 인간관계가 어렵다. 좋은 인간관계는 서로 존중하면서 도움을 주고받을 때 가능하다. 그런데 공격적 행동을 하는 사람은 일방적으로 자신이 하고 싶은 대로 행동하기 때문에 상대방은 그를 피할 가능성이 크고, 그렇게 되면 상대방과 좋은 관계를 유지하기 어렵다. 소극적인 사람은 다른 사람과 함께 있을 경우, 상대방이 원하는 대로 맞춰 주게 되는데, 이로 인해 자신은 스트레스를 받게 된다. 그래서 대부분의 소극적인 사람은 본인 스스로 다른 사람과 만나는 것을 피하게 될 가능성이 커진다.

비주장적인 사람은 자기계발이 어렵다. 공격적 행동을 하면 본인은 일시적으로 통쾌할지 모르나 주변 사람들은 모두 괴롭기 때문에, 공격적 행동을 하는 사람을 피하게 된다는 점을 앞에서 밝혔다. 잠재력의 자기계발은 결국 남과 함께 할 수 있을 때 가능한데, 공격적 행동을 하면 앞에서 말했듯이 인간관계가 어렵기 때문에 결국 자기계발도 어렵게 된다. 마찬가지로 소극적 행동을 하는 사람의 주변 사람은 "그 사람 참 좋은 사람이다."라고 하면서 좋아할지 모르나 정작 자신은 사람 만나는 것 자체가 힘들기 때문에 사람을 피하게 된다. 따라서 소극적 행동을 하는 사람 또한 대인관계를 통한 잠재력 계발이 어렵다.

비주장행동의 원인 측정

앞에서 비주장행동의 원인을 세 가지로 나누어 살펴보았다. 그런데 정서, 행동, 인지는 서로 영향을 미치기 때문에 이들 간에는 정적 상관이 높을 가능성이 있다. 또 사람에 따라서는 비주장행동의 세 가지 원인 중 어느 하나가 특별히 비주장행동을 주도하는지를 알기 어려운 사람도 있을 것이다. 따라서 비주장행동의 원인을 좀 더 객관적으로 알아보기 위해서는 원인을 밝힐 수 있는 척도, 즉 비주장행동의 원인분석척도가 개발되어야 한다. 나아가 인지적, 정서적, 행동적 원인 중 어떤 것이 어느 장면에서 상대적으로 더 많이 개인의 주장행동을 방해하는지를 측정할 수 있는 척도가 개발되어야 보다 효과적인 주장훈련이 가능해질 수 있다.

Galassi와 Galassi(1977) 등 주장행동에 관심을 가진 많은 학자는 주장행동이 특정 공간, 즉 장면과 밀접하게 관련된 것으로 보고 있다. 특히 Lin(1994) 등의 주장척도를 분석해 보면 주장행동은 몇 가지 장면적 요소에 크게 영향을 받고 있음을 알 수 있다. 장면적 요소에는 그 장면에서 말하고 싶은 내용, 상대하는 사람과 그 수 및 친밀도에 따른 요소가 포함된다.

내용과 관련해서는 ① 자신이 먼저 상대방에게 긍정적인 행동을 보이는 능동적인 긍정적 행동, ② 상대방의 긍정적인 행동에 대해 자신이 긍정적인 행동을 보이는 수동적인 긍정적 행동, ③ 상대방의 부정적인 행동에 대해 자신이 능동적으로 부정적 행동을 보이는 능동적인 부정적 행동, ④ 자신의 부정적 행동에 대해 상대방이 부정적 행동을 보일 때, 다시 그에 대해 자신이 부정적 행동을 보이는 수동적인 부정적 행동이 주목받고 있다.

상대하는 사람과 관련해서는 상대방의 ① 성(sex), ② 연령, ③ 사회적 지위가 중요시되고 있다. 상대하는 사람의 수와 관련해서는 ① 개인, ② 다수의 요소가 중요시되고 있다. 상대하는 사람과의 친밀도와 관련해서는 ① 판매원과의 관계와 같은 형식적 관계, ② 선생님과의 관계와 같이 반복되는 중요한 관계, ③ 친구와의 관계와 같은 친밀한 관계가 중요시 된다. 따라서 비주장행동의 원인을 알아보기 위한 비주장행동 분석척도는 비주장행동의 원인(인지적, 정서적, 행동적 원인)과 장면적 요소(말하는 내용, 상대하는 사람과 그 수 및 친밀도)를 동시에 고려하여 개발되어야 한다.

주장행동이 장면과 밀접하게 관련된다는 점을 고려한다면, 비주장행동 분석척도는 한 개인이 똑같은 장면에서 어느 원인 때문에 비주장행동을 하는지를 알아볼 수 있도록 구성되어야 한다. 왜냐하면, 아버지와 나누는 대화에서는 인지적 원인(예: 아버지의 말씀은 무조건 따라야만 한다.) 때문에 비주장행동을 할 수 있지만, 이성과 이루어지는 관계에서는 정서적 원인(예: 불안) 때문에 비주장행동을 할 수 있기 때문이다.

한 개인의 비주장행동 원인을 분명히 밝힌다는 것은 여러 가지로 어려움이 많다. 이러한 어려움은 앞에서 지적한 바와 같이 인간의 인지, 정서, 행동 간의 상호 관련성에 기인한다고 볼 수 있다. 또한 비주장행동을 하는 사람들 대부분은 세 가지 원인 중 어느 하나에 의해서만 비주장행동을 한다고 보기는 어렵다. 따라서 어떤 개인의 비주장행동 원인을 밝히기 위해서는, 같은 비주장행동 장면에 대해 세 가지 비주장행동 원인이 미치는 상대적 영향력을 고려해야 한다.

이상에서 비주장행동의 인지적, 정서적, 행동적 원인에 대해 살펴보았다. 또한 비주장행동의 원인을 밝힐 수 있는 방법에 대해서도 알아보았다. 그러면 이러한 점을 토대로 하여 개발된 척도에 대해 구체적으로 살펴보기로 하겠다.

비주장행동의 원인을 밝히기 위한 척도로는 김성회(1990; 1997)가 개발하여 사용한 비주장행동 원인분석척도가 있다. 이는 인지적 원인척도, 정서적 원인척도, 행동적 원인척도의 세 가지 하위척도로 구성되어 있다.

김성회(1990)의 '비주장행동 원인분석척도-1' ('부록 1' 참조)은 비주장행동 원인에서 밝힌 주장행동의 장면적 요소(말하는 내용, 상대하는 사람과 그 수 및 친밀도)를 고려하여, 먼저 비주장행동 장면을 선정하였다. 이를 위해 설문조사를 실시하고, 기존의 주장척도를 참고하여 열네 가지 장면을 확정하였다. 확정된 장면에 대해 비주장행동 원인에서 밝힌 각 원인의 구체적 내용을 포함시켜 예비검사를 만들고, 두 번의 문항분석을 거쳐 수정한 후 문항을 확정하였다.

확정된 비주장행동 원인분석척도-1의 하위척도(인지적, 정서적, 행동적 원인분석척도)는 각각 열다섯 문항으로 구성되어 있다. 이 중 열네 문항은 그 장면이 서로 같고, 나머지 한 문항에서는 대상자들이 스스로 자신의 비주장행동 원인(인지적, 정서적, 행동적 원인)을 무엇으로 보는지를 묻는다. 따라서 열네 문항에서는 비주장행동을 하는 구체적인 한 장면에 대해 '주장행동의 방법을 몰라서 주장행동을 하지 못한다.'와 관련지어 진술된 문항은 비주장행동의 행동적 원인척도에 해당하는 문항이 되고, '비합리적 생각 때문에 주장행동을 하지 못한다.'와 관련지어 진술된 문항은 비주장행동의 인지적 원인척도에 해당하는 문항이 되며, '불안하기(또는 두렵기) 때문에 주장행동을 하지 못한다.'와 관련지어 진술된 문항은 주장행동의 정서적 원인척도에 해당하는 문항이 된다('부록 1' 참조). 비주장행동 원인분석척도는 각 하위척도가 열다섯 문항씩이며, 전체 문항 수는 마흔다섯 문항이다. 이 중 6~10, 16~20, 41~45번은 행동적 원인척도에, 1~5, 21~25, 31~35번은 인지적 원인척도에, 11~15, 26~30, 36~40번은 정서적 원인척도에 해당한다.

비주장행동 원인분석척도-1은 5품등 평정문항(5-point rating item)으로, 긍정문과 부정문이 혼합되어 있다. 긍정문으로 진술된 문항은 6, 7, 17, 18, 42~44번의 일곱 문항이며, 부정문으로 진술된 문항은 1~5, 8~16, 19~41, 45번의 서른여덟 문항이다. 채점방식을 보면 긍정문으로 진술된 문항에 대해서는 '거의 불일치'를 1점, '대체로 불일치'를 2점, '반 정도 일치'를 3점, '대체로 일치'를 4점, '거의 일치'를 5점으로 채점하고, 부정문으로 진술된 문항에 대해서는 긍정문으로 진술된 문항과 반대로 채점한다. 따라서 어떤 사람이 인지적 원인척도나 정서적 원인척도보다 행동적 원인척도에서 상대적으로 낮은 점수를 받았다면, 그 사람의 비주장행동 원인은 행동적 원인일 가능성이 높은 것으로 해석한다.

Spearman-Brown 공식으로 산출한 비주장행동 원인분석척도-1의 기우반분 신뢰도 계수는 인지적 원인척도가 .89, 정서적 원인척도가 .89, 행동적 원인척도가 .81, 전체가 .97이었다. 인문계 여자고등학교 1학년 학생 90명을 대상으로 2주 간격의 검사-재검사 신뢰도 계수를 산출한 결과는 인지적 원인척도 .77, 정서적 원인척도 .78, 행동적 원인척도 .80, 전체 .85로 나타났다.

김성회(1997)는 기존의 비주장행동 원인분석척도-1(김성회, 1990)의 문제점을 보완하기 위해 새로운 형태의 '비주장행동 원인분석척도-2'를 개발하였다('부록 2-1' 참조). 이 척도의 개발 목적은 개인의 비주장행동 원인을 밝히는 것이지만, 이는 나아가 비주장행동의 원인에 따라 보다 효과적인 주장훈련을 하기 위한 것이다. 즉, 비주장행동의 원인에 따라 주장훈련을 달리함으로써, 그 원인을 가장 빠른 시간 내에 가장 효과적으로 줄이거나 제거해 주기 위해서다. 이를 위해서는 같은 장면에서 각 원인이 어느 정도로 비주장행동에 영향을 미치는지 아는 것이 중요하다. 기존의 비주장행동 원인분석척도-1(김성회, 1990)에서는 같은 장면이기는 하지만, 각 비주장행동의 원인이 특정 장면에서 비주장행동에 미치는 상대적 영향의 정도를 평가하도록 되어 있지 않다. 이러한 점을 보완하여 이 척도에서는 같은 장면을 주고 세 가지 비주장행동의 원인이 특정 장면에서 비주장행동에 미치는 영향의 정도를 상대적으로 평가하도록 하였기 때문에, 기존의 것보다 비주장행동의 원인과 관련된 내용을 더욱 정확하게 측정한다고 볼 수 있다.

이 척도에서는 주장행동 여부가 장면에 크게 영향을 받는다는 점을 고려하여, 기초조사(1차 검사)를 통해 1차적으로 비주장행동 장면을 실제로 조사하고 관련된 연구 및 척도를 분석하여 대표적인 비주장행동 장면을 선정하였다. 따라서 선정된 장면은 척도가 측정하려고 하는 목표 행동의 내용을 담을 수 있는 대표적인 장면이라고 볼 수 있다.

각 장면에서 세 가지 원인을 밝히려는 문항은 그 개념이 문장으로 표시되었을 때 비교적 명확하게 구분된다. 정서적 원인은 비주장행동의 원인을 불안으로 본다. 따라서 정서적 원인을 알아보는 문항은 불안과 관련된 형용사로 술부가 이루어져 있다. 행동적 원인을 알아보는 문항은 비주장행동을 나타내는 외현적인 동사나 주장행동의 구체적인 방법을 모르는 것과 관련된 동사로 구성되어 있기 때문에, 불안과 관련된 정서적 원인을 나타내는 문장과는 구분된다. 인지적 원인을 알아보는 문항은 합리적 · 정서적 · 행동적 상담에서 말하는 비합리적 생각과 관련된 내용을 포함시켜서 '~해야 한다(또는 ~해서는 안 된다)고 생각하기 때문이다.' 로 진술되어 있다. 그러므로 인지적 원인 문항은 불안과 관련된 정서적 원인 문항이나 주장행동의 구체적인 내용이나 방법을 모르는 것과 관련된 행동적 원인을 나타내는 문항과는 그 내용에서 분명히 구분된다.

이 척도는 인지적 원인, 정서적 원인, 행동적 원인의 세 가지 하위척도로 전체가 열다섯 문항으로 구성되어 있다. 문항마다 인지적 원인, 정서적 원인, 행동적 원인을 각각 측정하는 문장이 하나씩 들어 있다. 다시 말해 한 문항에 세 문장씩 들어 있는 셈이다. 이들 세 문장은 각각 말하는 내용, 상대하는 사람과 그 수 및 친밀도를 동시에 고려하여 작성한 것이다. 15개의 각 문항은 각각을 구성하고 있는 세 원인에 대하여, 그 합계가 3점이 되도록 평정한다. 따라서 한 원인에 3점을 주고 다른 두 원인에는 0점을 줄 수도 있고, 모든 원인에 1점씩 나누어 줄 수도 있다. 문항당 점수의 합은 3점으로 총합은 45점이다.

'부록 2-2' 에서 보는 바와 같이 초등학생, 중학생, 고등학생, 대학생을 합친 전체에 대한 Cronbach의 α계수는 인지적 원인(.7956), 행동적 원인(.7624), 정서적 원인(.6809)의 순이었고, 반분신뢰도에서도 인지적 원인(.8085), 행동적 원인(.7766), 정서적 원인(.7178)의 순으로 높았다. 그러나 1주 간격의 검사-재검사 신뢰도는 정서적 원인(.8686), 인지적 원인(.8496), 행동적 원인(.8066)의 순서로 높게 나타났다.

학교별, 남녀별로 보면 Cronbach의 α계수에서는 중학교 여학생의 정서적 원인이 가장 낮았고(.6234), 대학교 남학생의 인지적 원인이 가장 높았다(.8277). 반분신뢰도에서는 고등학교 여학생의 정서적 원인이 가장 낮았고(.6382), 초등학교 남학생의 인지적 원인이 가장 높았다(.8369). 1주 간격의 검사-재검사 신뢰도에서는 초등학교 여학생의 행동적 원인이 가장 낮았고(.7823), 대학교 남학생의 인지적 원인이 가장 높았다(.9141).

상담전공 대학원 박사과정 수료자 1명과 재학생 3명을 대상으로 세 가지 원인에 대해 설명하고, 15개 각 장면에 있는 세 가지 원인을 구분하도록 한 결과

100% 일치를 보였다. 이는 이 척도의 내용타당도에 대해 시사해 주는 바가 크다.

이 척도는 15개의 비주장행동 장면 각각에 대해 세 가지 비주장행동 원인 문항을 주고, 그 장면에 세 번 처했을 경우, 각 원인 때문에 비주장행동을 하는 빈도를 답하도록 구성되어 있다. 따라서 각 장면의 세 가지 원인 점수를 합한 점수, 즉 각 문항의 만점은 3점이 된다. 각 장면에 있는 특정 원인 측정 문항이 정말로 그 원인을 측정하는 문항이라면 특정 원인을 측정하는 각 문항 득점과 그 원인척도 전체 득점, 즉 총점과의 상관은 다른 원인척도 총점과의 상관보다 높아야 할 것이다. 다시 말해, 15개 각 장면의 정서적 원인을 측정하는 문항과 정서적 원인 총점과의 상관은 행동적 원인 총점이나 인지적 원인 총점과의 상관보다 높아야 한다.

이상에서 살펴본 바와 같이 김성회(1997)의 비주장행동 원인분석척도-2는 그 신뢰도나 타당도 면에서 비주장행동의 원인을 측정하는 데 도움을 줄 수 있는 도구로 볼 수 있다.

주장행동 04

인간에게는 다른 동물과 같은 방법으로 자신을 보호하고 보존하려는 측면도 있지만, 자기계발을 위해서는 다른 동물과 다른 방법으로 자신을 보호하고 보존할 필요가 있다. 그중 하나가 바로 주장행동이다. 여기서는 주장행동의 의미와 중요성, 나아가 구체적인 주장행동의 요소와 측정 방법에 대해 살펴본다.

주장행동의 의미

주장행동은 행동상담 분야에서 오랫동안 관심을 받아 온 영역이다. 이에 따라 주장훈련의 목적은 개인이 주장행동을 잘할 수 있도록 하여 사회적 상황에 효율적으로 대응하도록 하는 데 있다. 주장행동의 의미는 학자에 따라 차이가 있지만, 연구가 시작된 초기에는 '자신'을 표현하는 데 초점을 두었고, 중기에는 주장행동의 대상이 되는 '상대방'의 권리에 초점을 두었으며, 후기에는 자신과 상대방의 관계에서 이루어진 '우리'라는 상호성과 평등성에 초점을 두고 주장행동을 이해하려고 하였다.

주장행동의 의미를 '자신'에게 두고 이론을 발전시킨 사람은 Salter(1949)와 Wolpe(1958)였다. Salter(1949)는 불안이나 공포 때문에 표현이 제지된(inhibited) 사람에게 이를 표현하는 한 가지 방법으로 '흥분(excitatory)' 행동을 하도록 하였다. 즉, 초기의 주장행동 의미에는 상대방을 배려하는 것과 관계없이 자신이 표현하고 싶은 것을 나타내는 데 초점을 두었다.

주장(assertive)이란 용어를 처음 사용한 Wolpe(1958)는 공격적으로 행동하거나 불안해하지 않고, 감정을 솔직하게 표현하는 데 초점을 두었다. Wolpe와 Lazarus(1966)는 이치에 맞지 않는 요청을 정중하게 거절하거나, 호감과 존경을 솔직하게 표현하거나, 기쁨이나 초조함 그리고 어색함 등을 표현하는 것을 중요시하였다. 또 Wolpe(1973)는 다른 사람에게 불안 이외의 어떤 정서를 적절하게 표현하는 것을 중심으로, 사회적 상황에서 개인이 불편하지 않게 자신의 긍정적 · 부정적 감정을 표현하여 사회 환경에 대한 자신의 영향력을 증가시키려는 것과 관련하여 주장행동을 설명하고 있다.

이렇게 초기 주장행동의 의미는 자신에게 관심을 두고 자신의 권리, 욕구, 의견, 생각, 느낌 등을 나타내는 행동으로, 인간의 기본권리와 정서의 적절한 표현에 초점을 두고 있다. 그 후 주장행동에 대한 관심이 높아지면서 자신의 권리뿐 아니라 상대방의 권리를 강조하는 학자들이 나타났다. 주장행동에 대해 Galassi와 Galassi(1977)는 다른 사람의 권리를 침해하지 않는 것에 초점을 두었고, Lange와 Jakubowski(1980)는 자신의 권리를 유지하면서 다른 사람의 권리를 침해하지 않는 방법으로, 직접적이고 솔직하고 적절하게 감정이나 생각 그리고 신념을 표현하는 데 초점을 두었다. 이들은 특히 다른 사람을 지배하거나 그들에게 창피를 주지 않고 자신의 의견을 전달하는 데 초점을 두어 주장행동을 정의하였다. Masters, Burish, Hollon 및 Rimm(1987)은 주장행동의 특징을 다음 세 가지로 설명하였다. 첫째, 생각과 감정을 솔직하고 비교적 직접적으로 표현하는 대인관계 행동, 둘째 사회적으로 받아들이는 행동, 셋째 다른 사람의 감정과 편안한 삶을 고려하는 행동이라고 하였다.

주장행동에 대해 MacDonald(1975)는 상대방이 배려받고 있다고 느낄 수 있도록 하는 언어나 행동으로 자신의 선호를 개방적으로 자신 있게 표현하는 것이라 하였고, 김성회(1984)는 상대방의 인권을 침해하거나 상대방을 불쾌하게 하지 않는 범위에서 자신의 권리를 옹호하여 자신의 생각, 의견, 느낌 등을 마음속에 있는 그대로 솔직하게 나타내는 학습된 행동이라고 보았다.

결국 주장행동은 자신의 권리뿐 아니라 상대방을 존중하면서 상대방의 권리도 함께 고려해야 한다. 특히 자신과 상대방의 상호 작용에 초점을 두면서, 둘의 입장을 '우리'라는 관점에서 보고 행동해야 한다는 것이다.

'우리'라는 관점에서 Lange와 Jakubowski(1980)는 주장행동의 목적을 의사소통과 상호 관계라고 하였다. 즉, 주장행동은 서로 존중하면서 공정한 행동을 요구하고, 두 사람의 욕구와 권리가 갈등을 일으킬 때 협상의 여지를 남겨 놓는 것이라고 하였다. Alberti와 Emmons(2001)는 주장행동을 하는 사람은 인간관계에서 평등성을 유지하고, 자신이 하고 싶은 행동을 할 수 있으며, 불필요한 불안을 느끼지 않고 당당할 수 있고, 솔직하고 편안하게 자신의 감정을 표현할 수 있고, 다른 사람의 권리를 무시하지 않고 자신의 권리를 행사하는 사람이라고 하였다. 여기서 상호 관계와 평등성은 자신과 상대방이 힘의 균형을 유지하고 공정한 이해 관계에서 패자가 없는 무패법 관계로서의 '우리'라는 관점을 강조한다.

이렇게 주장행동의 의미는 초기에는 자신의 권리, 느낌, 욕구, 의견, 생각을 표현하는 데에 관심을 두었고, 중기에는 상대방의 권리를 인정하고 존중하는 데에 관심을 두었으며, 후기에는 자신과 상대방을 평등하고 상호적인 '우리'라는 관점에서 이해하는 데에 관심을 두는 형태로 변해 왔다.

이상에서 살펴본 바와 같이 자신이 나타내고자 하는 것이 있어도 이를 나타내지 못하는 행동은 소극적 행동이고, 상대방의 권리를 침해하거나 불쾌감을 주면서까지 자신이 원하는 대로 나타내는 행동은 공격적 행동인데 비해, 상대방에게 피해를 주지 않는 범위에서 자신이 표현하고 싶은 것을 나타내는 행동은 주장행동이라고 정의할 수 있다. 이와 관련하여 주장행동의 의미를 좀 더 구체적으로 살펴보자.

'상대방에게 피해를 주지 않는다.'는 말은 크게 두 가지 의미를 가지고 있다. 첫째는 상대방의 권리를 침해하지 않는다는 것이다. 이는 다른 사람도 나와 마찬가지로 인간으로서 기본적 권리가 있음을 인정해야 한다는 뜻이다. 그중에서도, 특히 내가 나의 권리, 욕구, 의견, 생각, 느낌 등을 나타낼 수 있는 것과 마찬가지로 다른 사람도 그들의 욕구 등을 나타낼 수 있음을 받아들여야 한다. 그렇기 때문에, 자신의 권리 등을 나타내기 위하여 다른 사람이 그의 권리 등을 나타낼 기회를 박탈하거나, 다른 사람이 말한 것을 결코 소홀히 다루어서는 안 된다.

둘째는 상대방에게 불쾌감을 주지 않는다는 것이다. 물론 이야기하고자 하는 내용 그 자체는 경우에 따라서 상대방에게 실망을 줄 수도 있고 유감스럽다는 느낌을 줄 수도 있지만, 말하는 방법 등이 잘못되어 상대방을 불쾌하게 해서는 안 된다는 의미다. 예컨대, 친구가 돈을 빌려 달라고 하였을 때 나는 돈을 빌려 주고 싶지 않은 경우, 돈을 빌려 주지 못한다는 사실 그 자체는 상대방에게 실망을 줄 수도 있지만 말하는 방법, 태도, 음성 등이 잘못되어, 상대방으로 하여금 무시당한 느낌이나 놀림을 받았다는 생각을 갖도록 하여 불쾌하게 해서는 안 된다.

'자신이 표현하고 싶은 것'에는 자신의 권리, 욕구, 의견, 생각, 느낌 등으로 긍정적인 것과 부정적인 것이 모두 포함될 수 있다. 더 구체적으로 이야기한다면, 주장행동은 상대방의 행동이 훌륭하거나 고마울 때에는 칭찬하거나 감사해하는 행동, 상대방에게 부탁하고 싶은 것이 있을 때 능동적으로 부탁하는 행동, 상대방의 요구를 받아들이고 싶지 않을 때 거절하는 행동, 상대방의 행동이 못마땅할 때 유감을 표현하는 행동 등을 모두 포함한다.

주장행동의 요소

주장행동의 습득은, 주장행동과 관련된 불안이나 비합리적인 생각이 없음에도 불구하고 주장행동을 하지 못하는 사람들에게 더 많은 도움이 된다. 즉, 주장행동 습득을 통한 자기계발은 구체적인 방법을 몰라서 주장행동을 하지 못하는 사람에게 도움이 된다. 이를 위해서는 구체적으로 어떤 행동을 습득해야 하는지, 다시 말해 주장행동의 행동요소를 알고 필요할 때 이를 실제로 할 수 있도록 해야 한다.

주장행동의 요소가 강조된 것은 비주장행동의 행동적 원인이 강조되면서부터다. 주장행동을 하지 못하는 것은 주장행동과 관련된 구체적인 기술을 습득하지 못하였기 때문이라는 점이 지적되었다(Lazarus, 1971; Eisler & Hersen, 1973; Hersen, Eisler, Miller, Johnson, & Pinkston, 1973; Jakubowski & Lange, 1978; Rakos & Schroeder, 1980; Heimberg & Beker, 1981; Cianni, 1986). 따라서 Rakos와 Schroeder(1980), Cianni(1986) 등은 주장행동의 기술에 관심이 많았다. 여기서 말하는 기술이란 주장행동의 구체적인 행동요소를 나타내는 요령 또는 기법을 말한다.

Rakos와 Schroeder(1980), Eisler, Hersen 및 Miller(1973), McFall, Winnett, Bordewick 및 Bornstein(1982)을 종합해 볼 때 비주장행동을 하는 사람들이 습득해야 할 주장행동의 요소는 크게 내용 및 방법적 요소, 음성적 요소, 체언적 요소로 나누어 볼 수 있다. 여기서는 그 대상을 개인과 다수로 나누고, 주장행동의 요소를 방법적 요소, 음성적 요소, 체언적 요소로 나누어 살펴보고자 한다.

1) 개인 상대 주장행동의 요소

(1) 개인 상대 주장행동의 방법적 요소

주장행동의 방법적 요소에 대해서는 이미 오래전부터 강조되어 왔다. 먼저 서양문화를 배경으로 한 주장행동의 방법적 요소를 '상대방에게 피해를 주지 않는 범위에서 자신이 표현하고 싶은 것을 나타내는 행동'이라는 주장행동의 정의와 관련지어 살펴보기로 한다.

주장행동이 상대방에게 피해를 주지 않는다는 것은, 상대방의 권리를 침해하거나 상대방에게 불쾌감을 주지 않는다는 뜻이다. 상대방의 권리를 침해하지 않아야 한다는 점과 관련하여 습득해야 할 주장행동의 방법적 요소(Alberti & Emmons, 1982; Galassi & Galassi, 1977)는 ① 경청을 통해 상대방이 주장을 내세울 수 있는 기회를 제공함으로써 상대방의 권리를 보호해 주는 것과 ② 예절을 지킴으로써 인권을 존중하고 있음을 상대방에게 전달하는 것의 두 가지로 요약할 수 있다.

상대방에게 불쾌감을 주지 않아야 한다는 점과 관련하여 습득해야 할 주장행동의 방법적 요소(Rakos & Schroeder, 1980; Wolpe & Lazarus, 1966)는 ① 상대방의 입장을 공감해 주고, ② 자신이 현재 하고 있거나 앞으로 하고자 하는 행동에 대해 간단하면서도 솔직하게 그 이유를 설명해 주며, ③ 자신의 권리와 마찬가지로 상대방의 권리도 중요하기 때문에, 서로의 입장이 상반된 경우에는 타협안을 제시하고, ④ 자신이 나타내고자 하는 모든 것이 자신의 의사임을 정직하게 밝힌다는 의미에서 '나 전달법(I message)'을 사용하며, ⑤ 자신의 말을 듣고 상대방이 느낄 수 있는 감정을 예견해 주는 다섯 가지로 요약할 수 있다.

자신의 권리(Wolpe & Lazarus, 1966), 의견이나 욕구(Galassi & Galassi, 1977), 생각(Lange & Jakubowski, 1980), 느낌(Alberti & Emmons, 1982) 등 자신이 표현하고 싶은 것을 나타낸다는 점과 관련하여 습득해야 할 주장행동의 방법적 요소(Alberti & Emmons, 1982; Rakos & Schroeder, 1980)는 ① 자신이 표현하고 싶은 것

을 나타내며, ② 마음속에 있는 그대로 솔직하게 나타내고, ③ 마음에 없는 지나친 사과나 변명을 하지 않으며, ④ 대화의 초반에 나타내고, ⑤ 상대방에게 직접 나타내며, ⑥ 내용을 분명하게 나타낸다는 여섯 가지로 요약할 수 있다.

이상의 내용을 토대로 김성회(1990)와 김진규(2003)는 주장행동의 정의에 따라 우리 문화에 맞는 구체적인 방법적 요소를 제시하였다. 먼저 말하는 방법과 관련된 구체적 행동을 찾아보자. 이를 위해서는 주장행동의 정의 중 '상대방에게 피해를 주지 않는 범위에서'와 관련지어 생각해 볼 수 있다. 상대방에게 피해를 주지 않으려면 상대방의 권리를 침해하거나 상대방을 불쾌하게 하지 말아야 한다. 대인관계에서 어떤 경우에 상대를 대하기 싫거나 상대를 공격하고 싶은지를 생각해 보면 해답을 찾을 수 있다. 많은 경우 상대방으로부터 인간적으로 무시당하거나 감정을 이해받지 못한다고 여겨질 때 방어나 저항을 하게 되며 불쾌감을 느낀다. 바꾸어 말하면, 상대방이 생각하기에 자신이 인간적으로 존중받을 뿐만 아니라 감정도 이해받고 있다고 생각하면 대화를 하고 싶어 한다. 이러한 점에서 본다면 주장행동의 중요한 요소는 '너 이해'라고 할 수 있다. 어떤 의미에서 '너 이해'는 자신의 말을 상대가 들어 주고, 따라 주도록 하는 기초 작업이라고 할 수 있다. 그래서 '너 이해'에서는 아직 자신이 말하고 싶은 내용은 포함시키지 않는다. 따라서 주장행동의 행동요소에는 자신이 하고 싶은 말을 하기 전에 상대방이 이해받았다고 느끼도록 하는 '너 이해'를 할 수 있는 구체적 행동을 포함시켜야 한다.

주장행동의 정의 중 '자신이 표현하고 싶은 것을 나타내는 행동'과 관련지어 생각해 보자. 이는 자신이 상대방에게 하고 싶은 말을 하는 것이다. 간단히 말해 나를 너에게 이해시키는 '나 이해시키기'다. '너 이해'에서는 자신이 표현하고 싶은 내용을 나타내지 않는데 반해, '나 이해시키기'에서는 자신이 전달하고 싶은 내용을 말해야 한다. 그리고 그 말을 상대방이 충분히 이해할 수 있게 해야 하며, 상대방의 기분도 상하지 않게 해야 한다. 주장행동 요소에 이러한 '나 이해시키기'와 관련된 구체적 행동이 포함되어야 한다.

'너 이해'가 이루어지고, '나 이해시키기'를 하고 나면, 너와 나는 서로 다르다는 점을 알게 된다. 우주에 있는 모든 것은 엄격히 말해 같은 것이 없다고 볼 수 있다. 엄격하게 보지 않더라도, 우리 각자가 모두 다르다는 사실을 부정하는 사람은 거의 없다. 이렇게 서로 다른 사람이 상대방을 불쾌하게 하지 않으면서 대화를 할 수 있을지에 대해 의문이 제기된다. 그 의문에 답하기 위해서는 자연의 이치를 보면 알 수 있다. 자연의 중요한 원리는, 서로 다른 것이 함께하려고 할 때 상대방을 위해 배려를 해 준다는 점이다. 하늘과 땅과 바다는 어느 것이 와도 그 자리를 마련해 준다. 자신이 아주 힘들고 혼탁해져도 그렇다. 더러운 냇물과 오염된 하늘을 보면 잘 알 수 있다.

사람은 남과 더불어 살고, 서로 도움을 받아 자기계발을 할 수 있는데, 이를 위해서는 상대방을 배려하여, 다시 말해 상대방과 타협하여 '우리되기'를 할 수 있어야 한다. 그래야만 너와 내가 함께할 수 있다. 상대방에게 피해를 주지 않으면서도 자신이 하고 싶은 말을 하기 위해서는 타협이 필요하다. 따라서 타협을 통한 '우리되기'와 관련된 구체적 행동이 주장행동 요소에 포함되어야 한다.

이상에서 살펴본 바와 같이 상대방을 이해해 주어 상대방이 나의 말을 수용할 수 있도록 준비시키는 '너 이해'를 한 뒤, 내가 하고 싶은 말을 하여 나를 너에게 이해시키는 '나 이해시키기'를 하면 서로가 다르다는 것을 알게 되는데, 이때 타협을 통해 '우리되기'가 이루어지도록 하는 구체적 행동이 주장행동의 방법적 요소가 된다. 다음에는 이들 각각에 대해 좀 더 구체적으로 방법적 요소를 찾아보자.

너 이해 상담에서 '너 이해'를 도울 수 있는 구체적 행동 또는 상담기법은 많다. 이는 상담이 기본적으로 내담자 이해를 중요하게 보기 때문이다. 김성회(1990)와 김진규(2003)에 의하면, 대표적인 '너 이해' 방법 또는 기술로는 상대방의 감정을 이해해 주는 공감, 상대방을 인격적으로 대해 주는 존중, 상대방에 대해 정직하게 이야기하는 진실성, 상대방이 자신의 이야기를 깊이 있게 드러낼 수 있게 하는 자기 노출, 상대방의 말을 잘 듣고 이를 정리하여 알려 주는 요약, 상대방의 입장에서 그의 행동이나 생각 등을 그대로 수용해 주는 인정, 상대방에 대한 자신의 긍정적인 감정을 전달하는 감정 보고, 자신이 하고자 하는 말을 했을 때 상대방에게 일어날 수 있는 느낌이나 생각 또는 행동을 내가 먼저 말해 주는 예측 보고 등이 해당된다.

＊공감 주장행동은 상대방의 기분을 상하지 않게 하는 행동임을 앞에서 여러 번 강조하였다. 상대방의 기분이 상하면 더 이상 나의 말을 들어 주지 않고, 말을 하면 할수록 서로 간에 갈등만 더 커진다. 그러므로 상대방의 기분이 상하지 않거나 덜 상하게 하는 방법을 생각해 봐야 한다. 한 인간으로 존중받고 이해받으면, 특히 감정에 대해 이해받고 있다고 생각되면 기분이 덜 상하거나 상한 감정이 나아진다. 시험 성적 때문에 속상해하고 있는 자녀에게 어머니가 "성적이 좋지 않게 나와서 속이 많이 상했구나."라고 말해 주면, 자녀는 이해받고 있다는 느낌을 가지고 그로 인해 울먹이면서 그 순간의 감정이나 억울함 또는 속상함을 어머니에게 이야기할 가능성이 커진다. 이처럼 인간이 상대방으로부터 이해받고 있다고 느끼게 하는 방법 중 대표적인 것이 공감이다.

우리는 비록 같은 물리적 세계를 경험한다 할지라도 서로 다른 방식으로 그것을 경험하게 된다. 왜냐하면, 각자 자신이 가지고 있는 참조 틀(이해의 틀)을 통해 그것을 이해하기 때문이다. 따라서 다른 사람을 이해하기 위해서는 먼저 자신의 관점이 아닌 상대방이 가지고 있는 이해의 틀을 통해서 느끼고 생각해야 한다. 공감이란 자신의 틀은 뒤로 제쳐 두고, 상대방의 틀을 적용하여 상대방이 경험하고 있는 것을 마치 자신이 경험하는 것처럼 느끼고 이해하여 그것을 효과적으로 전달하는 것이다.

우선 공감은 상대방의 개인적 세계를 마치 자신의 것처럼 느끼고 이해하는 것이다. 여기에서 '마치'라는 말을 사용한 것은 자신의 중심을 잃을 정도로 상대방의 세계에 몰입하면, 상대방을 있는 그대로 이해해 주기 어렵기 때문이다. 공감이 동정과 다른 점이 여기에 있다. 동정은 나 자신을 잃고 완전히 상대방이 되어서 같은 감정을 가지는 것이다. 이렇게 되면, 상대방이 슬퍼하면 나도 슬픔을 느끼게 되고, 상대방이 두려워하면 나도 두려워하게 된다. 뿐만 아니라, 두려움에 따른 신체적 반응(경련, 땀에 젖은 손, 불규칙적인 심장 박동 등)도 함께 경험할 가능성이 크다. 물에 빠진 사람을 구하기 위해 아무 준비 없이 물속으로 달려 들어가서 두 사람 모두 물에 빠져 버리는 경우와 같은 이치다. 그래서 상대방의 개인적 세계를 깊이 이해해 보려고 노력하더라도 자신을 잃지 않고 자신의 것처럼 이해하는 것이 중요하다.

대화에서 공감은 자신이 상대방을 이해한 것에 그치지 않고, 상대방에게 자신이 이해한 것을 적절하게 전달하는 것을 포함한다. 아무리 자신이 상대방을 공감하고 있더라도 그것을 상대방에게 효과적으로 전달할 수 없다면 별 의미가 없다.

공감적으로 의사소통하는 첫 단계는 상대방이 현재 당면하고 있는 문제에 대해서 스스로 어떻게 느끼는지 주의 깊게 들어 주는 것이다. 다음 단계는 상대방이 사용하는 이해의 틀을 통해 상대방이 현재 어떤 이유로 어떤 감정을 가지고 있을지를 함께 느껴 본다. 세 번째 단계는 상대방 감정과 그의 상황을 잘 이해하고 있다는 점을 말로 전해 준다. 이렇게 하기 위해서는 상대방이 이야기하고 있는 동안 경청해야 하지만, 그에게 어떻게 반응할까를 생각하느라고 시간을 허비해서는 안 된다.

내가 상대방의 감정을 잘 이해해서 말을 했을지라도 상대방이 이해받은 정도는 다를 수 있다. 어떻게 하면 상대방이 더 이해받았다고 느낄 수 있는지를 생각해 보자.

상대방의 감정을 이해해 준다고 한 말이 상대방을 더 기분 나쁘게 하는 경우가 있다. 이는 상대방이 가진 이해의 틀로 그의 감정을 이해해 보려고 노력하지 않고, 나 자신이 가진 이해의 틀로 상대방을 이해하려고 했을 가능성이 크다.

상대방의 기분을 상하게는 하지 않더라도 상대방이 느끼기에 자신이 이해받고 있다고 느끼지 못하는 수준의 공감도 별로 도움이 되지 못한다. 공감을 할 때는 상대방이 나타내 보이는 수준만큼은 이해하고 느낄 수 있어야 한다. 그러나 이 정도에 만족하지 말고, 상대방 스스로도 미처 몰랐던 부분에 대해 이해하고 느껴서 이를 상대방에게 드러낼 수 있어야 한다. 예를 들면, 어떤 청소년이 "저는 집에 들어가기가 싫습니다. 집에 가면 제가 아버지나 어머니와 싸우거나 두 분이 서로 싸우는 등 집 안에 두 사람만 모이면 싸우거든요."라고 말한 경우, "그런 집에 들어가는 것이 너무 너무 싫겠구나. 친구들처럼 집에 가면 부모님이 너를 반갑게 맞아 주기는커녕 싸움만 일어나니 너무나 속이 상하고 그런 자신이 비참하게 느껴지기도 하겠다."라고 말해 주는 것이다. 이 경우 그 청소년은 가족이 반갑게 맞아 주기를 바란다는 점과, 그렇게 가족이 반겨 주는 친구를 부러워하고 있다는 점은 미처 모르고 있었던 감정일 수도 있다. 많은 경우 자신이 미처 몰랐던 보다 심층적인 감정에 대해 공감을 받으면 비언어적 측면의 변화가 나타나는데, 대개 눈물이 고이거나 음성이 달라진다.

* **존중** 주장행동의 정의를 보면 상대방의 권리를 침해하지 않아야 한다는 내용이 포함되어 있다. 이는 상대방도 나와 똑같이 존중받아야 할 인간임을 인정해야 한다는 뜻이다. 인간은 자신이 상대방에게 존중받지 못한다고 느끼면 그와 상대하기가 싫어 소극적 또는 공격적 행동을 할 가능성이 커진다. 존중은 인간을 보는 관점의 차원이 아니라 그것이 행동으로 표현된 인간에 대한 태도다. 즉, 존중은 관심이나 수용과 비슷한 의미를 내포하고 있지만 좀 더 능동적인 개념이다. 다시 말해 상대방을 무시하지 않는 소극적 수준에 그치는 것이 아니라, 존중하고 있음을 언어로 확실히 표현해 주는 것이다.

자신의 존중반응은 상대방에 대한 관심을 행동으로 표현하여 전달하는 것이다. 구체적으로 상대방의 유일함과 그의 잠재력을 믿고, 상대방이 지닌 결함에도 불구하고 그에 대해 판단하거나 평가하지 않으며, 나 자신에게 희생이 따르더라도 최선을 다해 그를 배려하고 가치 있는 한 인간으로 대해 주는 것이다. 예를 들어, 자기가 다니는 일반계 고등학교에 학업성적이 낮거나 취업을 원하는 학생을 위해 취업반이 생겼는데, 자기 성적으로 볼 때 취업반에 가는 것이 더 도움이 된다고 생각해 아버지께 말씀드리고 싶지만 아버지께서 실망하실까 봐 도저히 그럴 수 없다며 걱정하는 자녀에게, 어머니가 "네가 얼마나 답답했으면 나한테 그런 말을 했겠니? 이 엄마가 어떻게 하면 너에게 도움이 될 수 있을지 모르겠구나. 현재 네가 나에게나 아버지한테 바라는 것이 있으면 무엇이든 말을 해 보렴. 아버지가 너와 나에게 얼마나 화를 내실지 모르겠지만, 아버지와 상의해서 최대한 너에게 도움이 되는 방향으로 이 문제를 풀어 나가고 싶구나."라고 말하는 것이다.

상대방에 대한 존중은 자기를 존중하는 사람에게서만 가능하다는 점을 염두에 두어야 한다. 열등감이 심한 사람은 다른 사람을 존중하기 어렵다. 상대방을 존중하면 자신이 낮아진다고 생각하기 때문이다. 이들은 상대방을 자신의 위치로 끌어 내리기 위해 상대방을 비난하는 경우가 많다. 따라서 진심으로 상대방을 존중할 수 있기 위해서는 인간적 성장이 필요하다.

마음속으로부터 일어나는 존중이 아니더라도, 상대방과 하는 대화에서 상대방을 위해 최선을 다하고 싶다거나 희생이 따르더라도 할 수 있는 일이라면 해보겠다는 표현이 존중과 관련된 반응이다. 여기서 중요한 것은 상대방이 생각하기에 '저 사람이 자기 욕심을 채우기 위해서가 아니고 정말로 나를 위해 어떤 희생이라도 각오하고 있구나!' 라는 느낌이 들도록 하는 것이다.

신념이나 가치를 강요받는다고 여길 경우나 제안이 묵살당한다고 여길 때 상대방은 존중받지 못하고 있다고 여길 수 있다. 한마디로 말해 무시당하고 있다는 느낌이 들 경우다. 이때 상대방은 소극적 또는 공격적 행동을 할 가능성이 크다. 한번이라도 자신을 무시한 사람에 대해서는 좀처럼 존중받는 느낌을 가지기 어렵다는 점을 잊어서는 안 된다.

* **진실성** 원래 진실성은 긍정적이든 부정적이든 상대방에 대해 솔직하게 말하는 것이다. 그러나 주장행동에서의 '너 이해' 단계에서는 긍정적 측면에 초점을 두어 진실성 반응을 한다. 부정적 측면의 진실성 반응을 배제하는 이유는, 이 반응을 했을 경우 상대방이 이해받고 있다고 여길 가능성이 적기 때문이다.

아주 친밀한 관계이고 부정적인 말을 해도 기분이 상하지 않을 것 같으면 부정적인 측면의 진실성 반응을 보여도 좋다. 또한 진실성은 자기가 주장하고자 하는 내용에 초점을 두고 솔직하게 말하는 것이 아니라, 상대방에 초점을 두고 말해 준다는 점도 유의해야 한다.

앞의 예 중 집안 식구들 간 싸움이 잦아 집에 들어가기 싫어하는 청소년의 경우, 그러한 어려운 환경에 대해 흔히 숨기려고만 하는데, 이 청소년은 자기 집의 부끄러운 일에 대해서도 솔직하게 말해 주고 있다는 데 초점을 두어야 한다. 즉, "자기 집안의 부끄러운 일을 남에게 말하기가 힘든데도 솔직하게 말해 주는 것을 보니, 다른 사람의 도움을 받아 어려움을 잘 극복할 수 있는 학생같구나." 라고 말해 주는 것이다.

＊자기 노출 주장행동을 하여 상대방이 나의 말을 잘 받아들이도록 하기 위해서는 먼저 상대방을 잘 알아야 한다. 상대방을 잘 아는 방법은 여러 가지가 있겠지만, 그중에서도 상대방이 자기 자신에 대해 더 깊이 말해 준다면, 그를 더 잘 이해할 수 있다. 그러므로 어떻게 하면 상대방이 자신에 대해 더 깊이 이야기할 수 있는지 생각해 보아야 한다. 많은 경우 내가 먼저 자신에 대해 솔직하게 이야기하면 상대방도 자신에 대해 더 솔직하게 이야기할 가능성이 크다. 서로의 깊은 내면, 다시 말해 서로의 비밀을 알면 알수록 서로에 대해 더 믿게 되고 더 깊은 이야기를 할 수 있다.

자기 노출은 자신의 과거, 현재, 미래의 생각이나 느낌 및 행동을 상대방에게 말해 주는 것이다. 여기서 가장 높은 수준의 노출은 개인적인 것이면서, 생각과 감정이 모두 포함되는 것이다. 앞의 예에서 가족 간 싸움 때문에 집에 들어가기 싫어하는 청소년에게, "나도 우리 형님이 도박을 해서 형님이 너무너무 싫었어. 그래서 집을 나가서 혼자 살아 보겠다는 생각도 여러 번 했단다. 형님이 도박을 하고 그 때문에 집안에 다툼이 생길 때는 정말로 집이 싫었지. 그래서 며칠씩 집에 들어가지 않은 적도 있었어. 지금도 그때만 생각하면 화가 나고 눈물도 난단다."와 같이 말하는 것이다.

자기 노출을 할 때 거짓말을 해서는 안 되며, 상대방이 자신의 더 깊은 내면을 노출하는 데 도움이 되는 내용이어야 한다. 과시하기 위한 노출이나 누구나 다 그렇다는 식의 노출은 상대방이 자기를 깊이 드러내는 데 도움이 되지 못하는 경우가 많다.

＊**요약** 요약은 상대방의 말을 간단명료하게 정리하여 이를 확인하는 방법이다. 요약을 잘했다는 것은 잘 들었다는 의미가 되고, 이 경우 상대방은 이해받고 있다고 생각한다. 요약이 잘못되었으면 상대방이 이를 정정해 줄 수도 있다.

요약을 해서 확인하는 이유는, 인간은 똑같은 말을 들어도 자신의 주관적 세계에 따라 다르게 들을 수 있기 때문이다. 이러한 이유로 그 의미가 말한 사람의 의도와는 다르게 전달되고 해석될 가능성이 커서 서로 오해할 수 있다. 따라서 요약해서 확인함으로써 서로가 생각하고 있는 의미를 가급적 일치시키고, 오해의 소지를 줄일 뿐만 아니라, 잘 들어 주고 이해해 준 것을 상대방이 고맙게 생각할 수 있다.

앞의 예에서 "내가 듣기로는 가족 간에 자주 다투어서 집에 가면 마음이 편하지 않기 때문에 PC방에서 시간을 보내다 보니 돈이 필요한 데다가, 친구들도 부추기는 바람에 결국, 이들과 함께 후배의 돈을 빼앗았다는 말인 것 같은데, 내가 바로 들었는지 모르겠구나."라고 자신이 들은 대로 요약해서 확인하는 것이다. 또한 진로문제로 고민하는 자녀의 경우는 어머니가, "그러니까 여러 가지 사정으로 보아 네가 일찍 취업반으로 바꾸는 것이 취업이라도 확실하게 보장받을 수 있겠다는 것이구나. 진학반에 계속 있다가는 원하는 대학도 못 들어가고, 그렇게 되면 대학을 나온다 해도 취업을 못할 수도 있어 취업반에 들어가고 싶지만 아버지가 실망하실까 봐 갈등이 많이 일어난다는 말이구나."와 같이 말해 주는 것이다.

＊**인정** 인간은 자신이 한 행동이 타인에게서 인정받고 있다고 느낄 때 비로소 이해받았다고 생각한다. 인정은 상대방이 그렇게 말할(또는 행동할, 생각할, 느낄) 수밖에 없는 그 나름의 충분한 이유가 있었다는 점을 상대방 입장에서 이해하고 이를 언어로 표현해 주는 것이다. 즉, 상대방의 행동에 대해 그 나름의

이유와 명분을 그가 보는 관점에서 이해해 주는 것이다.

이 경우 상대방의 말이나 행동 등이 옳다거나 정당하다는 등, 판단하는 표현은 바람직하지 않다. 특히, 상대방의 말이나 행동이 객관적으로 정당성이 있다는 의미를 전달해서는 안 된다. 그렇게 되면 그 사람에게 내가 주장하고자 하는 말을 할 필요성이 없어지기 때문이다. 오직 상대방의 입장에서 보면 그러한 말이나 행동을 할 수밖에 없겠다는 등 그 나름의 정당성을 인정해 준다. 앞의 예 중 집에 들어가기 싫어하는 청소년의 경우, "너의 입장에서 보면 주변 여건 때문에 그런 나쁜 행동을 하지 않기가 어려웠겠구나."와 같이 말해 주면, 상대방은 자신을 방어할 필요성이 줄어들고 자신의 솔직한 심정이나 자신이 한 행동에 대해 정직하게 말할 가능성이 커진다.

＊**감정 보고** 감정 보고는 상대방이 행동이나 말을 그렇게 할 수밖에 없었던 사정을 듣고 나서 그와 관련된 나의 감정을 말해 주는 것이다. 감정 보고의 방법은 상대방 이야기를 듣고 난 후 자신에게 일어나는 감정, 그중에서도 긍정적 감정을 상대방에게 언어로 전달하는 것이다.

말하기 어려운 여건인데도 상대방이 솔직하게 말해 준 데 대한 자신의 감정을 나타내는 경우가 좋은 예다. 대부분의 사람은 자신의 이야기, 특히 신변에 관한 이야기를 잘 하지 않는다. 이는 이야기를 듣는 사람에 대한 신뢰가 적기 때문이다. 상대방이 자신의 신변에 관한 이야기를 했다는 것은 나를 믿고 있다는 증거다. 이런 경우는 고맙다는 의미가 포함된 말을 하는 것이 대화하는 데 도움이 된다. 앞의 예를 다시 적용해 보면, "가족 간의 불화와 관련하여 말하기 힘든 것도 나를 믿고 이야기해 주어 고맙다."와 같이 말하는 것이다.

이는 진실성이나 자기 노출과 유사한 점이 있고, 의미를 정의하는 데 따라서는 자기 노출에 포함될 수도 있다. 그러나 이 책에서는 의미를 달리하여 사용하였다. 즉, 진실성은 상대방의 이야기를 듣고, 상대방 이야기의 내용이나 말하는 태도 등에 대해 내가 보기에 긍정적으로 보이고, 상대방도 긍정적으로 여길 것 같은 말을 해 주는 것이다. 이를 통해 상대방의 행동 중에는 긍정적인 면도 있음을 상대방이 한 번 더 확인할 기회를 갖게 함으로써, 상대방이 자기를 긍정적으로 보도록 하는 데 그 목적이 있다. 자기 노출은 상대방이 자신을 더 깊이 노출하도록 하는 데 목적을 둔다. 상대방을 더 잘 알아야 나의 주장을 잘할 수 있는데, 상대방이 자신에 대해 깊이 이야기하지 않으면 상대방을 잘 알 수 없고, 그렇게 되면 상대방이 받아들일 수 있게 주장을 할 수 없기 때문이다. 감정 보고는 상대방의 노출을 위해 하는 것이 아니라는 점에서 자기 노출과는 다르다.

＊예측 보고 예측 보고는 상대방이 나를 믿고 이야기해 준 것에 대해 하고 싶은 말이 있는데, 이 말을 상대방이 들었을 때 어떤 느낌이나 생각을 가질지, 또는 어떤 행동을 하게 될지를 내가 먼저 상대방에게 말해 주는 것이다. 이는 자신이 상대방을 충분히 이해하고 있음을 전달하는 것이기도 하다. 앞의 예에서 "네가 나를 믿고 모든 것을 솔직하게 이야기했는데, 내가 이런 말을 하면 네가 나를 잘못 봤다고 생각할지도 모르겠구나."와 같이 말해 주는 것이다.

이러한 예측 보고는 우리 문화에서 많이 보아 왔다. 임금이 싫어할 것 같은 청을 신하가 할 때, "전하! 신을 죽여 주십시오."라고 먼저 말한 후 진언하거나, 시어머니가 싫어할 것 같은 말을 며느리가 하고 싶을 때, 먼저 "어머님, 제가 이런 말씀을 드리면 화를 내실 것 같아 말씀 드리기가 무척 조심스러워요."와 같이 말하는 것은 모두 예측 보고에 해당된다.

이제까지 주장행동에서 '너 이해'와 관련된 방법적 요소 여덟 가지, 즉 공감, 존중, 진실성, 자기 노출, 요약, 인정, 감정 보고, 예측 보고에 대해 구체적으로 살펴보았다. 방법적 요소를 보면서 많은 사람은 주장행동이 너무 어렵다고 생각할 수 있다. "바쁜 세상에 어떻게 그렇게 여러 가지를 다 하고 나서 내가 하고 싶은 말을 할 수 있나?" 하면서 불평을 하는 사람도 있을 것이다.

물론 주장행동을 할 때 이 모두를 할 필요는 없다. 하나도 하지 않아도 될 경우도 있다. 앞에서도 언급한 바와 같이 '너 이해'는 '나 이해시키기'를 위한 기초 작업이다. 따라서 상대방과 관계가 잘되어 있어서 내가 하고 싶은 말을 바로 하더라도 상대방의 기분이 상하지 않을 것으로 생각되면 '너 이해'의 기법을 전혀 사용하지 않아도 된다. 그러나 바로 '나 이해시키기'를 하면 상대방의 기분이 상할 것 같을 경우에는, '나 이해시키기'를 해도 상대방의 기분이 상하지 않을 수준까지 '너 이해'를 먼저 충분히 해야 한다. 그렇기 때문에 경우에 따라서는 오랜 기간 동안 '너 이해'만 해야 할 수도 있다. 분명한 것은 상대방이 자신의 말이나 행동을 이해받지 못한다고 느끼면 나의 말을 들어 줄 가능성이 낮다는 점이다. 더 큰 문제는 그럴 경우에 주장행동으로 인해 인간관계가 더 나빠져서, 그 때문에 더 많은 스트레스를 경험할 수도 있다는 점이다.

'너 이해' 방법은 다음의 '나 이해시키기' 방법을 적용하는 중에도 필요할 때 사용할 수 있다. '나 이해시키기' 중 상대방의 감정이 상할 것 같거나 말의 내용에 감정이 묻어 나오면 바로 '너 이해'를 해서 감정을 가라앉힌 뒤에 '나 이해시키기'를 해야 한다.

나 이해시키기 주장행동에서 '너 이해'는 나의 말을 상대방이 들어 줄 수 있도록 하는 기초 작업이므로, '나 이해시키기'가 주장행동의 핵심이다. 비록 상대방이 나의 말을 들어 줄 준비가 되어 있다고 하더라도, 내가 하는 말의 내용 때문에 상대방은 기분이 상할 수도 있다. 따라서 '나 이해시키기'에서는 나의 권리, 욕구, 의견, 생각, 느낌 등을 나타내면서도 상대방의 기분을 상하지 않게 하는 두 가지 목표가 동시에 달성되어야 한다.

상대방에게 나를 이해시키는 방법은 이제까지 많이 소개되어 왔다. 그중에서도 단시간에 이해시키는 방법으로 다음과 같은 기법과 과정이 있다.

＊ '내(제)' 사용 인간관계에서 문제가 일어나는 경우는 서로 자기 주장은 정당하고 상대방의 주장은 부당하다는 것을 전제로 대화를 하기 때문이다. 달리 말하면, '나의 말은 진리고 너의 말은 틀렸다.'는 투로 대화를 하기 때문에 결국 서로 언성을 높이고 불쾌한 결말을 맺게 된다. 우리 문화에서는 이야기 마지막에 흔히 볼 수 있는 장면이다.

주장행동을 포함한 일반적 대화에서 상대방의 말이나 행동이 잘못되었다고 일방적으로 밀어붙이면 대부분의 사람은 방어를 한다. 그러면 대화가 이루어지지 않고 각자 자기가 이기려는 게임, 심하면 싸움이 될 수도 있다. 그렇게 되면 두 사람 모두 상처만 받게 된다.

대화 또는 주장행동을 할 경우 어떻게 하면 상대방의 기분을 상하게 하지 않고 방어할 필요성도 느끼지 않게 할 수 있을지가 많은 사람에게 관심사였다. 이와 관련해서 상담자들이 생각해 낸 방법이 '내가 하는 말은 진리가 아니고 단지 내 생각에 따른 것뿐이다.'라는 투로 상대방에게 말하는 것이다. 바로 '내(제)'를 사용한 주장 방법이다.

'내(제)' 사용의 전제는 너의 말도 일리가 있음을 인정하는 것이다. 다시 말해 서로 상대방의 말을 인정하면서 대화나 주장을 한다. 그러면 대부분의 경우 상대방의 말에 방어하기보다는 그 말의 내용에 더 집중하고 감정의 개입이 줄어들어 문제나 내용을 보다 객관적으로 보고 판단할 가능성이 커진다. 앞의 예에 다시 적용해 보면, "내(제) 생각에는 ~" "내(제)가 보기에는 ~" "내(제)가 들은 바로는 ~" "내(제)가 알기로는 ~"과 같이 말을 시작하는 것이다.

＊현재 행동 지적 서로 관계가 아주 좋은 경우라면 앞의 내용을 모두 생략하고 바로 이 단계에서 자기가 하고 싶은 이야기를 시작해도 된다. 여기서는 상대방의 입장을 충분히 이해하지만, 현재 상대방이 하고 있거나 이전에 한 행동에 대한 나의 입장을 말하기 위해 먼저 내가 말하려는 것과 관련된 상대방의 행동을 분명히 지적한다. 앞의 예를 그대로 이어서 하면, "수업을 마치고 바로 집에 가지 않고 PC방에서 친구들과 어울리고, 심지어 게임할 비용이 모자라서 후배의 돈을 빼앗는다면……"과 같이 말하는 것이다.

＊예상되는 결과 지적 예상되는 결과의 지적은 주장행동의 핵심이다. 내가 주장행동을 하지 않을 수 없는 것은 바로 상대방의 현재 행동이 가져올 수 있는 예상되는 결과 때문이다. 따라서 예상되는 결과를 가급적 상세하게 잘 전달해

서 상대방이 충분히 수긍할 수 있게 해야 한다.

예상되는 결과를 제시할 때는 포괄적으로 뭉뚱그리지 말고, 몇 가지 항목으로 나누어 객관적 자료를 통해 설득력 있게 제시해야 한다. 이때 필요에 따라서는 자신의 입장을 정당화할 수 있는 사람을 만나게 할 수도 있고 여건에 따라서는 역할연기 등 다양한 방법으로 예상되는 결과를 경험시켜야 한다. 이 경험은 단순히 아는 수준이 아니라 느껴 보는 수준까지 이르러야 한다. 앞의 예를 그대로 이어서 보면, "세 가지 정도의 문제가 있을 것 같다. 첫째는 이런 행동이 지속될 경우 경찰에 붙잡혀 처벌을 받을 가능성이 높고, 둘째는 비행청소년이 될 가능성도 높으며, 마지막으로 부모님의 도움마저도 받지 못할 것 같다."와 같이 말하는 것이다. 이 경우에는 선배 중에 이런 문제로 힘들게 보낸 사람이 있으면 그와 만나 보도록 하거나 역할연기를 통해 처벌의 고통과 주변 사람의 시선 등을 간접적으로나마 경험하게 하여 느끼게 할 수도 있다.

***자신의 느낌 전달** 인간은 어떤 사실에 의해서도 행동에 영향을 받지만 그 사실에 대한 상대방의 느낌을 알았을 때 더 큰 영향을 받는 경우가 많다. 앞의 예에서 본다면, 학생이 후배의 돈을 빼앗지 않도록 하기 위해서는 교사가 그 사실을 알고 있다는 것만으로는 부족하다. 그보다는 그 사실에 대해 마음 아파하는 교사의 감정을 알게 되었을 때 학생의 행동이 바뀔 가능성이 더 크다.

따라서 대화 중 상대방을 설득하거나 상대방이 나를 설득하고 있을 때, 나의 입장을 상대방에게 정확하게 전달하기 위해서는 자신이 현재 어떤 느낌을 가지고 있는지를 정확하게 알릴 필요가 있다.

주장행동에서는 상대방의 현재 행동이 어떤 결과를 가져올 것이라는 점에 대해 객관적으로 정확히 지적한 후, 그에 대한 나의 느낌을 상대방에게 솔직하게 전달할 때 나의 주장이 상대방에게 더욱 잘 전달된다고 보고 있다. 앞의 예를 그대로 이어서 본다면, "너무 많이 걱정되고 가슴이 아프다."와 같이 말해 주는 것이다.

우리되기 우리가 된다는 것은 상대방에게 일방적으로 양보하거나 양보를 받는 것이 아니고, 서로가 상대방에게 해 줄 수 있는 것을 해 주는 것이다. 이때 어느 쪽도 일방적으로 밀린다는 생각이 들지 않도록 하는 것이 중요하다. 여기에는 내용에 대한 타협과 시간에 대한 타협이 있다.

＊내용 타협 이제까지 살펴본 주장행동의 방법적 요소를 활용하여 상대방을 이해해 주고 자신을 상대방에게 이해시키고 나면, 서로가 다르다는 점과, 그 다른 것 중 중요한 한 가지는 내용이라는 점도 알게 된다. 우리는 서로 다르기 때문에 그 내용을 100% 일치시킨다는 것이 거의 불가능하다. 물론 한쪽이 완전히 양보하면 가능한 경우도 있다. 그러나 인간관계에서 어느 한쪽이 계속 양보하여 100% 일치시켜 나가는 경우는 드물다. 만약 그렇게 된다면 양보한 사람의 마음은 편하지 않을 것이다. 다시 말해 양보하는 사람은 소극적 행동을 하고 있을 가능성이 크기 때문에, 그는 정신적 고통에서 벗어나기 어렵다. 따라서 그 관계를 오래, 그것도 불편하지 않게 잘 유지하려면 어느 한쪽이 계속 양보하는 경우는 바람직하지 않다. 이 문제의 해결을 위해서는 타협을 해야 하고, 그중에서도 내용에 대한 타협이 중요하다.

내용의 타협을 위해서 시차를 두어 두 사람이 원하는 것을 모두 하거나, 번갈아 가면서 상대방이 원하는 것을 하거나, 두 사람이 모두 자신이 원하는 것의 일부를 줄이거나, 두 사람이 원하는 것과는 다른 제3의 것을 선택하는 타협점을 찾을 수 있다. 시간이 많을 경우에는 각자 자신이 원하는 것이나 원하는 것의 수준을 단계별로 모두 기록하여 상대방에게 요구하고, 이에 대해 상대방은 자신이 해 줄 수 없는 것과 해 줄 수 있는 것을 답해 주는 방법도 있다. 그러나 평상시 대화에서는 이 방법을 사용하기 어렵다.

타협의 전제는 내가 양보해야 상대방도 양보한다는 점이다. 따라서 나는 무엇을 양보할 수 있는지에 대해 먼저 생각해야 한다. 내가 얻고자 하는 것에만 집착하면 아무것도 얻기 어렵다. 앞의 예에서 본다면, “지금부터라도 네가 이러한 행동을 하지 않고 학교생활에 충실히 임한다면 내가 도울 수 있는 데까지 최선을 다해 도와주겠다. 돈을 빼앗긴 후배의 부모님과 네 부모님을 만나서 네가 그럴 수밖에 없었던 사정에 대해 말씀을 드리겠다."라고 말하는 것이다. 이 말을 한 사람이 교사라면 그는 학생을 위해 많은 일을 해야 하고 상당한 책임도 감수해야 한다.

＊시간 타협 타협점을 찾다 보면 바로 결정할 수 있는 경우도 있지만, 정보가 부족하거나 다른 사람과 상의해야 할 경우도 있다. 시간 타협은 이런 경우에 바로 결정을 내리지 않고 시간을 두고 일정 기간이 지난 후 결정하는 것이다.

인간의 많은 문제, 특히 갈등 상황일 경우는 일정 시간이 지나면 저절로 해결되는 경우가 많고, 처음보다는 쉽게 해결되는 경우도 많다. 이는 시간이 촉박할 경우 다양한 측면에서 보기 어려운데, 시간을 가지고 다각적으로 검토하면 해결 방법을 다양하게 찾을 수 있기 때문이다. 따라서 문제가 그 자리에서 해결되기 어려운 경우에, 일정 시간을 두고 타협하는데, 이것이 '시간 타협'이다. 앞의 예에서 "1주일 정도 시간을 줄 테니 네가 어떻게 할지 알려 주렴. 나도 그 사이 학교와 경찰서에 시간이 필요하다고 요청해 볼게."와 같이 말하는 것이다.

지금까지 주장행동의 방법적 요소를 알아보았다. 즉, '너 이해'와 관련된 요소 여덟 가지, '나 이해시키기'와 관련된 요소 네 가지, '우리되기'와 관련된 요소 두 가지에 대해 살펴보았다. 이를 충분히 익히고 주장행동을 한다면 개인에게 많은 도움이 될 것이다.

(2) 개인 상대 주장행동의 음성적 요소

의사소통 분야에서는 언어적 내용보다 비언어적 단서인 음성과 체언이 의사소통에 미치는 영향력에 대해 일찍부터 많은 관심을 기울여 왔다. 따라서 주장행동에서도 말하는 내용이나 방법뿐만 아니라 말할 때의 음성과 체언적 요소에 대해서도 함께 고려해야 한다.

지금까지 여러 학자(Alberti & Emmons, 1982; Flowers & Booraem, 1975; Galassi

& Galassi, 1977; Rakos & Schroeder, 1980)가 주장행동의 음성적 요소를 연구했다. 이들이 제시한 요소를 종합해 보면, ① 상대방이 충분히 알아들을 수 있을 만큼 큰 소리로 말하며, ② 단호한 음성으로 말하고, ③ 또렷한 발음으로 말하며, ④ 생동감 있는 자연스러운 억양으로 말하고, ⑤ 말이 도중에 끊어지지 않게 한다는 다섯 가지로 요약할 수 있다.

이러한 요소 중 말이 도중에 끊어지면 자연스러운 억양이 될 수 없기 때문에 같은 내용으로 보면, 음성적 요소는 네 가지가 된다. 주장행동을 할 때 음성이 너무 크면 공격적이라고 오해받을 수 있고, 너무 작으면 소극적이라고 오해받을 수 있다. 또한 목소리가 단호하고 또렷해야 상대방이 내가 주장하는 바를 분명히 알 수 있고, 나의 의지를 읽을 수 있다. 뿐만 아니라 억양이 자연스럽지 못하면 나의 주장이 상대방에게 잘 전달되지 않는 것은 물론, 나 자신이 위축되어 끝까지 주장을 하기 어려울 가능성이 있다.

이상의 내용을 정리해 보면, 주장행동의 음성적 요소로는 단호한 음성, 또렷한 발음, 자연스러운 억양, 적당한 목소리로 요약할 수 있다.

(3) 개인 상대 주장행동의 체언적 요소

지금까지 여러 학자(Alberti & Emmons, 1982; Eisler, Hersen, Miller, & Blanchard, 1975; Flowers & Booraem, 1975; Galassi & Galassi, 1977; Rakos & Schroeder, 1980)가 주장행동의 체언적 요소에 대해 연구했다. 이들이 밝힌 체언적 요소를 종합해 보면, ① 말하기 전이나 말하는 도중에 서두르지 않으며, ② 적절하게 시선을 접촉하고, ③ 내용과 일치하는 표정을 지으며, ④ 몸 전체를 자연스럽게 처리하고, ⑤ 적절한 몸짓을 취하며, ⑥ 말하기 전에 주저하지 않고, ⑦ 손발을 자연스럽게 처리하며, ⑧ 상대방과 50~100cm 정도의 적정 거리를 유지한다는 여덟 가지로 요약할 수 있다.

여기에서 '① 말하기 전이나 말하는 도중에 서두르지 않으며'와 '⑥ 말하기 전에 주저하지 않고' 및 '⑦ 손발을 자연스럽게 처리하며'는 자세의 불안과 관련되기 때문에 '안정된 자세'로 통합할 수 있다. 그런데 '④ 몸 전체를 자연스럽게 처리하고'와 '⑤ 적절한 몸짓을 취하며'는 너무 포괄적이어서 객관적으로 평가하기가 어려우므로 좀 더 세분화하는 것이 적절하다고 본다. 즉, '몸 전체 이동', '허리 움직임', '고개 끄덕임'으로 나누는 것이다. 그리고 서양문화에서는 비교적 금기시되어 왔으나 우리 문화에서는 상호 이해할 수 있는 사이에서는 대화의 내용에 따라 신체적 접촉이 주장행동을 촉진시킬 수 있기 때문에 이를 포함하는 것이 더 타당하다고 본다.

이상의 내용을 정리해 보면, 주장행동의 체언적 요소는 몸 전체 이동, 고개 끄덕임, 허리 움직임, 내용과 표정의 일치, 시선 접촉, 신체적 접촉으로 요약할 수 있다.

2) 다수 상대 주장행동의 요소

이제까지는 개인을 상대로 한 주장행동의 요소를 알아보았다. 우리는 여러 사람을 상대하여 자신의 주장을 해야 할 경우도 있다. 다수를 상대로 자기 주장을 할 경우에는 개인을 상대로 한 주장행동의 요소 모두가 활용되지는 않는다. 그러나 여기에도 방법적 요소와 음성적 요소 및 체언적 요소가 있기 때문에 이에 대해 살펴본다.

(1) 다수 상대 주장행동의 방법적 요소

개인을 상대로 주장할 때와는 달리 다수를 상대로 주장할 경우에는 주장하는 사람이 일방적으로 말하기 때문에 상호 작용적인 내용은 크게 줄어든다. 그러나 기본 관점은 '너 이해' 후 '나 이해시키기'다. 따라서 시작, 너 이해, 나 이해시키기, 마무리로 크게 나눌 수 있다.

시작 다수 상대 주장에서는 주장하는 사람이 일방적으로 자기 주장을 펼치기 때문에, 자기 주장을 하기 전에 주제와 관련된 배경 및 서로 대립되는 입장을 소개한 후, 자신은 어떤 입장을 지지하는지 제시해야 한다.

*주제 배경 설명** 주제의 배경 설명에서는 서로 대립되는 입장이 어떤 배경을 가지고 있는지와 관련지어 설명한다. 예를 들어, 최근 고교평준화 문제와 관련된 찬반 양론이 문제가 되어 자기 주장을 펼치는 경우라면, "1974년 고교평준화가 도입된 지 30여 년이 지났습니다. 10년이면 강산도 변한다고 하는데, 그 사이 정치적 그리고 사회적 변화 속에서 이 제도는 여러 번의 보완을 거쳤지만, 그래도 현재는 평준화가 유지되고 있습니다. 초등학교 때부터 입시지옥에서 벗어나지 못했던 그 당시로는 대단한 결단이었고 환영하는 국민이 많았습니다. 그러나 시간이 갈수록 문제점도 많이 대두되어 최근에는 크게 사회적 이슈가 되고 있습니다."와 같이 시작하는 것이다.

***대립 입장 소개** 주제의 배경이 청중에게 이해되었다고 보이면, 주제와 관련하여 대립되는 입장에 대해 간단히 소개한다. 이를 통해 청중은 주제와 관련하여 어떤 주장이 있는지와 그 배경에 대해 상식 수준의 이해를 할 수 있다.

앞의 예를 그대로 이어서 제시한다면, "사실, 그 당시에는 고등학교 입시의 부작용이 너무 심했기 때문에 고교평준화가 크게 문제되질 않았습니다. 그러나 우수한 학생들이 잠재력을 발휘하지 못할 뿐만 아니라 학생 각자의 적성도 무시되고 있다는 지적이 나오면서 보완해야 한다는 목소리가 높아지고 있습니다. 그래서 근래에 들어서는 평준화 정신과 거리가 먼 과학고등학교, 외국어고등학교, 자립형 사립학교 등 여러 형태의 학교가 세워졌거나 세워질 예정입니다. 더 나아가 이런 학교를 많이 설립할 바에는 차라리 평준화정책을 완전히 폐기하는 것이 더 바람직하다는 주장까지 제기되는 등 여러 의견이 많습니다. 이 주장들을 종합해 보면 평준화정책의 골격은 유지하면서 특목고 설립으로 보완하자는 주장과 어차피 특목고를 둘 바에는 학교별로 입학시험을 쳐서 자기가 가고 싶은 고교에 가도록 하자는 주장으로 나누어 볼 수 있습니다."라고 말한다.

＊자기 입장 제시 자기 입장 제시에서는 앞의 대립되는 입장을 요약한 것 중, 자신은 어느 입장을 지지한다는 점을 분명히 밝힌다. 사전에 자신의 입장을 밝힘으로써 청중은 어떤 방향을 가지고 들을 수 있기 때문에 주장하는 내용을 듣고 있는 중에 혼란이 적다.

앞의 예를 그대로 이어서 제시한다면, "저는 고교평준화의 골격은 그대로 유지하면서 다소의 문제는 특목고를 통해 해결하는 것이 현재로서는 더 바람직하다고 봅니다."와 같이 말한다.

너 이해 '너 이해'에서는 개인 상대 주장에서와 마찬가지로 자기 주장의 근거를 밝히기 전에 대립되는 상대 주장에 대해 그 나름의 이유를 이해하고 인정해 주는 과정을 거친다.

＊상대 주장의 근거 요약 상대 주장의 근거 요약에서는 자신의 주장에 대한 근거를 제시하기에 앞서 대립되는 상대방 주장의 근거를 요약해서 내가 먼저 말해 주는 것이다.

앞의 예를 그대로 이어서 제시한다면, "고교평준화제도를 완전히 없애고 학생들이 학교를 자유롭게 선택하도록 하자는 주장을 하는 사람들의 근거를 종합해 보면 크게 두 가지로 요약됩니다. 하나는 고등학생들의 학력이 저하된다는 것이고, 다른 하나는 학생들의 학교 선택권이 제한된다는 것입니다."와 같이 말한다.

＊상대 주장 근거 인정 이는 상대방 주장의 핵심을 토대로 그 근거가 나름대로 타당성을 지니고 있음을 인정하는 것으로, 대립되는 주장을 하는 사람이 앞으로 말할 것으로 예상되는 내용을 내가 먼저 말해 주는 것이다. 이는 상대방이 주장할 것으로 예상되는 사항에 대해 내가 이미 충분히 검토했음을 청중에게 분명히 알리기 위해서다.

앞의 예를 그대로 이어서 제시한다면, "고교평준화 이후 고등학생들의 학력이 저하된 면도 있다고 봅니다. 다 아시는 바와 같이 덧셈과 뺄셈도 잘 못하는 학생과 미적분을 풀 수 있는 학생을 한 교실에서 같이 가르칠 경우, 교사는 어느 수준에 맞추어 수업을 진행해야 할지 난감할 것입니다. 결국 중위권 학생들에 맞출 수밖에 없습니다. 이렇게 되면 상위권 학생들은 필요한 지적 자극을 받지 못하기 때문에 수업에 흥미를 잃어버리는 면도 있습니다. 반면에 수업 내용을 따라가지 못하는 하위권 학생들은 학습 의욕을 상실하기 쉽습니다. 학급 분위기도 공부보다는 노는 분위기가 되어 열심히 공부하는 학생이 따돌림을 당할 수 있습니다. 결과적으로 학교나 학급 및 수업 분위기가 공부를 열심히 하는 방향과는 점점 멀어지기 때문에 학력이 저하될 수 있습니다. 충분히 그럴 가능성이 있다고 보며 이제까지도 그런 경우가 많았습니다."와 같이 말한다.

상대방이 제시할 것으로 예상되는 주장의 근거가 많으면 근거별로 계속 설명을 하고 그 나름의 이유를 인정해 준다. 앞의 예에서, "또한 고교평준화로 인해 학생들의 학교 선택권이 제한되는 면도 있다고 봅니다. 학생은 기독교를 믿는데 불교재단의 학교에 배정되거나, 집 가까이에 우수한 교사와 좋은 시설을 갖춘 학교가 있는데도 상급학교 진학 성적이 좋지 않은 먼 거리의 학교에 배정되는 등 학생들이 억울하다고 호소할 문제들이 많다고 봅니다. 오죽하면 특정 학교에 배정되지 않기 위해서 또는 특정 학교에 배정받기 위해서 이사까지 가겠습니까?"와 같이 말한다.

나 이해시키기 여기서는 상대방 주장도 일리가 있지만, 다른 면도 있음을 논리적으로 설명하는 가운데 상대방 주장의 문제점을 지적하고, 그에 덧붙여 자신의 주장이 더 타당하다는 근거를 추가한다.

***상대 주장 논박** 상대방의 주장이 일리가 있지만 그 주장에는 문제도 있음을 논리적으로 지적한다. 앞의 예를 계속 이어서 보면, "고등학생들의 학력이 저하된 면도 있다는 주장에 대해 저도 일리가 있다고 생각합니다만, 꼭 그렇지는 않다고 봅니다. 먼저 중위권 학생들에 맞추어 수업을 하다 보니 학력이 떨어

진다고 하지만, 선발된 집단을 포함한 어떤 집단에서도 개인차는 있기 마련입니다. 또한 기초학습이 꼭 필요한 수학과 같은 과목은 수준에 맞게 수업반이나 보충학습반을 편성하여 보완할 수 있고, 현재도 그렇게 하는 학교가 많습니다. 그리고 학력 차이가 클수록 학급이 노는 분위기가 될 가능성이 많다는 주장이 있는데, 그런 면이 전혀 없다고는 할 수 없습니다. 그러나 사교육을 통한 광범한 선행학습이 수업 분위기를 해치는 주범이라는 점도 간과해서는 안 됩니다. 또한 그 점은 교장이나 담임 및 교과담당 교사들의 노력으로 많은 부분을 보완할 수 있다고 봅니다. 이 문제는 학력의 격차보다는 수업 방법과 학습 동기의 문제인데, 어떻게 지도하느냐에 따라 학습 동기가 달라질 수 있는 것입니다. 공부를 못하기 때문에 더 열심히 하겠다는 마음을 가지게 할 수도 있기 때문입니다."와 같이 말한다.

상대방이 문제점으로 제기할 것으로 예상되는 그다음의 주장에 대해서도 같은 방법으로 논박한다. "고교평준화로 인해 학생들의 학교 선택권이 제한되는 면도 있다는 사실을 앞에서 살펴보았습니다. 그러나 이러한 현상은 자유경쟁을 해도 원하는 학교에 가기 어렵다는 점에서는 마찬가지입니다. 오히려 지금보다 더 많은 학생, 어쩌면 대부분의 학생이 원하는 학교에 가지 못하고 그 때문에 지금보다 더 힘들어할 것입니다. 이렇게 말하면, 어떤 분은 일반적으로 좋지 않다고 생각하는 학교도 본인이 원해서 갔기 때문에 괜찮다고 할지도 모릅니다. 그러나 이 말은 어른들의 책임 회피입니다. '왜 모든 학교를 대부분의 학생이 가고 싶어 하는 학교로 만들어 주지 않느냐?'라고 하면, 어른들은 별로 할 말이 없기 때문입니다. 또한 종교문제나 통학거리 문제는 현재의 제도로서도 얼마든지 보완이 가능하고 실제로 하고 있습니다. 잘 아시는 바와 같이 1지망, 2지망 등을 두어 일차적으로 학생이 학교를 선택하고 있고, 가급적 학생들의 선택을 받아들일 수 있는 방향으로 학교를 배정하고 있기 때문에 그 문제가 최소화되어 가고 있다고 봅니다."와 같이 말한다.

***자기 주장의 근거 추가** 예상되는 상대방의 주장에 대해 문제가 있음을 지

적한 후 자신의 주장에 대한 근거를 추가로 제시한다. 앞의 예를 그대로 이어서 보면, "이에 덧붙여서 저는 두 가지 이유에서 고교평준화정책을 유지해야 한다고 생각합니다. 하나는 학생들의 자존감과 관련된 것이고, 다른 하나는 사회적 혼란 때문입니다. 어떠한 제도에서도 학생들의 열등감을 완전히 해소할 수는 없습니다. 중요한 것은 해소할 수 있는 열등감이 있는 반면에 해소하기 쉽지 않은 열등감이 있다는 것입니다. 우리나라의 사회적 병폐 중 하나로 학연을 꼽는 사람들이 많았습니다. 이는 평판이 좋지 않은 중학교나 고등학교를 나오면 평생 열등감을 가지고 살기 쉽고 사회적으로도 차별을 받았기 때문입니다. 즉, 학교와 관련된 열등감은 평생 동안 따라다니기 쉽다는 것입니다. 따라서 평준화정책을 완전히 폐기하면 대다수 학생의 자존감은 크게 위협받을 것입니다. 사회적 문제로는, 대부분의 학부모가 소위 일류학교에 보내기 위해 지금보다 훨씬 더 많은 사교육비를 지출해야 하고, 교육 여건이 좋은 곳에 사람이 몰려 주택이나 교통 등과 관련된 어마어마한 사회적 비용을 지불해야 한다는 것입니다."와 같이 말한다.

마무리 마무리 단계에서는 상대방의 주장과 자기 주장을 요약하여 제시한 후 질문을 받는다. 질문이 있으면 그 질문자의 주장을 인정해 준 후 문제점도 지적한다. 그리고 마지막으로 자기 주장을 재확인한다.

***상대 주장 요약** 먼저 상대방의 주장을 요약한다. 앞의 예를 이어서 보면, "이상에서 말씀 드린 바와 같이 평준화를 반대하는 사람들은 고교평준화정책이 학력을 저하시켜 하향평준화를 가져왔고, 학생들의 학교 선택권을 제한하기 때문에, 고교입시를 부활하여 자유경쟁체제를 도입해야 한다고 주장합니다."와 같이 말한다.

***자기 주장 요약** 상대방의 주장을 요약한 것과 같은 방법으로 자기 주장을 요약하여 제시한다. 이때 상대방 주장의 문제점에 대해서 비판한 내용도 포함

시킨다. 앞의 예를 이어서 보면, "그러나 현재의 평준화정책을 크게 후퇴시키지 않는 범위에서 특수목적 고등학교와 자립형 사립학교를 통해 보완하고, 각 학교에서는 필요할 때 수준별 수업반을 편성하거나 보충수업 시간을 통해 이를 보완할 수 있습니다. 또한 수업 분위기가 좋지 않아 학력이 저하된다는 문제에 대해서도 그 분위기는 학교장과 담임 및 교과담당 교사의 노력에 따라 충분히 극복될 수 있다고 말씀 드렸습니다. 고교평준화를 반대하는 사람들의 또 하나의 중요한 이유는 학생들의 학교 선택권이 제한받는다는 것이었습니다만, 자유경쟁을 하면 오히려 더 많은 학생이 가고 싶은 고등학교에 가지 못하게 될 것입니다. 그리고 종교문제나 통학거리 문제는 현재와 같이 1지망과 2지망 등의 제도를 통하여 충분히 보완될 수 있다고 봅니다. 여러 가지 문제가 있음에도 불구하고 현재의 제도를 유지해야 한다고 주장하는 이유는 고교 입학시험이 부활되고 차별화가 이루어지면 학생들에게 평생 해소하기 쉽지 않은 열등감을 심어주며, 사교육비 부담 증가, 주택 · 교통 면에서 지역 간 불평등 심화 등 사회혼란이 너무 심각할 것이기 때문입니다."라고 요약하여 제시한 후 자신의 입장을 한 문장으로 제시한다. 즉, "그래서 저는 고교평준화가 상당한 문제가 있긴 하지만 이의 개선은 고교평준화의 기본 틀을 바꾸지 않는 범위에서 해야 한다고 봅니다."라고 말한다.

＊**질문 요청** 자기 주장을 마치면 청중 중에서 질문을 하고 싶은 사람들이 있다. 그래서 자신의 주장을 요약 정리한 후 질문을 받는다. 질문 중에는 다음과 같은 질문이 있을 수 있다. "특수목적 고등학교나 자립형 사립고등학교에 다니는 학생들과 일반계 고등학생들의 성적 간에는 이미 차이가 있어 일반계 고등학생들이 열등감을 가지고 있는데 이 부분에 대해서는 어떻게 생각하십니까?"

＊**질문자 주장 인정** 질문을 받으면 일단 그 질문이 나름대로 타당성이 있다는 점을 인정해 준다. "예, 그렇습니다. 일반계 고등학교에 다니는 학생들 중에는 특수목적 고등학교에 다니는 학생들에 대해 이미 열등감을 가진 학생이 많

을 것이라고 봅니다."와 같이 말한다.

＊질문자 주장 논박 질문자의 주장이 하나의 입장이라는 점에서 그 주장을 인정하지만, 다른 측면에서 그 주장에도 문제가 있음을 지적한다. "그러나 현재의 과학고등학교나 외국어고등학교 등은 그 목적이 분명하기 때문에 과학이나 영어를 포함한 외국어에 자신이 없는 학생들은 특목고 학생들을 그렇게 부러워하지 않습니다. 이는 특별한 영역에 대한 차이는 대부분의 고등학생들이 수용할 수 있다는 것입니다. 누군가가 나보다 축구를 더 잘하는 것은 그렇게 큰 열등감을 갖게 하지 않습니다. 그러나 자유경쟁을 하면 인간 자체의 평가와 직결되고 이러한 평가에 근거한 열등감은 잘 극복되지 않습니다."와 같이 논박한다.

＊자기 주장 재확인 질문에 답하거나 질문자 주장의 문제점을 논박한 후 최종적으로 자기 주장의 핵심을 재확인해 준다. "그래서 저는 고교평준화정책은 계속 보완해 나가야겠지만 그 골격은 그대로 유지해야 한다고 봅니다."와 같이 말한다.

(2) 다수 상대 주장행동의 음성적 · 체언적 요소

개인을 상대로 주장행동을 할 경우, 주장행동의 음성적 요소를 적당한 목소리, 자연스러운 억양, 단호한 음성, 또렷한 발음으로 요약하였다. 이러한 음성적 요소는 다수를 상대로 한 주장훈련에서도 그대로 적용될 수 있다. 또한 다수를 상대로 한 주장행동의 체언적 요소로는 개별적 시선 접촉, 내용과 일치하는 표정, 자연스러운 손발 처리 및 적절한 몸짓이 있다.

'개별적 시선 접촉'은 말할 때 부담이 적은 특정한 사람부터 시작하여 모든 사람으로 옮겨가면서 시선을 맞추는 것이다. '내용과 일치하는 표정'은 말하는 내용에 알맞은 표정을 짓는 것이다. 즉, 언어와 비언어를 일치시키는 것이다. '자연스러운 손발 처리'는 손발의 처리가 어색하지 않고 자연스러워, 보는 사람으로 하여금 발표자가 불안하다고 여기지 않게 하는 것이며, 이는 신체적으로 안정되어 있다는 것을 나타내는 것이기도 하다. '적절한 몸짓'은 필요할 때 적절한 몸짓을 취하는 것이다. 이는 몸이 굳지 않아야 한다는 것을 말한다.

주장행동의 시기

주장행동이 자기계발에 도움이 되지만 반드시 그러한 것은 아니다. 모험의 정도가 지나쳐서 위험이 따른다고 판단되면 주장행동을 해야 할 장면에서도 하지 않을 수 있다. 따라서 주장행동을 해야 할 시기와 하지 말아야 할 시기를 구별하는 것은 대단히 중요하다.

1) 주장행동을 해야 할 시기

주장행동을 해야 할 시기는 너무나 많다. 크게 나누어 보면 소극적 행동을 하거나 공격적 행동을 할 때다. 그러나 두 행동은 너무 포괄적이어서 이들을 좀 더 세분한 몇 가지 장면에 대해 살펴보기로 한다.

① 특정인에 대해 화가 나거나 짜증을 낼 경우에는 주장행동을 해야 한다. 이미 화가 나 짜증을 내고 있다면 공격적 행동을 하고 있는 것이고, 참고 있다면 소극적 행동을 하고 있는 것이다. 대개 특정한 사람에 대해 짜증이 난다는 것은 그 사람에게 말하고 싶은 것이 있는데도 참고 있기 때문이다. 이 짜증을 내는 것은 부조화 행동인데, 이러한 부조화 행동은 생활의 여러 측면에서 일반화될 가능성이 크다.

② 특정인에 대한 불만이 머릿속에서 쉽게 사라지지 않을 때 주장행동을 해

야 한다. 불만이 있다는 것은 하고 싶은 말이 있다는 것인데 이를 말하지 않고 있는 것은 소극적 행동이다. 불만은 부조화 정서이기 때문에 일상생활에서 부조화 행동을 초래할 가능성이 크다.

③ 특정인에 대해 나쁜 심상이나 생각이 계속될 때 주장행동을 해야 한다. 이 경우도 하고 싶은 말을 참고 있는 것으로, 소극적 행동을 하고 있는 것이다. 특히, 나쁜 심상이나 그와 관련된 특정 상황이 계속 머리에서 사라지지 않는다면, 지금 여기에 몰입되지 않기 때문에 다른 인간관계도 어렵게 하며 일에 성과가 없음은 물론, 운전이나 주의를 기울여야 하는 일을 하고 있을 경우에는 사고가 날 가능성이 크다.

④ 특정인을 만나려고 하면 불안해져서 만나기 싫고 피하고 싶을 경우에 주장행동을 해야 한다. 만나면 불안하다는 것은 내가 소극적 행동을 하고 있다는 증거다. 대개 특정인에게 불안을 느끼게 되면 그 사람에 대해 주장행동이 잘 되지 않는다. 불안해서 소극적 행동을 하거나 그 불안을 잘 억누르지 못하면 공격적 행동을 할 가능성이 크다.

⑤ 특정인에 대한 미움이 생겨 만나기 싫고 피하고 싶을 때 주장행동을 해야 한다. 이 경우는 그 사람에게 부당한 대우를 받는 등 감정이 상한 상태인데, 그 상한 감정을 상대방에게 표현하지 못하였기 때문일 가능성이 크다. 비록 표현했더라도 서로 공격적이어서 감정이 더 상했을 가능성도 있다. 이러한 경우 역시 부조화 정서를 품고 있기 때문에 심적 에너지를 지금 여기에 모으기 어렵다.

⑥ 특정인을 만나면 어딘지 모르게 어색하고 위축될 때 주장행동을 해야 한다. 이는 열등감 때문에 소극적 행동을 하고 있는 경우다. 한번 위축되어 말을 못하면 그 사람은 물론 비슷한 느낌을 주는 다른 사람을 대해도 위축되기 때문에 문제가 된다.

⑦ 상대방에게 욕을 하고 싶고, 싸움을 하고 싶을 때 주장행동을 해야 한다. 이러한 행동은 부조화 행동이고, 부조화 정서를 수반한 경우가 많기 때문에 현실 생활이 어려워진다.

⑧ 상대방에게 알아보고 싶은 것이 있지만 솔직하게 물어보지 못하고 다른 방식으로 빙 돌려서 간접적으로 물어보려고 할 때 주장행동을 해야 한다. 이러한 행동은 소극적 행동으로 앞에서 지적한 것처럼 위축되었기 때문일 가능성이 크다.

⑨ 수동공격적 행동을 하고 싶을 때 주장행동을 해야 한다. 동생에게 공부를 가르쳐 주라는 아버지에게, 직접 원망은 못하고 동생이 잘 모른다고 혼내는 경우가 수동공격적 행동이다. 이 경우도 직접 하고 싶은 말을 못하고 있는 경우이기 때문에 주장행동을 해야 할 시기다.

⑩ 자신을 정당화하기 위해 거짓말이나 거짓행동을 하게 될 때 주장행동을 해야 한다. 이러한 행동은 소극적 행동으로 부조화 정서를 수반할 가능성이 크기 때문이다. 소극적 행동은 자신을 더 비하시켜 점점 더 소극적이 될 가능성이 크다.

⑪ 상대방과 비교하여 자신을 형편없는 사람으로 생각하게 될 때 주장행동을 해야 한다. 이 역시 열등감 때문이다. 열등감은 부조화 행동을 야기하고 부조화 인지와 결부되면서 점점 더 심화되기 쉽기 때문에 문제가 된다.

2) 주장행동을 삼가야 할 시기

주장행동을 해야 할 시기라고 하여 무조건 주장행동을 하면 주장행동을 하지 않았던 것보다 더 좋지 않은 결과를 가져올 수도 있다. 다음과 같은 경우는 주장행동을 아주 잘하지 않으면 상대방이 불쾌감을 갖기 쉽다는 점에 유의해야 한다. 따라서 주장행동을 해야 할 시기지만 두 사람 중 어느 한쪽이 마음 상하지 않게 받아들이기가 어려운 경우에는 주장행동을 하지 않거나 연기하는 것이 좋다.

① 주장행동을 하면, 상대방을 공격해서 싸움이 일어날 것 같은 경우에는 주

장행동을 시도하지 말아야 한다. 잘못했다가는 공격적 행동을 할 가능성이 높기 때문이다. 공격적 행동을 하지 않고 주장행동을 할 자신이 있으면 해도 좋다.

② 상대방이 개인적인 문제로 어려움을 겪고 있을 경우에는 주장행동을 하지 않는 것이 좋다. 개인적으로 어려운 처지에 있는 사람은 민감하여 공격적 또는 수동공격적 행동을 취할 가능성이 크고, 많은 경우 타협까지 이어지기 어렵기 때문이다.

③ 자신의 권리가 침해당했는지 분명하지 않을 경우에는 주장행동을 하지 말아야 한다. 이는 불필요하게 주장행동을 하는 경우가 되기 때문이다. 이 경우는 상대방의 말이나 행동의 의미나 의도를 정확히 확인하는 것이 더 우선이다.

④ 자신의 주장행동으로 얻는 것이 없고, 오히려 손해를 볼 경우에는 주장행동을 하지 말아야 한다. 술에 취한 사람이나 나의 이야기에 귀 기울여 들으면서 나를 배려할 의사가 전혀 없는 사람에게는 주장행동을 해도 얻을 것이 없기 때문이다.

⑤ 주장행동에 따른 모험의 정도가 지나쳐서 위험이 따른다고 느낄 경우에는 주장행동을 하지 말아야 한다. 잘못 주장하게 되면 얻는 것보다 잃는 것이 더 많기 때문이다.

⑥ 감정이 대단히 예민한 상대방을 보호해야 할 필요가 있을 경우에는 주장행동을 하지 않는 것이 더 낫다. 상대방이 감정을 통제하기 어렵다면 그에게 큰 상처를 줄 가능성이 있기 때문이다.

주장행동과 자기계발

앞에서 주장행동은 상대방에게 피해를 주지 않는 범위에서 자신이 표현하고 싶은 것을 나타내는 행동이며, 자기계발은 조상으로부터 받은 원자료를 최대한 활용하도록 하는 것이라고 했다. 또한 자기계발을 위해서는 개인의 시간적 차원과 공간적 차원 및 개인적 차원의 조화가 중요하다는 점도 살펴보았다. 여기서는 이러한 주장행동과 자기계발의 관계에 대해 살펴본다.

우리는 모두 자신의 목표를 향해 나아가고 있으며, 목표 성취를 위해 힘과 노력이 덜 드는 것부터 차례로 실행해 가고 있다. 우리는 그 과정에서 조상으로부터 받은 원자료를 활용한다. 이 원자료를 더 많이 활용하는 사람이 그렇지 못한 사람보다 더 많이 성취할 것이다. 다시 말해 자기를 더 많이 계발하는 사람이 될 것이다.

인간은 자신의 잠재력을 계발하기 위해 많은 노력을 한다. 그런데 자기계발은 일상적인 삶을 통해 이루어지고, 그 삶은 주위 사람과 더불어 이루어진다. 즉, 공간차원에서 본다면 사람과의 관계를 벗어날 수 없다는 것이다. 따라서 자기계발도 주위 사람과의 관계, 즉 인간관계를 떠나서는 거의 불가능하기 때문에 인간관계의 측면과 주장행동의 관계를 살펴보면 자기계발과 주장행동의 관계를 보다 잘 이해할 수 있다.

먼저 주장행동은 비주장행동보다 인간관계를 더 촉진시킬 가능성이 크다. 우리는 앞에서 비주장행동인 공격적 행동과 소극적 행동을 살펴보았다. 만약 어떤 사람이 상대방과 공격적으로 상호 작용한다면 그와 접촉하는 사람들이 어떻게 행동할 것인지 생각해 보자. 대부분의 사람은 상대방으로부터 공격을 받으면 대항하여 공격하거나 피해 버린다. 주위 사람들로부터 자주 공격을 받거나 주위 사람들이 그를 피하려고 한다면, 그는 주위 사람들과 원만한 관계 형성이 어렵고 생산적으로 이들과 상호 작용하기 어렵다.

그렇다고 공격적이 아닌 소극적 행동을 취하게 되면 어떻게 될까? 소극적 행동은 상대방이 원하는 대로 응해 주는 행동이다. 다시 말해 상대방에게 표현하고 싶은 것이 있어도 이를 나타내지 못하는 행동이다. 소극적 행동을 하게 되면 상대방은 좋아할 가능성이 크다. 그러나 본인은 너무 힘들기 때문에 주위 사람들을 피하려고 한다. 이 경우도 공격적 행동을 하는 사람과 마찬가지로 주위 사람들과 좋은 관계를 유지하기 어렵다.

주장행동의 의미를 좀 더 구체적으로 살펴보면, 먼저 '상대방에게 피해를 주지 않는다.' 라는 것은 공격적 행동을 하지 않는다는 것이며, '자신이 표현하고 싶은 것을 나타낸다.' 라는 것은 소극적 행동을 하지 않는다는 것이다. 이렇게 되면 대인관계에서 본인도 스트레스를 덜 받고 상대방도 마찬가지다. 다시 말해, 주장행동을 하는 사람들이 비주장행동, 즉 소극적 또는 공격적 행동을 하는 사람보다 대인관계가 원만할 가능성이 크다.

이상의 내용을 종합해 보면, 주장행동은 비주장행동보다 인간관계를 더 촉진시킬 수 있고, 그에 따라 자기계발에도 더 도움이 된다.

다음으로 주장적인 사람은 비주장적인 사람보다 자신의 에너지를 보다 효율적으로 사용할 가능성이 크다는 점에 주목해야 한다. 비주장행동을 하는 사람들은 많은 에너지를 사람과의 관계에 소모할 가능성이 크다. 공격적인 행동을 자주하는 사람들은 늘 화를 낸다. 자기가 하고자 하는 대로 일이 잘 되지 않으면 화가 나기 때문이다. 이들은 많은 에너지를 사람과의 관계에 소모해야 하기 때문에 정작 자기가 하고자 하는 일에 사용할 에너지는 줄어들 수밖에 없다. 소극적인 사람들도, 어떤 일을 하고자 할 때 일 자체보다도 인간관계가 더 힘든 경우가 많다. 이처럼 많은 에너지를 사람과의 관계에 소모해야 하기 때문에 정작 자기가 하고자 하는 일에 사용할 에너지는 줄어들 수밖에 없다.

비주장적인 사람들과는 달리 주장적인 사람들은 인간관계에 크게 불편함을 느끼지 않는다. 따라서 주장적인 사람들은 비주장적인 사람보다 자기가 하고자 하는 일에 더 많은 에너지를 사용할 수 있고, 자기계발도 더 잘 이룰 수 있다.

끝으로 주장적인 사람은 비주장적인 사람보다 스트레스를 적게 받는다. 공격적인 사람들은 늘 분노의 감정을 가지고 있기 때문에 많은 스트레스를 받는다.

누구를 공격한다는 것은 그 이전부터 이미 스트레스를 받고 있기 때문이다. 스트레스를 자주, 그것도 강하게 받으면 쉽게 피곤해진다. 사람은 피곤해지면 의욕을 상실하고 자신이 하고자 하는 일에 매진하기 어려워진다.

소극적인 사람은 사람들과의 관계가 늘 불편하기 때문에 스트레스를 많이 받는다. 더구나 평소 사람들로부터 받는 스트레스를 잘 해소하지 못하기 때문에 억압된 감정이 많아, 사소한 외부 자극에도 민감하게 반응하고 그와 관련된 부조화 감정을 계속 억압한다.

주장행동을 하는 사람은 외부에서 스트레스를 받으면, 주장행동을 통해 비교적 빨리 그 스트레스를 해소한다. 따라서 소극적인 사람보다 억압된 스트레스가 적고 공격적인 사람보다 스트레스의 빈도가 적고 강도가 약하다. 주장적인 사람은 공격적인 사람보다 합리적 생각을 하기 때문에 똑같은 자극을 받아도 스트레스를 적게 받기 때문이다. 스트레스가 적으면 정신적 피로가 적고, 따라서 주장적인 사람은 보다 적극적이고 능동적으로 삶에 임하게 된다. 결과적으로 피로로 인해 삶의 의욕이 떨어진 비주장행동을 하는 사람보다 자기계발을 위해 더 매진할 수 있다.

이상에서 살펴본 바와 같이 주장적인 행동을 자주하는 사람들은 공격적이거나 소극적인 행동을 자주하는 사람들보다 인간관계가 원만하여 주위 사람들의 도움을 받을 가능성이 크고, 자신의 에너지를 자신이 하고자 하는 일에 보다 집중시킬 수 있다. 또한 스트레스를 적게 받기 때문에 의욕적으로 삶에 임하게 되어 자기계발을 더 잘할 가능성이 크다. 이는 주장적인 사람들이 비주장적인 사람들보다 공간차원 중 사람과의 관계에서 조화를 보다 잘 이루기 때문에 자기계발이 더 기대된다는 말이다.

주장행동의 측정

우리는 여러 가지 목적에 따라 주장행동을 측정한다. 그리고 그 목적에 따라 측정 주제, 측정 요소, 측정 주체, 측정 방법, 측정 대상이 달라질 수 있다. 여기서는 먼저 이러한 것들을 중심으로 알아보고, 우리나라에서 사용되고 있는 기존의 척도에 대해서도 살펴본다.

주장행동의 측정 목적은 여러 가지가 있다. 분명한 것은 주장행동의 측정 목적에 맞게 주장행동 측정도구가 개발되고 사용되어야 한다는 점이다. Lange와 Jakubowski (1980), Alberti와 Emmons(1986)의 내용을 중심으로 주장행동의 측정 목적을 살펴보기로 한다.

첫째, 주장훈련이 적절하게 이루어졌는지를 밝히기 위해서다. 이는 주장훈련의 효과를 검증하는 것과 관련된다. 이를 위해서는 사전에 주장행동 정도를 측정하고, 다시 사후에 측정하여 과연 주장훈련이 효과적이었는지 알아보고, 일정 기간이 지난 후 다시 측정하여 효과의 지속성을 알아본다.

둘째, 훈련자의 주장훈련 프로그램 실시 능력을 알아보기 위해서다. 이는 특정 주장훈련 프로그램이 주장행동을 신장시킨다는 것을 전제로 한다. 프로그램은 잘 구성되어 있다는 전제하에서 훈련자가 그 프로그램을 수행할 수 있는 능력이 있는지를 밝히려고 할 경우 참여자들의 주장행동 정도를 측정한다.

셋째, 주장훈련이 훈련 참여자의 요구를 얼마나 충족시켰는지를 알아보기 위해서다. 이는 훈련 참여자들이 거의 완벽한 수준의 주장행동 능력을 요구할 수도 있고, 기본적인 수준의 주장행동을 요구할 수도 있기 때문이다. 사전에 그들의 요구가 정해진 후, 프로그램을 마치고 과연 그 수준에 도달했는지를 알아보기 위해서 주장행동을 측정한다.

넷째, 주장훈련에 참여한 사람들이 과연 주장훈련을 받을 필요가 있는지를 알아보기 위해서다. 이미 일정 수준 이상의 주장행동 능력을 가진 사람들은 참여 후 주장훈련에 대해 실망할 수도 있다. 주장훈련을 실시하기 전에 주장행동

득점이 높은 사람들은 훈련에 참여시키지 않을 수도 있다.

다섯째, 주장훈련을 각 참여자에게 맞게 개별화할 수 있는가에 관한 정보를 얻기 위해서다. 주장행동은 아주 상황적이다. 즉, 사람들마다 비주장행동을 하는 장면이 다르다. 따라서 훈련 중에는 개인에게 알맞은 장면을 선정하여 집중적으로 주장훈련을 실시해야 한다. 이렇게 주장훈련이 특정 참여자의 개별 상황에 맞추어 집중적으로 이루어져도 효과가 있을지와 관련된 정보를 얻을 필요가 있을 경우 주장행동 정도를 측정한다. 이는 주장행동의 하위 영역에 대한 정보를 수집할 때도 필요하다. 따라서 주장행동의 평가는 그 목적을 잘 고려하여 목적에 맞게 척도를 선정해야 한다.

주장행동의 측정 목적에 맞는 도구의 선정을 위해서는, 누구의 무엇을 측정할 것인가와 관련된 측정 주제와 누가 측정하느냐와 관련된 측정 주체 문제가 있다.

먼저 무엇을 측정할 것인가와 관련된 주장행동의 주제 문제를 살펴본다. McFall과 Marston(1970)은 맥박의 수를 통해 주장행동을 평가하였고, Eisler, Hersen, Miller 및 Alford(1974)는 혈액에 포함되어 있는 알코올의 수준으로 주장행동을 평가하였다. 이는 주장행동이 맥박 및 알코올 수준과 관련이 있다는 전제에 따른 것이다. 생물학적 접근 방법은 그 근거가 약하고 측정에 어려움이 많기 때문에 최근에는 잘 사용되지 않고 있다.

주장행동의 효과를 측정하기 위해 이미 표준화되었거나 많이 활용되고 있는 기존의 검사도구, 즉 MMPI, 성격검사, 적개심검사, 불안검사 및 공포에 대한 검사 등을 사용할 수도 있다(Booraem & Flowers, 1972; Christensen & Arkowitz, 1974; Gambrill, 1973; Lamont, Gilner, Spector, & Skinner, 1969; MacPherson, 1972; Rathus, 1972; Rehm & Marston, 1968). 이러한 검사들은 주장행동과 관련된 성격 특성이나 정서 상태를 측정하는 검사들이다.

주장행동 그 자체를 측정하기 위해 사용된 척도를 보면 Wolpe와 Lazarus (1966)의 주장척도(Wolpe–Lazarus Assertiveness Questionnaire), Rathus(1973)의 주장척도(Rathus Assertive Scale), Galassi, Delo, Galassi 및 Bestien(1974)의 대학생용 자기표현척도(College Self-Expression Scale), Gay와 Hollandsworth 및

Galassi(1975)의 성인용 자기표현척도(The Adult Self-Expression Scale) 등이 광범위하게 활용되고 있다.

주장행동 자체를 측정하지만 그 행동 요소와 관련하여 말의 내용, 음성, 비언어적 행동으로 주장행동을 측정한 연구도 있다(Eisler, Hersen, & Miller, 1973; Flowers & Booraem, 1975; Laws & Serber, 1971). Rakos와 Schroeder(1980)는 주장행동 요소를 종합하여, 말하는 방법과 관련한 아홉 가지, 음성과 관련한 다섯 가지, 체언과 관련한 여섯 가지를 측정 요소로 제시하였다.

다음으로 누가 주장행동을 측정하느냐와 관련된 측정 주체 문제는 자신이 측정하는 자기 보고와 다른 사람이 측정하는 타인 보고가 있다. 자기 보고는 자신의 모든 행동에 대해서는 자신이 가장 잘 알 수 있다는 전제에서 출발하지만 개인적 주관성이 문제가 된다. 타인 보고는 측정의 객관성은 높지만 검사자가 계속 따라다니면서 피검사자의 주장행동을 관찰하여 평가할 수 없는 점이 문제가 된다. 타인 보고는 피검사자의 특정 장면과 관련된 주장행동 측정에 많은 제한점이 따른다. Mischel(1968), McFall과 Marston(1970) 등은 자기 보고보다 타인 보고가 더 바람직하다고 보고 있지만, 각각의 단점을 상호 보완하기 위해 함께 사용하는 것이 더 바람직하다는 지적이 많다.

보고자에 의한 차이를 밝히기 위한 연구도 있었다. Carlson(1979), Michelson과 Wood(1980)는 두 가지 보고가 같은 결과를 가져왔다고 보고했으나 결과가 다른 연구도 있다. 타인 보고에서는 효과가 있었지만 자기 보고에서는 효과가 없었던 연구 결과(Hersen, Eisler, Miller, Johnson, & Pinkston, 1973)가 있는가 하면, 반대로 자기 보고에서는 효과가 나타났지만 타인 보고에서는 효과가 나타나지 않은 연구 결과(McFall & Marston, 1970)도 있다. Wanda(1996)에 의하면 이 차이는 보고자의 차이와 관련이 있는 것으로 나타났다.

비주장행동의 원인, 즉 인지적 원인, 정서적 원인, 행동적 원인을 특별히 고려하여 주장훈련을 실시하고 그 효과를 측정한 연구도 있다. 주장행동과 관련된 기술 습득의 정도를 알아보기 위해 주장행동의 요소에 대한 측정(Freundlich, 1978; Prescott, 1981; Rakos & Schroeder, 1980)을 하였는가 하면, 주장행동을 방해하는 비합리적 생각의 감소 정도를 알아보기 위해 주장행동과 관련된 비합리적 신념 검사(Irrational Beliefs Test)를 사용한 연구(Eades, 1981)도 있다. 또한 주장행동을 방해하는 불안이나 두려움의 감소 정도를 알아보기 위해서 불안척도(The Social Avoidance and Distress Scale, The Fear of Negative Evaluation Scale)를 사용하여 주장훈련의 효과를 밝히려고 한 연구(Gardner, 1981)도 있다.

이상에서는 주로 외국의 자료, 특히 주장훈련 연구에서 초기에 사용된 척도를 중심으로 살펴보았다. 그 후의 연구에서 사용된 척도들은 주로 앞에서 소개한 척도를 토대로 조금씩 변형된 것이기 때문에 여기서는 다루지 않았다. 국내에서도 관련된 연구가 많지만 이는 주장훈련의 효과에서 다루고 여기서는 주장척도와 관련된 국내 연구만을 다루고자 한다.

국내에서 개발되거나 번역하여 사용하고 있는 척도 중 제일 먼저 소개된 것은 변창진과 김성회(1980)가 번역하여 소개한 Fensterheim과 Baer(1975)의 척도 및 Rakos와 Schroeder(1980)의 척도다. Fensterheim과 Baer(1975)의 척도는 모두 23개의 문항으로 구성되어 있고 4품등 Likert식 척도다. 이 척도는 구체적인 장면에서 주장행동을 하는지를 묻거나(예: 13. 하기 싫은 일을 친구가 부탁하면 거절한다.), 자신에 대해 어떻게 생각하고 있는지(예: 7. 누구에게 이용당하고 있다는 생각이 든다.) 등 주로 소극적 장면과 주장적 장면을 제시하고 있다. 소극적 장면은 주장적 장면에서 점수를 받는 방식과 반대로 채점한다. 그러나 이 척도에 대해 신뢰도나 타당도가 제시되어 있지 않아 실제로 효과를 검증하는 데 사용하기에는 문제가 많다.

Rakos와 Schroeder(1980)의 척도는 원래 추출법(checklist method)을 사용하도록 구성되어 있으나, 번역하여 소개한 척도는 대립되는 두 문장으로 구성되어 있다. 답하는 방법은 20개 문항으로 되어 있는 각 문항의 대립되는 문장 중에 하나를 선택하는 것이다. 예를 들면, '말하는 경우보다 참는 경우가 많다.' 와 '참는 경우보다 말하는 경우가 많다.' 중 자신을 더 잘 설명하고 있는 것을 택하도록 되어 있다. 이 척도를 김성회(1982)가 재구성하였는데, 그중에서도 답하는 방법에서 빈도를 중심으로 하여 5품등(0, 1, 2, 3, 4) 척도로 바꾸었다. 이들

20개 문항 중 9문항은 말하는 방법, 7문항은 음성, 나머지 4문항은 체언과 관련된다. 김성회(1982)가 이 척도에 대해 고등학생을 대상으로 구한 반분신뢰도는 .80이었다. 겉으로 드러난 구체적 행동을 평가하는 문항으로 구성되어 객관성이 높고 그 장면과 행동을 실제로 조사한 것들이 많아 내용타당도도 높다.

대학생들을 대상으로 한 대학생용 자기표현척도(Galassi, Delo, Galassi & Bestien, 1974)는 홍경자(1981)에 의해 소개되었다. 미국 문화권에서 표집 1과 표집 2의 검사-재검사 신뢰도는 .89와 .90이었다(홍경자, 1981).

비교적 초기에 우리나라에 소개된 또 하나의 주장척도는 김성회, 하영석, 문창현, 석수룡, 윤정륜 및 이명자(1983)가 번역하여 소개한 Rathus(1983)의 주장척도(Rathus Assertive Scale: RAS)이다. 김성회 외(1983)가 대학생을 대상으로 구한 이 척도의 반분신뢰도는 .72였고, Rathus(1973)가 미국 문화권을 대상으로 구한 8주 간격의 검사-재검사 신뢰도는 .78, 반분신뢰도는 .77이었다.

김성회(1990)는 기존의 주장척도가 비주장행동의 원인, 즉 인지적 원인, 정서적 원인, 행동적 원인 중 일부만 고려하고 있다고 비판하고 이들 모두를 고려한 주장척도를 개발하였다. 이 척도에서는 주장행동의 상황적 요소(말하는 내용, 상대하는 사람과 그 수 및 친밀도)를 고려하여 먼저 비주장행동 장면을 선정하였다. 장면 선정을 위해 설문조사 결과와 기존의 주장척도를 참고하여 최종적으로 25개의 장면을 확정하였다.

확정된 각 장면에서 주장행동의 방법을 알고 있는 정도, 주장행동을 방해하는 비합리적 생각의 정도, 주장행동을 방해하는 불안의 정도, 실제로 주장행동을 하는 정도를 측정하기 위해 진술된 문항은 각각 행동적 주장척도, 인지적 주장척도, 정서적 주장척도 및 전반적 주장척도에 해당한다. 따라서 주장척도의 네 가지 하위척도는 각각 25문항으로 구성되어 있으며, 각 문항을 구성하는 장면은 모두 같고 내용만 다를 뿐이다('부록 3' 참조).

주장척도의 각 하위척도는 스물다섯 문항씩이기 때문에 전체 문항 수는 100문항이다. 전체 100문항 중 1~5, 11~20, 31~35, 71~75번은 행동적 주장척도에, 26~30, 41~45, 56~60, 86~90, 96~100번은 인지적 주장척도에, 21~25,

36~40, 51~55, 66~70, 81~85번은 정서적 주장척도에, 6~10, 46~50, 61~65, 76~80, 91~95번은 전반적 주장척도에 각각 속한다.

이 척도는 5품등 평정척도이며, 긍정문과 부정문이 혼합되어 있다. 긍정문으로 진술된 문항은 2, 4, 7, 8, 10~14, 16~20, 32, 33, 35, 47, 48, 50, 61~65, 71~73, 75~77, 79, 80, 91~95번으로 모두 38문항이며, 부정문으로 진술된 문항은 1, 3, 5, 6, 9, 15, 21~31, 34, 36~46, 49, 51~60, 66~70, 74, 78, 81~90, 96~100번의 62문항이다. 채점방식은 긍정문으로 진술된 문항에 반응한 경우는 '거의 불일치'를 1점, '대체로 불일치'를 2점, '반 정도 일치'를 3점, '대체로 일치'를 4점, '거의 일치'를 5점으로 채점하고, 부정문에 반응한 경우는 긍정문에 부여하는 점수와 반대로 채점하도록 되어 있다. 따라서 인지적 주장척도, 정서적 주장척도, 행동적 주장척도 각각에서 높은 점수를 받으면 비주장행동의 인지적 원인, 정서적 원인, 행동적 원인이 각각 그만큼 적다는 것을 의미하며, 전반적 주장척도에서 높은 점수를 받으면 그만큼 실제로 주장행동을 더 잘한다는 것을 의미한다.

이 척도의 타당도를 알아보기 위하여 Rathus(1973)의 주장척도(Rathus Assertive Schedule: RAS)을 번역하여 일반계 여자고등학교 1학년 학생 167명을 대상으로 실시하였는데, 검사 전체에 대해 구한 공인타당도는 .69였다. 공인타당도가 상대적으로 낮게 나온 이유는, Rathus(1973)의 척도가 상황적 요인을 크게 고려하지 않았는 데 비하여 김성회(1990)의 척도가 상황적 요인을 많이 고려하였고, Rathus(1973) 척도 자체의 반분신뢰도가 .72로 낮기 때문인 것으로 보인다.

이 척도의 기우반분신뢰도 계수를 산출한 결과 인지적 주장척도가 .86, 정서적 주장척도가 .93, 행동적 주장척도가 .87, 전반적 주장척도가 .93, 주장척도 전체가 .96이었다. 일반계 여자고등학교 1학년 학생 90명을 대상으로 2주 간격의 검사-재검사 신뢰도 계수를 산출한 결과 인지적 주장척도는 .75, 정서적 주장척도는 .87, 행동적 주장척도는 .78, 전반적 주장척도는 .88, 주장척도 전체는 .88이었다.

이 척도는 실제로 조사를 하고, 기존의 척도를 분석하고, 관련된 이론을 고찰하여 문항을 제작하였기 때문에 내용타당도에서는 크게 문제가 되지 않지만, 요인분석 등을 통한 구인타당도 부분이 제시되어 있지 않은 문제가 있다.

이제까지 우리나라에서 주장훈련의 효과를 밝히려고 한 연구에서 주로 사용한 척도에는 김성회(1982)의 주장행동 평가척도(김두규, 1989; 심후섭, 1989; 박재근, 1991; 이현경, 1992; 김애자, 2002), 김성회 외(1983)의 Rathus Assertive Scale을 번역한 주장행동 평가척도(김성회, 1986, 1989; 이상미, 1993), 김성회(1990)의 주장척도(김성회, 1990, 1993, 2002; 김숙향, 2002; 이규학, 1996)가 있다. 김성회(1990)의 주장척도가 고등학생용이기 때문에 이를 재구성하거나 부분적으로 발췌하여 신뢰도를 다시 산출하여 사용한 연구(김영옥, 2000; 이종숙, 2001; 최정은, 2003)도 있다.

주장훈련 05

개인이 자신의 잠재력을 계발하기 위해서는 개인차원(행동, 인지, 정서, 약물, 유전자, 건강)과 공간차원(자연, 문화, 사람) 및 시간차원(과거, 현재, 미래)의 조화가 중요함을 앞에서 지적한 바 있다. 주장행동은 공간차원 중 사람과의 관계에 해당하는 것으로 일부의 문화 관계도 포함하고 있으며, 자기계발을 위해서 아주 중요한 영역이다. '주장'이라는 개념은 '행동'이라는 개념과 밀접하게 관련 있기 때문에 주장훈련은 행동을 습득하는 절차에서부터 시작되었다(Wolpe, 1958). 그 후에 인지이론이 발달하면서 행동은 인지와 밀접하게 관련된다는 점이 강조되자 인지적 측면이 주장훈련에 추가되었고(Prescott, 1981), 비주장행동의 원인을 고려하여 주장행동을 실시할 것을 강조한 Rakos와 Schroeder(1980)에 의해 정서적 측면이 추가되면서 주장훈련은 인지적, 정서적, 행동적 주장훈련이 각각 따로 실시되거나 함께 실시되고 있다. 여기서는 조화상담의 공간차원 중 사람과의 관계에 해당하는 주장행동을 개인차원에서 어떻게 훈련하여 조화시킬 것인가와 관련하여 행동적, 인지적, 정서적 주장훈련으로 나누어 그 이론적 근거를 살펴본다.

행동적 주장훈련

행동적 주장훈련은 조화상담의 개인차원에서 밝힌 바와 같이 개인의 조화에서 행동을 다른 두 요소, 즉 인지와 정서에 조화를 이루도록 하여 개인의 잠재력을 극대화하려는 것이다. 행동적 주장훈련은 행동이 개인차원 내의 조화를 방해하거나 새로운 조화를 위해 발전적으로 변화하지 못할 경우, 이와 관련된 행동을 인지와 정서에 조화시키는 원리에 따라 주장훈련을 하는 것이다. 이를 위해서는 행동이 어떻게 하면 개인이 조화를 이루는 데 기여할 수 있을지 알아야 한다. 여기서는 주장행동의 구체적 요소를 효과적으로 습득할 수 있는 이론적 기초에 대해 살펴볼 것이다.

1) 행동적 주장훈련의 의미

조화상담의 관점에서 보면 주장행동은, 시간차원(과거, 현재, 미래)에서는 현재, 공간차원(자연, 문화, 사람)에서는 사람과의 관계, 개인차원(정서, 행동, 인지, 약물, 유전자, 건강)에서는 행동에 속한다. 그러나 훈련은 미래를 대비하는 것으로서 행동적 주장훈련은 미래의 대인관계에서 행동이 인지와 정서에 조화를 이룰 수 있도록 훈련하는 것이라고 할 수 있다.

실재론적 입장에 따르면, 인간행동을 이해하는 방법은 인과성의 원리에 따라 관찰할 수 있는 객관적인 자료에 의해서만 가능하다(Rimm & Masters, 1979). 이런 입장을 지지하는 행동주의 심리학자들은 부적응행동의 원인을 개인 내부보다 외부 환경에 두면서, 원인의 제거 또는 원인과 대치되는 행동의 학습에 중점을 둔다.

비주장행동의 행동적 원인은 주장행동과 관련된 구체적 행동 요소에 대한 기술 부족에 있다. 구체적 행동 요소에는 말하는 방법과 관련된 방법적 요소, 말할 때의 음성과 관련된 음성적 요소, 말할 때의 비언어적 단서와 관련된 체언적 요소가 있다(김성회, 1990; Rakos & Schroeder, 1980). 따라서 주장훈련에서는 비주장행동을 하는 사람들에게 부족한 방법적 요소와 음성적 요소 및 체언적 요소를 학습하도록 한다.

행동을 학습하는 경우 '어떻게 행동하면 주장행동이 된다.'라는 정도의 학습만으로는 부족하다. 주장행동이 무엇인지를 안다고 해서 실제 대인관계에서 주장행동을 행할 수 있는 사람은 드물다. 우리가 주장행동의 구체적 요소가 무엇인지를 알고, 주장행동을 하는 것이 좋겠다고 생각할 뿐만 아니라 주장행동을 하고 싶고(비주장행동의 인지적 원인 극복), 주장과 관련된 불안이 없다고 하더라도(비주장행동의 정서적 원인 극복), 구체적인 주장행동의 요소를 대인관계에서 실행하지 못한다면 비주장행동을 할 수밖에 없다.

주장행동은 상황에 따라서도 실행 가능성에서 크게 차이가 난다. 물론, 주장행동의 요소에 대해 전혀 알지 못한다거나 아직 그 요소를 익히지 못한 경우에는 주장행동을 하기 어렵다. 그러나 주장행동 요소에 대해 이미 잘 알고 있고, 많은 대인관계에서 실제로 주장행동을 실행한 경험이 있다고 하더라도, 특정인을 대상으로 한 상황에서는 주장행동을 못하는 경우도 있다. 주장행동이 어려운 상황에서도 주장행동을 잘할 수 있기 위해서는 주장행동을 체계적으로 익혀야 하고, 이렇게 행동을 확고하게 익히기 위해서는 체계적인 프로그램을 통한 훈련이 필요하다. 행동적 주장훈련에 관심이 있는 많은 학자는 다양한 행동주의 학습이론을 활용하여 주장훈련을 실시하였다. 그중 많이 활용되는 구체적 방법은 행동주의 학습이론, 즉 행동수정이론, 사회학습이론, 자기통제이론에 기초하고 있다(김성회, 1990).

이상에서 살펴본 바와 같이 행동적 주장훈련은 비주장행동의 행동적 원인을 제거하거나 줄이기 위해 행동주의 학습이론(행동수정이론, 사회학습이론, 자기 통제이론)에 따라 주장행동의 행동적 요소(방법적 요소, 체언적 요소, 음성적 요소)를 보다 효과적으로 학습할 수 있도록 체계적으로 구성한 교육 프로그램이라고 할 수 있다.

2) 행동적 주장훈련의 기법

어떤 행동이 주장행동인지에 대해서는 이미 여러 번 언급하였다. 그렇다면 '어떠한 상담기법으로 주장행동을 보다 효과적으로, 확실하게 학습시킬 수 있을 것인가?' 하는 것이 다음 과제다.

행동적 주장훈련은 행동주의 이론에 근거를 두고 있지만 학습이론을 주축으로 하는 행동주의 이론은 다양하고 일관성도 없다. 그래서 지난 30년간 상담 분야, 특히 주장훈련 연구 분야에서 행동주의 이론을 바탕으로 한 상담기법이 지닌 도구적 가치의 분석을 통해 행동적 주장훈련 프로그램의 구성 방법에 대한 근거를 찾아보자.

(1) 행동연습

행동주의 이론을 적용한 주장훈련은 주로 조건형성이론의 강화(reinforcement), 변별(discrimination), 소거(extinction)의 원리를 적용하고 있다. 강화란 어떤 행동을 수행할 가능성 혹은 어떤 행동을 수행할 강도를 증가시키는 것을 말한다. 변별이란 어떤 행동을 수행할 가능성이나 강도를 증가시키는 자극 또는 반응과, 그렇지 않은 자극이나 반응을 구별하는 것이다. 소거란 이미 어떤 행동을 할 가능성과 강도가 증가된 상태에서, 그 가능성과 강도를 줄이거나 강화되기 이전의 수준으로 감소시키는 것이다(Deese & Hulse, 1967).

강화, 변별, 소거와 같은 행동주의 학습원리는 바로 인간행동의 수정에도 활용될 수 있다. 즉, 어떤 개인의 행동 중 소극적 행동이나 공격적 행동에 대해서는 강화를 주지 않고 주장적 행동에 대해서만 계속 강화를 주면, 소극적이거나 공격적인 행동과 주장적 행동을 변별하게 되어, 강화를 받는 주장적 행동은 습득되어 계속 유지되고, 강화를 받지 못하는 소극적 행동과 공격적 행동은 소거된다. 이러한 강화와 변별 그리고 소거의 원리가 행동적 상담이나 치료에는 물론 주장훈련 연구에서도 많이 활용되었다.

Kazdin(1974)은 주장훈련에서 모방만 실시한 집단과 모방과 강화를 모두 실시한 집단을 비교하였다. 그 결과, 모방과 강화를 모두 실시한 집단이 모방만 실시한 집단보다 성격 특성과 관련된 1개 척도에서 더 효과적인 것으로 나타났다. 그러나 이러한 결과는 11개의 척도 중 자기 보고형의 한 척도에서만 나타난 것이기 때문에, 모든 측면에서 효과적이라고 결론 내리기는 어렵다. 이 연구의 결과를 포함하여 강화의 효과가 분명히 나타나지 않은 연구(McFall & Marston, 1970; Melnick & Stocker, 1977; Young, Rimm, & Kennedy, 1973)에서는 강화 또는 귀환(feedback)이 다른 상담기법과 함께 사용되었다는 데 유의해야 한다.

Wolpe(1973)는 주장행동을 촉진시키는 한 방법으로 행동연습(behavior rehearsal)을 강조하였는데, 처음에 그는 이것을 행동적 심리극(behavioristic psychodrama)이라 하였다(Wolpe, 1958). Wolpe(1958)의 행동연습은 피훈련자가 어떤 사람에 대해 주장행동을 하지 못할 경우, 훈련자가 주장행동에 대한 시범을 보인 후 훈련자가 상대방 역할을 하면서 피훈련자의 주장행동 연습을 돕는 것이다(Wolpe, 1973). Wolpe(1958)가 강조한 행동연습은 Shaw, Corsini, Blake 및 Mouton(1980) 등의 역할연기, Bandura(1977)의 모방학습이론의 일부가 통합된 것으로, 반복해서 연습한다는 데 더 강조점이 있을 뿐, 역할연기가 행동연습의 핵심이 된다.

주장행동을 신장하기 위한 행동연습에 많이 활용되는 역할연기는 Shaw, Corsini, Blake 및 Mouton(1980)에 의해 그 절차가 구체적으로 제시되었다. 첫째, 서로 깊이 관여하고 의미 있는 학습이 이루어지기 위해 개방적이고 부담 없이 행동할 수 있는 분위기를 조성한다. 둘째, 주어진 역할을 수행한다. 셋째, 주장행동을 좀 더 촉진시킬 수 있는 측면에서 역할연기를 분석한 후 바라는 행동에 보다 가깝게 행동하도록 격려하고, 잘 되지 않는 부분을 피훈련자에게 알려준다. 넷째, 훈련자가 역할연기의 일반적 원리와 핵심이 되는 기법을 피훈련자에게 상세히 요약해 줌으로써, 피훈련자가 자신의 학습 경험을 통합하여 비슷한 실제 생활 장면에서 활용할 수 있게 한다.

행동연습의 효과는 연구에 따라 차이가 있었다. Kazdin(1980), McFall과 Twentyman(1973) 등 많은 연구에서는 행동연습이 효과적인 것으로 나타났으나, Boultinghouse(1981)의 연구에서는 자기보고척도와 행동척도 모두에서 효과적이지는 않았다. 주장행동 요소를 타인이 평가한 행동적 척도에서는 효과가 있었으나, 주로 주장행동 여부를 묻는 자기보고척도에서는 효과가 없었던 것이다. 이는 주장훈련의 효과가 척도에 따라 달라질 수 있음을 시사한다. 또한 Kazdin(1980)의 연구에서는 그 대상이 18~54세의 성인인 데 비해 Boultinghouse(1981)의 연구는 그 대상을 한 부모로 하고 있기 때문으로 보인다. 이는 행동연습의 효과는 피훈련자의 개인적 특성에 따라 달라질 수 있음을 보여 준다. 김성회(1990)에 의하면 행동주의 이론에 근거한 주장훈련은 강화, 역할연기 그리고 행동연습에서 그 효과가 기대되지만, 주장훈련의 효과에 사용된 척도나 훈련 참여자의 특성에 대한 고려가 충분히 이루어질 때 그 효과가 분명해진다.

이상에서 살펴본 바에 따르면 행동적 주장훈련은 강화, 행동연습, 역할연기를 통해 새로운 주장행동의 행동 요소를 학습하거나 비주장행동을 소거할 수 있지만, 주장훈련이 더욱 효과적이기 위해서는 사용된 척도에 대한 충분한 고려와 참가자의 특성에 대한 더 많은 배려가 필요할 것으로 보인다.

(2) 자기 통제

자기 통제(self-control)는 자기 조절(self-regulation), 자기 관리(self-management)와 유사한 개념으로 사용되고 있다. 그러나 자기 통제라는 용어가 본래 의미를 나타내는 데 가장 적합하다고 볼 수 있다(Thoresen & Mahoney, 1974). 전통적인 견해에 따르면 자기 통제는 의지력(will power)과 밀접하게 관련된 개념이다. 의지는 겉으로 드러나는 자신의 행동을 통제할 수 있는 성격 특성 혹은 정신적 힘이다(Thoresen & Mahoney, 1974). 즉, 비교적 변화가 어려운 성격 특성이 강조되고 있다. 그러나 자기 통제에 대한 행동적 견해를 가진 학자들은 자기 통제를 기능적 관계(functional relation)에서 보고 있다. 이들은 자기 통제를 성격 특성이라고 보기보다는 개인의 행동과 환경 사이의 관계를 스스로 어떻게 통제하느냐에 관심을 가진다. 비록 자기 통제의 전통적 견해인 의지력과 행동적 견해인 기능적 관계에 대한 논란이 많지만, 행동적 견해가 경험적인 근거에 토대를 두고 있고 실용적이기 때문에 더 많은 지지를 받고 있다(Thoresen & Mahoney, 1974).

Thoresen과 Mahoney(1974)에 의하면 자기 통제 전략에는 환경적 계획과 행동적 계획이 있다. 환경적 계획이란 개인이 자신의 문제 상황을 조정하거나 정리함으로써 자신의 행동이 새로운 통제하에 놓이도록 하여 그의 행동을 바람직한 방향으로 이끌어 가는 자극 통제(stimulus control)의 방법이다. 행동적 계획은 스스로 행동을 관찰하고, 그 결과에 따라 자신에게 강화물 또는 벌을 제공하는 전략이다.

자극 통제가 자기 통제와 관련이 있다는 것은 개인이 어느 정도 외부자극의 통제를 받는다는 데에 근거한다. 즉, 어떤 자극이 제시되었을 때에는 특정한 반응이 나타나지만, 또 다른 자극에는 특정한 반응이 나타나지 않는다(Groveman, Richards, & Caple, 1975). 이러한 자극 통제 방법은 Goldiamond(1965), Richards(1975)에 의해 학업성적의 향상이나 학습 습관의 개선을 위해 연구되었다. 연구에 따르면 자극 통제 방법은 효과적인 결과를 보이기도 하였으나(Goldiamond, 1965), 그렇지 못한 결과를 보이기도 하였다(Richards, 1975). 이는 여러 가지 원인으로 설명할 수 있지만, 자극 통제만으로는 그 효과가 크지 않다는 결론을 내릴 수 있다.

행동적 계획에서 이루어지는 자기 관찰에는 통제하고자 하는 행동과 관련 있는 정보들을 체계적으로 관찰하여 변별하고(discriminating), 기록하고(recording), 도표화하고(charting), 평가하고(evaluating), 목표를 설정하는(goal-setting) 내용이 포함된다. 자신의 몸무게를 매일 기록하여 꺾은선 그래프로 표시하는 것도 이에 해당한다. 자기 관찰은 결과에 따른 강화와 처벌의 근거를 마련해 주기도 하지만, 그 자체로서도 하나의 상담 방법이 될 수 있다고 본다(Thoresen & Mahoney, 1974). 개인은 자신의 행동을 관찰함으로써 바라는 목표에 얼마만큼 일치하는지 평가할 수 있고, 평가의 결과는 자신의 행동을 변화시키는 중요한 근거자료가 된다. 자기 관찰의 효과는 Richards(1976), Spates와 Kanfer(1977) 등에 의해 많이 연구되었지만, 그 효과에 대해 일관된 결과를 보이지는 못하고 있다. 그래서 Kazdin(1974)과 Morgan(1987)은 자기 관찰이 귀환 등 다른 절차와 결합될 때 효과적임을 밝히고 있다.

자기 강화와 자기 처벌은 자기 통제 연구에서 가장 유용한 방법이다(Thoresen & Mahoney, 1974). 자신이 바람직한 행동을 했을 때에 스스로에게 긍정적 강화물을 제공하는 긍정적 자기 보상 또는 자신이 혐오하는 어떤 자극을 스스로 피하는 부정적 자기 보상, 자신이 바람직한 행동을 하지 못했을 때, 자신에게 당연히 제공되던 강화물을 제거해 버리는 긍정적 자기 처벌 또는 자신이 싫어서 피할 수도 있는 혐오자극을 자신에게 스스로 제공하는 부정적 자기 처벌 등은 모두 행동수정이론의 강화와 처벌 및 사회학습이론의 자기 강화와 많은 공통점을 가진다. 자기 통제 이론에서는 강화나 처벌을 스스로 조절한다는 점이 특히 강조되고 있을 뿐이다. 자기 강화의 효과는 Kanfer(1970), Greiner와 Karoly(1976) 등 많은 학자에 의해 검증되었으나 효과에 대해 일관성을 보이지는 못하고 있다. 그래서 Sappington, Fritschi, Sandefer 및 Tauxe(1980)의 지적과 같이 자극 통제, 자기 관찰, 자기 강화를 별도로 실시하는 것보다는 체계적으로 결합하여 함께 실시하는 것이 더 효과적일 것으로 보인다.

주장훈련에서도 자기 통제 이론을 적용한 예는 많다. 그러나 주장훈련에서는 자기 통제 이론에서 강조하고 있는 자극 통제, 자기 관찰, 자기 강화의 모든 원리가 함께 적용된 연구를 찾아보기 어렵다. 자기 통제와 관련된 주장행동 연구에서는 주로 자신의 행동관찰을 통한 자기 평가와 자기 강화 기법이 분리 또는 결합되어 활용되고 있다.

Aiduk와 Karoly(1975)는 48명의 남자 대학생을 ① 행동연습집단, ② 행동연습+녹화테이프에 의한 귀환 집단, ③ 행동연습+녹화테이프에 의한 귀환+자기 평가집단, ④ 통제집단으로 나누어 집단별로 각각 12명씩 배정하여 훈련하도록 하였다. 그 결과 행동연습을 포함한 세 집단은 효과적이었지만, 이들 집단 간에는 효과에 차이가 없었다. 자기 평가가 행동연습 등에 추가된 경우는 그 효과가 의문시된다. 그러나 이러한 결과는 자기 평가가 역할연기 등의 다른 주장훈련 방법과 함께 사용되었다는 데 유의해야 할 것으로 보인다.

Booraem(1974)은 자기 강화만의 처치 효과를 밝히려고 하였다. 그는 훈련자에 의한 강화와 피훈련자 스스로에 의한 강화의 차이를 밝히기 위해 정신과에 입원한 환자 32명을 ① 외부 강화＋자기 강화집단, ② 자기 강화집단, ③ 외부 강화집단, ④ 통제집단의 네 집단으로 배치하여 각 처치의 효과를 연구하였다. 그 결과 자기 강화집단은 주장반응의 빈도, 반응 지체 시간, 자기 평가 그리고 주관적 불안의 수준에서 효과가 있는 것으로 밝혀졌으나 외부 강화집단은 효과가 없었다. 이러한 연구 결과는 자기 강화가 분명히 효과적일 수 있음을 말해 주는 것이다.

자기 강화가 다른 처치에 추가된 경우의 효과를 밝히기 위해 Berry(1980)는 심리학 개론을 수강하는 40명의 대학생을 ① 행동적 주장훈련, ② 행동적 주장훈련+인지적 주장훈련, ③ 행동적 주장훈련+자기 강화 주장훈련, ④ 통제집단으로 나누어 주장훈련을 실시하였다. 그 결과, 인지적 및 자기 강화 처치는 행동적 주장훈련의 효과에 추가적인 효과를 더하지는 못한 것으로 나타났다.

Rakos와 Schroeder(1979)는 자기 수행 주장훈련(SAT: self-administered assertiveness training) 프로그램을 개발하여 그 효과를 밝혀 보려고 하였다. 이 프로그램은 녹음테이프와 실시요강에 따라 낯선 사람이나 친밀한 관계를 유지해야 하는 사람들의 불합리한 요구를 거절하는 훈련을 실시한 후에, 스스로 평가하고 그 결과에 따라 스스로 보상과 처벌을 하도록 구성되어 있다. 자기 수행 주장훈련(SAT)과 자기 수행 이완훈련(SRT: self-administered relaxation training)을 비교한 결과, 두 훈련 모두 효과적이었지만 SAT가 더 효과적인 것으로 나타났다. 이는 자기 평가와 자기 보상의 결합이 주장훈련에서 더 효과적임을 말해 주고 있다.

Aiduk와 Karoly(1975), Booraem(1974), Berry(1980), Rakos와 Schroeder(1979)의 연구 결과에 따르면 자기 평가와 자기 강화 방법이 각각 독자적으로 처치될 경우에는 효과적이지만, 행동연습이나 다른 주장훈련에 추가되었을 때에는 그 효과가 의심스럽다. 이러한 결과는 이미 높은 수준에 있는 사람들은 더 이상의 효과를 내는 데 어려움이 있다는, 소위 천장효과(ceiling effect)가 나타난 것일 수 있으므로 자기 평가나 자기 강화의 효과를 배제할 수는 없다.

자기 통제 이론은 강화나 처벌 또는 모방과 같은 기법을 활용하고 있다. 그러나 외부에 의해서보다는 스스로 실시한다는 점이 이들 기법과는 구분된다. 자기 통제의 중요한 방법이라고 할 수 있는 자극 통제나 자기 관찰의 독자적 효과, 또는 두 방법의 결합 효과는 다소 의심스러운 측면이 있다. 그러나 자기 통제가 다른 기법과 결합되어 주장훈련에 활용된다면 훈련의 효과를 높일 수 있을 것으로 기대된다.

(3) 모방

시범에 의한 모방은 Bandura(1977)의 사회학습이론에 근거한다. Bandura(1977)에 의하면 많은 시행착오가 수반되는 조작적 조건 형성과는 달리 모방은 모델을 관찰하는 것만으로도 학습이 가능하다. 그는 이 과정을 네 단계로 구분하였다. 첫째, 모델의 행동을 주목하고 정확하게 지각하는 주의 과정, 둘째 모델의 행동을 심상과 언어라는 상징적 형태로 표상하는 파지 과정과 상징이나 행동으로 유지하는 과정, 셋째 상징적 표상을 적절한 행위로 변화시키는 운동 재생과정, 넷째 자기 만족을 주는 행동과 가치 있는 모델 행동을 수행시키기 위한 동기 유발 과정이다. 관찰학습의 원리는 전체 단계나 특정 단계를 중심으로 많이 연구되었으며, 이는 행동적 상담, 특히 주장훈련에 많은 영향을 미쳤다.

이 원리를 적용한 Kazdin(1974)의 연구에서 학생과 일반인을 대상으로 모방, 강화, 모방과 강화의 세 가지 방법을 비교하였는데, 모방과 강화가 결합된 처치가 효과적일 뿐 아니라 훈련 효과가 3개월 이상 지속된다고 하였다. 또 Young, Rimm 및 Kennedy(1973)는 모방과 역할연기를 결합시킨 실험조건의 주장훈련이 유사통제조건과 통제조건보다 효과적이라고 하였다. Friedman(1971)은 4개의 처치조건과 1개의 통제조건을 비교하여 모방과 역할연기의 효과를 밝혀 보려고 하였다. 행동척도로 비교한 결과, 역할연기와 모방의 결합이 즉흥적 역할연기 조건보다 더 효과적이지는 않았다. 이는 역할연기 반응을 즉흥적으로 할 수 있는 대학생들에게 역할연기에 모방기술을 추가할 필요가 없음을 의미한다.

사실 사회학습이론에는 강화를 포함한 행동주의 학습이론의 요소와 자기 강화를 포함한 자기 통제 이론 및 인지적 요소가 모두 포함되어 있다. 그러나 외현적 시범과 그 시범의 관찰을 통한 모방학습에 중점을 두고 살펴본 결과, 모방만의 효과는 다소 의문스럽다. 모방의 효과는 모방이 역할연기 등과 결합되었을 때나, 초등학생 또는 중학생 등 즉흥적인 역할연기가 어려운 대상자에게서 기대된다.

따라서 행동적 주장훈련에서는 강화, 행동연습, 자기 통제 및 시범에 의한 모방 등의 기법을 결합하여 주장행동의 방법적 요소와 음성적 요소 및 체언적 요소를 훈련시킬 때 크게 도움이 될 것이다. 특히 주장행동의 방법적 요소 중 '너 이해(예: 공감, 자기 노출 등)'와 '나 이해시키기(예: 현재 행동 지적, 예상되는 결과 지적 등)' 및 '우리되기(예: 내용 타협, 시간 타협)'를 훈련시킬 때 도움을 줄 수 있을 것이다. 또한 개인의 구체적인 비주장(소극적 또는 공격적)행동 장면에 이러한 기법을 적용하여 주장행동 기술을 습득하도록 프로그램이 구성되면, 보다 효과적일 것으로 기대된다.

인지적 주장훈련

인지적 주장훈련은 조화상담의 개인차원에서 밝힌 바와 같이 개인의 조화에서 인지가 다른 두 요소, 즉 행동과 정서에 조화를 이루게 하여 자신의 잠재력을 극대화하려는 것이다. 인지적 주장훈련은 인지가 개인적 차원 내의 조화를 방해하거나 새로운 조화를 위해 발전적으로 변화하지 못할 경우, 이와 관련된 인지를 행동과 정서에 조화시키는 원리에 따라 주장훈련을 하는 것이다. 여기서는 어떻게 하면 개인이 조화를 이루는 데 인지가 기여할 수 있을지, 다시 말해 비주장행동의 인지적 원인을 어떻게 줄일 수 있을지와 관련하여, 먼저 인지적 주장훈련의 의미를 살펴본 후 이를 토대로 인지적 주장훈련의 구체적 기법을 알아보도록 하겠다.

1) 인지적 주장훈련의 의미

조화상담의 관점에서 보면 인지적 주장훈련은 대인관계에서 인지가 행동과 정서에 조화를 이루도록 훈련하는 것이라고 할 수 있다. 인과론적 입장에서 본다면 비주장행동의 인지적 원인을 줄이거나 제거하기 위한 훈련이다.

주장행동의 행동적 요소인 방법적 요소와 음성적 요소 및 체언적 요소를 잘 익혀 연습할 때나 평소에 그러한 행동을 잘할 수 있고 그 상황에서 전혀 불안을 느끼지 않는 경우에도, 주장행동을 하지 않거나 못하는 경우가 있다. 이는 주로 인지적 원인 때문이다. 즉, 그 상황에서 주장행동과 관련된 인지가 행동과 정서에 영향을 주어 주장행동을 가로막는다.

인지적 주장훈련에서 부조화의 원인으로 보고 있는 인지는 행동적 주장훈련이나 정서적 주장훈련으로도 많이 달라질 수 있다. 다시 말해 "나는 결국 말을 잘하지 못할 것이고, 그럴 바에는 말을 시작하지 않는 것이 더 낫다."라고 생각하더라도, 주장행동의 행동적 요소를 잘 익혀 주장행동을 잘할 수 있게 되거나 근육이완법, 심상법 등을 통해 주장행동과 관련된 불안이 줄어들면 "나는 끝까지 내가 하고 싶은 말을 잘할 수 있을 거야."와 같이 생각이 바뀌게 된다. 이러한 관점에서 본다면 행동적 주장훈련과 정서적 주장훈련은 모두 인지적 주장훈련과 관련이 있다. 두 훈련 모두 주장행동을 방해하는 비합리적 생각을 합리적 생각으로 바꾸는 데 도움이 된다.

그러나 행동적 주장훈련이 주장행동의 구체적 요소를 알고 이를 숙달시켜 실제로 주장행동을 할 수 있도록 하는 데 강조점을 두고 있고, 정서적 주장훈련이 주장행동과 관련된 불안을 직접 감소키는 데 강조점을 두고 있다면, 인지적 주장훈련은 주장행동을 할 수 있고 주장행동과 관련된 불안이 없는데도 주장행동을 가로막는 비합리적 생각을 찾아 이를 합리적 생각으로 바꾸는 데 강조점을 둔다는 점에서 앞의 두 훈련과 차이가 있다.

이상에서 살펴본 바와 같이 인지적 주장훈련은 주장행동을 할 수 있지만 특정

인물과 그 사람이 포함된 특정 상황과 관련된 비합리적 생각 때문에 주장행동을 하지 않거나 못할 경우, 이 생각을 합리적 생각으로 바꾸고, 나아가 사람과의 관계에 대한 관점 자체를 바꾸는 훈련이라고 할 수 있다.

2) 인지적 주장훈련 기법

인지적 주장훈련은 생각, 신념, 관점 및 가치와 같은 인간의 인지적 측면이 정서와 행동에 크게 영향을 미칠 수 있다는 데 근거한다. 이러한 점은 일찍이 동서양의 여러 성인과 학자들에 의해 강조되었다. 원효대사가 밤에 자신이 달게 마신 물이 해골바가지의 물이었다는 사실을 알고 크게 깨우쳐 유학길을 취소했다는 일화에서도 잘 나타난다. 즉, 해골바가지의 물이 더럽고 더럽지 않음은 해골바가지의 물 자체가 아니라, 그 물에 대한 사람의 생각에 달렸다는 것이다. 스토아 철학자인 Epictetus는 "인간의 정서적 혼란은 그가 경험하고 있는 어떤 사실 때문이 아니고, 그 사실에 대해 가지는 관점 때문이다."라고 하였고, Shakespeare는 그의 소설 『햄릿』에서 "이 세상에는 좋은 것도 나쁜 것도 없다. 다만 생각이 그렇게 만들 뿐이다."라고 하였는데(Ellis, 1979), 이는 모두 인간의 인지적 측면이 행동과 정서에 크게 영향을 미칠 수 있음을 시사하고 있다.

여기서는 인간의 인지적 측면, 그중에서도 생각과 관점에 따라 경험이 정서와 행동에 어떻게 영향을 미치는지에 관하여 살펴보고자 한다. 먼저 생각의 변화를 강조한 합리적·정서적·행동적 상담(Rational Emotive Behavior Therapy: REBT)의 ABCDE 원리에 대해 살펴볼 것이다. 이어서 관점의 변화에 초점을 둔 실존주의적 상담의 실존주의적 역설과 리듬모델에 대해 살펴보고자 한다.

(1) 생각의 변화

우리는 똑같은 상황을 경험하더라도 그에 대해 반응하는 정서나 행동이 사람마다 다르다는 점을 잘 알고 있다. 그 이유에 대하여 합리적·정서적·행동적 상담(REBT)에서는 ABCDE 원리를 통해 설명한다.

ABCDE 원리에서 말하는 A는 활동 유발 사실 또는 경험(activating event or experience)이다. [그림 5-1]에서 보면, 영희와 경미는 똑같이 '사랑하는 사람과 헤어지게 되었다.'는 경험을 했는데, 이것이 A에 해당한다. B는 생각(belief, thought, thinking)을 뜻하는데, 합리적 생각(rational belief: rB)과 비합리적 생각(irrational belief: iB)이 있다.

합리적 생각은 "현실을 받아들이고 싶지는 않지만 결혼하기 전에 헤어져 그나마 다행이고, 남자를 이해하는 데 좋은 경험이 되었다."라고 생각하는 것이다. 합리적 생각은 하고자 하는 일에 도움이 되어야 하고(유용성), 현실적으로 가능하여야 하며(현실성), 논리적 모순이나 비약이 없어야 한다(논리성). 주로 '~하기를 원한다.'나 '~하기를 바란다.' 또는 '~하기를 더 좋아한다.'와 같은 생각과 관련된다. 비합리적 생각은 영희와 같이 "어떤 경우에도 절대로 헤어지면 안 된다."라고 생각하는 것이다. 비합리적 생각은 유용하지 않고, 비현실적이며, 논리성이 없을 뿐만 아니라 주로 특정 사실과 관련된 부정적 측면에 초점이 맞추어져 있다. 흔히 '반드시 ~해야만 한다.'나 '~하면 절대로 안 된다.'와 같이 경직된 생각과 관련된다.

사실(A)에 대해 합리적 생각을 하느냐 비합리적 생각을 하느냐에 따라 그에 따른 결과(consequence: C)는 아주 다르다. [그림 5-1]의 경미와 같이 합리적 생각을 하면 적절한 정서적 결과(desirable emotional consequence: deC)와 적절한 행동적 결과(desirable behavioral consequence: dbC)를 경험하게 된다. 반면에, 영희와 같이 비합리적 생각을 하면 부적절한 정서적 결과(undesirable emotional consequence: ueC)와 부적절한 행동적 결과(undesirable behavioral consequence: ubC)를 경험하게 된다.

합리적 생각에 따른 적절한 정서적 결과에는 즐거움, 사랑, 만족, 행복, 기쁨, 호기심 등과 같은 긍정적 정서가 있다. 아울러 자신이 좋아하거나 원하는 것, 더 좋아하는 것이 이루어지지 않았을 때 경미가 경험한 '마음이 불편하다.'와 같은 정서도 해당된다. 불편함을 포함하여 불쾌감, 걱정, 속상함 등이 부정적이

A-사실

영희와 경미는 사랑하는 사람과 거의 비슷한 상황에서 헤어지게 되었다.

B-사실에 대한 생각

경미 — (rB) 합리적 생각

현실을 받아들이고 싶지는 않지만, 결혼하기 전에 헤어져 그나마 다행이고, 남자를 이해하는 데 좋은 경험이 되었다.

영희 — (iB) 비합리적 생각

어떤 경우에도 절대로 그 사람과 헤어지면 안 된다.

C-사실에 대한 생각의 결과

(deC) 적절한 정서적 결과

마음이 불편하다.

(dbC) 적절한 행동적 결과

기분 전환을 위해 여행을 떠난다.

(ueC) 부적절한 정서적 결과

우울하다.

(ubC) 부적절한 행동적 결과

자살을 시도한다.

D-비합리적 생각에 대한 논박

1. 비합리적 생각을 의문문으로 진술
   "어떤 경우에도 절대로 그 사람과 헤어지면 안 된다는 근거가 무엇인가?" 라고 물은 후, 아래와 같이 추가 질문을 하고, 그에 대해 답(논박)하는 가운데 그 생각이 비합리적임을 밝힌다.
2. 유용성에 따른 질문과 답
   '어떤 경우에도 절대 그 사람과 헤어지면 안 된다.'는 생각이 앞으로 남자를 사귀는 데 도움이 되는가?
   → 아니다. 남자에 대한 불신 때문에 다시는 남자를 사귀지 않게 될 가능성이 더 크다.
3. 현실성에 따른 질문과 답
   현실적으로 볼 때 사랑하면 모두 헤어지지 않는가?
   → 아니다. 주변의 많은 사람은 사랑하다 헤어진다.
4. 논리성에 따른 질문과 답
   다른 사람들은 헤어질 수도 있는데 나는 절대로 헤어지면 안 된다는 것이 논리적으로 맞는가?
   → 아니다. 나와 다른 사람에게 적용한 기준이 크게 다르므로 논리적 비약이 심하다.

E-비합리적 생각에 대한 논박의 결과로 나타난 효과

(cE) 인지적 효과 (합리적 생각)	(eE) 정서적 효과 (적절한 정서)	(bE) 행동적 효과 (적절한 행동)
남자를 더 잘 이해할 수 있는 등 남자에 대해 배운 것이 많다.	마음이 편해진다.	남자를 보다 신중하게 사귄다.

[그림 5-1] ABCDE 원리

기는 하지만 적절한 정서적 결과에 포함된다. 이 정서는 하고자 하는 일에 도움을 줄 수 있기 때문이다. 따라서 적절한 정서에는 긍정적인 것과 부정적인 것이 있다.

합리적 생각에 따른 적절한 행동적 결과는 하고자 하는 일에 도움이 된다. 경미의 경우처럼 '기분 전환을 위해 여행을 떠난다.'는 것은 현실을 수용하고 사실을 자기에게 도움이 되도록 하는 행동으로 적절한 행동적 결과에 해당된다.

사실에 대한 비합리적 생각에 따른 부적절한 정서적 결과는 문제 해결을 방해하거나 문제를 더 악화시킬 수 있는 정서다. 영희의 경우에서 보면 '우울하다.'와 같은 정서의 경험이다. 부적절한 정서에는 분노, 적개심, 질투심, 시기심, 미움, 공포, 불안, 초조, 긴장, 죄책감, 우울, 무력감, 무가치감, 허무감, 허망감, 절망감 등이 있다.

비합리적 생각에 따른 부적절한 행동적 결과는 영희처럼 '자살을 시도한다.'와 같이 하고자 하는 일을 방해하는 행동이다. 이러한 행동은 원래 하고자 했던 일, 즉 남자를 잘 사귀어서 결혼하는 것을 방해하는 행동이기 때문에 부적절한 행동적 결과(ubC)가 된다.

비합리적 생각은 자기 대화(self-talking), 자기 언어화(self-verbalization), 자기 진술(self-statement) 등으로 더욱 내면화, 신념화될 수 있다. 이들 용어는 Corey (1986), Meichenbaum(1977) 등이 조금씩 의미를 달리 사용하고 있기는 하지만, 자기 자신과 대화하는 것이다. [그림 5-1]을 다시 보기로 한다. 영희와 같이 '어떤 경우에도 절대로 그 사람과 헤어지면 안 된다(iB1).'라는 비합리적 생각은 '사랑하는 사람과 헤어지게 되었다(A1).'라는 사실에 대해 '우울하다(ueC1).'와 같은 정서적 결과와 '자살을 시도한다(ubC1).'와 같은 행동적 결과를 낳는다. 이처럼 부적절한 행동적 결과(ubC1)는 사실(A1)에 대한 비합리적 생각(iB1)의 결과인 동시에 새로운 사실(A2)이 된다. 이에 대해 '나는 이제 모든 것이 끝났다.'와 같은 절망적인 비합리적 생각(iB2)을 가질 가능성이 커지고, '절망감이 든다.'라는 더 부적절한 정서적 결과2(ueC2)와 '자살 실행'이라는 더 부적절한 행동적 결과2(ubC2)로 이어져서 이 ubC2는 다시 새로운 사실, 즉 A3가 된다. 이와 같이 비합리적인 생각이 확고하게 자리 잡고 있으면 어떤 사실은 계속 악순환을 거듭하여 실제로 자살해 버리는 아주 파괴적인 행동을 초래할 수 있다.

이상에서 REBT에서 강조하고 있는 ABC의 관계에 대해 살펴보았다. 여기서 문제가 되는 것은 생각(B), 그중에서도 특히 비합리적인 생각(iB)이다. 따라서 이 비합리적인 생각을 합리적인 생각(rB)으로 바꾸면 적절한 정서적 및 행동적 결과를 경험할 수 있다. 비합리적인 생각을 합리적인 생각으로 바꾸는 과정이 논박(disputing: D)이다.

[그림 5-1]에서 보는 바와 같이 논박은 먼저 비합리적 생각에 근거가 있는지를 의문문으로 진술한다. 즉, "어떤 경우에도 절대 그 사람과 헤어지면 안 된다는 근거가 무엇인가?"라고 묻고 다음과 같이 추가 질문을 하여 그에 대해 답하는 가운데 그 생각이 비합리적임을 밝힌다.

첫째, 유용성에 따른 질문이다. 즉, "'어떤 경우에도 절대로 그 사람과 헤어지면 안 된다.'라는 생각이 앞으로 남자를 사귀는 데 도움이 되는가?"와 같이 묻고 답해 본다. 답을 하는 가운데 이러한 생각을 하면 많은 경우 남자에 대한 불신 때문에 다시는 남자를 사귀지 않을 가능성이 더 크다는 점을 인정하게 한다.

둘째, 현실성에 따른 질문이다. 즉, "현실적으로 볼 때 사랑하면 모두 헤어지지 않는가?"와 같이 묻고 답해 본다. 이 대답을 통해 주변의 사람 중에는 사랑하다 헤어지는 사람들이 많다는 점을 인정하게 한다.

셋째, 논리성에 따른 질문이다. 즉, "다른 사람들은 헤어질 수도 있는데 나는 절대로 헤어져서는 안 된다는 것이 논리적으로 맞는가?"와 같이 묻고 답해 본다. 이를 통해 자신에게 적용한 기준과 다른 사람에게 적용한 기준이 아주 달라서 논리적 비약이 심하다는 점을 인정하게 한다.

이상과 같은 방법을 통해 비합리적 생각을 논박하면 효과가 나타나는데, 이것이 ABCDE 중 효과(effect: E)다. 논박의 결과로 먼저 비합리적 생각과 대치되는 합리적 생각을 찾게 되는데, 이것이 인지적 효과(cognitive effect: cE)다. [그림 5-1]에 의하면 '남자를 더 잘 이해할 수 있는 등 남자에 대해 배운 것이 많다.'와 같은 생각을 가지는 것이다. 생각이 바뀌면 [그림 5-1]에서 보는 바와 같이 부적절했던 정서가 적절한 정서인 '마음이 편해진다.' 로 바뀔 수 있다. 이것이 정서적 효과(emotional effect: eE)다. 그와 동시에 부적절했던 행동도 적절한 행동인 '남자를 보다 신중하게 사귄다.' 로 바뀔 가능성이 높아지는데, 이것이 바로 행동적 효과(behavioral effect: bE)다.

ABCDE 원리는 소극적 또는 공격적 행동인 비주장행동을 주장행동으로 바꾸는 데 유용한 기법이 될 수 있다. 여기서 중요한 것이 비합리적 생각이다. Ellis는 성격의 발달, 특히 이상 성격(abnormal personality)의 발달과 관련된 비합리적 생각의 문제점과 더불어 서구문화권을 중심으로 한 비합리적 생각 열한 가지를 제시하였다(Ellis, 1962; Ellis & Harper, 1975; George & Cristiani, 1981).

① 주위의 모든 사람으로부터 반드시 사랑과 인정을 받아야만 한다.
② 가치 있다고 여겨지기 위해서는 완벽할 만큼 유능하고, 적절하며, 성취적이어야만 한다.
③ 어떤 사람은 나쁘고, 사악하며, 악랄하다. 그러므로 그러한 사람은 반드시 비난과 처벌을 받아야만 한다.
④ 일이 바라는 대로 되지 않는 것은 곧 무시무시한 파멸이다.
⑤ 사람의 불행은 외부 환경 때문이며, 사람으로서는 그 불행을 막을 길이 없다.
⑥ 위험하거나 두려운 일이 일어날 가능성은 항상 있는 것이며 끊임없이 걱정의 원천이 된다.
⑦ 어떤 어려움에 직면하거나 책임을 지는 것보다는 이를 피하는 것이 더 쉽다.
⑧ 사람은 다른 사람에게 의존해야만 하고, 자신이 의존할 만한 더 강한 누군가가 있어야만 한다.
⑨ 과거의 경험이나 사태가 현재의 행동을 결정하며, 사람은 과거의 영향에서 벗어날 수 없다.
⑩ 주위의 다른 사람이 어려운 문제나 혼란에 처할 경우, 자신도 당황할 수밖에 없다.
⑪ 이 세상의 모든 문제에는 반드시 가장 적절하고 완벽한 해결책이 있으며,

이를 찾아내지 못하는 것은 두렵고 끔찍한 일이다.

이상의 열한 가지는 추상적이고 광범위하다. 그러나 이를 참고로 한다면 비주장행동과 관련된 구체적인 비합리적 생각도 지적해 낼 수 있을 것이다.

(2) 관점의 변화

구체적인 상황과 관련된 생각을 바꾸는 것도 중요하지만, 자신이나 세계 또는 현상을 보는 관점을 바꾸는 것도 주장행동을 방해하는 부조화 인지를 줄이고 조화 인지를 증가시키는 데 도움이 된다. 관점의 변화는 실존주의적 역설과 리듬모델(rhythm model)이 중요한 시사점을 주고 있다. 여기서는 이 두 관점에 대해 살펴본다.

실존주의적 역설 실존주의적 역설을 이해하기 위해서는 먼저 실존주의에 대해 아는 것이 중요하다. 여기서는 김성회(1988)를 중심으로 실존주의적 역설에 대해 알아보기로 한다.

실존주의적 상담에서 다루는 주요 개념인 '실존(Existenz)'은 원래 'Ex-Sistere', 즉 '밖에(Ex)'와 '나타나다(Sistere)'라는 라틴말에서 유래한다(안병욱, 1972). 이러한 실존의 의미는 학자에 따라 조금씩 다르게 사용되었다. 이는 백승균(1987)이 Kierkegaard, S. A., Heidegger, M., Sartre, J. P. 등의 실존철학을 설명한 후 우리가 그들을 실존주의자라고 부르는 데 동의한다고 하더라도 그들이 다 함께 대표하고 있는 실존주의가 무엇인지는 아직도 불분명하다고 지적한 데서도 알 수 있다.

실존의 의미는 '존재자(存在者, Seiende)'를 이해함으로써 보다 명확해질 수 있다. 인간도 산, 호수, 도구, 물질 등과 같이 존재하는 것들 중 하나인 존재자다. 그러나 인간은 다른 모든 존재자를 이해하는 동시에 자신의 존재까지도 이해하기 위해 자신의 존재를 문제삼는 독자적인 존재로서, 다른 존재자와는 다른 존재 방식을 취한다. 인간 존재의 이와 같은 특유한 존재 방식을 가리켜

Heidegger, J. P.는 '실존'이라고 하였다(정명오, 1972). 그러나 모든 인간이 실존이라는 존재 방식을 취하는 것은 아니다. Heidegger, J. P.는 실존이라는 존재 방식을 취하지는 못하고 있지만 막연하게나마 존재를 이해하고 있는 인간 존재의 모습을 가리켜 '현존재(現存在, Dasein)'라고 하였다(정명오, 1972). 이렇게 본다면 실존이란 현존재가 일상인(日常人, Das Man)으로 전락하여 자기 존재의 근거를 상실한 상태에서 본래의 존재 방식을 기투(企投, entwurf)적으로 취하는 것이라고 할 수 있다. 즉, 실존이란 현존재의 본래적 존재 방식을 의미하며, 이는 자기를 대상화하여 자신이 왜 살아야 하는지를 포함한 자기 자신에 대한 근원적 의문을 제기하고, 그것에 답하면서 살아가는 존재 방식이라고 할 수 있다.

실존을 문제 삼는 실존주의는 그 접근에서 역설적인 면이 많다. 상식적 논리로 볼 때는 그릇된 주장같이 보이지만 사실은 옳은 논리를 나타낼 때 역설을 사용하는 경우가 많은데, 실존주의자들이 자신들의 철학을 전개하는 데 많이 활용하였다. 원래 역설(paradox)은 희랍어 'Paradoxa'에서 온 말이다. 'Para'는 'against', 'contrary to', 즉 '반대한다'는 뜻이요, 'doxa'는 'opinion', 즉 '의견'이란 뜻이다. 따라서 역설은 일반적으로 옳다고 인정된 의견(doxa)과 정반대가 되는(para) 설을 주장하는 것이다.

역설은 Kierkegaard, S. A.가 실존의 3단계이자 최고 최후의 단계인 종교적 실존을 설명할 때 사용하였다. 그는 인간의 이성으로 보아서는 예수를 하느님의 아들로 도저히 믿을 수가 없기 때문에 예수를 하느님의 아들로 믿어야만 한다면서, 그 근거를 역설적으로 제시하였다(안병욱, 1972).

실존주의의 역설성은 인간 존재를 설명하는 데서도 찾아볼 수 있다. 인간은 다른 모든 존재자를 이해하고 동시에 자신의 존재까지도 이해하기 위해 자신과 자신을 둘러싼 우주에 대해 근원적인 의문을 제기하고 그에 대해 답하려고 노력해 왔다. 즉, "나는 무엇이고 이 우주는 또한 무엇이며, 어떤 의미가 있는가?"라고 스스로에게 묻고 답하려고 했다. 그러나 그 답을 얻지 못했거나, 나름대로 답을 얻었다 하더라도 누구나 받아들이고 변하지 않는 절대적인 답은 없었다. Kneller, G. F.에 의하면 물질적 우주, 즉 인간과 관계를 맺고 있지 않은 세계는 어떤 의미도 목적도 가지지 않았고 세계는 우연히 발생한 것이다(남궁달화, 1984). 우주는 존재 이유를 갖고 있지 않은 것으로 보인다(Morris & Thoutner, 1966). 인간 또한 우주에서 우연히 발생한 존재다(Morris, 1966). 즉, 이 세상에서 나의 존재는 나의 의사와는 전혀 관계가 없었다. 나는 우연한 존재다. 그러나 중요한 것은 나의 존재가 우연성이든 어찌되었든, 나는 지금 여기에 있다는 사실의 발견이다. 이것이 바로 이 세상에 던져진 존재로서의 현 사실성(facticity)이다(남궁달화, 1984). 이는 인간이 자신의 의지와는 관계없이 세계 안에 이미 있다는 인간의 피투성(被投性, Geworfenhelt)을 의미한다.

Heidegger(정명오, 1972)에 의하면 현존재가 세계 안에 주어져 있다는 현존재의 피투성은 현존재가 단순한 사물과 같은 도구적 존재가 아님을 말한다. 현존재는 세계 안에서 많은 다른 존재자들과 관계를 맺음으로써 일상인으로 전락하게 되면서 불안해진다. 불안의 근거는 그것의 존재 양식에서 보면 현존재가 세계-내-존재로서 자기를 상실하고 비본래적인 존재 방식을 취하는 데 있다. 그래서 현존재가 불안에서 벗어나기 위해서는 본래적인 자기 존재를 근원적으로 이해하고 본래적인 자기로 자기 자신을 내던져야 하는데, 이것이 바로 기투다. 즉, 인간 존재의 피투성과 자기 상실에서 역설적으로 인간을 기투하도록 하여 본래적인 자기로 돌아가게 하는 것이다.

인간의 피투성은 인간의 본질이 인간 존재에 앞서 결정되어 있지 않음을 의미한다. 즉, 인간이 태어날 때는 본질이 없는 상태인 인간 존재의 '무본질성'을 말하는 것이다. 만약 인간이 태어나기 이전에 어떤 본질이 있었다면, 인간 존재는 그 본질을 규정한 무엇에 의해 살아갈 수밖에 없을 것이다. 이는 인간이 사용하는 칼이나 책상과 관련지어 볼 때 더욱 명확하다. 칼이나 책상은 이들이 만들어지기 전에 그 개념이 정의되고, 무엇에 쓰기 위해, 어떤 재료를 이용하여, 어떤 과정을 거쳐서 만든다는 본질이 먼저 규정된 후 만들어지고 존재하게 되었다. 이들에게는 본질이 존재에 앞선다. 신이나 그 무엇의 관념에 의해 인간의 본질이 규명되고 그에 근거해서 인간이 태어났다면 인간도 도구와 마찬가지로 본질이 존재에 앞설 것이다. 그러나 인간은 세계에 던져진 존재이기 때문에 그 본질이 존재에 앞서 규정되어 있지 않았다. 그러므로 인간 존재는 존재하기 이전에 그 본질이 없다고 봐야 한다. 인간이 태어날 때는 아직 선도 아니고 악도 아니며, 학식이 있는 것도 아니고 학식이 없는 것도 아니며, 유명인사도 아니고 범죄자도 아니다(백승균 역, 1987). 그래서 Sartre는 인간의 경우 "존재는 본질에 앞선다."라고 하면서 그 본질에 대해 사람은 스스로가 만드는 존재라고 보았다(방곤 역, 1973). 이는 인간이 존재한 후, 특히 실존하면서부터 자신의 본질은 자신이 만들어 간다는, 즉 인간은 자신의 행위를 통해서 자신의 본질을 형성하는 것이라고 볼 수 있다(백승균 역, 1987). 이렇게 볼 때 인간은 태어날 때 본질이 없는 것이 역설적으로 자신의 본질인 동시에 본질을 형성할 수 있는 근거가 된다.

인간 존재의 피투성과 무본질성은 인간 존재가 어디에 근거하여 자신의 삶을 살아가고 행동해야 할지를 포함한 선택과 결정의 근거에 대해 의문을 제기하도록 만든다. 그러나 인간은 그 근거를 찾아낼 수 없다. 설령 찾아냈다고 할지라도 그 근거의 정당성을 확인할 길이 없다. 결국 '나'는 '나'의 선택에 근거가 없다는 점을 발견한다(Morris, 1966). 즉, 나는 선택을 하는 데 무근거(baseless)라는 근거를 가졌을 뿐이다. 이는 인간 존재의 선택과 결정에 있어 무근거성을 말한다. 그런데 선택과 결정에 대한 무근거성은 인간 존재의 자유로운 자아요, 선택과 결정의 자유로운 주관적 능력이다(Morris, 1966). 무근거성은 역설적으로 인간 존재가 선택과 결정을 하는 근거임을 말해 주는 것이기도 하다.

인간 존재의 피투성, 무본질성, 무근거성은 인간 존재가 존재할 때도 무(nothingness)였지만 결국은 무로 돌아갈 수밖에 없고, 따라서 무의미할 수밖에 없다는 인간 존재의 무의미성을 뜻한다. 우주는 어떤 개인의 존재를 요구하지 않았다. 아마 전혀 요구하지 않았을 것이다. 우리는 매일 주위에서 인간의 죽음을 보고 들을 수 있다. 결국 인간인 나는 죽을 수밖에 없고 나의 빈 자리를 누군가가 메우게 된다. 그리고 나에 대한 기억이나 내가 남긴 흔적도 시간이 지남에 따라 차차 사라지고, 나는 결국 우주에서 지워질 것이다(Morris, 1966). 따라서 인간은 원래 무(無)요, 무에서 나타난 존재라고 할 수 있다(안병욱, 1973). 그런데 원래 인간이 인간 이외의 도구나 존재자들과는 달리 본질이나 목적이 존재에 앞서 결정되어 있지 않은, 즉 아무것도 아닌 것은, 역설적으로 인간이 무엇이든지 될 수 있는 근거가 된다. 다시 말해 인간은 무에서 출발하여 자기를 결정하고, 만들어 가고, 자기에게 본질을 부여하게 되는 것이다(안병욱, 1973).

이상과 같은 실존주의적 역설은 우리의 일상생활에서도 찾을 수 있고, 이러한 측면에 대한 이해는 개인의 관점을 바꾸는 데 큰 도움이 될 수 있다. 이에 대해 좀 더 구체적으로 살펴보면 다음과 같다.

먼저 만남과 부담감의 관계에 대한 각성이다. 인간은 자기 자신을 위한 욕구와 자기 이외의 다른 사람이나 자연과 관계를 가지려는 욕구를 동시에 가지고 있다. 자기 자신을 위한 욕구로 우리는 자기가 무엇인지 또는 누구인지를 스스로 묻고 대답하는 가운데 자신을 보다 더 잘 알려고 하고, 자기 정체감을 찾으려고도 한다. 또한 우리는 다른 사람이나 자연과 관계를 맺으려는 욕구로 인하여, 다른 사람에게 잘 보이려고 하며 자연에서 시간을 보내고 싶어 한다. 만약 이 욕구가 좌절되면, 우리는 소외감에서 벗어날 수 없다.

인간 존재는 관계로서만 규정할 수 있고, 이 관계는 두 가지 근원적인 말, 즉 '나-너'의 관계와 '나-그것'의 관계로서만 규정될 수 있다. 사람들이 '나'라고 할 때의 나는 나만으로서는 존재하지 못한다. 우리가 '나'라고 말할 때, 그것은 나-너의 나이거나 나-그것의 나다. 나-너의 관계에서 나는 상대방을 주체적인 인격체로 대하기 때문에 이때의 인간관계는 인격과 인격의 관계다. 그러나 나-그것의 관계에서 나는 상대방을 비인격체인 사물로 대하기 때문에, 이때의 인간관계는 비인격적인 관계이며 나는 상대방을 나의 수단으로 이용하려고 한다. 이러한 인간관계의 두 가지 측면을 다른 말로 나타내면 나-너의 관계를 '만남'의 관계로, 나-그것의 관계를 '스침'의 관계로 볼 수 있다.

우리가 만남의 관계를 형성하지 못하는 것은 상대방을 수단적 존재로 보고 상대방을 이용하려고 하거나 인간 그대로의 너와 내가 되어 관계를 가지려고 하지 않기 때문이다. 만남의 관계를 형성하는 방법에는 여러 가지가 있겠지만 그중 하나는 서로가 상대방에게 자신을 솔직하게 노출하는 것이다. 서로를 믿고 깊이 있는 자기 노출을 할 때 진정한 만남의 관계를 형성할 수 있다. 상대방에 대한 믿음으로 만남의 인간관계를 형성할 때 인간은 소외감에서 벗어날 수 있다. 두 사람 간에 만남의 관계가 형성될 때, 두 사람은 자존감을 가지고 자신의 잠재력에 대한 확신도 가진다.

그러나 한 사람과 만남의 관계가 깊으면 깊을수록 상대방에 대한 부담감이 커지고 감정이 상할 가능성도 높아지며, 따라서 헤어질 위험성도 커진다는 점을 각성해야 한다. 또한 특정 개인에 대한 새로운 만남의 관계가 형성되면 다른 사람과 이전까지 유지해 온 만남의 관계가 스침의 관계로 바뀌거나 그와 헤어질 가능성을 높인다는 점도 각성해야 한다.

자기 자신에 대한 각성과 불안의 관계를 각성하는 것도 역설적이다. 실존주의에서 말하는 '각성'이란 비본래적인 상태로부터 본래적인 상태로 깨어나는 것을 말한다. 여기서 말하는 비본래적인 상태란 바로 자기를 상실한 상태다. 사람들은 자신이 누구며, 자신의 가능성과 제한점이 무엇이며, 자신의 진정한 모습이 어떠한지도 모르고서, 즉 자기를 상실한 채 살아가는 경우가 많다. 본래적인 자기를 잃어버린 삶이란 진정한 의미에서 삶이라고 할 수 없으며, 어떤 의미에서는 다른 사람의 삶을 살아 주고 있는지도 모른다. 비본래적인 자기에서 본래적인 자기로 깨어나기 위해서는 자신의 각성 수준을 높여야 한다. 이를 위해서는 다음을 각성하는 것이 중요하다.

- 나는 유한하다. 나의 잠재력을 실현할 무한한 시간이 없다.
- 나는 일정한 범위에서 나의 운명을 창조할 수 있다.
- 나는 제한된 범위에서나마 내가 원하는 행동을 선택할 수 있다.
- 나는 근본적으로 혼자다. 그러나 나는 다른 사람과 관계를 가지지 않을 수 없다.
- 내가 추구하는 어떠한 것도 저절로 주어지지는 않는다.
- 내가 나에게 주어진 자유를 의식하면 할수록 그에 대한 책임감도 증가하고

불안감도 커진다.

- 나의 자유로운 의지에 따른 선택은 항상 미래에 대한 불확실성 속에서 이루어지고 어떠한 선택도 확실한 것은 없다.
- 나는 고독감, 무의미함, 공허함 그리고 죄의식에서 완전히 벗어나지는 못한다.

그러나 이러한 점들에 대한 각성 수준을 높이면 높일수록, 다른 말로 실존하려고 하면 할수록 불안감도 커짐을 각성해야 한다.

자유와 구속의 관계도 실존주의적 역설의 측면이 있다. 인간은 원래 아무것도 아니어서 제한된 범위에서는 자유로운 존재다. 그러나 그 자유는 자신을 구속할 수 있는 자에게만 부여된다. 스스로를 구속하지 못하면 가족이나 친구 등 주변 사람들이 먼저 나를 구속하게 된다. 그래도 내가 나를 구속하지 못하면 법이 나를 구속하게 된다. 따라서 자유는 자신을 구속하는 만큼만 부여될 수 있다는 자유와 구속 간의 역설적인 면을 각성할 필요가 있다.

자유와 책임의 관계도 역설적이다. 앞에서 지적한 바와 같이 자유는 아무에게나 주어지는 것이 아니다. 자신이 자유롭게 선택한 것에 대해 책임질 수 있는 사람에게만 부여된다. 책임을 지지 못하면 그 자유는 바로 제한을 받는다. 책임이 전제되지 않는 자유란 있을 수 없음을 각성하는 것이 중요하다. 자유롭지 못하다고 불평하는 사람은 늘 스스로 자신을 잘 구속하고 있는지와 자신이 자유롭게 선택한 것에 대해 책임을 지고 있는지를 스스로에게 물어보아야 한다.

선택과 포기의 관계도 역설적이다. 인간은 제한된 범위 내에서는 자유롭게 선택할 수 있다. 그러나 그 선택은 항상 불확실한 가운데 이루어지고 선택한 것을 제외하고는 모두 포기해야 한다는 점을 각성해야 한다. 특정 시간과 공간을 선택하면 그 시간에 점할 수 있는 나머지 공간은 모두 포기해야 한다. 한순간 특정인을 만나고 있으면 나머지 사람들은 모두 만날 수 없다.

성장과 위기 및 불안의 관계도 역설적이다. 우리 모두는 성장이나 발전을 추구한다. 그런데 대부분의 사람은 성장과 발전을 강력히 희망하면서도 이에 수반되는 위험이나 불안에 대해서는 관심을 가지지 않으려 한다. 성장과 발전은 변화를 말하는데 그 변화는 대체로 예측이 어렵고 많은 혼란을 수반한다. 따라서 성장이나 발전은 위험이나 커다란 불안을 수반하지 않을 수 없는 경우도 있다는 점을 각성해야 한다. 다시 말해 위험과 그에 따른 불안을 감당하겠다는 사람에게만 성장과 발전이 약속된다.

행복과 불행 또는 고통의 관계도 역설적이다. 우리 대부분은 행복을 추구한다. 행복이란 정서 상태다. 그런데 정서 상태(예: 기쁨, 슬픔 등)는 특정 사실에 대해 일관적이지 않다. 그 사실이 아무리 슬프거나 즐거운 것이라 할지라도 시간이 지나면 그 사실에 대해 담담해진다. 예를 들어, 집안이 늘 화목한 가운데 자란 아이는 그것이 당연하기 때문에, 그것에 대해 행복하게 느끼거나 화목한 가정을 유지하려는 노력을 특별히 하지 않는다. 이에 비해 가족이 늘 따로 떨어져 살다가 함께 살게 되면 많은 행복감을 느끼게 된다. 그때 느끼는 행복감은 떨어져 살았을 때 느꼈던 불편함이나 불행감의 정도에 비례한다. 이는 배가 고플수록 밥이 더 맛있는 것과 같다. 따라서 행복을 추구하려는 사람들은 그에 상응하는 불행을 직접 또는 간접적으로 경험하였을 경우에만 행복을 느낄 수 있다는 점을 각성해야 한다.

삶의 의미와 죽음의 관계는 더 역설적이다. 우리 주위에는 부(富)와 명예, 권력을 추구하면서 자신의 욕심을 충족시키기 위해서 살아가는 사람도 있다. 그러나 이들도 일이 뜻대로 되지 않을 경우나 나이로 보아 아직도 많은 일을 할 수 있는 가족이나 친구의 죽음을 경험하게 되면, 관심을 자기에게 돌리고, 자신도 틀림없이 죽어야 한다는 사실과, 부나 권력 또는 명예가 무의미함을 각성하는 때가 있다. 그렇지만 평소에 늘 자신의 죽음을 각성하고 살아가는 사람은 드물다. 대부분의 사람은 죽음 그 자체를 생각조차 하기 싫어하는 편이다. 그러나 죽음이 부정적인 것만은 아니다.

'인간은 죽어야 한다.'는 인간의 유한성은 삶의 의미를 각성하게 할 수도 있다. 만약 우리에게 자신의 가능성을 실현하는 데 무한한 시간이 주어진다면 오늘 해야 할 일을 계속 뒤로 미룰 가능성이 크다. 우리는 죽기 때문에 많은 불안을 경험하고 위기를 겪으면서도 오늘을 진지하게 최선을 다해 살아가고 있는지도 모른다. 그렇다고 항상 죽음의 공포 속에서 살아서는 안 되겠지만, 죽는다는 사실에 대한 분명한 각성은 순간순간이 우리에게 중요하다는 점을 일깨워 준다.

유한한 인간에게 삶은 곧 죽음이요, 죽음은 곧 삶이다. 하루를 살았다는 말은 유한한 우리 인생에서 살 수 있는 하루가 지나갔기 때문에 살 수 있는 하루가 없어진 것, 즉 하루가 죽은 것이다. 그런데 우리는 어느 순간이 자신의 마지막 삶의 순간인지를 모른다. 그래서 항상 이 순간이 삶의 마지막 순간이 될 수 있다는 가정을 버릴 수 없다. 어쩌면 조금 전에 죽을 수도 있었던 자신이 지금 이렇게 살아 있다는 것은 자신이 다시 태어난 것이나 마찬가지다.

이렇게 볼 때 가장 확실한 것은 현재뿐이다. 우리가 정말로 가진 모든 것은 현재며, 따라서 현재는 가장 값진 것이다. 그런데 이 현재가 그렇게 값진 것은 바로 우리가 죽을 수밖에 없고 결국 우리는 아무것도 아니기 때문이다. 이 점을 각성하는 것은 대단히 중요하다.

이상에서 살펴본 바와 같이 실존주의적 역설은 하나의 현상이나 특징을 이해하기 위해서는, 그와 대립되는 것을 이해해야 그 의미가 보다 확실해질 수 있음을 말해 준다.

리듬모델적 관점 사물이나 현상을 보는 관점은 매우 다양하다. 그중 하나는 통제모델(control model)의 관점이고, 이와 대조를 이루는 다른 하나는 리듬모델(rhythm model)의 관점이다. 여기서는 Chaplin(1999)이 제시한 것을 참고로, 리듬모델을 주장행동과 관련된 인지의 변화를 위해 사용할 수 있을지에 대해 살펴본다.

먼저 통제모델의 관점을 살펴보자. 이 관점은 존재하는 모든 사물과 현상에는 동양에서 일반적으로 말하는 좋은 측면인 양(陽, good)과 좋지 않은 측면인 음(陰, not good)의 두 측면(사실은 좋고 좋지 않음이 분리될 수 없음)이 있다는 것이다(앞으로 양과 음의 두 측면과 관련된 용어는 문맥에 따라 양 또는 음, 긍정적 또는 부정적 측면 등으로 적절하게 사용할 것임). 통제모델에서는 양의 측면을 가진 사람은 극소수이고, 음의 측면을 가진 사람은 절대 다수다. 그런데 [그림 5-2]에서 보듯이 양의 측면을 가진 소수의 인원이 음의 측면을 가진 절대 다수를 통제할 수 있다. 음의 측면을 가진 절대 다수는 양의 측면을 가진 소수의 통제에서 벗어나려고 하기 때문에 이들 집단 간에는 끊임없는 투쟁이 일어날 수밖에 없다.

역사적으로 보면 프롤레타리아 혁명론이나 종교는 이러한 관점을 많이 포함하고 있다. 통제모델의 관점을 이들에 적용해 보면 그 의미가 보다 명확해진다. 프롤레타리아 혁명론의 관점에서 보면, 돈을 많이 가지는 것은 양이고, 돈을 적게 가지는 것은 음이다. 따라서 돈을 많이 가진 부르주아가 돈을 적게 가진 프롤레타리아를 통제한다. 이 통제에서 벗어나기 위해서는 프롤레타리아가 혁명을 일으켜야 한다는 논리가 된다. 이렇게 되면 부르주아와 프롤레타리아는 끊임없이 투쟁을 해야 한다.

많은 종교인들은 종교문제로 일어난 전쟁에 대한 판단이 아주 다르다. 자신들이 믿는 종교는 성스러운 것(양의 측면)이고, 그 종교와 관련된 전쟁은 성전(聖戰)이 된다. 그러나 자신이 믿지 않는 종교에 대해서는 성스럽지 않은 것(음의 측면)으로 보는 경향이 있고, 다른 종교 간의 종교문제와 관련된 전쟁도 성전으로 보지 않는다. 그래서 종교가 문제가 되어 전쟁이 일어난 경우가 많았고, 지금도 그러한 전쟁은 계속되고 있다.

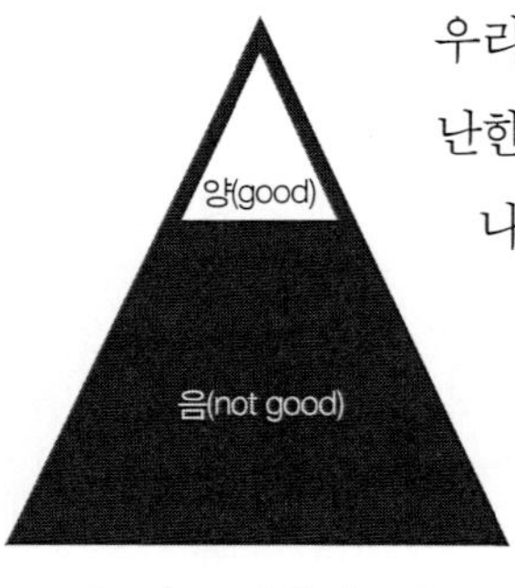

[그림 5-2] 통제모델

우리의 일상생활에서도 공부를 잘하는가 못하는가, 부유한가 가난한가, 키가 큰가 작은가, 체력이 강한가 약한가 등 많은 사실이나 경험에 대해 어느 한편을 양의 측면으로만, 그 반대를 음의 측면으로만 보면서 즐거워하기도 하고 낙담하기도 한다. 그래서 음의 측면에서 벗어나 양의 측면을 쟁취하려고 노력하고, 경우에 따라서는 투쟁도 한다. 이러한 관점에서 사물이나 경험 또는 현상을 보게 되면 목표 달성에는 도움이 될 경우도 있으나 신체적, 물질적, 정신적 대가를 지불해야 한다. 경우에 따라서는 목표 달성에 도움이 되지 않을 수도 있다.

통제모델과는 달리 리듬모델은 양의 측면과 음의 측면을 통합해서 보려고 한다. 이 통합적 관점은 매순간 확인할 수도 있고, 시간의 변화에 따라서도 확인할 수 있으며, 두 측면에서 동시에 확인할 수도 있다. 특정한 시기에서 리듬모델의 예를 본다면, 천장에 걸린 추를 생각하면 된다([그림 5-3] 참조). 천장에 걸린 추가 중앙에서 오른쪽(양의 측면으로 가정)에 있을수록 그 거리만큼 왼쪽(오른쪽이 양의 측면이면 왼쪽은 음의 측면으로 가정할 수 있음)으로 갈 가능성을 가지고 있다. 이를 동양의 음양이론에 적용해 보면 양의 특성을 가진 만큼 음의 특성도 함께 가진다는 것이다.

시간적 관점에서 리듬모델을 보면 어떤 사실이나 경험 또는 현상은 시간이 지남에 따라 양과 음이 서로 바뀐다([그림 5-4] 참조). 이 예는 '인간만사 새옹지마(人間萬事 塞翁之馬)'라는 고사성어에도 잘 나타난다. 말이 집을 나가거나 집에 들어오는 것, 심지어 아들이 신체적 불구가 되는 것도 시간이 지남에 따라 양의 측면으로 작용하기도 하고 음의 측면으로 작용하기도 한다는 점이다.

이상에서 보는 바와 같이 리듬모델에서는 매 순간 양과 음이 함께 있지만 시간이 경과함에 따라 이러한 양과 음은 계속 서로 바뀐다. 양과 음은 분리되는 것이 아니고 늘 함께 있는데, 인간이 어느 순간에는 한 가지 사실이나 경험 또

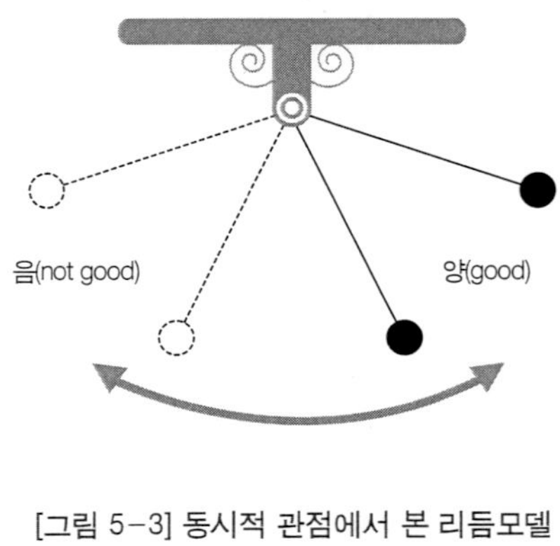

[그림 5-3] 동시적 관점에서 본 리듬모델

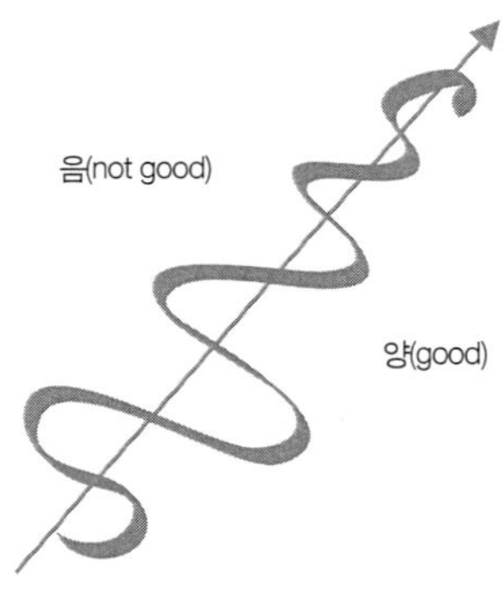

[그림 5-4] 시간적 관점에서 본 리듬모델

는 현상을 양의 측면에서만 보고, 다른 어느 순간에는 이를 음의 측면에서만 보는 데서 인간의 어려움이 생긴다는 것이다.

우리 주변에서 음양이 함께 있음을 설명할 수 있는 현상은 너무나 많다. 그 의미를 보다 정확히 확인하고 자신과 관련지어 다시 한 번 생각해 보자는 뜻에서 구체적인 예를 함께 보기로 한다.

우리 모두는 사랑을 받고 싶고 사랑을 하고 싶다. 그러나 사랑은 사랑만으로는 존재할 수 없음이 대중가요의 노랫말에도 잘 나와 있다. 사랑의 감정이 있는 만큼 그 안에는 미움의 가능성도 들어 있다. 그래서 '사랑은 미움을 잉태한다.'고 하였다. 우리가 일반적으로 양의 측면으로 생각하는 부, 명예, 권력, 재능, 선호하는 직업, 좋다고 하는 성격, 뛰어난 외모 등도 그 안에는 음양이 함께 있다. 이에 대해 하나씩 살펴보기로 한다.

부자가 되는 것은 좋을 것만 같다. 돈이 많으면 편리한 것은 사실이다. 그렇다고 좋지 않은 측면이 없는 것은 아니다. 꼭 그런 것은 아니지만, 다음과 같은 가능성을 배제하기 어렵다. 첫째, 돈 때문에 신상에 위협을 받을 가능성이 돈이 적은 사람보다는 더 크다. 부자들은 자신이나 자녀가 납치되거나, 강도를 만날 가능성이 돈이 적은 사람보다 크다는 점을 부인하는 사람은 없을 것이다. 둘째, 돈이 많으면 부모 자식 간이나 형제자매를 포함한 동기 간에 사이가 좋지 않을 가능성이 크다. 이는 돈이 없으면 돈 때문에 섭섭할 일은 없는데, 돈이 있기 때문에 상대적 박탈감이 생길 수 있기 때문이다. 예를 들면, 아들은 유산으로 얼마를 받았는데 딸이기 때문에 적게 받았다든가, 똑같이 나눠 주면 맏이나 부모를 오래 모신 자녀가 섭섭해하는 등 어떠한 경우에도 모두의 마음에 들도록 할 수는 없다는 것이다. 돈이 많을수록 가족 간에 돈 때문에 관계가 나빠질 가능성이 커진다. 형제가 같이 황금을 주웠으나, 우애가 깨어질 것을 우려해서 강물에 버렸다는 동화의 의미는 이와 같은 맥락에서 볼 수 있다. 돈이 많은 사람은 계속 돈 걱정을 해야 하는데, 여기에는 이해관계가 깊이 관여되어 있기 때문에 많은 스트레스를 수반한다. 돈이 많은 사람이 돈이 적은 사람보다는 생명과 친인척 및 가족을 잃을 가능성이 더 크다는 점을 늘 염두에 두어야 한다.

명예는 인간에게 아주 중요하다. 사회생활을 하는 인간에게는 그 어느 덕목에 뒤지지 않는다. 명예에는 존경도 함께 따라다닐 가능성이 크다. 따라서 명예를 가진 이들의 주변에는 사람들이 많이 모이게 된다. 그래서 명예는 양의 측면만 있을 것으로 보기 쉽다. 그러나 그 명예를 얻기 위해서는 인간이 가진 동물적 속성을 거의 포기해야 한다. 동물인 인간이 동물적 속성을 참고 견디거나 포기하는 데는 많은 고통이 따를 뿐만 아니라 그 고통은 생명과 직결될 수도 있다. 이는 명예를 지키기 위해 목숨을 바친 사람이 얼마나 많은가를 생각해 보면 알 수 있다. 수양을 하여 도인이 되지 않는 한, 한순간도 자신을 있는 그대로 나타내 보일 수 없는 위선적인 모습으로 살아야 한다. 그래서 그와 관련된 고통을 이겨 낼 때만 명예가 온다는 점을 명예가 주는 즐거움과 함께 각성할 필요가 있다.

권력도 많은 사람이 추구하는 것이다. 권력은 그 힘에 걸맞은 지위를 보장해 주기 때문에 많은 사람이 가지고 싶어 한다. 권력은 인간의 동물적 공격 본능이 사회의 형식적 또는 비형식적 제도를 통해 추구되는 것이다. 이는 동물적 속성이기 때문에 강자만이 살아남게 마련이다. 우리나라의 경우는 권력이 부와 명예를 함께 가져온다고 많은 사람이 믿고 있다. 그러나 권력도 양의 측면만큼 음의 측면이 동시에 있다. 이러한 사실을 우리는 광복 이후 역사를 통해 배웠다. 역대 대통령 중 누가 가장 권력을 많이 가졌는지를 잘 모르겠다면, 그가 대통령직을 어떻게 물러나게 되었는지를 보거나, 물러난 후 어떻게 되었는지를 보면 잘 알 수 있다. 이러한 이치는 자연에서 찾아보면 보다 분명해진다. 즉, 높이 올라갈수록 기분은 좋지만 떨어질 확률이 높고, 떨어질 때는 더 비참하게 떨어진다는 점이다. 자전거를 타고 있는 사람과 비행기를 타고 있는 사람 중에 잘못되어 떨어진다면 누가 더 크게 다치는지를 보면 알 수 있다. 인간 사회에서는 높이 올라갈수록 적이 많아지기 때문에, 높은 인품을 갖추지 않으면 권력에서 벗어난 후 그 권력과 무관하게 살아가기 어렵다는 점을 각성해야 한다.

많은 학부모는 자녀가 공부를 잘하기를 바란다. 물론 학생 본인도 그렇다. 그래서 지금 이 순간에도 대부분의 학생이 공부 때문에 걱정을 하고 있을 것이다.

우리나라의 경우 공부를 잘하면, 돈과 명예와 권력이 보장될 가능성이 크다. 그래서 부모들은 자녀가 공부를 더욱 잘하길 바란다. 대부분의 부모는 공부를 잘하는 것에도 문제가 있는지에 대해서는 의아해할 것이다. 그것은 억지논리에 불과하다고 여길지도 모른다. 그러나 공부를 잘하는 것이 과연 모든 면에서 좋을지에 대해서는 좀 더 생각해 볼 필요가 있다. 먼저 공부를 잘하는 당사자에 대해 생각해 보자. 공부를 잘하는 사람들은 대체로 정서적으로 민감하고 자존감이 강하다. 그래서 가족이나 주변 사람들은 아주 조심해서 그들을 대해야 한다는 부담을 가진다. 이는 공부를 잘하는 학생일수록 민감하기 때문에 스트레스를 받을 가능성이 크다는 것이다. 특히 공부를 잘하는 사람, 일반적으로 천재는 다른 사람이 잘 보지 못하는 것도 볼 수 있고, 잘 듣지 못하는 것도 들을 수 있으며, 잘 생각하지 못하는 것도 생각할 수 있다. 이는 정신분열증 환자에게서 나타나는 특성도 일부 있다는 것을 의미한다. 특히, 천재는 자신이 하고자 하는 일에 만족하는 경우가 드물다. 요구하는 수준이 높기 때문이다. 그래서 천재는 늘 불만이 많다. 따라서 천재는 일반 사람보다 스트레스를 많이 받을 가능성이 크다. 그러므로 천재 본인은 정신적으로나 신체적으로 아주 힘든 삶을 살아야 한다. 이는 지능이 높은 사람과 낮은 사람 중 누가 스트레스를 덜 받고 살지를 생각해 보면 바로 알 수 있다.

공부를 잘하는 자녀를 둔 부모는 어떠할지에 대해서도 한번 생각해 볼 필요가 있다. 우선 그들은 자녀가 자랑스럽다. 그래서 주위 사람들에게 자랑하고 이들로부터 부러움도 살 것이다. 그러나 자랑스러운 자녀를 두었다는 것이 힘들 수 있다는 것도 각성해야 한다. 자녀의 천재성을 살려 주기 위해서는 물질적으로나 정신적으로 많은 투자를 해야 한다. 특히, 우리나라의 현 제도에서는 과학고등학교나 외국어 고등학교 등 특수목적 고등학교 또는 자립형 사립고등학교에 진학시키거나 아니면 해외 조기유학을 보내기도 한다. 그렇게 되면, 자주 보기도 어렵다. 계속 공부를 잘할수록 부모와는 점점 멀리 있게 되고, 만나서 즐거운 시간을 보낼 기회도 줄어든다. 같이 있을 기회는 줄어들지만, 경우에 따라서는 경제적 부담이 더 늘어날 수도 있다. 함께 살았던 시간이 적어서 정도 깊이 들지 않은데다, 자주 보지도 못하기 때문에 자녀가 자랄수록, 특히 자녀가 이성교제를 하게 되면 조금씩 서먹서먹해짐을 느낀다. 자녀가 모처럼 집에 오면 손님이 되는 것이다. 이렇게 하여 훌륭한 학자나 경제인이 되는 등 세계적 인물이 되면 그 부모는 자녀를 '인류의 자식'으로 내보내야 한다. 그렇게 훌륭하게 자란 자식은 부모를 위해 보낼 시간이 없다. 그보다 좀 못한 '조국의 자식'이 되어도 마찬가지다. 이는 '등 굽은 소나무가 선산을 지킨다.'는 옛 속담에서도 알 수 있다. 집 짓는 재목으로 사용할 수 있는 소나무는 누가 언제 그랬는지도 모르게 재빨리 베어 가 버린다. 다른 목적으로 사용하기 어려운 소나무만 산소를 오래오래 지키는 것이다. 공부를 잘해 나중에 잘된 자녀일수록 인류가 데려가든, 조국이 데려가든, 아니면 우리 주변에서 데려간다. 그도 아니면, 결혼한 후 어떤 남자나 여자가 데려가 버린다. 다시 말해 공부를 잘할수록 부모에게서 더 멀어지고 부모가 필요할 때 가까이에 없을 가능성이 크다는 점도 함께 알고 있어야 한다는 것이다.

좋다고 하는 직업도 우리나라의 많은 사람은 양의 측면에서만 본다. 여기에도 돈과 명예와 권력이 따를 수 있기 때문이다. 그러나 많은 사람이 좋아하는 직업도 음의 측면이 있음을 우리는 알고 있다. 판검사나 의사, 교수 등 소위 전문직이나 사업가, 대기업 중역 등을 생각해 보자. 이러한 직종의 좋은 점에 대해서는 모두가 알고 있기 때문에 좋지 않은 측면에 초점을 두어 살펴보자. 우선 판검사는 주로 죄를 다룬다. 법이라는 잣대가 있지만, 판검사도 인간이기 때문에 오류를 범하지 않을 수 없다. 자신이 죄를 짓는 것보다 자신이 잘못하여 죄인을 만들게 된다면 이 얼마나 인간적으로 괴로운 일인가! 그 오류는 법의 보호를 받을 수 있지만, 죄 없는 사람이 판검사의 잘못으로 죄인이 되거나 목숨을 잃게 될 수도 있다는 인간적 고뇌에서 자유로울 수는 없다. 게다가 다루는 대상자가 거의 범법자, 특히 강력범일 수도 있기 때문에 신상의 위협에서 일반인보다 안전하지 않다.

의사도 같은 맥락에서 볼 수 있다. 의사는 늘 심리적으로 민감한 상태에 있는 환자들을 상대해야 하는 부담을 가지고 있으며, 일반인과 달리 생명과 직결된 의술을 행해야 한다. 자신의 전공 분야에 따라 다르겠지만 본의 아니게 사람을 죽일 수도 있고, 건강을 더 해치게도 할 수 있다는 부담에서 자유로울 수 없다. 최근 들어 의료 분쟁 때문에 의사들이 부담되는 시술을 하지 않으려는 경향을 보이는데, 이는 바로 의사들의 그러한 고충을 대변하는 것이라고 볼 수 있다.

교수들은 평생 공부를 해야 하고 끊임없이 업적에 대해 평가받아야 하며, 사업가들에게는 은행의 제재나 다른 사람의 부도 때문에 자신의 능력이나 의지와 무관하게 파산할 수도 있는 위험이 늘 도사리고 있다. 대기업 중역도 업적 평가에 따라 언제든지 회사에서 퇴출될 수 있다는 부담에서 벗어날 수 없다. 이와 같이 직업 또는 직장과 관련된 부정적인 측면도 긍정적 측면과 함께 볼 수 있는 것이 아주 중요하다.

성격도 마찬가지다. 착한 성격은 주변 사람들을 편하게 할 수 있지만 본인은 괴로울 가능성이 크고 자기 발전도 어려운 경우가 많다. 사회성이 높은 사람은 가정에 충실하기 어려운 반면에, 가정만 잘 챙기는 사람은 사회적으로 발전하기 어렵다. 다시 말해 성격도 하나의 특성일 뿐, 그 성격은 긍정적 또는 부정적 측면만 가지고 있지는 않다.

외모가 빼어난 경우도 같은 맥락에서 볼 수 있다. 이런 사람은 주변에 있는 많은 이성으로부터 오는 유혹에서 벗어나기 어렵다. 또한 배우자에 대해 고마움과 사랑을 잘 느끼지 못할 가능성이 크다. 왜냐하면, 배우자가 아니더라도 마음만 먹으면 따르는 이성이 많기 때문이다. 이 때문에 외모가 멋있거나 예쁠수록 배우자는 물론 이성에 대해서도 그 소중함을 잘 모른다. 그래서 옛 어른들은 '얼굴값 한다.'고 하였다.

이제까지 우리는 어떤 사실이나 경험 또는 현상에 대해 통제모델 관점과 리듬모델 관점에서 살펴보았다. 통제모델 관점에서 보면 통제모델이 좋은 것이고 리듬모델이 좋지 않을 가능성이 크다. 리듬모델 관점에서 보면 어느 관점도 좋기만 하거나 좋지 않기만 하지는 않다. 우리가 이 두 관점을 우리의 일상생활 속에서 각성할 줄 안다면 개인의 자기계발에 더 도움이 될 것이다.

3) 소극적 행동과 관련된 부조화 인지의 변화

앞에서 Ellis의 비합리적 생각 열한 가지를 살펴보았다. 그리고 비합리적 생각을 논박하여 합리적 생각으로 바꾸는 방법도 알아보았다. 그 준거로 유용성, 현실성 및 논리성에 따라서 또는 실존주의적 역설과 리듬모델 관점에서도 논박할 수 있음을 시사하였다. 여기서는 이러한 논박을 통해 사람들이 소극적 행동을 하게 하는 인지(부조화 인지)를 찾아 이를 주장행동을 하게 하는 인지(조화 인지)로 바꾸어 보기로 한다.

소극적 행동을 하게 하는 첫 번째 부조화 인지는, 말을 잘 못하면 큰일이 나기 때문에 그래서는 절대로 안 된다는 생각이다. 먼저 이렇게 생각을 하는 것이 말을 더 잘하는 데 도움이 되는지(유용성)를 살펴보자. 이렇게 생각하면 할수록 말을 자주 안 할 가능성이 크다. 왜냐하면, 잘하려고 하면 할수록 준비 기간도 그만큼 길어지기 때문이다. 그런데 말을 자주하지 않으면 점점 더 말할 기회가 줄어든다. 말도 자주해야 그것이 연습의 기회가 되어 더 잘할 수 있게 되는데, 자주하지 않으면 연습할 기회도 줄어들어 결국 점점 더 말을 잘 못하게 된다. 분명한 것은 말을 잘하려고 하면 할수록 말을 할 기회가 줄어들고 결국은 말을 더 못하게 되기 때문에, 이 생각은 말을 더 잘하는 데 도움이 되지 않는다고 볼 수 있다.

다음으로 현실적인 측면(현실성)에서 살펴보기로 한다. 현실적으로 다른 사람들은 모두 말을 잘하는가의 문제다. 세상에는 말을 잘 못하는 사람들이 많다. 그러나 그들이 말을 잘하지 못한다고 해서 아예 말을 하지 않는 것은 아니다. 그들 중 대부분은 말을 잘하지 못함에도 불구하고 할 말은 하면서 살아간다. 즉, 현실적으로 말을 잘 못하는 사람도 있지만 자신이 하고 싶은 말을 하며, 다른 사람이 말을 잘 못하는 것에 대해서도 수용한다는 점이다.

앞의 인지를 논리적으로 따져 보아도(논리성) 앞뒤가 맞지 않는다. 다른 사람은 말을 잘 못해도 되지만, 자신은 그래서는 안 된다는 생각은 논리적 비약이 심하다. 따라서 이 생각은 주장행동을 하는 데 도움이 되지 않는 부조화 인지에 속한다.

이 같은 부조화 인지를 어떻게 조화 인지로 바꿀 수 있는지를 리듬모델 관점에서 찾아보자. 잘못되었다는 사실 또는 특징의 긍정적 측면은 없는가를 살펴보면, 바로 해답이 나온다. 잘하지 못함은 리듬모델의 시간적 차원에서 보면 잘하는 것으로 가기 위한 출발점이다. 말을 잘 못하기 때문에 오히려 말을 더 자주해야 한다. 왜냐하면, 완성이나 성공은 실수나 실패를 담보로 하기 때문이다. 말을 포함하여 어떤 분야에서 1인자가 된 사람은 그 분야에서 가장 많은 실수와 실패를 했을 가능성이 크다. '실패는 성공의 어머니'라는 격언이 이 점을 잘 지적해 주고 있다.

이는 실수나 실패의 결과를 어떻게 받아들이고 그 후속행동을 어떻게 하는가와 밀접하게 관련된다. 말을 잘하는 것과는 관계가 적지만, 길바닥을 잘 분간하기 어려운 저녁 무렵, 전봇대를 심기 위해 깊이 파 놓은 구덩이 근처를 어떤 사람이 지나가게 되었는데, 그 사람이 인부가 미처 치우지 못한 돌을 차고 넘어진(실수한) 경우를 생각해 보자.

이런 경우에는 세 가지 유형의 반응이 있을 것으로 보인다. 첫째는 공사 책임자나 공공기관에 대해 감독을 잘못하고 있다고 비난하는 유형이다. 이런 행동 유형을 가진 사람은 어떤 일이 잘못되기만 하면 타인을 비난한다. 이렇게 남을 잘 비난하는 사람은 남의 잘못을 지적하고 비난하는 데 신경을 쓰느라 앞을 잘 보지 않기 때문에 파 놓은 구덩이에 빠질 가능성이 크다. 또한 넘어진 책임이 자신에게 있지 않고 타인에게 있다고 보기 때문에 자기 자신을 고치려고 하지 않는다.

두 번째 유형에 속하는 사람은 넘어진 사실이 창피해서 빨리 그 상황을 모면하려고 한다. 그래서 얼굴을 가리는 등 어색한 자세를 취하면서 급하게 그 자리를 피하려다가 구덩이에 빠질 가능성이 크다. 이런 행동 유형을 가진 사람은 자신이 한 행동에 대해 잘못했다고 생각하는 순간 자신을 비난하는 사람이다. 심하면 자신이 다른 사람을 비난하고 있다는 사실에 대해서도 스스로를 비난한다.

마지막 유형에 속하는 사람은 넘어진 사실을 자신에게 도움이 되도록 활용하는 사람이다. 이 사람은 넘어졌기 때문에 정신을 차리고 조심해서 주변을 잘 살펴 구덩이에 빠지지 않을 가능성이 커진다. 이러한 예를 참고한다면 실수를 해도 배울 것이 있다는 관점, 즉 리듬모델적 인지를 활용할 필요가 있다. '실수를 배우는 기회로 삼을 수 있다.'는 인지의 변화는 말을 더 잘하게 하는 데 도움을 줄 수 있다.

소극적 행동과 관련된 두 번째 부조화 인지는, 자기가 좋아하는 사람이나 부모, 교사, 상급자 등과 같이 자기에게 중요한 의미를 가진 사람들에게는 말을 잘해서 항상 칭찬과 인정을 받아야만 한다는 생각이다. 우리의 삶에서 큰 기쁨 중 하나는 어떤 경우에서든 자기 자신에게 중요한 사람들로부터 인정과 사랑을 받는 것이다. 물론 이러한 인정과 사랑을 바라는 것이 부조화 인지에 해당하는 것은 아니다. 문제는 항상 모두에게 인정받으려고 하고, 원하는 만큼 인정받지 못했을 때 견디기 어려워하며, 그 때문에 다른 문제를 일으킨다는 점이다.

이 생각에 대해 먼저 유용성에 따라 논박해 보자. 말을 잘하는 것으로 칭찬과 인정을 받으려고 하는 것이 말을 잘할 수 있는 데 도움이 되는가와 관련된 문제다. 어느 정도는 이 생각이 말을 잘하는 데 도움을 줄 수 있지만 이는 부조화 정서가 수반되지 않는 수준까지다.

사랑과 칭찬 및 인정을 받으려면 많은 준비를 해야 하기 때문에 시간이 많이 걸리고 따라서 말할 기회도 줄어든다. 말을 할 기회가 줄어들면, 말을 더 잘하는 데 도움이 되지 않음은 앞에서도 밝혔다. 이 생각의 더 큰 문제는 이렇게 생각하는 사람은 열심히 준비하여 말을 했는데도 칭찬과 인정이 바라는 수준에 이르지 못하면, 그 다음부터는 말을 거의 하지 않으려고 한다는 점이다. 결국 이 생각은 말을 더 잘하게 하는 데 도움을 주기 어렵다.

현실성의 측면에서 살펴보면, 주변의 거의 모든 사람이 말을 잘해서 자기에게 의미 있는 사람들로부터 항상 사랑과 인정을 받고 있는가 하는 것이다. 물론 그런 사람도 있지만, 그렇지 않은 사람도 있다는 점을 함께 알고 있어야 한다. 다른 사람의 사랑을 항상 필요로 한다면 싫어도 다른 사람에게 항상 상냥

하게 보여야 한다. 과연 그렇게 할 수 있는 사람이 현실적으로 몇 명이나 있겠는가? 원하는 90명의 타인에게 사랑과 인정을 받았다고 하여도 91번째, 92번째, ……로 이어지면서 계속 인정받을 수 없다는 것은 너무나 자명하다. 따라서 이것은 인간으로서는 불가능한 일이다.

모든 사람이 아니고 몇 사람에게 항상 사랑과 인정을 받는다는 것도 불가능하다. 아무리 노력하더라도 특정 사람이 가진 어쩔 수 없는 이유, 예컨대 키가 작다거나, 얼굴색이 검다거나, 곱슬머리이기 때문에 나를 사랑하거나 인정해 주지 않는 사람도 있다. 또한 진정으로 원하는 한 사람으로부터도 항상 사랑과 인정을 받는다는 것은 불가능하다. 자기 자신도 싫을 때가 있는데 어떻게 그 사람이 타인인 나를 항상 사랑하고 인정할 수 있단 말인가? 어떤 사람이 지금까지 누군가를 사랑하고 인정했다 하더라도 내일, 내년, 아니 그 사람이 죽을 때까지 그 사람을 사랑할 것으로 보기는 극히 어렵다. 상대방을 인정하고 사랑할수록 실망하고 미워할 가능성도 그만큼 커진다는 점을 유의해야 한다. 그래서 단 한 사람으로부터도 변함없는 사랑과 인정을 받는 것은 현실적으로 거의 불가능하다. 따라서 아무리 노력해도 주위의 중요한 사람들로부터 항상 사랑과 인정 및 칭찬을 받지는 못한다는 점을 우리는 대부분 인정하고 있다. 특히, 자기 자신이 아닌 다른 사람에 대해서는 그가 아무리 노력하더라도 항상 사랑과 인정 및 칭찬을 받을 수 없다는 점을 우리 대부분은 수용한다.

앞의 생각을 논리적으로 따져 보면, 앞뒤가 맞지 않다. 다른 사람은 말을 잘하려고 아무리 노력해도 주위의 중요한 사람으로부터 항상 사랑과 인정 및 칭찬을 받지 못할 수 있음을 인정하면서도, 자기 자신은 절대로 그럴 수 없다는 생각은 논리적으로 모순이다. 따라서 자기에게 중요한 의미를 가진 사람들에게 말을 잘해서 항상 칭찬과 인정을 받아야만 한다는 생각은 부조화 인지에 속한다.

그러면 부조화 인지를 어떻게 조화 인지로 바꿀 수 있는지 실존주의적 역설과 리듬모델의 관점에서 찾아보자. 먼저 실존주의적 역설의 관점에서 보면, 말을 잘 못하는 것을 통해 말을 잘하는 것의 측면이 중요함을 알 수 있게 한다는 점은 앞에서 이미 밝혔다.

리듬모델의 관점에서 보면 자기에게 중요한 의미를 가진 사람들에게 말을 잘해서 항상 칭찬과 인정을 받는 것이 꼭 긍정적이지만은 않다. 다른 사람으로부터 더 많은 사랑과 인정을 받으려고 하면 할수록 다른 사람의 사랑과 인정이 줄어들 수도 있다는 점을 알아야 한다. 다른 사람의 사랑과 인정을 위해 그가 원하는 대로 해 주면 상대방이 나를 얕보거나 멸시하는 경우가 생길 수 있고, 부담을 갖거나 심지어 화를 내는 사람도 있다.

한 사람이든 여러 사람이든 다른 사람에게 항상 사랑과 인정을 받으려면 이를 위해 얼마나 많은 시간과 노력을 쏟아야 할 것인가? 그렇게 많은 시간과 노력을 쏟을수록 자신이 하고 싶은 일을 위해 쓸 수 있는 시간과 노력은 줄어들 수밖에 없다. 그렇게 되면 자신을 위한 삶을 살아가는 것이 아니고 다른 사람을 위해 살아가고 있는 꼴이 된다. 이는 자신의 모든 것을 팔아 다른 사람의 사랑과 인정을 잠시 사는 것에 지나지 않는다. 이렇게 되었을 때는 주위 사람들의 사랑과 인정이 자신을 즐겁게 하지 못할 것이고, 오히려 부담만 가중시킬 것이다. 따라서 다른 사람의 사랑과 인정을 받을수록 그것이 짐이 되고 스스로를 성가시게 할 수 있다는 점도 함께 알고 있어야 한다. 즉, 나를 사랑하고 인정해 주는 사람이 나의 시간과 에너지를 빼앗아 가기도 하고, 나의 생활을 간섭할 때도 있다는 것이다.

이 생각은 다음과 같은 조화 인지로 바꿀 때 자기계발에 도움을 줄 수 있다. 먼저 칭찬과 인정을 받으려면 자신이 신체적으로나 정신적으로 그만큼 힘들고 이를 감당할 수 있어야 한다고 생각하는 것이다. 사랑과 인정을 받으려고 노력하되 그 사랑과 인정이 자신에게 짐이 되지 않고, 자신을 계발하는 데 도움이 되며, 나아가 자신에게 정말로 행복과 기쁨이 되는 정도에서 조절하는 것, 즉 조화를 시키는 것이다. 이는 자기 자신에 대해 자기 사랑과 타인 사랑이 조화를 이루는 것을 말한다. 즉, 타인 사랑과 함께 자기 자신을 스스로 사랑해야겠다고 생각하는 것이다.

나를 사랑하지 않는 다른 사람의 사랑과 인정을 받기 위해 위선된 모습을 보여서 상대방이 나를 사랑하고 인정하게 된다면 그러한 위선은 곧 드러나고 말

것이고, 그와 더불어 위선 때문에 받은 사랑과 인정은 곧 잃어버리게 된다. 따라서 있는 그대로의 자신을 보여야겠다는 생각을 가져야 한다. 또한 나를 사랑하고 인정해 주는 사람도 있지만, 나를 미워하거나 싫어하는 사람도 있을 수 있다는 생각도 함께 해야 한다. 이는 본래의 자신이 되는 것이 타인의 더 많은 사랑을 받게 한다는 뜻이기도 하다.

자신의 욕구나 흥미 등 나 자신이 하고 싶은 바에 따라 열심히 살아가는 가운데 다른 사람의 사랑과 인정을 받아야겠다는 생각을 하는 것이다. 즉, 스스로 내적인 충실을 기하게 되면 더욱 많은 사람이 나를 사랑하고 인정해 줄 것으로 생각하는 것이다. 내가 먼저 남에게 사랑과 인정을 베풀면 상대방도 사랑과 인정을 베풀 가능성이 크다. 그렇다고 사랑과 인정을 받기 위해서 마음에 없는 행동을 해서는 안 된다. 진정으로 사랑하고 싶고 인정하고 싶은 사람에게 사랑과 인정을 베푼다면 그들도 나를 정말로 사랑하고 인정할 가능성이 높아진다.

소극적 행동을 하게 만드는 세 번째 부조화 인지는, 자신은 말을 잘 못하기 때문에, 더 나아가 인간적으로 열등하기 때문에 말을 하지 말아야 한다는 생각이다. 이 생각이 과연 타당한 근거가 있는지 유용성, 현실성, 논리성, 실존주의적 역설 및 리듬모델적 관점에서 살펴보자.

먼저 유용성에 따라 살펴보겠다. 자신이 말을 잘 못한다거나 열등하다는 생각을 하면 할수록 말을 더 안 하게 된다. 말을 자주 안 하면서도 잘할 수 있는 방법은 없다. 따라서 이러한 생각은 말을 잘하는 데 결코 도움이 되지 않는다.

이어서 현실적 · 논리적인 면에서 살펴보자. 우리 각자는 모두, 특정한 영역에서 다른 사람보다 열등한 부분이 현실적으로 존재한다. 그런데 그 점을 타인에 대해서는 수용하고 자신에 대해서는 수용하지 않는 논리는 자신과 타인에게 서로 다르게 기준을 적용한 것으로 모순이다. 따라서 이 생각은 현실성 및 논리성 면에서 부조화 인지에 해당된다.

실존주의적 역설의 측면에서 보면 열등감은 우월하려고 하는 강력한 동기를 일으킨다. 열등 콤플렉스에 이르지만 않는다면 열등감은 자기계발을 위한 에너지를 많이 발산시킬 수 있다.

리듬모델적 관점에서 보면 열등하다는 점이 주는 긍정적 측면이 많다. 자신이 열등하다는 점을 알면 겸손해지고, 다른 사람의 열등한 측면에 대한 배려가 깊어진다. 또한 한 개인의 어떠한 특성이 열등하다는 것은 다른 사람들로 하여금 편안하게 이 사람을 대하게 하는 단서가 되기도 한다.

따라서 말을 잘 못한다는 것을 포함한 열등감과 관련된 부조화 인지는 다음과 같은 조화 인지로 바꾸면 자기계발에 더 많은 도움이 될 수 있다.

먼저 그 나름의 가치를 인정한다. 물론 능력, 특히 사회가 요구하는 능력적 측면이 남보다 뛰어나면 좋겠지만, 현실적으로 그렇지 않기 때문에 보다 근원적인 존재의 의미에 대해 생각해 볼 필요가 있다.

존재의 의미에서 본다면 모든 인간은 능력의 정도와 관계없이 그 나름의 가치를 지니고 있고, 인권은 평등하다는 점을 인정하는 것이다. 비록 스스로 생각하기에는 자신이 많이 모자라는 것 같아도, 이 세상 그 무엇도 그 누구도 자신을 대신해 줄 수 없다는 점은 부정할 수 없다. 즉, 이제까지는 물론 현재나 미래의 어느 시대에도 자신과 똑같은 사람 또는 자신을 대신해 줄 사람은 없다. 이는 개개인이 고귀한 존재임을 말하는 것이고, 이에 대한 자각이 대단히 중요함을 말하는 것이기도 하다. 조화로운 사람은 그 무엇에 대해 우월감이나 열등감을 가지지 않고 자신과 상대방 모두가 그 나름의 존재 가치를 가졌다고 생각한다.

열등감은 비교에서 나오는 것인데, 이는 음의 측면과 양의 측면 중 한 측면으로만 사물이나 경험 또는 현상을 보기 때문이다. 열등감에서 벗어나려면 사물이나 경험 또는 현상을 양과 음이 합쳐진 하나의 특성으로 보아야 한다. 리듬모델적 관점에서 보면 양의 측면이 클수록 음의 측면도 그만큼 크기 때문에, 열등하다고 느끼는 그 특성은 다른 측면에서 보면 우월한 특성이 그만큼 크다는 것을 의미한다. 따라서 열등하다고 보는 측면의 반대 측면도 함께 보는 관점을 가지는 것이 자기계발에 더 도움이 될 것이다.

소극적 행동을 하게 만드는 네 번째 부조화 인지는, 자신의 기본적 권리를 내세워 갈등에 부딪치기보다는 아무 말도 하지 않고 참는 것이 인간관계에 금이 가지 않게 할 것이라는 생각이다. 먼저 유용성에 따라 이 생각이 인간관계에 도움이 되는지를 생각해 보자. 말을 하지 않는 이유가 인간관계를 위해서인데, 인간관계를 위해 참으면 순간적인 불쾌감은 다소 피할 수 있겠지만, 서로가 서로를 피하게 되어 더 심한 불쾌감으로 발전할 수 있다. 서로가 진실하지 못한 상태에서 맺어지는 인간관계는 형식적인 스침의 관계로 유지될지 모르나, 진정한 만남의 관계는 되기 어렵다. 이 같은 상황에서 맺는 관계는 더욱 발전적인 인간관계로 나아가기 어렵다. 즉, 심리적으로 부담을 느끼는 관계가 되면, 말을 하지 않아도 이런 점을 서로 알 수 있고, 서로 부담이 되기 때문에 피할 가능성이 높아져서 결국 두 사람 사이가 점점 더 멀어진다. 따라서 이 생각은 인간관계를 위해 아무런 도움이 되지 않는다.

현실성과 논리성에서 보더라도, 현실적으로 다른 사람과 갈등 없이 산다는 것은 불가능하다. 존재 자체가 이미 다른 사람과의 갈등을 유발한다. 혼자 있는데 누가 내 방에 들어오는 것 자체가 심리적 부담이 될 경우도 있다. 이와 같이 현실적으로 보면 다른 사람과 갈등을 완전히 피할 수는 없다. 더욱이 갈등에 부딪치지 않으려고 하면 할 수 있는 일이 거의 없다. 많은 경우 갈등이 있을 때 이를 상대방에게 솔직하게 말하면 상대방이 고마워하고 관계가 더 좋아지는 것을 경험한다. 현실적으로 피할 수 없는 것을 나만 피하려 한다는 것은 논리적으로 모순이다. 또한 관계가 좋아지기 위해서 참았지만 실제로는 관계가 더 나빠졌다면, 이는 생각과 실제가 맞지 않는 것으로 모순이다. 따라서 이 생각은 부조화 인지라고 볼 수 있다.

실존주의적 역설의 관점에서 보면, 서로 관계가 불편해지는 것은 친밀한 관계로 나아가기 위한 준비다. 관계의 불편함을 느낄수록 관계의 소중함을 깨닫기 때문이다. 친구 간에 불편함을 느낄 때, 이래서는 안 되겠다고 생각하여 더 친밀해지려고 노력하는 것은 경험에서 알 수 있는 사실이다.

리듬모델의 관점에서 보면, 갈등과 해결, 불편함과 편함은 함께 있다. 갈등이 있으면 해결도 가능하다. 갈등을 느끼지 못하면 해결할 것이 없고, 따라서 해결하려는 노력 자체가 필요 없다. 갈등으로 인한 불편함은 그만큼 편해질 수 있는 자산으로, 그 갈등을 해결하고 나면 불편했던 것만큼 더 편함을 느낄 수 있다.

따라서 자신의 기본적 권리를 내세워 갈등에 부딪치기보다 아무 말도 하지 않고 참는 것이 인간관계에 금이 가지 않게 할 것이라는 부조화 인지를 다음과 같은 조화 인지로 바꾸면 자기계발에 보다 더 도움이 될 수 있다.

먼저 갈등은 참으면 점점 더 심한 오해를 낳을 가능성이 크고, 따라서 이러한 갈등을 해소하는 것이 인간관계에 더 도움이 될 수 있을 것이라고 생각한다. 전해 오는 속담에 따르면 "세 번은 싸워야 진정한 친구가 될 수 있다."라고 하였다. 이는 인간관계에서 서로 자신을 속이지 않고 있는 그대로 부딪칠 때, 진정으로 서로를 이해하고 수용할 수 있다는 말이다. 앞에서 말한 바와 같이 인간관계에서 일어나는 갈등을 서로 더 친해질 수 있는 기회로 생각하는 것이다.

인간을 소극적 행동으로 이끄는 다섯 번째 생각은 '이왕 말을 하려면, 흠 잡힐 데가 없이 완벽하게 해야 한다.'는 것이다. 이 생각이 과연 타당한 근거가 있는지와 말을 더 잘하는 데 도움이 되는지를 살펴보자. 이렇게 생각하면 할수록 완벽하게 말하기가 어려워질 가능성이 크다. 우리가 아무리 완벽하게 말하려 해도, 인간이기에 결국은 완벽하게 말할 수 없는 현실적 제약이 있다. 완벽하게 말을 해야만 한다고 생각하는 사람이 완벽하게 말을 하지 못하는 경험을 하게 되면, 그다음부터는 말을 하지 않으려고 한다. 이렇게 되면 결국 이 생각은 현실성이 없을 뿐만 아니라 말을 잘하는 데도 도움이 되지 않는다.

논리성 면에서 보면, 다른 사람은 완벽하지 못함을 인정하지만 자신은 완벽해야 한다는 생각이나, 현실적으로 불가능한 것을 가능하게 할 수 있다는 논리는 결국 그 개인에게 피해만 줄 가능성이 크다. 따라서 이 생각은 부조화 인지에 속하기 때문에 조화 인지로 바꾸는 것이 자기계발에 더 많은 도움이 될 것이다.

먼저, 완벽하려고 하기보다는 최선을 다하고 그 결과를 받아들이려는 생각을 갖는다. 이는 인간이 완벽할 수 없음과 현재의 자기 자신을 받아들이는 것을 말한다.

다음으로, 완벽하려고 하기보다는 배우려고 하는 생각을 갖는다. 인간은 끊임없는 노력과 실수 또는 실패를 통해 완벽에 가까이 간다는 점을 앞에서 지적했다. 실수나 실패를 하더라도 그것을 자기 비난이나 자기 학대와 같은 자기 파

괴를 위한 기회로 사용하지 말고, 자기에게 도움이 되도록 이용하는 것이 중요하다. 많은 경우 실수나 실패에는 성공한 것만큼 배울 것이 있다.

마지막으로 결과보다는 과정을 즐기려는 생각을 갖는다. 인간이 이룩한 소위 업적이라는 것들은 시간이 지남에 따라 그 가치가 떨어지거나 거의 없어지는 경우가 많다. 따라서 '과정을 즐기는 가운데 보람을 느끼면서 자신의 업적을 쌓아야겠다.'고 생각한다. 이러한 소극적 행동과 관련된 부조화 인지는 다수를 상대로 한 주장행동에서도 그대로 적용되는 경우가 많다.

4) 공격적 행동과 관련된 부조화 인지의 변화

공격적 행동과 관련된 부조화 인지 중 대표적인 것은 '너는 나에게 그런 말이나 행동을 해서는 절대로 안 된다.'는 생각이다. 이 생각이 과연 타당한 근거가 있는지 살펴보자. 먼저, 유용성 입장에서 이 생각이 상대방의 언행을 바꾸는 데 도움이 되는가? 이러한 생각은 대개 부조화 정서인 분노, 적개심, 시기심, 질투심, 미움 등을 일으킨다. 부조화 정서는 사리분별력을 약화시켜 상대방을 공격할 가능성을 높이는데, 이렇게 되면 주장행동을 하기 어렵다. 뿐만 아니라 이 생각에 따라 상대방을 공격해 버리면, 상대방은 자책하는 자기 언어를 구성하거나 화를 내게 되어 그의 행동을 고치기는커녕 그를 더 나쁘게 만들 가능성이 커진다. 따라서 이 생각은 원하는 것을 얻는 데 도움이 되지 않는다.

'너는 나에게 그런 말이나 행동을 해서는 절대로 안 된다.'는 생각이 현실적 근거를 가지고 있는지 생각해 보자. 우리가 어떤 행동을 하는 사람을 보고 그 사람은 '나쁘다', '사악하다', '악랄하다'고 판단할 경우가 많은데, 그러한 판단을 내리는 데에는 근거가 명백하지 않다. 많은 경우 그 판단이나 생각의 기준은 사람에 따라 다르다. 즉, 현실적으로 절대적인 판단 기준이 없다.

우리가 특정인의 행동에 대해 서로 다르게 볼 수 있다는 현실적 근거가 있는데도, 자신이 보고 판단한 것만이 옳다고 하는 것은 논리성 측면에서 보면 모순이다. 누구를 비난하거나 그에게 화를 낸다는 것은 자신의 생각이 올바르기 때문에 상대방을 자신의 생각대로 이끌어 가려고 하는 것이다. 내가 어느 누구의 생각대로 이끌려 갈 수 없듯이, 다른 사람도 나의 의견에 일방적으로 끌려 오지 않으려는 것은 당연하다. 그런데도 '나는 너에게 끌려 갈 수 없지만, 너는 나에게 끌려 와야만 한다.'는 생각은 논리적으로 모순이다. 따라서 이 생각은 부조화 인지에 속한다고 볼 수 있다.

실존주의적 역설의 관점에서 보면, 우리가 일반적으로 보기에 '저렇게 해서는 안 된다.'고 여기는 행동의 빈도나 강도를 높이는 것은 그 행동을 하지 않게 할 가능성을 그만큼 높일 수 있다. 예를 들면, 싸움을 자주 크게 할수록, 싸움의 횟수를 줄이거나 심하게 싸우지 않게 할 가능성이 높아질 수도 있다는 것이다.

리듬모델의 관점에서 보면, 저렇게 하는 것이 나에게는 올바르지 않은 행동으로 보일 수 있지만 다른 사람의 입장이나 다른 측면에서 보면 올바른 행동으로 보일 수도 있다. 싸움의 경우, 상대방은 괴로울지 모르나 본인은 속이 시원하고 재미를 느끼기도 한다. 본인이 직접 관여되지 않을 경우, 많은 사람이 불구경이나 물구경 또는 싸움구경을 즐긴다. 복싱이나 격투기 등을 즐겨 보는 사람들에게는 실제 싸움이 훨씬 재미있게 느껴질지 모른다. 또한 싸움은 두 사람 사이가 아주 악화되었다는 점을 나타내는 것이기도 하지만, 아주 친밀해질 수 있는 기회가 되기도 한다. '세 번은 싸워야 진정한 친구가 될 수 있다.'는 속담에서도 알 수 있다.

이와 같은 맥락에서 어떤 사람의 말이나 행동이 나에게 피해만 주는지 도움을 주는 측면은 없는지 살펴본다. 그래서 누군가를 비난하거나 그에게 화가 날 때 그에게만 문제가 있다고 보지 말고 자기 자신에게는 문제가 없는지, 즉 자신이 다른 사람의 어떤 행동이나 인간됨을 수용할 수 없기 때문일 가능성과 관련지어 생각해 본다. 다시 말해 상대방에게 문제가 있다기보다는 자신이 인간적으로 성숙하지 못했다는 자신의 문제로 한번 생각해 보는 것이다. 인격적으로 성숙한 사람, 예를 들면 부처님이나 예수님은 아무리 나쁜 행동을 한 사람을 보고도 비난하거나 화를 내지는 않을 것이다. 어떤 사람을 비난하고 싶은 생각이

들면, "나는 아직 수양이 부족하구나."라고 생각하는 것이다. 그래서 상대방의 행동을 고치려는 생각을 하기보다는 자신이 받아들일 여유가 없다는 데 더 중점을 둔다. 자신의 속이 좁아서 아직 누군가의 행동을 수용하기 어렵다고 생각하는 것이 상대방을 비난하는 것보다는 정서적 안정에 도움이 될 경우가 많다. 그렇다고 자신을 비난해서는 안 된다.

이상에서 살펴본 바와 같이 '너는 나에게 그런 말이나 행동을 해서는 절대로 안 된다.'는 생각은 부조화 인지에 속하기 때문에 이를 조화 인지로 바꾸는 것이 자기계발에 더 많은 도움이 될 수 있다. 따라서 이 생각은 다음과 같은 조화 인지로 바꾸는 것이 바람직하다.

먼저, "그럴 만한 사정이 있을 것이다. 그 사정을 한번 들어 보자."라고 생각하는 것이다. 실제로 그 사정을 들으면서 나 자신의 감정이 가라앉게 되고, 보다 객관적으로 상대방의 문제를 볼 수 있게 된다. 그렇게 되면 서로를 더 잘 이해하게 되고 화나는 감정은 줄어들어, 문제를 보다 합리적으로 해결할 수 있다.

다음으로 어떤 사람에 대해 비난하고 싶은 경우 그의 특정 행동이 마음에 들지 않는 것이지 인간 자체가 마음에 들지 않는 것은 아니라고 생각해 본다. 모든 인간은 각기 달라서 서로의 마음에 들지 않는 행동을 하는 것이 어떤 의미에서는 당연한 것이기도 하다. 어떤 사람의 특정 행동이 나의 마음에 들지 않는 것이나, 나의 특정 행동이 누군가의 마음에 들지 않는 것은 충분히 있을 수 있는 일이다.

마지막으로, 자기 자신도 비난하지 않고 다른 사람도 비난하지 않겠다고 생각한다. 자기 자신을 비난한다 하여 나의 행동이 쉽게 바뀌지 않는 것과 같이 다른 사람이 나의 비난을 받는다고 하여 그의 행동이 바뀌기는 극히 어렵기 때문이다.

정서적 주장훈련

정서적 주장훈련은 조화상담의 개인적 차원에서 밝힌 바와 같이 개인의 조화에서 정서가 다른 두 요소, 즉 행동과 인지에 조화를 이루게 하여 자신의 잠재력을 극대화하려는 것이다. 정서적 주장훈련은 정서가 개인적 차원 내의 조화를 방해하거나 새로운 조화를 위해 발전적으로 변화하지 못할 경우, 이와 관련된 정서를 행동과 인지에 조화시키는 원리에 따라 주장훈련을 하는 것이다. 어떻게 하면 개인이 조화를 이루는 데 정서가 기여할 수 있을지와 관련하여 여기서는 비주장행동의 정서적 원인을 어떻게 줄이느냐에 초점을 두어, 먼저 정서적 주장훈련의 의미를 살펴보고 이를 토대로 구체적 기법을 알아보기로 한다.

1) 정서적 주장훈련의 의미

조화상담의 관점에서 보면, 정서적 주장훈련은 대인관계에서 정서가 행동과 인지에 조화를 이루도록 훈련하는 것이라고 할 수 있다. 인과론적 입장에서 본다면 비주장행동의 정서적 원인을 줄이거나 제거하기 위한 훈련이다.

주장행동의 방법적 요소와 음성적 요소 및 체언적 요소를 익혀서 연습할 때나 평소에 잘할 수 있고, 주장행동과 관련된 인지에 문제가 없는데도, 특정한 상황에 가면 주장행동을 못하는 경우가 많다. 이는 주로 정서적 원인 때문이다. 즉, 불안이나 두려움이 행동과 인지에 영향을 주어 주장행동을 못하게 한다.

정서적 주장훈련에서 부조화의 원인으로 보고 있는 불안은 행동적 주장훈련이나 인지적 주장훈련으로도 많이 줄어들 수 있다. 다시 말해 주장행동의 행동적 요소를 잘 익혀 주장행동을 잘할 수 있게 되면 주장과 관련된 불안이 줄어든다. 또한 주장행동을 가로막는 부조화 인지를 조화 인지로 바꾸어도 주장과 관련된 불안이 줄어든다. 이러한 관점에서 본다면 행동적 주장훈련과 인지적 주장훈련은 모두 정서적 주장훈련과 관련이 있다. 그러나 행동적 주장훈련이 주장행동의 요소를 알고 이를 숙달시켜 실제로 주장행동을 할 수 있도록 하는 데 강조점을 두고 있으며, 인지적 주장훈련이 주장행동과 관련된 부조화 인지를 조화 인지로 바꾸는 데에 강조점을 두고 있다면, 정서적 주장훈련은 주장행동과 관련된 불안을 줄이는 데 초점을 둔다는 점에서 차이가 있다. 이러한 점에서 본다면 정서적 주장훈련은 주장행동과 관련된 부조화 정서를 줄이는 훈련이라고 할 수 있다.

2) 정서적 주장훈련의 기법

정서적 주장훈련은 주장행동과 관련된 불안을 줄이는 것을 목표로 한다. 불안을 줄이는 기법은 행동주의 상담이론이나 인지적 상담이론 등 대부분의 상담이론에서 다루고 있다. 그러나 정서적 주장훈련의 의미에서 밝힌 바와 같이 정서적 주장훈련은 주장행동을 방해하는 불안을 직접 줄이는 데 강조점을 둔다.

주장행동을 방해하는 불안을 직접 줄이는 기법의 이론적 기초는 행동주의이론에서 찾을 수 있다. Hull, C. L.은 열여섯 가지의 공리를 통해 학습이론을 설명하고 있는데(김영채 역, 1979), 이 중에서 특히 불안을 줄이는 것과 관계 있는 것은, '공리 16, 같은 장면에서 두 개 이상의 양립 불가능한 반응이 인출되어야 할 때는 순간의 유효반응 잠재력이 가장 큰 것이 일어난다.'는 공리다. 이 공리에 따르면 어떤 바람직하지 않은 행동을 하고 싶지 않을 때, 바라지 않는 행동과 양립 불가능한 행동(바라는 행동)의 순간 유효반응 잠재력을 바라지 않는 행동보다 크게 하면 된다. 즉, 불안반응이 일어날 때 이와 양립이 불가능한 이완반응을 동시에 일어나게 하고, 이때 이완의 유효반응 잠재력을 불안반응 유효잠재력보다 크게 하면 불안반응은 나타나지 않고 이완반응만 나타난다.

Guthrie, E. R.도 습관을 깨뜨리는 법칙에서 불안을 줄일 수 있는 방법을 제시하였다(김영채 역, 1979). 그중 식역법(threshold method)과 피로법(fatigue method)

및 양립 불가능 반응법(incompatible response method)의 원리는 불안을 줄이는 데 활용될 수 있다.

식역법은 야생마를 길들이는 데서 예를 찾을 수 있다. 한 번도 안장을 얹어 본 적이 없는 말에게 안장을 얹으려고 하면 그 말은 발로 차면서 도망가려고 할 것이다. 안장 대신 등에 담요와 같이 아주 가벼운 것을 얹으면 말은 그렇게 심하게 뛰거나 반응하지 않을 것이다. 말이 조용해지면 좀 더 무거운 것을 얹는다. 이렇게 가벼운 것에서 차차 무거운 것으로 무게를 올려 가면 마지막에는 안장을 얹어도 말이 가만히 있는다. 이를 불안을 줄이는 데 적용하면, 낮은 불안에서 점점 높은 불안으로 불안 장면을 접촉시키면 불안을 극복할 수 있음을 시사해 주고 있다.

피로법은 카우보이들이 야생마를 길들이는 또 다른 방법이다. 처음부터 말 위에 안장을 얹어서 말을 타고는 말이 지쳐서 더 이상 몸부림치지 않을 때까지 내리지 않는다. 말이 피곤해지면 그 이후에는 안장을 얹어 타고 있어도 말은 조용하게 반응한다. 이를 불안을 줄이는 데 적용하면, 처음부터 아주 높은 불안에 계속 노출시키면 피로하게 되고 그러면 처음에 불안했던 장면에 대해 불안해지지 않게 된다는 것이다.

양립 불가능 반응법은 바람직하지 못한 반응에 대한 자극을 바람직하지 못한 반응과는 양립 불가능한 반응을 생성시키는 다른 자극과 함께 제시하는 것이다(김영채 역, 1979). 예를 들면, 아이가 판다를 보고 공포를 느낀다면 어머니와 같이 있도록 한다. 즉, 공포와 양립이 불가능한 어머니와 같이 있는 이완반응을 제시하는 것이다. 이는 Hull, C. L.의 공리 16과 같은 이치다.

상호 제지는 행동주의 학습이론의 몇 가지를 상담 실제에 응용한 것으로, Wolpe(1958)에 의해 체계화되었다. Wolpe(1958)는 Jones(1924)가 아동을 대상으로 공포에 대해 연구한 것을 토대로 하여, 고양이를 대상으로 실험을 했다. 그 결과 다음과 같은 원리를 체계화하였다. 만약 불안 유발 자극이 존재할 때 불안과 반대되는 한 반응이 일어나서 이 반응이 불안반응을 완전히 혹은 부분적으로 억압할 수 있다면, 이 불안 유발 자극과 불안반응 사이의 결합은 약화될 것이다. Wolpe가 생각한 대로 상호 제지란 한 반응의 유발이 동시에 일어날 다른 반응의 강도를 감소시키는 것을 말한다.

이는 Hull, C. L.의 공리 16과 Guthrie, E. R.의 양립 불가능 반응법을 활용한 것으로 볼 수 있다. Wolpe(1958)는 동물에게 효과적이었던 상호 제지의 원리를 인간에게도 적용하였다. 부교감신경계의 이완반응이 교감신경계의 불안반응과는 양립할 수 없다고 추론하여, 불안을 줄이는 방법으로 부교감신경계 활동을 극대화시켜서 교감신경의 기능을 약화시키는 방법을 사용했다. 이제 이 같은 원리에 기초한 정서적 주장훈련의 기법에 대해 알아보자.

(1) 근육이완법

정서적 주장훈련의 대표적인 방법인 근육이완법은 Hull(1943)과 Guthrie (1942) 및 Wolpe(1958)의 이론에 근거를 두고 있다. 이 방법은 비주장행동과 관련된 불안이나 두려움을 줄이는 데 초점을 둔다(Rakos & Schroeder, 1980). 그 원리는 근육의 긴장을 이완시키면 심리적 긴장이 감소된다는 데 근거하고 있다. 여기서는 체계적 둔감법을 설명하는 중에 근육이완법을 알아보기로 한다.

체계적 둔감법은 불안 유발 자극에 대한 점진적인 접근을 통하여 단계적으로 불안에 대한 과민성을 제거하는 방법으로, Wolpe(1973)는 네 단계로 제시하였다. 첫째, 근육이완훈련을 실시하여 근육을 이완시킨다. 둘째, 불안지수 기록표를 사용하여 불안 상태를 기록한다. 셋째, 불안 위계표를 작성한다. 넷째, 근육을 이완한 상태로 불안 위계표에서 불안이 낮은 장면부터 시작하여 점차 불안 수준이 높은 장면으로 옮겨가면서 불안을 일으키는 장면을 상상한다.

먼저 근육을 가급적 빨리 최대로 이완시킬 수 있도록 훈련한다. 즉, 마음만 먹으면 단시간 내 근육을 이완시킬 수 있게 훈련을 한다. 자유롭게 근육을 이완할 수 있게 되면 불안지수 기록표를 사용하여 심리적 이완 정도를 기록하는 방법을 익힌다. 자신이 주어진 상황에서 얼마나 불안한지 또는 심리적으로 이완되어 있는지를 주관적으로 각성하여 스스로 기록하는 것이다. 이는 다음 단계인 불안 위계표 작성과도 밀접하게 관련된다.

그 후 불안 위계표를 작성한다. 이를 위해서는 먼저 공포나 불안을 일으키는 것과 관련된 장면을 선정하고, 각각의 장면에 대해 주관적인 불안지수를 확인한다. 이때 선정된 각 장면에 대해 가장 불안한 상태를 100으로 하고 심리적으로 가장 이완된 상태를 0으로 하여 불안의 정도를 수치로 표시한다. 그리고 불안 수준이 낮은 것에서 불안 수준이 높은 순으로 장면을 배열하여 불안 위계표를 작성한다. 일단 위계표가 작성되더라도 불안 위계표의 위계는 고정된 것이 아니고 상대방에 따라, 그리고 상대방이나 자신의 느낌 변화에 따라 수정될 수 있다.

이어서 근육이완훈련을 통해 불안을 제거하는 훈련을 한다. 그 방법은 근육이완을 한 후 불안을 일으키는 장면을 상상하는 것이다. 불안 수준이 낮은 장면에서부터 시작하여 높은 장면으로 올라가면서 실시한다. 근육이완을 한 후 어떤 장면을 상상하는 중에 불안해지면 다시 근육을 이완한 후 그 장면을 상상하는 방법으로 관련된 장면의 불안을 줄여 간다.

체계적 둔감법을 주장훈련에 적용한 Deffenbacher와 Payne(1977)의 연구를 보면 이 훈련이 정서적 주장행동 신장에 도움을 줄 수 있는 가능성을 제시한다. 이들은 34명의 여자와 4명의 남자를 대상으로 체계적 둔감법을 실시하여 주장행동이 증진되고 대화와 관련된 불안이 줄어들었다고 보고하였다. 또 Markham(1980)은 여자를 대상으로 체계적 둔감법을 실시하고, 자기보고형의 주장척도와 행동적 주장척도를 사용하여 사후검사와 3개월 후의 추후검사를 실시하여 그 효과를 검증한 결과 주장행동이 증진되었다고 보고하였다.

따라서 외부 지시나 자기 지시 등에 따른 근육이완훈련, 불안지수 기록 방법 숙지, 불안 위계표 작성, 불안 위계에 따른 이완훈련 등을 포함하여 정서적 주장훈련 프로그램을 구성하면 효과가 있을 것으로 기대된다.

(2) 심상법

심상(imagery)은 기억이나 상상 또는 외적 자극에 의하여 의식에 나타난 직관적인 표상이다. 간단히 말해 현실의 지각에 없는 어떤 모습을 마음속으로 그리는 것이다. 어떤 심상을 가지느냐에 따라 정서가 크게 달라진다는 것은 우리가 흔히 경험하는 일이다. 심상법은 상호 제지의 한 변형으로 내담자의 공포를 제거하는 데 도움이 된다. 그런데 이 기술에서는 근육이완훈련을 실시하지 않는다. 주어진 장면에서 일어나는 불안을 차단하기 위해서 근육이완 대신 자기주장, 긍지, 애정 그리고 환희와 같은 긍정적인 느낌이 일어나도록 심상을 구상한다.

이 기술은 어린이의 공포를 제거하는 데 큰 효과가 있는 것으로 입증되었다. 예를 들면, 개를 무서워하는 어린이가 자신이 영웅으로 묘사되는 자동차 경기를 생생하게 마음속에 구상함으로써 개에 대한 두려움을 극복할 수 있었다(Lazarus & Abramovitz, 1962).

여러 가지 기구의 도움을 받아 보다 생생한 심상을 구성하는 것도 가능하게 되었다. 그중의 하나는 녹음테이프에 의한 심상 구상이다. 심상 구상(예: 푸른 목장을 산보한다거나, 깨끗한 푸른 호수를 보는 것 등)을 도울 수 있는 녹음테이프를 사용하여 그 효과를 높이는 것이다. 이를 경험한 집단은 그렇지 않은 집단보다 얼음이 든 물속에서 손을 담그고 견디는 시간이 3배 이상 길었다(Horan & Dellinger, 1974).

심상법은 두 가지 기제(mechanism)에 의해 영향을 받는 것으로 보인다. 그중 하나는 긍정적인 느낌이 근육이완의 효과를 나타내어 불안을 줄이는 것이고, 다른 하나는 심상 구상 자체가 실제의 고통을 줄이는 데 이바지할 수도 있다는 점이다.

(3) 자기 진술과 자기 지시

자기 진술은 특정 행동과 관련된 정서의 수준을 높이거나 낮추는 데 도움이 되는 생각 또는 자신이 원하는 행동을 하거나 원하지 않는 행동을 하지 않는 데 도움이 되는 생각을 자기 스스로 말하는 것이다. 이때 주로 조화 인지를 자기 스스로 다짐한다. 이를 통해 조화 인지가 강해지고, 강해진 조화 인지가 관련된 정서의 수준을 높이거나 낮추며, 원하는 행동을 하거나 원하지 않는 행동을 하지 않도록 도와준다.

자기 지시는 특정 행동과 관련된 정서의 수준을 높이거나 낮추는 데 도움이 되는 동작 또는 자신이 원하는 행동을 하거나 원하지 않는 행동을 하지 않도록 자기 스스로에게 구체적 동작을 지시하는 것을 말한다. 자기 지시를 하면 그 지시에 따라 행동할 가능성이 높아지며, 그대로 행동하면 관련된 불안이 줄어들거나 자신이 하고자 하는 목표 행동을 할 수 있고, 원하지 않는 행동은 하지 않을 수 있다.

자기 진술이나 자기 지시는 자기 통제 등과 같은 프로그램의 보조기법으로 많이 사용되고 있다. 그러나 자기 진술이나 자기 지시만으로도 행동의 변화에 도움을 줄 수 있다. 자기 지시에는 정서적 안정을 위한 근육이완을 하도록 하는 지시, 구체적 행동을 하도록 하는 지시들이 있다.

이성과 만날 때의 불안을 극복하기 위한 자기 지시의 예를 들어 보자. 이성에 대해 자신이 하고 싶은 이야기를 하려고 하면, 가슴이 두근거리면서 떨리고 상대방이 멸시할 것 같은 생각이 들 경우가 있다. 이때 자기 자신에게 다음과 같은 지시 또는 진술을 한다(Rakos & Schroeder, 1980).

"천천히 심호흡을 하면서 긴장을 풀고 침착하라."

"나는 나의 기분을 충분히 통제할 수 있다."

"잘 말하려고 하지 말고 그대로 솔직하게 말해라."

"이 세상에 별 사람 없다. 그녀(그)도 사람이고 나도 사람이다."

한 가지 더 예를 든다면, 공부해야 할 시간인데 TV를 보고 있는 자신에게 다음과 같이 자기 지시 또는 자기 진술을 한다.

"지금은 공부할 시간이다. TV를 끄라."

"나는 TV를 보고 싶어도 참고 공부할 수 있다."

이때 장소에 따라서는 속으로 이야기해야만 할 경우도 있겠지만, 가급적 큰 소리로 하는 것이 더욱 효과적이다.

이상에서 살펴본 바와 같이 정서적 주장훈련은 근육이완법을 주축으로 하여 심상법이나 자기 진술 및 자기 지시를 결합할 때 효과적일 것으로 기대된다.

주장훈련의 효과 06

주장훈련은 Salter(1949)가 억제된 감정의 표현을 위해 '흥분반응'에 관심을 가지면서부터 시작되었다고 볼 수 있다. 그 후 Wolpe(1958), Wolpe와 Lazarus(1966)에 의해 흥분반응이 '주장'이라는 용어로 바뀌면서 주장훈련은 많은 발전을 하였다. 이 주장이라는 용어가 더욱 보편화되면서 Gelber(1967), Lamont, Gilner, Spector 및 Skinner(1969) 등을 통해 1960년대를 마감한 후 1970년대를 맞으면서 McFall과 Marston(1970), Wolpe(1970), Alberti와 Emmons(1970) 등에 의해 급속히 발전하였다. 외국의 경우는 1970년대부터 헤아릴 수 없이 많은 연구가 이루어졌다. 1990년까지 저자가 실제로 구할 수 있는 논문만 해도 2,000편이 넘었다. 논문뿐만 아니라 Wolpe(1977), Rakos와 Schroeder(1980)에 의해 주장훈련 프로그램이 개발되는 등 많은 상담 프로그램과 저서도 나왔다.

주장훈련과 관련한 외국 저서들은 크게 세 범주로 나눌 수 있다. 첫째 범주는 일반인을 대상으로 주장행동을 위한 원리와 지침 및 기법을 설명하고 자기 조력적인 훈련을 할 수 있도록 돕는 안내서로 출판된 것으로, 가장 큰 비중을 차지한다. 8판이 출간된 Alberti와 Emmons(2001)의 저서를 비롯하여 Rees와

Graham(1991), Mansfield(1994), Davidson(1997), Paterson(2000), Dryden(2005), Bishop(2006), Small(2006), Hartley(2006) 등이 여기에 포함된다. 둘째 범주는 보다 범위를 좁혀 여성이나 특정한 영역에 있는 사람들을 위한 저서들이다. 특히 오랫동안 사회문화적으로 자기 주장이 억압되어 온 여성들을 위한 책이 많다. Butler(1992), Bloom, Coburn 및 Pearlman(2000), Dale(2001), Phelps와 Austin (2002), McClure(2003) 등이 여기에 속한다. 자녀의 자기 주장을 도우려는 부모를 위한 안내서로 Canter(1993), Zarzour(2000), Kraizer(2007) 등이 있으며, 교사-학생관계에서 교사를 위한 자기 주장 안내서에는 Canter와 Canter(2001), Canter(2002) 등을 들 수 있다. 또 간호사를 위해 Balzer-Riley(2003), Clark(2003), 사회복지사를 위해 McBride(1998)가 출간되었다. Benun(2006)은 직장인을 위한 안내서를 펴냈으며, Burley-Allen(1995), Johnson(2006), Lawson(2006) 등은 관리자를 위한 저서를 냈다. 마지막 범주는 주장행동의 실천과 관련하여, 실제 상황에서 특별히 어려움이 많은 부분을 구체적으로 다루고 있는 책들이다. Robinson(2000), Pachter와 Magee(2001), Braiker(2002) 등이 있는데, 자기 파괴적인 실수를 중단하는 법, 긍정적으로 직면하는 힘, 다른 사람을 기쁘게 해 주려는 병 등과 같이 특정한 주제에 초점을 두고 있다.

이어서 자기 주장과 관련한 국내서를 살펴보자. 박상연과 김문실(1995)이 간호사를 위한 주장훈련 관련 저서를 출판하면서 전문적인 간호장면에 이바지하였다. 최근에 일반인을 위한 안내서로 홍경자(2006; 2007)가 출간한 책은 주장훈련의 대중화에 크게 기여할 것으로 기대된다. 그간 간행된 번역서는 주로 일반인을 위한 안내와 자기 조력적인 실습을 돕는 책으로서 조증렬과 조영희 역(1997), 송경숙 역(2002), 조영희 역(2002), 김인자 역(2004), 이양희 역(2007) 등이 있다. 보다 특정한 장면으로서 직장인(최일성 역, 1996)과 부모(신홍민 역, 2004)를 위하거나 남을 기쁘게 해 주려는 병(이창식 역, 2002)에 초점을 둔 책들도 있다.

주장훈련과 관련된 프로그램 개발과 이들 프로그램의 효과를 밝힌 연구도 많았다. 변창진과 김성회(1980)가 중·고등학생을 대상으로 한 주장훈련 프로그램을 개발하여 발표한 후 홍경자(1981), 김성회(1982), 김성회 외(1983), 노안녕(1983), 홍경희(1984), 이승구(1985)로 이어지다가 1987년부터는 해마다 여러 편의 논문이 발표되기 시작했다. 최근에는 해마다 거의 20여 편 이상의 논문이 발표되고 있다. 이제 주장훈련은 아동과 노인을 포함한 거의 모든 연령층을 대상으로 실시되고 있다.

또한 주장훈련은 주장행동을 신장시키는 데서 끝나지 않고 소극적 행동이나 공격적 행동 때문에 나타나는 성격이나 행동의 변화에도 많은 효과를 나타내고 있다. 여기서는 최근 우리나라에서 연구된 논문을 중심으로 주장훈련의 효과를 밝혀 보고, 앞으로의 주장훈련 연구 방향을 제시해 보고자 한다.

먼저, 초등학생을 대상으로 한 연구를 보면, 주장훈련이 초등학생의 주장행동을 신장시킨다는 연구 결과가 보고되었다(김규탁, 1992; 박희량, 2004; 이건순, 2004; 차재옥, 2005). 다시 말해 주장훈련이 초등학생의 소극적 행동과 공격적 행동을 줄일 수 있다는 것이다. 소극적 행동의 대표적인 예가 될 수 있는 부끄러움이나 수줍음을 극복하기 위한 연구(차재옥, 2005; 최진옥, 2005)나 대인불안을 줄이는 연구(김종숙, 2004; 박숙희, 2004; 음정순, 2003)도 있다. 공격성 감소를 위한 주장훈련 효과와 관련된 연구 중에는, 실제로 공격성 감소를 다룬 연구(김영옥, 2000; 김은희, 2005; 반만점, 1993; 이기헌, 2000; 이상미, 1993; 이현경, 1992)와 분노의 표현을 다룬 연구(고혜영, 2005)가 있다.

주장은 주로 대인관계에서 일어나는 행동이고, 초등학생의 경우 대인관계가 주로 감정적이기 때문에, 이에 대한 연구가 많다. 많이 다룬 주제는 또래관계 증진(이소현, 2004; 이재천, 2005; 차재옥, 2005)이나 또래 수용도(김미경, 2003), 부모-자녀관계 증진(최정은, 2003), 사회성 증진(김미경, 2003; 박미숙, 2005; 이건순, 2004; 이복녀, 2003; 이종숙, 2001; 정경희, 2004) 등이다.

주장행동이 초등학생 개인의 성격 특성과 관련이 있다는 데 초점을 둔 연구도 있다. 이러한 연구들은 주장훈련을 통해 소극적 행동을 줄이는 것과 관련이 있다. 소극적 행동과 관련이 있는 낮은 자아개념이나 자아존중감을 높이는 연구(강선희, 2004; 최진옥, 2005)와 낮은 자기효능감을 높이려는 연구(김종숙, 2004;

이원석, 2004)도 있다. 또한 성의식 역할이 낮은 초등학생의 성의식 관련 역할을 높이려는 연구(안영숙, 2004)도 있다.

주장행동은 개인을 상대로 하는 경우가 대부분이지만, 여러 사람을 상대로 할 경우도 있다. 특히 초등학생의 경우는 발표를 해야 할 경우가 많다. 그래서 주장훈련을 통해 발표력을 신장시키려는 연구(김숙희, 2005)도 있었다.

중학생을 대상으로 한 연구도 크게 보면 초등학생을 대상으로 한 연구와 그 내용에서는 맥을 같이하고 있으며, 주장훈련이 중학생의 주장행동을 신장시킨다는 연구 결과도 보고되었다(김진규, 2003; 백경기, 2005; 안욱영, 2005). 즉, 주장훈련이 중학생의 소극적 행동과 공격적 행동을 줄일 수 있다는 것이다. 소극적 행동의 대표적인 예가 될 수 있는 수줍음을 극복하기 위한 연구(백경기, 2005)나 대인불안을 줄이는 연구(문정식, 1992; 신태상, 2001)가 있다. 공격성 감소를 위한 주장훈련 프로그램을 통해 공격성을 감소시킨 연구(이태열, 2003)도 있다.

주장행동이 중학생 개인의 성격 특성과 관련이 있다는 데 초점을 둔 연구도 있다. 주로 소극적 행동과 관련이 있다고 본, 낮은 자아개념이나 자아존중감을 높이는 연구(김숙향, 2002; 서진원, 2003; 안욱영, 2005)와 낮은 자기효능감을 높이는 연구(류주형, 2004)들이다. 또한 학습된 무기력감을 줄이기 위해서도 주장훈련이 실시되었다(정수자, 2005; 조영미, 2001). 훈련 방법에서는 학급 단위로 주장훈련을 실시한 연구(김진규, 2003)도 있다.

고등학생을 대상으로 한 연구에서도, 주장훈련이 주장행동을 신장시킨다는 연구 결과가 보고되었다(김성회, 1982; 박재근, 1991; 정희자, 2004). 공격성 감소를 위한 주장훈련 프로그램이 공격성을 감소시킨 연구(곽성재, 1999)도 있다.

주장행동이 고등학생 개인의 성격 특성과 관련이 있다는 데 초점을 둔 연구도 있다. 주로 소극적 행동과 관련이 있다고 본, 낮은 자아개념이나 자아존중감(손영재, 2001), 자아정체감(박점용, 2001), 자기효능감(류주형, 2004), 자아실현(박재근, 1991) 등을 높이는 연구들이다. 또한 학습된 무기력감(김재인, 2004; 정수자, 2005)이나 우울(이승열, 2000)을 감소하기 위한 주장훈련도 실시되었다.

대학생과 일반인을 위한 연구도 많이 이루어지고 있다. 간호학생을 대상으로 한 주장훈련의 효과는 박상연(1987a, 1987b), 박상연과 김미예(1991)에 의해 일찍부터 보고되었으며, 주장훈련이 대학생의 분노 억제와 분노 표출에 미치는 효과(이경선, 2003)도 이루어졌다. 주장훈련이 직장 여성의 자기존중감에 미치는 효과(정은영, 1997) 외에도, 간호사를 대상으로 한 연구가 활발하였는데 주장훈련이 간호사의 갈등 정도와 갈등 관리 양식(박상연, 1993), 간호사의 역할 갈등(박상연, 1998), 간호사의 의사소통과 이직 의도(강명자, 2004) 등에 미치는 효과에 대한 보고가 계속되었다. 뿐만 아니라 자발적으로 참여한 일반 성인의 주장행동신장(김성희, 2002), 여성 노인의 주장행동과 갈등 해결 방식(안순애, 2002) 등에 미치는 효과도 보고되었다.

환자를 대상으로 한 연구도 많다. 주장훈련이 입원 정신질환자의 자아존중감과 상태 불안에 미치는 효과(조순영, 2005), 정신분열증 환자의 주장성과 대인관계에 미치는 효과(장화순, 2003), 알코올 중독 환자의 우울 및 공격성에 미치는 영향(권영숙, 2000), 정신질환자를 위한 주장훈련의 효과(손영주, 1992) 등 관련된 연구가 있다.

특수아를 대상으로 한 연구도 많이 이루어지고 있다. 주장훈련이 정신지체 청소년의 자아존중감과 학교생활 적응에 미치는 효과(김지영, 2005), 지체부자유 중학생의 자기효능감에 미치는 효과(류주형, 2004), 정신지체아의 대화 참여와 갈등 해결에 미치는 효과(정상철, 2000) 등 관련된 연구가 있다.

특정 아동 · 청소년을 대상으로 한 연구도 있다. 주장훈련이 시설청소년의 주장행동과 우울에 미치는 효과(이승연, 2005), 고립아의 불안 감소에 미치는 효과(송영미, 2004), 고립아동의 주장성과 사회성에 미치는 효과(이종숙, 2001), 비행청소년의 공격성과 자아개념에 미치는 효과(이숙희, 2000), 집단따돌림 피해학생의 사회적 기술과 자아개념에 미치는 효과(김숙향, 2002), 과묵 학생의 불안과 우울 및 편집에 미치는 효과(황영희, 1992) 등이 보고되었다.

주장행동의 원인을 고려하여 주장훈련을 실시하고 그 효과를 검증한 연구도 있다. 김성희(1990)가 대도시 인문계 여고생을, 김진규(2003)는 대도시 중학생을, 정희자(2004)가 시 지역의 인문계 여고생을 대상으로 각각 비주장행동의 원인을 고려하여 주장훈련을 실시하고 그 효과를 검증하였다.

이상에서 본 바와 같이 주장훈련은 거의 모든 사람의 주장행동을 신장시킬 수 있을 것으로 기대된다. 그러나 주장훈련은 장면의 영향을 많이 받는다. 즉, 공간차원이 중요하게 작용한다는 점이다. 따라서 앞으로 다양한 사람을 대상으로 주장훈련을 실시하기 위한 프로그램을 개발하기 위해서는, 그 대상자들에게 가장 적절한 장면을 선정해야 한다. 가급적이면 개별적 장면을 선정하여 훈련해야 할 것이다. 이 책에서는 일반적인 장면에 대해 연습한 후 개별 장면을 선정하여 연습하도록 구성하였다.

모든 인간은 관계, 특히 인간관계를 떠나서는 살아갈 수 없다. 그리고 인간관계는 소극적이거나 공격적이어서는 안 된다. 다시 말해 동물적 차원에서 인간관계를 맺어서는 안 된다는 것이다. 인간이 인간답게 살아가기 위해서는 아주 어릴 때부터 주장행동을 익혀 실천할 수 있어야 한다. 이를 위해서는 가정과 학교 등에서 일찍부터 주장행동을 실천하도록 도와주어야 한다. 이 책은 전문가의 도움이 없어도 우리에게 꼭 필요한 주장행동을 스스로 익힐 수 있도록 프로그램을 구성하였다. 앞으로 많은 사람이 이 프로그램을 통해 보다 주장행동을 잘할 수 있게 되고 더욱 자기를 계발할 수 있기를 기대한다.

제2부

주장훈련의 실제

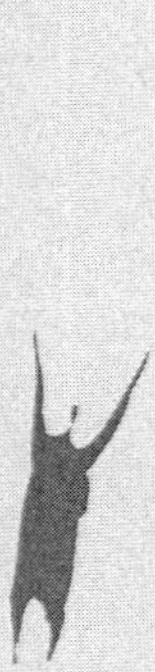

오리엔테이션

오리엔테이션 ATP1

1. **목표:** 1) 자기 잠재력에 관심 갖기
   2) 자기 잠재력 이해하기
   3) 잠재력 계발의 중요성 이해하기
   4) 주장훈련과 잠재력 계발의 관계 이해하기
   5) 주장훈련 프로그램에 적극 참여토록 동기 높이기
2. **준비물:** 〈ATP1-T1〉, 〈ATP1-P1〉, 〈ATP1-T2〉, 〈ATP1-P2〉, 〈ATP1-P3〉, 필기도구
3. **유의사항:** 강의시간을 줄이고 가급적 질의응답으로 진행하도록 함
4. **활동과정**

훈련자	참가자
1) 강의	1) 강의
(1) 〈ATP1-P1〉 배부	(1) 〈ATP1-P1〉 수령
(2) 〈ATP1-T1〉 설명	(2) 〈ATP1-P1〉 보면서 경청
(3) 질의응답	(3) 질의응답
(4) 〈ATP1-P2〉 배부	(4) 〈ATP1-P2〉 수령
(5) 〈ATP1-T2〉 설명	(5) 〈ATP1-P2〉 보면서 경청
(6) 질의응답	(6) 질의응답
2) 적용	2) 적용
(1) 〈ATP1-P3〉 배부	(1) 〈ATP1-P3〉 수령
(2) 〈ATP1-P3〉 설명	(2) 〈ATP1-P3〉 실시
(3) 질의응답	(3) 질의응답
3) 종결	3) 종결
(1) 요약 및 질의응답	(1) 경청 및 질의응답

오리엔테이션 ATP1-T1

'인간은 어떠한 잠재력을 가지고 태어났으며 그 잠재력은 얼마나 실현될 것인가? 잠재력을 실현하는 중요한 요소는 무엇인가?'에 대해 많은 학자가 다양한 이론을 제시해 왔습니다. 이에 대해 여기서는 세 가지 가정을 제시하고 있습니다. 첫째, 인간은 조상이 경험한 것을 재현할 수 있는 원자료를 유전자(genes)를 통해 전달받았으며, 둘째 원자료는 재구성되는 과정에서 이제까지와는 다른 특성을 가진 새로운 원자료를 생성할 수 있으며, 셋째 유전자를 통해 조상으로부터 물려받은 원자료에 새로 생성한 원자료를 추가하여 후손에게 전달한다는 가정입니다. 여기에서 강조하고 있는 유전자 속의 원자료는 화학이나 물리에서 말하는 원소 또는 원자와 같이 고유한 특성을 가진 유전적 최소 단위입니다.

인간이 원자료를 가지고 태어났음은 유아의 언어, 운동, 인지발달 능력에서 그 예들을 찾아볼 수 있습니다. 또한 원자료가 재구성되어 유전되는 증거는 인류 문명의 발전에서 찾아볼 수 있습니다.

자기계발의 의미를 원자료와 관련지어 본다면, 자기계발은 일생을 통해서 자기가 원하는 바를 최대로 성취할 수 있도록 조상으로부터 유전자를 통해 받은 원자료나 필요 시 새로 생성한 원자료를 최대로 활용하는 것이라고 할 수 있습니다.

주장행동의 의미는 앞으로 구체적으로 밝힐 것입니다. 여기서 간단히 말하면, 주장행동은 자기가 하고 싶은 행동을 하되(즉, 소극적 행동을 하지 않음), 타인에게 피해를 주지 않는 행동(즉, 공격적 행동을 하지 않음)을 말합니다.

소극적 행동을 하게 되면 상대방은 좋아하지만 자신이 너무 힘들어서 사람을 피하게 되고, 공격적 행동을 하게 되면 자신은 기분이 좋을지 몰라도 상대방이 싫어하기 때문에 사람들과 좋은 관계를 유지하기 어렵습니다. 따라서 소극적 또는 공격적 행동을 주장적 행동으로 바꿀 때 타인과 원만한 인간관계를 유지할 가능성이 큽니다. 여기서 소극적 또는 공격적 행동을 주장적 행동으로 바꾸는 훈련이 바로 주장훈련입니다.

자기계발은 유전자를 통해 받은 원자료나 필요 시 새로 생성한 원자료를 최대로 활용하는 것이라고 했습니다. 어떻게 하면 이것이 가능할까와 관련해서는 여러 이론이 있을 수 있습니다. 여기서 조화를 중심으로 한 HITS(Harmony of Individual, Time, and Space) 이론을 들 수 있습니다. 이 이론에 따르면 자기계발을 위해서는 개인과 시간, 그리고 공간의 조화가 중요한데, 이들 각각의 하위요인과도 조화를 이루어야 합니다. 개인차원에서는 약물의 효과가 통제된 상황에서 정서 · 행동 · 인지 · 약물 · 유전자 · 건강이 조화를 이루어야 하고, 시간차원에서는 과거 · 현재 · 미래가 조화를 이루어야 하며, 공간차원에서는 자연 · 문화 · 사람과 조화를 이루어야 합니다. 또한 이들 모두는 역동적으로 조화를 이루어야 합니다.

주장훈련은 HITS 이론에서 공간차원의 자연, 문화 및 사람과의 조화 중 일부 문화를 포함한 사람과의 관계에서 조화를 이루도록 하는 데 중점을 둔 훈련입니다. 이는 인간의 잠재력은 대부분 사람과의 관계를 통해 실현될 수 있다고 보기 때문입니다. 다시 말해 어려서부터 사람과 맺는 관계가 어려우면 그 사람의 잠재력은 계발되기 어렵다고 할 수 있습니다.

오리엔테이션 ATP1-P1

1. 원자료에 대한 이해

① 조상의 경험을 재현할 수 있는 원자료를 가지고 출생
② 원자료 재현의 예: 유아의 언어, 운동, 인지발달 능력
③ 환경에 효과적으로 적응할 수 있는 새로운 원자료 생성
④ 새로운 원자료 생성의 예: 지적 능력의 질적 변화
⑤ 새로운 원자료를 추가하여 유전자를 통해 후손에게 전달
⑥ 자기계발: 일생을 통해서 자기가 원하는 바를 최대로 성취할 수 있도록 원자료나 필요 시 새로 생성한 원자료를 최대로 활용할 수 있도록 하는 것

2. 주장훈련

① 비주장행동: 소극적, 공격적 행동
② 주장행동: 상대에게 피해를 주지 않으면서 자신을 나타내는 행동
③ 주장훈련: 비주장행동을 주장행동으로 바꾸는 훈련

3. 자기계발

① 조화를 통해 가능: 시간, 공간, 개인의 조화
② 시간차원: 과거, 미래, 현재의 조화
③ 공간차원: 자연, 문화, 사람과의 조화
④ 개인차원: 인지, 정서, 행동, 약물, 유전자, 건강의 조화

4. 자기계발과 주장훈련

① 자기계발의 주요 장애 요인: 사람과의 관계 부조화
② 주장훈련: 사람과의 관계를 조화시키는 훈련

프로그램 안내 ATP1-T2

그러면 여러분이 궁금해하는 이 프로그램에 대해 안내하겠습니다. 주장행동을 통해 개인의 잠재력을 계발하는 데 도움을 주기 위하여 먼저 자기행동을 주장행동 측면에서 이해한 후에, 자신이 비주장행동을 하는 장면을 선정해서 그 원인을 이해하도록 할 것입니다. 이와 함께 주장행동을 하는 데는 시기가 있다는 것도 배울 것입니다.

개인을 상대하는 장면에서 주장행동의 행동 요소를 이해한 다음에 소극적이거나 공격적인 행동 장면, 다수를 상대로 한 장면에서 주장행동을 연습합니다. 이어서 주장적 생각을 하기 위한 원리를 이해한 후 각 장면에서 주장적으로 생각할 수 있도록 연습합니다. 그다음에는 주장적 정서를 위한 원리를 이해한 후 앞에서와 같은 장면에서 불안이나 분노를 극복하는 연습을 합니다. 끝으로 각각의 장면에서 주장적인 행동, 생각, 정서를 종합해서 연습한 후 훈련을 마무리할 것입니다.

우리는 잠재력에 대해 알아본 후에 잠재력 계발이 어떤 점에서 중요한지, 그리고 주장훈련이 잠재력 계발에 어떻게 도움을 줄 수 있는지에 대해 생각해 보았습니다. 그리고 앞으로 우리가 참여할 프로그램에 대해 개략적으로 알아보았습니다. 혹시 오늘 행동과 관련하여 궁금한 점을 질문하시면 답변해 드리겠습니다. 귀한 시간을 내어 참석해 주신 여러분이 이 프로그램에 적극적으로 참여하여 자신의 잠재력을 계발하고 원하는 성과를 거둘 수 있기를 기대합니다.

프로그램 안내 ATP1-P2

[1~6]
주장훈련의 기초

1. 오리엔테이션
2. 자기소개
3. 주장행동과 비주장행동의 구별
4. 비주장행동의 장면 선정
5. 비주장행동의 원인 분석
6. 주장행동의 시기 결정

[7~12]
주장행동의 요소 이해

▷ 주장행동의 음성적 · 체언적 요소 이해
▷ 개인 상대 주장행동의 방법적 요소 이해
  *너 이해
  *나 이해시키기
  *우리 되기
▷ 다수 상대 주장행동의 요소 이해

[16~18]
주장적 인지의 원리 이해

▷ ABCDE 원리
▷ 실존주의적 역설
▷ 리듬모델적 관점

[22~24]
주장적 정서의 원리 이해

▷ 근육이완법
▷ 심상법
▷ 자기 진술 및 자기 지시

[13~15]
주장행동 방법 연습

- 소극적 행동 장면
- 공격적 행동 장면
- 다수 상대 행동 장면

[19~21]
주장적 인지 연습

- 소극적 행동 장면
- 공격적 행동 장면
- 다수 상대 행동 장면

[25~27]
주장적 정서 연습

- 소극적 행동 장면
- 공격적 행동 장면
- 다수 상대 행동 장면

[28~31]
주장행동
종합 연습 및 마무리

우리들의 다짐 ATP1-P3

우리들은 각자 보다 효과적으로 자신이 표현하고 싶은 것을 나타내기 위해서 여기에 참여했습니다. 이를 위해서는 서로 도움을 주고받아야 하기 때문에 집단활동 중에는 자신의 비밀도 개방해야 합니다. 이 비밀을 지키는 것은 물론, 각자의 성장을 위해 우리 각자는 다음 사항을 지킬 것을 다짐합니다.

1. 나는 훈련에 적극적으로 참여한다.
2. 나는 최선을 다해 동료 집단원을 도와준다.
3. 나는 빠짐없이 훈련에 참여하며, 불참 시에는 연락한다.
4. 나는 훈련 중 알게 된 비밀을 철저히 지킨다.

년 월 일

지도자	집단원
집단원	집단원
집단원	집단원
집단원	집단원
집단원	집단원
집단원	집단원
집단원	집단원

자기소개

자기소개 ATP2

1. **목표:** 1) 참가자들 간의 친밀한 관계 형성하기
   2) 참가자들 간 상호 이해의 중요성 인식하기
   3) 비언어적 행동에 대한 이해 높이기
   4) 주장훈련 프로그램에 대한 참여 동기 높이기
2. **준비물:** 〈ATP2-T1〉, 〈ATP2-P1〉, 〈ATP2-P2〉, 캠코더, 필기도구
3. **유의사항:** 녹화테이프를 볼 경우 부정적 피드백은 하지 않도록 함
4. **활동과정**

훈련자	참가자
1) 강의	1) 강의
(1) 〈ATP2-T1〉 설명	(1) 경청
2) 활동	2) 활동
(1) '하늘 보고 땅 보기' 지도	(1) '하늘 보고 땅 보기' 실시
(2) 〈ATP2-P1〉 배부	(2) 〈ATP2-P1〉 수령
(3) 〈ATP2-P1〉 작성 지도	(3) 〈ATP2-P1〉 작성
(4) 자기소개 장면 비디오 녹화	(4) 자기소개 실시
(5) 녹화 장면 시청 지도	(5) 녹화 장면 시청
(6) 경험 나누기	(6) 경험 나누기
3) 종결	3) 종결
(1) 〈ATP2-P2〉 배부 및 작성 지도	(1) 〈ATP2-P2〉 수령 및 작성
(2) 〈ATP2-P2〉에 따라 평가 지도	(2) 〈ATP2-P2〉에 따라 평가

자기소개 ATP2-T1

지난 시간의 주장훈련 프로그램에 대한 오리엔테이션을 통해 우리는 잠재력 계발이 어떤 점에서 중요한지, 주장훈련이 잠재력 계발에 어떻게 도움을 줄 수 있는지에 대해 생각해 보았습니다. 저는 여러분 각자가 상대방의 권리를 침해하거나, 상대방을 불쾌하게 하지 않는 범위 내에서 자신의 권리 · 욕구 · 의견 · 생각 · 느낌 등 자신이 표현하고 싶은 것을 마음속에 있는 그대로 솔직하게 상대방에게 직접 나타낼 수 있는 방법과 기술을 배움으로써 여러분의 잠재력을 더욱 계발할 수 있도록 최선을 다할 것을 약속드립니다. 여러분도 이 훈련을 통하여 각자가 바라는 수준에 도달할 수 있도록, 서로 도와주고 열심히 노력할 것으로 믿습니다.

지금 이 자리에는 평소 잘 아는 사람도 있겠지만, 처음 만나는 사람도 있을 것입니다. 그런 경우 어색한 분위기가 되기 쉽고, 여러분이 원하는 목적을 달성하기가 어렵습니다. 특히 앞으로 우리는 서로 도움을 주고받아야 하고 남에게 알리고 싶지 않은 것도 여기에서는 자신의 성장을 위해 여러 사람에게 알려야 할 경우가 많습니다. 우리 중에 누군가가 개인적으로 의미 있는 생각이나 느낌을 집단에 내어 놓았을 때, 비웃음을 사거나 무시당한 기분이 든다면 누가 이 프로그램에 적극적으로 참여하겠습니까? 신뢰하는 분위기가 되어야만 진심으로 서로를 도울 수 있게 되고, 원하는 성과도 기대할 수 있습니다. 그래서 오늘은 자기소개를 통해 자신과 상대방을 보다 잘 이해하고 서로 신뢰할 수 있는 시간을 갖도록 하겠습니다.

자기소개서 ATP2-P1

이름, 별명, 고향, 가족 사항, 자신의 특징, 참여 동기, 기대 등을 중심으로 자신을 소개해 보겠습니다. 소개는 앞에 나가서 하며, 발표 장면을 녹화하여 다시 볼 것입니다. 그러면 발표하는 데 필요한 자기소개서를 아래에 써 보세요.

질의응답 및 평가 ATP2-P2

1. 질문이나 토의하고 싶은 내용

2. 다른 집단원에게 피드백을 해 주고 싶은 내용

3. 스스로 또는 집단원의 도움을 통해 배운 점이나 느낀 점

주장행동과 비주장행동의 구별

주장행동과 비주장행동의 구별 ATP3

1. **목표:** 1) 주장행동의 의미 이해하기
   2) 주장행동과 비주장행동 구별하기
   3) 주장행동, 소극적 행동, 공격적 행동 구별하기
2. **준비물:** 〈ATP3-T1〉, 〈ATP3-P1〉, 〈ATP3-P2〉, 〈ATP3-P3〉, 필기도구
3. **유의사항:** 역할연기를 통해 비주장행동에 대한 시범을 보임
4. **활동과정**

훈련자	참가자
1) 강의	1) 강의
(1) 〈ATP3-P1〉 배부	(1) 〈ATP3-P1〉 수령
(2) 〈ATP3-T1〉 설명	(2) 〈ATP3-P1〉 보면서 경청
(3) 질의응답	(3) 질의응답
2) 평가	2) 평가
(1) 〈ATP3-P2〉 배부 및 실시요령 설명	(1) 〈ATP3-P2〉 수령 및 실시요령 확인
(2) 〈ATP3-P2〉 실시 확인	(2) 〈ATP3-P2〉 실시
(3) 정답 제시	(3) 정답 확인
(4) 질의응답	(4) 질의응답
3) 종결	3) 종결
(1) 〈ATP3-P3〉 배부 및 작성 지도	(1) 〈ATP3-P3〉 수령 및 작성
(2) 〈ATP3-P3〉에 따라 평가 지도	(2) 〈ATP3-P3〉에 따라 평가
(3) 과제 제시: 비주장행동 장면 선정해 오기	(3) 과제 확인

주장행동과 비주장행동의 구별 ATP3-T1

주장행동이란 상대방에게 피해를 주지 않으면서 자신이 표현하고 싶은 것을 나타내는 행동입니다.

'상대방에게 피해를 주지 않는다.'는 것은 크게 두 가지 의미를 가지고 있습니다. 첫째는 상대방의 권리를 침해하지 않는다는 것입니다. 이는 다른 사람도 나와 마찬가지로 인간으로서 기본적 권리가 있음을 인정해야 한다는 뜻입니다. 그중에서도 특히, 내가 나의 권리 · 욕구 · 의견 · 생각 · 느낌 등을 나타낼 수 있는 것과 마찬가지로 다른 사람도 그들의 권리나 욕구 등을 나타낼 수 있음을 받아들여야 한다는 뜻입니다. 그렇기 때문에 자신의 권리 등을 내세우기 위하여 다른 사람이 말할 기회를 박탈하거나, 다른 사람이 말한 것을 소홀히 다루어서는 결코 안 됩니다. 둘째는 상대방을 불쾌하게 하지 않는다는 것입니다. 물론 상대방에게 이야기하고자 하는 내용 그 자체는 경우에 따라서 상대방에게 실망을 줄 수도 있고 유감스럽다는 느낌을 줄 수도 있지만, 말하는 방법 등이 잘못되어 상대방을 불쾌하게 해서는 안 된다는 뜻입니다. 예컨대, 친구가 돈을 빌려달라고 하는데 빌려 주고 싶지 않은 경우, 돈을 빌려 주지 못한다는 사실 그 자체는 상대방에게 실망을 줄 수도 있지만 말하는 방법 · 태도 · 음성 등이 잘못되어 상대방으로 하여금 무시당한 느낌이나 놀림을 받았다는 생각이 들도록 하여, 상대방을 불쾌하게 해서는 안 된다는 뜻입니다.

'자신이 표현하고 싶은 것'이란 자신의 권리 · 욕구 · 의견 · 생각 · 느낌 등으로 긍정적인 것과 부정적인 것이 모두 포함될 수 있습니다. 더 구체적으로 이야기한다면, 주장행동은 상대방의 행동이 훌륭하거나 고마울 때 칭찬하거나 감사하는 행동, 상대방에게 부탁하고 싶은 것이 있을 때 능동적으로 부탁하는 행동, 상대방의 요구를 받아들이고 싶지 않을 때 거절하는 행동, 상대방의 행동이 못마땅할 때 상대방에게 유감을 표현하는 행동 모두를 포함하는 것입니다.

이상에서 살펴본 바와 같이 주장행동은 자신과 상대방 모두에게 도움을 주려는 행동입니다. 예를 들면, 한 달 전에 빌려 간 돈을 갚지도 않고 다시 빌려 달라고 하는 친구에게 "나를 믿고 부탁하는데 이런 말을 하면 섭섭해 할까 봐 말하기가 주저되지만, 오래도록 친구관계를 유지하려면 솔직하게 말하는 것이 좋을 것 같구나. 사실 지난번에 네가 빌려 간 돈을 약속한 날 갚지 않아서, 어려움이 많았어. 그래서 너에게 돈을 빌려 주면 내가 필요할 때 돈을 못 쓸 것 같고, 그렇게 되면 너를 더 원망하게 될 것 같구나. 이해해 주렴."이라고 말하는 것입니다.

주장행동의 의미를 보다 분명히 알기 위해서는 주장행동이 아닌 행동과 주장행동을 비교해 볼 필요가 있습니다. 주장행동이 아닌 행동, 즉 비주장행동에는 소극적 행동과 공격적 행동이 있습니다.

소극적 행동이란 자신이 표현하고 싶은 것을 나타내지 못하는 행동을 말합니다. 우리는 자신의 권리 · 욕구 · 의견 · 생각 · 느낌 등 자신이 표현하고 싶은 것을 마음속에 있는 그대로 솔직하게 나타내고 싶어 하지만, 눈치나 체면 때문에 상대방에게 직접 나타내지 못하는 경우가 있습니다. 흔히들 얌전한 체, 겸손한 체 또는 예의바른 체 자신을 속이면서 아무 말도 하지 않거나, 상대방의 기분을 맞추기 위해 전혀 마음에도 없는 말이나 행동을 하는 경우가 많습니다. 이와 같은 행동은 모두 소극적 행동 또는 소극적 반응입니다. 예를 들면, 앞에서 예로 들었던 다시 돈을 빌려 달라고 하는 친구에게 돈이 있으면서도, "지금 그만한 돈이 없는데."라고 거짓말을 함으로써 돈을 더 빌려 주고 싶지 않은 본심을 그대로 말하지 못하거나, 빌려 주기 싫으면서도 돈을 빌려 주는 행동은 모두 소극적 행동입니다.

공격적 행동이란 상대방에게 피해를 주면서까지 자신이 표현하고 싶은 것을 나타내는 행동을 말합니다. 자신의 권리만 내세워 자신의 권리나 의견을 나타내는 행동에는, 자신도 모르게 상대방을 얕보고 창피하게 하거나 상대방을 자기 마음대로 휘둘러 보려는 의도가 담겨 있기 때문에 상대방이 불쾌감을 느끼게 됩니다. 그래서 주장행동을 한다는 것이 자기 기분에 들떠서 상대방의 기분을 고려하지 않게 되어, 본의 아니게 공격적 행동이 되어 버리는 경우도 있습니다. 예를 들면, 다시 돈을 빌려 달라고 하는 친구에게 "너는 돈을 빌려 갈 줄만 알고 갚을 줄은 모르는데, 무얼 믿고 너에게 돈을 더 빌려 주겠니?"라고 표현하는 것입니다.

이상에서 살펴본 바와 같이 자신이 표현하고 싶은 것이 있어도 이를 나타내지 못하는 행동은 소극적 행동이고, 상대방의 권리를 침해하거나 상대방을 불쾌하게 하면서까지 자신이 표현하고 싶은 것을 나타내는 행동은 공격적 행동입니다. 반면에 상대방의 권리를 침해하거나 상대방을 불쾌하게 하지 않는 범위 내에서 자신이 표현하고 싶은 것을 나타내는 행동은 주장행동입니다.

* 〈ATP3-P2〉를 실시한 후 답을 알려 주고 함께 토론한다.

번호	1	2	3	4	5	6	7	8	9	10
정답	주	공	공	소	주	주	소	소	주	소

주장행동과 비주장행동의 구별 ATP3-P1

1. 주장행동

1) 전반적 의미

상대방에게 피해를 주지 않으면서 자신이 표현하고 싶은 것을 나타내는 행동

2) 구체적 의미

(1) 상대방의 권리를 침해하지 않음

① 상대방도 인간으로서의 기본적 권리가 있음을 인정

② 상대방도 자신이 하고 싶은 말을 할 수 있는 권리가 있음을 인정

(2) 상대방을 불쾌하게 하지 않음

① 내용 자체는 상대방에게 실망을 줄 수도 있음을 인정

② 말하는 방법이 잘못되어 상대방의 기분을 상하게 하지 않도록 함

(3) 자신이 표현하고 싶은 것(내용): 권리 · 욕구 · 의견 · 생각 · 느낌 등

① 상대방의 훌륭하거나 고마운 행동에 대한 칭찬이나 감사

② 상대방에 대한 부탁

③ 상대방의 요구에 대한 거절

④ 상대방의 못마땅한 행동에 대한 유감

3) 실제 예

한 달 전에 빌려 간 돈을 갚지도 않고 다시 빌려 달라고 하는 친구에게, "네가 나를 믿고 부탁하는데 이런 말을 하면 섭섭해 할까 봐 말하기가 주저되지만, 오래도록 친구관계를 유지하려면 솔직하게 말하는 것이 좋을 것 같구나. 사실 지난번에 네가 약속한 날 돈을 갚지 않아서 어려움이 많았어. 그래서 너에게 돈을 빌려 주면, 필요할 때 돈을 못 쓸 것 같고, 그렇게 되면 너를 더 원망할 것 같구나. 이해해 주렴." 이라고 말함

2. 비주장행동

1) 소극적 행동

(1) 표현하고 싶은 것을 나타내지 못하는 행동

(2) 한 달 전에 빌려간 돈을 갚지도 않고 다시 빌려 달라고 하는 친구에게 돈이 있으면서도, "지금 그만한 돈이 없는데."라고 거짓말을 함

2) 공격적 행동

(1) 상대방에게 피해를 주면서까지 자신이 표현하고 싶은 것을 나타내는 행동

(2) 상대방의 권리를 침해하거나 상대방을 불쾌하게 하는 행동

(3) 한 달 전에 빌려 간 돈을 갚지도 않고 다시 빌려 달라고 하는 친구에게, "너는 돈을 빌려 갈 줄만 알고 갚을 줄은 모르는데, 무얼 믿고 너에게 돈을 더 빌려 주겠니?"라고 상대방의 기분을 상하게 말함

평가: 주장행동과 비주장행동의 구별 ATP3-P2

다음에는 우리가 일상생활에서 자주 겪는 대인관계의 장면과 그 장면에 대한 열 가지 반응이 제시되어 있습니다. 왼쪽에 있는 각각의 장면에 대해 오른쪽에 있는 반응을 나타냈을 때, 그 반응이 주장행동이면 '주', 공격적이면 '공', 소극적이면 '소'로 답해 주세요.

장 면	반 응	답
1. 회의 중 의견을 발표하고 있는데, 누가 내 말을 가로막는다.	"하고 싶은 말이 있는 것 같지만, 하던 말을 끝내고 싶습니다."	___
2. 버스 안에서 고학생이라고 하면서 연필을 사 달라고 한다.	"고학생이라고 하면 물건을 꼭 사 주어야만 하는 듯이 말하는구나."	___
3. 집 옆의 골목에서 동네 아이들이 대단히 시끄럽게 떠든다.	"야, 조용히 해라! 떠들려면 너희 집에 가서 떠들어라."	___
4. 이웃 아주머니가 급히 쓸 일이 있다면서 어제 산 디지털 카메라를 빌려 달라고 하신다.	"글쎄요, 빌려 드리는 것이 어려운 일은 아니지만 고장이 났습니다(사실은 고장나지 않았음)."	___
5. 친구들이 약속 장소에 모였는데 한 친구가 연락도 없이 오지 않아 전화를 걸었다.	"네가 온다고 해 놓고 오지 않아 섭섭하구나. 무슨 일이 있니?"	___
6. 승차권을 사려고 줄을 서 있는데, 뒤에 있던 아주머니가 바쁘다면서 앞에 서겠다고 한다.	"바쁘신 것 같습니다만, 저도 바쁘고 질서도 중요해서 비켜 드리고 싶지 않습니다. 이해해 주세요."	___
7. 전혀 마음에 없는 이성을 소개한다며 친구가 같이 가자고 한다.	"네가 나를 생각해서 하는 일인데 안 갈 수 있겠니? 가 보자."	___
8. 옷을 사려고 입어 보았는데 마음에 들지 않아 돈은 있지만 사고 싶지 않다.	"값을 잘못 본 것 같군요. 옷은 마음에 드는데 지금 그만한 돈이 없습니다."	___
9. 옆에 있는 아저씨의 담배연기 때문에 기침이 나서 견디기가 어렵다.	"아저씨께서 담배를 피우시니 제가 기침이 나네요. 담배를 꺼 주시면 참 고맙겠습니다."	___
10. 휴일에 청소를 한다고 잠시 문을 연 틈에 외판원이 들어와 말을 꺼낸다.	"지금은 바빠서 들을 시간이 없습니다. 다음에 오세요."	___

질의응답 및 평가 ATP3-P3

1. 질문이나 토의하고 싶은 내용

2. 다른 집단원에게 피드백을 해 주고 싶은 내용

3. 스스로 또는 집단원의 도움을 통해 배운 점이나 느낀 점

비주장행동의 장면 선정

비주장행동의 장면 선정 ATP4

1. **목표:** 1) 자신의 소극적 행동 장면 확인하기
   2) 자신의 공격적 행동 장면 확인하기
2. **준비물:** 〈ATP4-T1〉, 〈ATP4-P1〉, 〈ATP4-P2〉, 필기도구
3. **유의사항:** 비주장행동 장면 개방에 대한 부담을 덜어 주도록 함
4. **활동과정**

훈련자	참가자
1) 강의	1) 강의
(1) 과제 확인	(1) 과제 결과 발표
(2) 〈ATP4-T1〉 설명	(2) 경청
2) 적용	2) 적용
(1) 〈ATP4-P1〉 배부	(1) 〈ATP4-P1〉 수령
(2) 〈ATP4-P1〉 작성 요령 설명	(2) 〈ATP4-P1〉 작성
(3) 〈ATP4-P1〉 발표 지도	(3) 〈ATP4-P1〉 발표
3) 종결	3) 종결
(1) 〈ATP4-P2〉 배부 및 작성 지도	(1) 〈ATP4-P2〉 작성
(2) 〈ATP4-P2〉에 따라 평가 지도	(2) 〈ATP4-P2〉에 따라 평가
(3) 과제 제시: 비주장행동의 원인 알아 오기	(3) 과제 확인

비주장행동의 장면 선정 ATP4-T1

주장행동은 상대하는 사람이나 장면에 따라 특별히 학습된 행동입니다. 우리가 자주 경험하듯이, 우리는 어떤 사람에게는 주장행동을 하는 반면, 다른 어떤 사람에게는 주장행동을 하지 못하는 경우가 있습니다. 또 같은 사람이라도 시간과 장소에 따라 주장행동을 할 수도 있고, 그렇지 못할 수도 있습니다. 이러한 사실은 선천적인 어떤 성격 특성 때문이라기보다는 특정 장면과 관련된 후천적 학습에 따른 결과로 볼 수 있습니다. 즉, 주장행동은 자전거를 타거나 사진을 멋지게 찍거나 연설을 잘하는 능력 등과 같이 배워서 익힌 기술로서, 사람이나 장면에 따라 다르게 수행될 수 있다는 것입니다.

그런 점에서 볼 때 주장행동을 배우는 데에는 대부분의 사람이 일반적으로 주장행동을 하기 어려운 장면에 대해 훈련하는 것도 중요하지만, 개인별로 특정 장면을 찾아 집중적으로 훈련하는 것이 대단히 중요합니다.

여러분 각자 어떤 사람에 대해, 그리고 어떤 장면에서 자신의 권리 · 욕구 · 의견 · 생각 · 느낌 등 자신이 표현하고 싶은 것을 마음속에 있는 그대로 솔직하게 나타내지 못하는지를 알아보고, 동시에 비록 나타낸다고 하더라도 상대방의 권리를 침해하거나 상대방을 불쾌하게 하지 않는지에 대해 알아본 후, 구체적인 장면에 대해 앞으로 집중적으로 훈련하도록 하겠습니다.

나의 비주장행동 장면 ATP4-P1

다음의 예를 참고하여 자신의 비주장행동 장면을 기록하세요.

구분		장면	반응
소극적 행동 장면	장면 1	친구가 휴대전화를 사러 시내에 가는데 같이 가자고 한다. 그런데 오늘은 몸이 너무 피곤하여 나가고 싶지 않다.	"그래 알았어. 몇 시에 어디서 만날까?"
	장면 2		
	장면 3		
공격적 행동 장면	장면 4	나도 아직 한두 번밖에 사용하지 않은 디지털 카메라를 친구가 등산 간다면서 1주일간 빌려 달라고 한다.	"야! 너도 좀 네 돈 주고 사서 사용해 봐라. 너는 모든 것을 다 빌리려고만 하니?"
	장면 5		
	장면 6		
다수 상대 행동 장면	장면 7	고교평준화정책의 문제점은 보완하되 그 골격은 유지되어야 함을 주장하고 싶어 여러 사람 앞에 나갔다.	"고교 입시가 부활되면 초등학교 때부터 아이들이 너무 힘듭니다. ……(어물거림)" (앞에 나갔으나 말이 잘 연결되지 않아 어물거리다가 들어왔다.)
	장면 8		

질의응답 및 평가 ATP4-P2

1. 질문이나 토의하고 싶은 내용

2. 다른 집단원에게 피드백을 해 주고 싶은 내용

3. 스스로 또는 집단원의 도움을 통해 배운 점이나 느낀 점

비주장행동의 원인 분석

비주장행동의 원인 분석 ATP5

1. **목표:** 1) 비주장행동의 원인 이해하기
   2) 인지적, 정서적, 행동적 원인 구별하기
   3) 자신의 비주장행동의 원인 확인하기
2. **준비물:** 〈ATP5-T1〉, 〈ATP5-P1〉, 〈ATP5-P2〉, 〈ATP5-P3〉, 〈ATP5-P4〉, 〈부록 2-1〉, 필기도구
3. **유의사항:** 〈부록 2-1〉을 복사하거나 그대로 사용하여 평가에 활용함
4. **활동과정**

훈련자	참가자
1) 강의	1) 강의
(1) 과제 확인	(1) 과제 결과 발표
(2) 〈ATP5-P1〉 배부	(2) 〈ATP5-P1〉 수령
(3) 〈ATP5-T1〉 설명	(3) 〈ATP5-P1〉 보면서 경청
(4) 질의응답	(4) 질의응답
2) 평가	2) 평가
(1) 〈ATP5-P2〉 배부 및 설명	(1) 〈ATP5-P2〉 경청 및 실시
(2) 〈ATP5-P2〉의 해답 설명	(2) 경청 및 질의응답
3) 적용	3) 적용
(1) 〈ATP5-P3〉 배부 및 설명	(1) 〈ATP5-P3〉 실시 및 발표
(2) 〈부록 2-1〉 실시 지도	(2) 〈부록 2-1〉 실시
(3) 〈부록 2-1〉 발표 및 질의응답	(3) 〈부록 2-1〉 발표 및 질의응답
4) 종결	4) 종결
(1) 〈ATP5-P4〉 배부 및 작성 지도	(1) 〈ATP5-P4〉 수령 및 작성
(2) 〈ATP5-P4〉에 따라 평가 지도	(2) 〈ATP5-P4〉에 따라 평가
(3) 과제 제시: 주장행동할 시기 알아 오기	(3) 과제 확인

비주장행동의 원인 ATP5-T1

우리는 여러 가지 원인으로 소극적 또는 공격적 행동을 한 후, 이에 대해 후회하거나 괴로워하는 경우가 많습니다. 만약 우리가 주장행동을 하지 못하는 원인을 분석할 수 있다면, 이것은 주장행동을 배우는 데 많은 도움이 될 것입니다. 이제까지 알려진 비주장행동의 원인은 크게 세 가지로 나누어 볼 수 있는데, 인지적 원인, 정서적 원인, 행동적 원인이 그것입니다.

인지적 원인은 주장행동을 할 수 있는 기술이나 요령을 익혀서 잘할 수 있고 그 상황에서 전혀 불안을 느끼지 않는데도, 부조화 인지 때문에 주장행동을 하지 못하는 것과 관련된 원인입니다. 이는 인간의 기본권리나 문화적 가치 그리고 행동 규범 등에 대해 이치에 맞지 않는 비합리적인 생각, 관점, 가치 등을 가지고 있어서 주장행동을 해야 할 때인데도 하지 않는 경우입니다. 많은 비주장적인 사람들은 인간의 기본권리를 타인에게는 부여하면서 자기 자신에게는 부여하지 않는가 하면, 인간으로서는 도저히 할 수 없거나 어쩔 수 없는 일인데도 자신의 생각대로 반드시 일어나야 한다고 믿기도 하는데, 이는 모두 인지적 원인에 근거하여 주장행동을 하지 못하는 경우입니다.

정서적 원인은 주장행동에 따른 두려움이나 불안 등 부조화 정서가 수반되어 주장행동을 하지 못하는 것과 관련이 있습니다. 주로 공포, 분노, 불안이나 이로 인한 신체적 긴장 때문에 주장행동을 하지 못하는 경우입니다. 주장적으로 사고하고 행동할 줄 모르는 사람의 경우에는 지나치게 말을 잘하려고 하다가 불안을 경험하는 경우가 많습니다. 이들은 '나는 어떻게 말하는 것이 잘하는 것인지 모른다.', '어딘가 기분이 좋지 않다.', '아무래도 결과가 좋지 않을 것 같다.' 등과 같은 부정적 자기 진술문을 사용함으로써, 더욱 불안해지는 경우가 많습니다. 이러한 경우의 불안은 주장적으로 사고하고 행동하는 것을 배우면 줄어들거나 완전히 없어지는 경우도 있습니다. 어떤 사람은 주장적으로 생각하고 행동하는 방법을 알고 있어 늘 주장행동을 하다가도 한 번 좋지 못한 결과를 초래하게 되면, 그다음부터는 주장행동을 해야 할 장면에서 큰 불안을 경험하는 수도 있습니다. 이 경우에는 성공적인 새로운 경험이 대단히 중요합니다. 주장적 행동을 하기 위해서는 주장적 생각을 알든 모르든 불안을 줄이는 기술이 도움이 될 수 있습니다.

행동적 원인은 자신의 권리를 옹호해서 주장적으로 행동하고 싶지만, 구체적으로 어떻게 말해야 상대방의 권리를 침해하거나 불쾌감을 주지 않는 범위에서 자신의 권리, 의견, 생각, 느낌 등을 나타낼 수 있는지를 몰라서 주장행동을 못하는 경우를 말합니다. 이들은 어떻게 상대방을 이해해야 하는지, 어떻게 말해야 상대의 기분이 상하지 않는지, 서로 의견이 맞지 않을 때 어떻게 조정해야 하는지를 모릅니다. 또한 목소리나 신체적 반응도 적절하지 못합니다. 행동적 원인이 심한 사람들은 주장행동을 하는 대신에 침묵을 지키거나, 꼭 말을 해야 할 경우는 수동공격적 행동을 취하는 경우가 많습니다.

이상에서 살펴본 비주장행동의 원인 세 가지를 극복하는 구체적인 방법에 대해 다각적으로 다룰 것입니다. 여러분 각자는 세 가지 중 특히 어느 원인 때문에 주장행동을 하지 못하는지를 알아서, 이에 대해 앞으로 집중적인 훈련을 하는 것이 좋을 것입니다. 그러면 배부된 '비주장행동의 원인 구별'을 해 보도록 합니다.

* 〈ATP5-P2〉를 실시한 후 답을 알려 주고 함께 토론한다.

번호	1	2	3	4	5	6	7	8	9	10	11	12	13	14	15	16	17	18	19	20	21
정답	행	정	인	행	정	인	정	인	인	행	행	인	정	정	인	정	정	인	정	행	행

비주장행동의 원인 ATP5-P1

1. 인지적 원인

(1) 주장행동을 하려고 마음만 먹으면 할 수 있음

(2) 부조화 인지, 즉 비합리적 생각 · 관점 · 가치 등으로 인하여 주장행동을 해야 할 경우에 주장행동을 하지 않는 것과 관련된 원인

2. 정서적 원인

(1) 부조화 정서, 즉 두려움 · 분노 · 불안 등으로 인하여 주장행동을 하지 못하는 것과 관련된 원인

(2) 부정적 자기 진술문 사용

- '어떻게 말하는 것이 잘하는 것인지 모른다.'
- '어딘가 기분이 좋지 않다.'
- '아무래도 결과가 좋지 않을 것 같다.'

3. 행동적 원인

(1) 구체적 방법을 몰라서 주장행동을 못하는 것과 관련된 원인

- 상대방을 이해하는 방법을 모름
- 자신을 나타내는 방법을 모름
- 타협하는 방법을 모름
- 음성이나 체언적 요소를 모름

(2) 수동공격적 행동을 하는 경우가 많음

(3) 침묵으로 일관하는 경우가 많음

비주장행동의 원인 구별 ATP5-P2

다음은 소극적 또는 공격적 행동을 하는 원인을 나열해 보았습니다. 그 원인이 인지적 원인에 해당하는 것은 '인', 정서적 원인에 해당하는 것은 '정', 행동적 원인에 해당하는 것은 '행'으로 답해 주세요.

소극적 또는 공격적 행동의 원인	답
1. 말을 입속에서만 중얼거린다.	___
2. 말할 때 눈물을 글썽거린다.	___
3. 다른 사람이 나보다 더 똑똑하다.	___
4. 상대방의 입장을 듣기 전에 내 입장을 확실히 전한다.	___
5. 자신이 불안해하고 있다는 사실에 계속 신경을 쓴다.	___
6. 하고 싶은 말을 다 하면 원만한 인간관계가 깨진다.	___
7. 말할 때 얼굴이 붉어진다.	___
8. 자식이 부모에게 따지고 달려들어서는 안 된다.	___
9. 확실히 말하지 못할 바에야 침묵을 지키는 것이 낫다.	___
10. 어떻게 말을 해야 할지 모르겠다.	___
11. 위협적 자세로 상대가 내 말에 따르도록 한다.	___
12. 말이란 잘못하면 다시 주워 담을 수가 없다.	___
13. 말하는 중에 심장박동이 빨라진다.	___
14. 말을 하다가 울 것 같다.	___
15. 내 말과 관계없이 결과가 결정된다.	___
16. 말하는 중에 감정을 잘 통제하지 못한다.	___
17. 말하는 중에 몸이 떨린다.	___
18. 이 말을 하면 나를 나쁜 사람으로 여길 것이다.	___
19. 말을 할 때 마음이 편하지 않다.	___
20. 나의 의견을 끝까지 굽히지 않는다.	___
21. 상대방 감정과 관계없이 내가 하고 싶은 말을 한다.	___

나의 비주장행동의 원인 구별 ATP5-P3

나의 비주장행동 장면〈ATP4-P1〉에서 선정한 자신의 소극적, 공격적 행동 장면, 다수 상대 행동 장면에 대해 그 이유를 들어보고, 그 이유가 비주장행동의 어떤 원인(인지, 정서, 행동)에 해당하는지 적어 보세요.

구분		비주장적 행동 이유	비주장행동 원인
소극적 행동 장면	장면 1	어떻게 거절해야 친구가 기분 나쁘지 않게 받아들일지를 모르겠다.	행동적 원인
	장면 2		
	장면 3		
공격적 행동 장면	장면 4	이런 친구는 이번 기회에 버릇을 고쳐 주어야 한다.	인지적 원인
	장면 5		
	장면 6		
다수 상대 행동 장면	장면 7	앞이 잘 보이지 않고 가슴의 고동소리가 들린다.	정서적 원인
	장면 8		

질의응답 및 평가 ATP5-P4

1. 질문이나 토의하고 싶은 내용

2. 다른 집단원에게 피드백을 해 주고 싶은 내용

3. 스스로 또는 집단원의 도움을 통해 배운 점이나 느낀 점

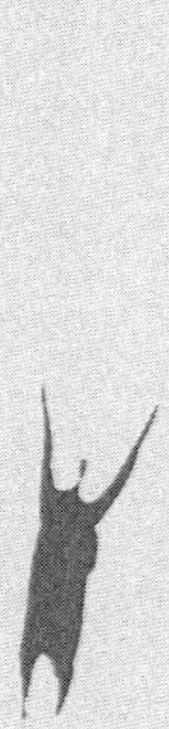

주장행동의 시기 결정

주장행동의 시기 결정 ATP6

1. **목표:** 1) 주장행동을 해야 할 시기 이해하기
   2) 주장행동을 삼가야 할 시기 이해하기
2. **준비물:** 〈ATP6-T1〉, 〈ATP6-P1〉, 〈ATP6-P2〉, 〈ATP6-P3〉, 〈ATP6-P4〉, 필기도구
3. **유의사항:** 주장행동도 모험이 너무 크면 삼가야 함을 인식하게 함
4. **활동과정**

훈련자	참가자
1) 강의	1) 강의
(1) 과제 확인	(1) 과제 결과 발표
(2) 〈ATP6-P1〉 배부	(2) 〈ATP6-P1〉 수령
(3) 〈ATP6-T1〉 설명	(3) 〈ATP6-P1〉 보면서 경청
(4) 질의응답	(4) 질의응답
2) 평가	2) 평가
(1) 〈ATP6-P2〉 배부 및 작성 지도	(1) 〈ATP6-P2〉 수령 및 작성
(2) 〈ATP6-P2〉 정답 제시	(2) 〈ATP6-P2〉 정답 확인
(3) 질의응답	(3) 질의응답
3) 적용	3) 적용
(1) 〈ATP6-P3〉 배부 및 작성 지도	(1) 〈ATP6-P3〉 수령 및 작성
(2) 〈ATP6-P3〉 발표 지도	(2) 〈ATP6-P3〉 발표
4) 종결	4) 종결
(1) 〈ATP6-P4〉 배부 및 작성 지도	(1) 〈ATP6-P4〉 수령 및 작성
(2) 〈ATP6-P4〉에 따라 평가 지도	(2) 〈ATP6-P4〉에 따라 평가
(3) 과제 제시: 주장행동 요소 알아 오기	(3) 과제 확인

주장행동을 해야 할 시기와 삼가야 할 시기 ATP6-T1

우리가 상대방에게 주장행동을 하는 것이 좋은지를 결정하기 어려운 경우가 있는가 하면, 주장행동을 한 것이 하지 않은 경우보다 못한 결과를 가져오는 경우도 있습니다. 그래서 주장행동을 하는 것이 두 사람 모두에게 도움이 될 수 있는 시기인지 그렇지 않은 시기인지를 잘 판단하는 것은 매우 중요합니다.

주장행동을 하는 것이 도움이 되므로 주장행동을 해야 할 경우부터 살펴보겠습니다. 우선 공격적 행동을 하고 있거나 할 가능성이 높은 경우, 즉 실제로 상대방을 때리거나 상대방에게 욕을 하고 있거나 그러고 싶을 때입니다. 이 경우에는 상대방에게 적개심이나 분노가 강하게 일어나고 있습니다. 따라서 자신의 이러한 감정을 잘 조절할 수 없으면 주장행동을 하기가 어렵습니다. 다시 언급하겠지만 조절이 어렵다고 생각되면 주장행동을 시도하지 말아야 합니다. 또한 주장행동을 하다가 감정 조절이 안 되어 공격적 행동을 하게 되면, 빨리 그 행동을 중단하고 주장행동으로 다시 바꾸도록 해야 합니다. 그리고 도저히 주장행동을 할 수 없다고 판단되면 대화를 중단해야 합니다. 왜냐하면, 감정 통제가 안 되면 주장행동이 어렵고, 더 극단적인 공격적 행동을 할 가능성이 커지기 때문입니다.

다음은 실제로 소극적 행동을 하고 있거나 소극적 행동을 할 가능성이 높은 경우, 즉 상대를 피하고 싶거나 상대와 맞서서 이야기할 때 자신이 초라해 보이고 심하게 위축되는 경우입니다. 이 경우에 하고 싶은 말을 참으면, 계속 그 사람에 대해 불편감을 경험하게 됩니다. 이것이 누적되면 정신적으로 큰 고통을 받게 되고, 혹시 밖으로 표출되는 경우에는 거의 통제가 불가능한 공격적 행동을 하게 됩니다. 그래서 앞으로 주장적 생각과 주장행동의 행동적 요소를 잘 익혀 이 같은 장면에서 위축되지 않고 주장행동을 할 수 있도록 해야 합니다.

다음은 상대방과 있었던 어떤 장면이나 그와 관련된 사람들이 머리에서 사라지지 않고 계속 남아 있는 경우입니다. 이는 그 장면과 관련된 사람에게 무언가

하고 싶은 말이 있다는 것으로, 대개 어떤 형태로든 자신이 부당하게 대우를 받았다고 여겨질 경우입니다.

상대방에게 자신이 정당하다는 점을 밝히기 위해 거짓말이나 거짓 행동을 할 경우도 주장행동을 해야 할 때입니다. 솔직하게 자기를 나타내는 것이 자신이나 상대, 또는 두 사람 모두에게 도움이 되지 않을 것이라고 생각하여 회피한 경우라고 할 수 있습니다. 거짓말을 하면 일시적으로는 두 사람 관계에 도움이 될지 모르지만 장기적으로는 오히려 관계를 악화시킬 가능성이 더 크다는 점에 유의해야 합니다.

상대방에게 무엇을 말하고 싶을 때, 직접 말하지 못하고 빙 돌려서 간접적으로 나타내는 경우도 주장행동을 해야 할 때입니다. 이 경우에는 서로 상대방의 말에 대해 숨은 의미를 찾으려고 하기 때문에 오해가 일어날 가능성이 커지기 때문입니다.

상대방에게 자신의 감정을 솔직하게 나타내지 않고 수동공격적 행동을 할 경우도 주장행동을 해야 할 때입니다. 예를 들어, 친구가 공부를 함께 하자고 하였을 때 거절하기가 어려워, 만나서 재미있는 영화를 한 편 보고 나서 공부를 하자는 등 친구가 싫어하는 다른 것을 하면서 간접적으로 골탕을 먹여 친구가 더 피해를 보게 하는 것입니다. 이렇게 되면 두 사람 관계는 이전보다 더 나빠질 가능성이 커지기 때문입니다.

앞에서도 약간 언급한 바가 있지만 주장행동을 해야 할 시기라고 해서 무조건 주장행동을 시도해서는 안 됩니다. 주장행동을 아주 잘할 수 있으면 별 문제가 없겠지만 실제로는 그렇게 하기 어렵습니다. 그러므로 다음과 같은 경우에는 즉시 주장행동을 시도하지 말고 미루거나 아예 하지 않는 편이 낫습니다.

먼저 개인적으로 어려운 여건에 처해 있거나 감정이 아주 예민한 사람을 보호할 필요가 있을 경우에는, 그 상황이 호전될 때까지 혹은 그가 나의 주장을 받아들일 준비가 되었다고 판단될 때까지 주장행동을 연기해야 합니다. 경우에 따라서는 끝까지 주장행동을 하지 못할 수도 있습니다.

상대방과의 관계에서 나 자신보다 상대방이 오히려 나 때문에 더 힘들어하거나, 내가 상대방에게 주장행동을 해도 내가 별로 얻는 것이 없을 경우에는 주장행동을 하지 않는 것이 더 낫습니다. 예컨대, 중요한 약속을 취소하고 모임에 나온 친구에게 도움을 부탁하니 그가 몹시 부담스러워하며 거절할 경우에는 매우 조심스럽게 주장을 하거나 하지 않는 것이 더 낫습니다. 또 술에 몹시 취한 사람이 시비를 걸 경우도 상대하지 않는 것이 더 좋을 수 있습니다.

마지막으로 주장행동을 시작했을 때 자신의 행동이 바로 공격적으로 바뀔 것 같거나, 상대방이 바로 공격적 행동으로 나올 가능성이 클 경우에는 주장행동을 하지 않는 것이 더 낫습니다. 왜냐하면, 말을 시작하면 두 사람 중 한 사람이 공격적 행동을 할 가능성이 크고, 그렇게 되면 주장행동을 하는 것이 거의 불가능하기 때문입니다.

* 〈ATP6-P2〉를 실시한 후 답을 알려 주고 함께 토론한다.

번호	1	2	3	4	5	6	7	8	9	10
정답	○	○	○	×	×	○	×	×	×	○

주장행동을 해야 할 시기와 삼가야 할 시기 ATP6-P1

1. 주장행동을 해야 할 시기

① 상대방을 때리거나 상대방에게 욕을 하고 있을 때

② 상대방을 때리거나 상대방에게 욕을 하고 싶을 때

③ 상대방을 피하고 싶을 때

④ 상대방을 만나면 위축될 때

⑤ 상대방과 관련된 장면이 사라지지 않을 때

⑥ 상대방에게 자기를 정당화시키기 위해 거짓 행동을 할 때

⑦ 상대방에게 직접 묻지 않고 빙 돌려서 간접적으로 나타낼 때

⑧ 상대방에게 솔직하게 나타내지 않고 수동공격적 행동을 할 때

2. 주장행동을 미루거나 하지 않는 것이 더 좋을 시기

① 상대방이 개인적인 문제로 어려움을 겪고 있을 때

② 상대방이 감정적으로 예민한 상태에 있다고 여겨질 때

③ 상대방이 나 때문에 더 힘들어 하는 것 같을 때

④ 상대방에게 말을 해도 얻는 것이 없을 것으로 판단될 때

⑤ 상대방에게 지금 말하면 자신이나 상대방이 바로 공격적 행동을 할 가능성이 클 때

⑥ 상대방에게 말하는 데 따르는 위험 부담을 견디기가 어려울 것 같을 때

주장행동을 할 장면 구별 ATP6-P2

다음에서 주장행동을 해야 할 시기라고 생각하면 ○표, 주장행동을 하지 않는 것이 더 좋다고 생각하면 ×표를 ( ) 안에 표시해 주세요.

1. 사귀는 여학생(남학생)을 대할 때마다 어딘가 위축되어 하고 싶은 말을 못 한다. ……………………………………………………………………………( )
2. 어제 친구가 "너는 학과 행사에는 안 나오고 남자(여자) 친구와 재미있는 시간을 보내던데, 누구는 애인이 없어서 학과 행사에 나오는 줄 아니?"라고 한 말이 계속 신경 쓰인다. ……………………………………………………( )
3. 아버지께서 동생에게 공부를 가르쳐 주라고 하면, 하기 싫다는 말을 솔직하게 못하고 잘 모른다고 동생을 비웃거나 벌을 준다. ………………( )
4. 내가 가장 아끼는 등산장비를 몰래 가져가서 거의 사용할 수 없을 정도로 만들어 온 동생을 바로 심하게 때릴 것 같다. …………………………( )
5. 어머니께 용돈을 더 달라고 말씀드리려고 하는데, 어머니는 아버지와 어떤 문제로 다투신 후 몹시 화가 나 있으시다. ………………………( )
6. 밤 11시가 넘어 집에 들어가니 아버지께서 꾸지람을 하시기에, 친구 때문에 어쩔 수 없었다며 길게 변명을 한다. ……………………………………( )
7. 사랑하던 사람과 헤어진 친구에게 위로를 하려고 전화를 했더니, 화를 내면서 나의 기분을 상하게 하는 말을 했다. ……………………………( )
8. 병원에서 큰 수술을 받은 친구에게 문병을 갔더니 그 친구가 내가 잘 아는 친구의 흉을 심하게 보아서 아주 기분이 나빴다. …………………( )
9. 술 취한 50대 아저씨가 멀리서 욕을 하면서 시비를 건다. ……………( )
10. 학과에서 성적이 계속 수석인 친구가 내 말을 가로막으면서 자신의 의견을 고집하여 기분이 나빴지만, 늘 나보다는 더 좋은 안을 내기 때문에 그 친구가 하자는 대로 한다. ……………………………………………………( )

주장행동의 보상과 모험 비교 ATP6-P3

우리는 주장행동을 하고 싶지만 모험이 지나칠 때는 하지 않을 수도 있습니다. 장면번호 4의 예를 참고하여, 〈ATP4-P1〉에서 자신이 선정한 주장행동이 어려운 다섯 가지 장면에서 주장행동으로 얻을 수 있는 보상과 주장에 따른 모험을 찾아서 각 칸에 적으세요. 그다음 보상과 모험의 비중을 따져서 비교하는 칸에 부등호로 표시해 보세요.

장면 번호	주장행동을 하고 싶은 장면	주장 후 보상	비교	주장에 따른 모험
4	나도 한두 번밖에 사용하지 않은 디지털 카메라를 친구가 등산 간다면서 1주일간 빌려 달라고 한다.	1. 후회가 적다. 2. 부담 없는 관계가 된다. 3. 진정한 친구가 된다.	>	1. 관계가 멀어진다. 2. 의리가 없다. 3. 앞으로 빌리기 어렵다.
2				
3				
5				
6				
8				

질의응답 및 평가 ATP6-P4

1. 질문이나 토의하고 싶은 내용

2. 다른 집단원에게 피드백을 해 주고 싶은 내용

3. 스스로 또는 집단원의 도움을 통해 배운 점이나 느낀 점

주장행동의 음성적 · 체언적 요소 이해

주장행동의 음성적 · 체언적 요소 이해 ATP7

1. **목표:** 1) 주장행동의 음성적 요소 이해하기
   2) 주장행동의 체언적 요소 이해하기
   3) 주장행동의 음성적 요소에 맞게 반응하기
   4) 주장행동의 체언적 요소에 맞게 반응하기
2. **준비물:** 〈ATP7-T1〉, 〈ATP7-P1〉, 〈ATP7-P2〉, 〈ATP7-P3〉
3. **유의사항:** 역할연기 등 실습을 통해 체험할 수 있게 함
4. **활동과정**

훈련자	참가자
1) 강의	1) 강의
(1) 과제 확인	(1) 과제 결과 발표
(2) 〈ATP7-P1〉 배부	(2) 〈ATP7-P1〉 수령
(3) 〈ATP7-T1〉 설명	(3) 〈ATP7-P1〉 보면서 경청
(4) 질의응답	(4) 질의응답
2) 적용	2) 적용
(1) 〈ATP7-P2〉 배부 및 실습 지도	(1) 〈ATP7-P2〉 수령 및 실습
3) 종결	3) 종결
(1) 〈ATP7-P3〉 배부 및 작성 지도	(1) 〈ATP7-P3〉 수령 및 작성
(2) 〈ATP7-P3〉에 따라 평가 지도	(2) 〈ATP7-P3〉에 따라 평가
(3) 과제 제시: 상대방 이해 방법 알아 오기	(3) 과제 확인

주장행동의 음성적 · 체언적 요소 이해 ATP7-T1

앞에서 우리는 비주장행동의 원인 중 행동적 원인을 알아보았습니다. 비주장행동의 행동적 원인은 주장행동을 하는 방법을 잘 몰라서 주장행동을 하지 못하는 것과 관련된 것입니다. 비주장행동의 행동적 원인을 극복하기 위해서는 말하는 방법은 물론 음성이나 체언적 요소도 중요합니다. 그래서 여기서는 먼저 음성적 요소와 체언적 요소가 무엇인지를 알고, 이를 대화 중 실제로 적용할 수 있도록 해보고자 합니다.

주장행동의 음성적 요소에서는 적당한 목소리, 자연스러운 억양, 단호한 음성, 또렷한 발음이 강조되고 있습니다.

'적당한 목소리'는 목소리 크기가 상대방이 알아들을 수 있고 부담되지 않을 정도여야 함을 말합니다. 목소리가 너무 크면 상대방이 위축됩니다. 반대로 너무 작으면 자신감이 없어 보이고, 상대방이 귀기울이려 하지 않습니다.

'자연스러운 억양'은 말하는 도중에 자주 끊어지지 않고 '에……', '음……' 등의 말을 반복하지 않는 것을 말합니다. 그럴 경우 상대방에게 자신감이 없어 보일 수 있습니다.

'단호한 음성'은 자기 말의 확고함을 상대가 느낄 수 있게 하는 것입니다. 이렇게 함으로써 상대방은 말하는 사람의 의지를 분명히 알 수 있습니다.

'또렷한 발음'은 말 그대로 발음을 정확하게 하는 것입니다. 이렇게 하면 말의 내용을 상대방이 분명히 알 수 있습니다.

주장행동은 말할 때의 동작이나 표정 등 몸짓이 나타내는 의미도 중요합니다. 이를 여기서는 체언(體言)이라 합니다. 체언적 요소에서는 몸 전체 이동, 고개 끄덕임, 허리 움직임, 내용과 일치하는 표정 짓기, 시선 접촉, 신체적 접촉이 강조됩니다.

'몸 전체 이동'은 상대방 쪽으로 몸 전체를 약간 이동하는 것과 같은 동작을 취하는 것입니다. 이는 상대방의 말을 들으려는 자세가 되었음을 상대방에게 몸짓으로 알리는 것으로, 말하는 사람은 상대방이 자신의 말을 듣고 싶어 한다는 생각과 함께 이해받고 존중받는다는 느낌을 가지게 됩니다.

'고개 끄덕임과 허리 움직임'에서는 대화 중 상대방의 말을 수긍하며 관심을 가지고 있음을 전합니다. 이때는 수긍하는 정도에 따라 움직이는 정도를 달리하며, 허리 움직임은 고개 끄덕임보다 더 강한 수긍의 의미를 전달합니다. 이는 말을 하는 사람은 말을 통해 자기 의사를 표시하고, 말을 듣는 사람은 고개 끄덕임이나 허리의 움직임으로 말을 수긍하고 있는 정도를 나타내면서 서로 대화한다는 의미입니다. 이렇게 하면 서로 이해받고 존중받고 있음을 느껴 자신의 내면을 더 깊이 솔직하게 말할 가능성이 커집니다.

'내용과 표정 일치'는 말하는 내용에 어울리는 표정을 짓는 것을 말합니다. 대화 중 어색한 경우를 보면, 말을 듣는 쪽이든 하는 쪽이든 말하는 내용과 표정이 일치하지 않을 때입니다. 예를 들어, 웃으면서 슬픈 이야기를 하거나 슬픈 이야기를 듣는 사람이 웃고 있다면 두 사람 모두 상대방에 대해 의아해하거나 진실성을 의심할 수 있습니다.

'시선이나 신체적 접촉'은 정다운 눈빛과 촉감으로 상호 작용하는 것을 말합니다. 정다운 사람끼리는 눈빛만 보아도 알 수 있습니다. 그리고 상대가 힘들어할 때 어깨만 두드려 주어도 힘이 될 수 있습니다. 그러나 상대가 이성일 경우 신체적 접촉은 유의해야 합니다.

주장행동의 음성적 · 체언적 요소 이해 ATP7-P1

1. 음성적 요소

1) 적당한 목소리

(1) 상대방이 알아들을 수 있을 정도의 크기

(2) 상대방이 부담되지 않을 정도의 크기

2) 자연스러운 억양

(1) 말하는 도중에 자주 끊어지지 않음

(2) '에……', '음……' 등의 말을 반복하지 않음

3) 단호한 음성

(1) 자신의 의지가 담긴 어조

(2) 상대방이 말하는 사람의 의지를 느낄 수 있는 어조

4) 또렷한 발음

(1) 말의 의미가 분명히 전달되는 발음

(2) 상대방이 말의 내용을 혼동하지 않게 하는 정확한 발음

2. 체언적 요소

1) 몸 전체 이동

(1) 몸 전체를 약간 상대방 쪽으로 이동하는 듯한 자세를 취함

(2) 상대방이 "내게 관심이 있구나."라고 느낄 수 있게 함

2) 고개 끄덕임

(1) 상대방의 말을 수긍한다는 의미를 전달

(2) 수긍하는 정도에 따라 끄덕임 정도를 달리 함

3) 허리 움직임

(1) 고개 끄덕임보다 더 강한 수긍의 의미를 전달

(2) 수긍의 정도에 따라 움직임 정도를 달리 함

4) 내용과 일치하는 표정

(1) 상대방이 말하는 내용에 표정을 일치시킴

(2) 자신이 말하는 내용에 표정을 일치시킴

5) 시선 접촉

(1) 눈빛으로 상대방의 말을 잘 듣고 있음을 전달

(2) 눈빛으로 자신의 의사를 상대방에게 전달

6) 신체적 접촉

(1) 마음이 일치할 때 신체적 접촉을 해 줌

(2) 상대방과의 친밀도 및 성에 따라 오해의 소지가 없도록 조심함

주장행동의 음성적 · 체언적 요소 평가표 ATP7-P2

3명이 한 조가 되어 교대로 (1) 자신의 힘든 일에 대해 주장하는 사람(주장자), (2) 들어 주는 사람(청취자), (3) 평가하는 사람(평가자)을 정해 연습을 합니다. 평가자는 자신을 포함하여 주장자와 청취자의 성명을 다음의 표에 적고, 이 표에 따라 평가하십시오.

반응 평가 요소		주장자 성명: 청취자 성명: 평가자 성명:
		반응 평가 자료
음성적 요소	적당한 목소리	
	자연스러운 억양	
	단호한 음성	
	또렷한 발음	
체언적 요소	몸 전체 이동	
	고개 끄덕임	
	허리 움직임	
	내용과 일치하는 표정	
	시선 접촉	
	신체적 접촉	

질의응답 및 평가 ATP7-P3

1. 질문이나 토의하고 싶은 내용

2. 다른 집단원에게 피드백을 해 주고 싶은 내용

3. 스스로 또는 집단원의 도움을 통해 배운 점이나 느낀 점

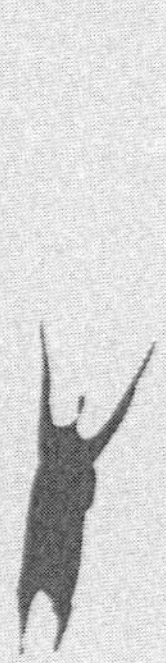

개인 상대 주장행동의 방법적 요소 이해 1
–'너 이해'1

개인 상대 주장행동의 방법적 요소 이해 1–'너 이해' 1 ATP8

1. **목표:** 1) '너 이해'의 중요성 이해하기
   2) 공감, 존중, 진실성, 자기 노출의 의미 이해하기
   3) 공감, 존중, 진실성, 자기 노출 반응하기
2. **준비물:** 〈ATP8–T1〉, 〈ATP8–P1〉, 〈ATP8–P2〉, 〈ATP8–P3〉, 〈ATP8–P4〉, 필기도구
3. **유의사항:** 가급적 역할연기 등 실습을 통해 예시함
4. **활동과정**

훈련자	참가자
1) 강의	1) 강의
(1) 과제 확인	(1) 과제 결과 발표
(2) 〈ATP8–P1〉 배부	(2) 〈ATP8–P1〉 수령
(3) 〈ATP8–T1〉 설명	(3) 〈ATP8–P1〉 보면서 경청
(4) 질의응답	(4) 질의응답
2) 적용	2) 적용
(1) 〈ATP8–P2〉 배부 및 실습 지도	(1) 〈ATP8–P2〉 수령 및 실습
(2) 〈ATP8–P3〉 배부 및 실습 지도	(2) 〈ATP8–P3〉 수령 및 실습
3)종결	3) 종결
(1) 〈ATP8–P4〉 배부 및 작성 지도	(1) 〈ATP8–P4〉 수령 및 작성
(2) 〈ATP8–P4〉에 따라 평가 지도	(2) 〈ATP8–P4〉에 따라 평가
(3) 과제 제시: 상대방 이해 방법 실행해 보기	(3) 과제 확인

개인 상대 주장행동의 방법적 요소 이해 1–'너 이해' 1 ATP8–T1

주장행동의 요소에는 크게 방법적 요소, 음성적 요소 및 체언적 요소가 있습니다. 이들 중 음성적 요소 및 체언적 요소에 대해서는 앞에서 살펴보았습니다. 지금부터는 방법적 요소에 대해 구체적으로 알아보고자 합니다. 방법적 요소에는 '너 이해', '나 이해시키기', '우리되기'가 있습니다. 누구라도 자신이 상대방에게 이해받지 못하면 자신도 상대방을 이해할 여유가 생기지 않습니다. 그렇기 때문에 먼저 '너 이해'를 통해 상대방을 잘 이해해 주고, 상대가 나를 이해해 줄 여유가 생겼다고 판단되면 그때 '나 이해시키기'를 통해 상대방에게 나를 이해시킵니다. 그런 후에 '우리되기'를 통해 서로 받아들일 수 있는 타협을 합니다. 여기서는 '너 이해'의 일부 내용을 살펴보겠습니다.

'너 이해'에는 공감, 존중, 진실성, 자기 노출, 요약, 인정, 감정 보고, 예측 보고가 있습니다. 이 중 공감, 존중, 진실성, 자기 노출에 대해 먼저 알아보겠습니다.

'공감'은 상대방의 개인적 세계를 마치 자신의 것처럼 느끼고 이해하여 상대방에게 말해 주는 것입니다. 공감을 할 때는 상대방이 나타내 보이는 수준만큼은 이해하고 느낄 수 있어야 합니다. 그러나 이 정도에 만족하지 말고 상대방 스스로도 미처 몰랐던 부분에 대해 이해하고 느껴서 이를 상대방에게 드러낼 수 있어야 합니다. 예를 들면, 어떤 청소년이 "저는 집에 들어가기가 싫습니다. 집에 가면 제가 아버지나 어머니와 싸우거나 두 분이 서로 싸우는 등 집안에 두 사람만 모이면 싸우거든요."라고 한 경우, "그런 집에 들어가는 것이 너무너무 싫겠구나. 친구들처럼 집에 가면 부모님이 너를 반갑게 맞이해 주시면 좋겠는데, 그렇지 않으니 너무나 속상하고 그런 자신이 비참하게 여겨지기도 하겠다."와 같이 말해 주는 것입니다. 이 경우 그 청소년은 가족이 반갑게 맞이해 주기를 바란다는 점과 그런 친구를 부러워하고 있다는 점은 미처 모르고 있었던 감정일 수도 있다는 것입니다. 많은 경우 자신이 미처 몰랐던 보다 심층적인 감정에 대해 공감을 받으면 비언어적 측면의 변화가 나타나는데, 대개 눈물이 고

이거나 음성이 달라집니다.

'존중'은 상대방의 유일함과 그의 잠재력을 믿고, 상대방이 지닌 결함에도 불구하고 그에 대해 판단하거나 평가하지 않으며, 다소의 희생이 따르더라도 최선을 다해 그를 배려하고 가치 있는 한 인간으로 대해 주는 것입니다. 앞의 예를 교사의 입장에서 말해 보면, "그래, 다음 시간에는 수업이 있고 처리할 공문도 있어서, 안타깝게도 그 문제에 대해 지금 시간을 내기가 어렵구나. 네가 괜찮다면 퇴근 후에 너와 더 많은 시간을 가지고 이야기를 하고 싶구나. 나도 집에 바쁜 일이 있지만 너와 시간을 함께하면서 어떤 형태로든 너에게 도움을 주고 싶구나."와 같이 말하는 것입니다.

'진실성'은 긍정적이든 부정적이든 상대방에 대해 솔직하게 말하는 것입니다. 그러나 주장행동에서의 '너 이해' 단계에서는 상대방의 긍정적 측면에만 초점을 두어 진실성 반응을 합니다. 부정적 측면의 진실성 반응을 배제하는 이유는, 그럴 경우 상대방이 이해받고 있다고 여길 가능성이 적기 때문입니다. 아주 친밀한 관계이고 부정적인 말을 해도 상대방의 기분이 상하지 않을 것 같으면 부정적인 측면의 진실성 반응을 보여도 좋습니다. 또한 '너 이해'에서는 자기가 주장하고자 하는 내용에 초점을 두고 솔직하게 말하는 것이 아니라, 상대방의 행동 등 상대방에 초점을 두고 말해야 한다는 점도 유의해야 합니다.

앞에서 예로 든 청소년의 경우, 그 같은 환경에 대해 솔직하게 말해 주고 있다는 데 초점을 두어야 합니다. 즉, "집안의 좋지 않은 일을 남에게 말하기가 힘든데도 솔직하게 말해 주는 것을 보니, 다른 사람의 도움을 받아 어려움을 잘 극복할 수 있는 학생같구나."와 같이 말해 주는 것이 진실성 반응입니다.

'자기 노출'은 자신의 과거, 현재, 미래의 생각이나 느낌 및 행동을 상대방에게 말해 주는 것입니다. 자기 자신에 대해 솔직하게 이야기할 때, 상대방 또한 더 솔직하게 이야기할 가능성이 큽니다. 우리가 서로의 깊은 내면, 다시 말해 비밀을 알면 알수록 서로에 대해 더 믿게 되고, 더 깊이 있는 이야기를 할 수 있습니다.

여기에서 가장 높은 수준의 노출은 개인적인 것이면서 생각과 감정이 모두 포함되는 것이 좋습니다. 앞의 청소년에게, "나도 우리 형님이 도박을 해서 그 형님이 너무너무 싫었다. 그래서 집을 나가서 혼자 살아보겠다는 생각도 여러 번 했단다. 형님이 도박을 하고 그 때문에 집안에 다툼이 생길 때는 정말로 집이 싫었다. 그래서 며칠씩 집에 들어가지 않은 적도 있었단다. 지금도 그때만 생각하면 화가 나고 눈물도 난다."와 같이 말하는 것입니다.

자기 노출을 할 때는 거짓말을 해서는 안 되며, 상대방이 자신의 더 깊은 내면을 노출하는 데 도움이 되는 내용이어야 합니다. 과시하기 위한 말이나 누구나 다 그렇다는 식의 내용은 상대방이 자기를 깊이 노출하는 데 도움이 되지 못하는 경우가 많습니다.

개인 상대 주장행동의 방법적 요소 이해 1–'너 이해' 1 ATP8–P1

앞으로 제시되는 예문은 한 청소년이 다음과 같이 말한 경우를 가정하여 반응한 것입니다.

"저는 집에 들어가기가 싫습니다. 집에 가면 제가 아버지나 어머니와 싸우거나 두 분이 서로 싸우는 등 집안에 두 사람만 모이면 싸우거든요."

1. **공감:** 상대방의 감정을 말해 줌

"그런 집에 들어가는 것이 너무너무 싫겠구나. 친구들처럼 집에 가면 부모님이 너를 반갑게 맞이해 주시면 좋겠는데, 그렇지 않으니 너무나 속상하고 그런 자신이 비참하게 여겨지기도 하겠다."

2. **존중:** 다소의 희생이 따르더라도 도와주고 싶다는 마음을 전함

"네가 괜찮다면 퇴근 후에 너와 더 많은 시간을 가지고 이야기를 하고 싶구나. 어떤 형태로든 너에게 도움을 주고 싶구나."

3. **진실성:** 상대방의 긍정적인 면에 대해 말해 줌

"집안의 좋지 않은 일을 남에게 말하기가 힘든데도 솔직하게 말해 주는 것을 보니, 다른 사람의 도움을 받아 어려움을 잘 극복할 수 있는 학생 같구나."

4. **자기 노출:** 상대방의 개방에 도움이 되는 나의 사적인 이야기를 해 줌

"나도 우리 형님이 도박을 해서 그 형님이 너무너무 싫었다. 그래서 집을 나가서 혼자 살아보겠다는 생각도 여러 번 했단다. 형님이 도박을 하고 그 때문에 집안에 다툼이 생길 때는 정말로 집이 싫었다. 그래서 며칠씩 집에 들어가지 않은 적도 있었단다. 지금도 그때만 생각하면 화가 나고 눈물도 난다."

개인 상대 주장행동의 방법적 요소 이해 1 —'너 이해' 1 연습

ATP8-P2

다음 장면에 대해 주장행동의 방법적 요소 중 '너 이해' 요소인 공감, 존중, 진실성, 자기 노출의 반응을 적어 보세요.

〈장 면〉

일동이는 친구인 이동이에게서 밤 11시가 넘어 전화를 받았다. 이동이는 전화에서, "오늘도 엄마가 11시에 들어오셨는데 기다리던 아버지가 엄마에게 나가라고 하니 엄마가 이혼하면 되지 않느냐면서 싸우고 계신다. 더러 겪는 일이지만 오늘은 정말 집에 있기가 힘들다. 전에도 몇 번 네가 도와주어 고마웠는데 오늘도 꼭 만나서 술이나 한잔 했으면 좋겠다. 꼭 나와 줘." 라고 했다. 그러나 일동이는 내일 10시 반에 서울에서 사촌 형 결혼식이 있어 5시 이전에 일어나야 할 뿐만 아니라 오늘은 정말 가고 싶지 않다.

공감	
존중	
진실성	
자기 노출	

주장행동의 음성적 · 체언적 · 방법적 요소 ('너 이해' 1) 평가표

ATP8–P3

〈ATP8–P2〉에 기록한 내용을 가지고 실제로 역할연기를 해 보겠습니다. 3명이 한 조가 되어 교대로 (1) '일동이' 역할자, (2) '이동이' 역할자, (3) 일동이 역할에 대한 '평가자'의 역할을 해 봅니다. 평가자는 관련된 내용을 기록하고, 역할연기가 한 번씩 끝날 때마다 '일동이' 역할자, '이동이' 역할자, '평가자' 순으로 평가표에 따라 발표합니다.

<table>
<tr><td colspan="3" rowspan="4">반응
평가 요소</td><td>(1) 일동이 역할자 성명:</td></tr>
<tr><td>(2) 이동이 역할자 성명:</td></tr>
<tr><td>(3) 평가자 성명:</td></tr>
<tr><td>반응 평가 자료</td></tr>
<tr><td colspan="2" rowspan="4">음성적 요소</td><td>적당한 목소리</td><td></td></tr>
<tr><td>자연스러운 억양</td><td></td></tr>
<tr><td>단호한 음성</td><td></td></tr>
<tr><td>또렷한 발음</td><td></td></tr>
<tr><td colspan="2" rowspan="6">체언적 요소</td><td>몸 전체 이동</td><td></td></tr>
<tr><td>고개 끄덕임</td><td></td></tr>
<tr><td>허리 움직임</td><td></td></tr>
<tr><td>내용과 일치하는 표정</td><td></td></tr>
<tr><td>시선 접촉</td><td></td></tr>
<tr><td>신체적 접촉</td><td></td></tr>
<tr><td rowspan="4">방법적 요소</td><td rowspan="4">너 이해 1</td><td>공감</td><td></td></tr>
<tr><td>존중</td><td></td></tr>
<tr><td>진실성</td><td></td></tr>
<tr><td>자기 노출</td><td></td></tr>
</table>

질의응답 및 평가 ATP8-P4

1. 질문이나 토의하고 싶은 내용

2. 다른 집단원에게 피드백을 해 주고 싶은 내용

3. 스스로 또는 집단원의 도움을 통해 배운 점이나 느낀 점

개인 상대 주장행동의 방법적 요소 이해 2
–'너 이해' 2

개인 상대 주장행동의 방법적 요소 이해 2–'너 이해' 2 ATP9

1. **목표:** 1) 요약, 인정, 감정 보고, 예측 보고의 의미 이해하기
   2) 요약, 인정, 감정 보고, 예측 보고 반응하기
2. **준비물:** 〈ATP9–T1〉, 〈ATP9–P1〉, 〈ATP9–P2〉, 〈ATP9–P3〉, 〈ATP9–P4〉, 필기도구
3. **유의사항:** 가급적 실습을 많이 하도록 함
4. **활동과정**

훈련자	참가자
1) 강의	1) 강의
(1) 과제 확인	(1) 과제 결과 발표
(2) 〈ATP9–P1〉 배부	(2) 〈ATP9–P1〉 수령
(3) 〈ATP9–T1〉 설명	(3) 〈ATP9–P1〉 보면서 경청
(4) 질의응답	(4) 질의응답
2) 적용	2) 적용
(1) 〈ATP9–P2〉 배부 및 실습 지도	(1) 〈ATP9–P2〉 수령 및 실습
(2) 〈ATP9–P3〉 배부 및 실습 지도	(2) 〈ATP9–P3〉 수령 및 실습
3) 종결	3) 종결
(1) 〈ATP9–P4〉 배부 및 작성 지도	(1) 〈ATP9–P4〉 수령 및 작성
(2) 〈ATP9–P4〉에 따라 평가 지도	(2) 〈ATP9–P4〉에 따라 평가
(3) 과제 제시: '나 이해시키기' 방법 알아 오기	(3) 과제 확인

개인 상대 주장행동의 방법적 요소 이해 2-'너 이해' 2 ATP9-T1

앞에서 '너 이해' 중 공감, 존중, 진실성, 자기 노출에 대해 살펴보았습니다. 이번에는 요약, 인정, 감정 보고, 예측 보고에 대해 알아보겠습니다.

'요약'은 상대방의 말을 간단명료하게 정리하여 이를 확인하는 방법입니다. 요약을 잘했다는 것은 잘 들었다는 의미가 되고, 이 경우 상대방은 이해받고 있다고 생각합니다. 요약이 잘못되었으면 상대방이 이를 정정해 줄 수도 있습니다.

요약을 해서 확인하는 이유는, 인간은 똑같은 말을 들어도 자신의 주관적 세계에 따라 다르게 받아들일 수 있기 때문입니다. 말한 사람의 의도와는 다르게 전달되고 해석될 가능성이 커 서로 오해가 생길 수 있는데, 요약해서 확인함으로써 그 말의 의미를 가급적 일치시키고 오해의 소지를 줄일 뿐만 아니라 잘 들어 주고 이해해 준 것을 상대방이 고맙게 생각할 수 있게 하는 것입니다.

집에 들어가기 싫어하는 청소년의 경우, "내가 듣기로는, 가족 간에 자주 다투어서 집에 가면 마음이 편하지 않기 때문에, PC방에서 시간을 보내다 보니 돈이 필요한 데다가 친구들도 부추기는 바람에 결국, 이들과 함께 후배의 돈을 빼앗았다는 말인 것 같은데, 내가 바로 들었는지 모르겠구나."라고 자신이 들은 대로 요약해서 확인하는 것입니다.

'인정'은 상대방의 말에 대해 그 나름의 사정을 인정해 주는 것입니다. 이 경우 상대방의 말이나 행동이 옳다거나 정당하다는 등 판단하는 표현은 바람직하지 않습니다. 특히, 상대방의 말이나 행동이 객관적으로 정당성이 있다는 의미를 전달해서는 안 됩니다. 앞의 예에서, "너의 입장에서 보면 주변 여건 때문에 그런 나쁜 행동을 하지 않기가 어려웠겠구나."와 같이 말해 주면 상대방은 자신을 방어할 필요성이 줄어들고, 자신의 솔직한 심정이나 자신이 한 행동에 대해 구체적으로 말할 가능성이 커집니다.

'감정 보고'는 상대방이 행동이나 말을 그렇게 할 수밖에 없었던 사정을 듣고 나서 그와 관련된 자신의 감정, 그중에서도 긍정적 감정을 상대방에게 언어로 전달하는 것입니다.

감정 보고의 방법은 상대방이 말하기 어려운 여건인데도 솔직하게 말해 준 데 대한 자신의 감정을 전달하는 것입니다. 대부분의 사람은 자신의 이야기, 특히 신변에 관한 이야기를 잘 하지 않습니다. 이는 이야기를 들어 줄 사람에 대한 신뢰가 적기 때문입니다. 따라서 상대방이 자신의 신변에 대한 이야기를 했다는 것은 나를 믿고 있다는 증거입니다. 이런 경우는 고맙다고 이야기를 하는 것이 그와 대화하는 데 도움이 됩니다. 앞의 예를 다시 적용해 보면, "가족 간의 불화와 관련하여 말하기 힘들었을 텐데 나를 믿고 이야기해 주어 고맙다."와 같이 말하는 것입니다.

'예측 보고'는 자신을 믿고 이야기해 준 것에 대해 하고 싶은 말이 있는데, 이 말을 상대방이 들었을 때 어떤 느낌이나 생각을 가질지, 또는 어떤 행동을 하게 될지를 내가 먼저 상대방에게 말해 주는 것입니다. 이는 자신이 상대방을 충분히 이해하고 있음을 전달하는 것이기도 합니다. 앞의 예에서, "네가 나를 믿고 모든 것을 솔직하게 이야기했는데, 내가 이런 말을 하면 네가 나를 잘못 봤다고 생각할지도 모르겠구나."와 같이 말해 주는 것입니다.

개인 상대 주장행동의 방법적 요소 이해 2－'너 이해' 2 ATP9-P1

1. 요약: 상대방의 말을 간단명료하게 정리하여 이를 확인함

"내가 듣기로는, 가족 간에 자주 다투어서 집에 가면 마음이 편하지 않기 때문에, PC방에서 시간을 보내다 보니 돈이 필요한 데다가 친구들도 부추기는 바람에 결국, 이들과 함께 후배의 돈을 빼앗았다는 말인 것 같은데, 내가 바로 들었는지 모르겠구나."

2. 인정: 상대방의 말에 대해 그 나름의 사정을 인정해 줌

"너의 입장에서 보면 주변 여건 때문에 그런 나쁜 행동을 하지 않기가 어려웠겠구나."

3. 감정 보고: 상대방에 대한 나의 긍정적 감정을 말해 줌

"가족 간의 불화와 관련하여 말하기 힘들었을 텐데 나를 믿고 이야기해 주어 고맙다."

4. 예측 보고: 내 말을 듣고 상대방에게서 일어날 수 있는 느낌, 행동, 생각을 말해 줌

"네가 나를 믿고 모든 것을 솔직하게 이야기했는데, 내가 이런 말을 하면 네가 나를 잘못 봤다고 생각할지도 모르겠구나."

개인 상대 주장행동의 방법적 요소 이해 2 –'너 이해' 2 연습

ATP9–P2

다음 장면에 대해 주장행동의 방법적 요소 중 '너 이해' 요소인 요약, 인정, 감정 보고, 예측 보고 반응을 적어 보세요.

〈장 면〉

일동이는 친구인 이동이에게서 밤 11시가 넘어 전화를 받았다. 이동이는 전화에서, "오늘도 엄마가 11시에 들어오셨는데 기다리던 아버지가 엄마에게 나가라고 하니 엄마가 이혼하면 되지 않느냐면서 싸우고 계신다. 더러 겪는 일이지만 오늘은 정말 집에 있기가 힘들다. 전에도 몇 번 네가 도와주어 고마웠는데 오늘도 꼭 만나서 술이나 한 잔 했으면 좋겠다. 꼭 나와 줘." 라고 했다. 그러나 일동이는 내일 10시 반에 서울에서 사촌 형 결혼식이 있어 5시 이전에 일어나야 할 뿐만 아니라 오늘은 정말 가고 싶지 않다.

요약	
인정	
감정 보고	
예측 보고	

주장행동의 음성적 · 체언적 · 방법적 요소 ('너 이해' 1 · 2) 평가표 ATP9-P3

📄 〈ATP8-P2〉와 〈ATP9-P2〉에 기록한 내용을 가지고 실제로 역할연기를 해 보겠습니다. 3명이 한 조가 되어 교대로 (1) '일동이' 역할자, (2) '이동이' 역할자, (3) 일동이 역할에 대한 '평가자'의 역할을 해 봅니다. 평가자는 관련된 내용을 기록하고, 역할연기가 한 번씩 끝날 때마다 '일동이' 역할자, '이동이' 역할자, '평가자' 순으로 평가표에 따라 발표합니다.

반응 평가 요소			(1) 일동이 역할자 성명:
			(2) 이동이 역할자 성명:
			(3) 평가자 성명:
			반응 평가 자료
음성적 요소		적당한 목소리	
		자연스러운 억양	
		단호한 음성	
		또렷한 발음	
체언적 요소		몸 전체 이동	
		고개 끄덕임	
		허리 움직임	
		내용과 일치하는 표정	
		시선 접촉	
		신체적 접촉	
방법적 요소	너 이해	공감	
		존중	
		진실성	
		자기 노출	
		요약	
		인정	
		감정 보고	
		예측 보고	

질의응답 및 평가 ATP9-P4

1. 질문이나 토의하고 싶은 내용

2. 다른 집단원에게 피드백을 해 주고 싶은 내용

3. 스스로 또는 집단원의 도움을 통해 배운 점이나 느낀 점

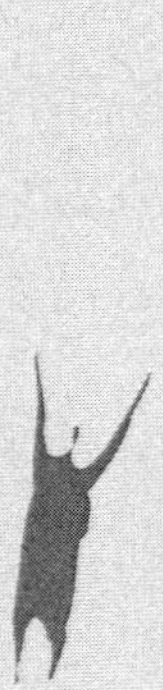

개인 상대 주장행동의 방법적 요소 이해 3

–'나 이해시키기'

개인 상대 주장행동의 방법적 요소 이해 3 –'나 이해시키기'	ATP10

1. **목표:** 1) '나 이해시키기'의 중요성 이해하기
   2) '나 이해시키기'의 요소 이해하기
   3) '나 이해시키기'의 반응 익히기
2. **준비물:** 〈ATP10–T1〉, 〈ATP10–P1〉, 〈ATP10–P2〉, 〈ATP10–P3〉, 〈ATP10–P4〉, 필기도구
3. **유의사항:** 가급적 많은 실습이 이루어지도록 함
4. **활동과정**

훈련자	참가자
1) 강의	1) 강의
(1) 과제 확인	(1) 과제 결과 발표
(2) 〈ATP10–P1〉 배부	(2) 〈ATP10–P1〉 수령
(3) 〈ATP10–T1〉 설명	(3) 〈ATP10–P1〉 보면서 경청
(4) 질의응답	(4) 질의응답
2) 적용	2) 적용
(1) 〈ATP10–P2〉 배부 및 실습 지도	(1) 〈ATP10–P2〉 수령 및 실습
(2) 〈ATP10–P3〉 배부 및 실습 지도	(2) 〈ATP10–P3〉 수령 및 실습
3) 종결	3) 종결
(1) 〈ATP10–P4〉 배부 및 작성 지도	(1) 〈ATP10–P4〉 수령 및 작성
(2) 〈ATP10–P4〉에 따라 평가 지도	(2) 〈ATP10–P4〉에 따라 평가
(3) 과제 제시: 타협하는 방법 알아 오기	(3) 과제 확인

개인 상대 주장행동의 방법적 요소 이해 3 —'나 이해시키기' ATP10-T1

'나 이해시키기'는 나의 권리, 욕구, 의견, 생각, 느낌 등을 나타내면서도 상대방의 기분을 상하지 않게 하는 두 가지 목표가 달성되어야 합니다.

상대방에게 나를 이해시키는 방법은 많이 소개되고 있습니다. 그중에서도 짧은 시간에 이해시키는 방법으로 다음과 같은 기법과 과정이 있습니다. 이는 '내(제)' 사용, 현재 행동 지적, 예상되는 결과 지적, 자신의 느낌 전달의 순서로 이루어집니다.

'내(제)' 사용은 자신의 입장을 말할 때 '내(제)'로 말을 시작하는 것입니다. 인간관계에서 문제가 일어나는 경우는 대개 서로 자기 주장은 정당하고 상대방의 주장은 부당하다는 것을 전제로 대화를 하기 때문입니다. 달리 말하면, 나의 말은 진리고 너의 말은 틀렸다는 투로 대화를 하기 때문에, 결국 어느 한쪽이 언성을 높이고 불쾌한 결말을 맺게 된다는 것입니다.

주장행동을 포함한 일반적 대화에서 상대방의 말이나 행동이 잘못되었다고 일방적으로 밀어붙이게 되면, 대부분의 사람은 방어를 합니다. 그러면 대화가 아니고 각자 자기가 이기려는 게임, 심하면 싸움이 될 수도 있습니다. 그렇게 되면 두 사람 모두 상처만 받고 문제도 해결되지 않으며 상대방으로부터 이해받지도 못합니다. 이는 대화에서 아주 중요한 문제입니다.

대화 또는 주장행동을 할 경우 어떻게 하면 상대방의 기분을 상하게 하지 않고 방어할 필요성도 느끼지 않게 할 수 있을지가 늘 관심사였습니다. 이와 관련해서 상담자들이 생각해 낸 방법이 '내가 하는 말은 진리가 아니고 단지 내 생각에 따른 것뿐이다.'라는 투로 상대방에게 말하는 것입니다. 바로 '내(제)'를 사용한 주장 방법입니다.

'내(제)' 사용의 전제는 너의 말도 일리가 있음을 인정하는 것입니다. 다시 말해 서로 상대방의 말을 인정하면서 대화나 주장을 합니다. 그러면 대부분의 경우 상대방의 말에 방어하기보다는 그 말의 내용에 더 집중하고 감정의 개입이 줄어들어 문제나 내용을 보다 객관적으로 보고 판단할 가능성이 커집니다. 예를 들면, "내(제) 생각에는~" "내(제)가 보기에는~" "내(제)가 들은 바로는~" "내(제)가 알기로는~" 등과 같이 말을 시작하는 것입니다.

'현재 행동 지적'에서는, 상대방의 입장은 충분히 이해하지만 현재 상대방이 하고 있거나 이전에 한 행동에 대한 나의 입장을 말하기 위해 먼저 내가 말하려는 것과 관련된 상대방의 행동을 분명히 지적합니다. 관계가 서로 아주 좋은 경우라면 앞의 모든 경우를 생략하고 바로 이 단계에서 시작해도 됩니다. 집에 들어가기 싫어하는 청소년의 경우에 "수업을 마치고 바로 집에 가지 않고 PC방에서 친구들과 어울리고, 심지어 오락할 비용이 모자라서 후배의 돈을 빼앗는다면……"과 같이 말하는 것입니다.

'예상되는 결과 지적'은 주장행동의 핵심입니다. 내가 주장행동을 하지 않을 수 없는 것은 바로 현재 행동으로 예상되는 결과 때문이라는 것을 밝히는 것입니다. 따라서 예상되는 결과를 가급적 상세하게 잘 전달해서 상대방이 충분히 수긍할 수 있게 해야 합니다.

예상되는 결과를 제시할 때는 포괄적으로 뭉뚱그리지 말고 몇 가지 항목으로 나누어 객관적 자료를 통해 설득력 있게 제시해야 합니다. 이때 관련된 사람을 만나 보게 할 수도 있고 여건에 따라서는 역할연기 등 다양한 방법으로 예상되는 결과를 경험시켜야 합니다. 이 경험은 단순히 아는 수준이 아니고 느껴 보는 수준까지 이르러야 합니다. 앞의 예에서 "세 가지 정도의 문제가 있을 것 같다. 첫째는 이런 행동이 지속될 경우 경찰에 붙잡혀 처벌을 받을 가능성이 높고, 둘째는 비행청소년이 될 가능성도 높으며, 마지막으로 부모님의 도움마저도 받지 못할 것 같다."와 같이 말하는 것입니다. 이 경우에는 선배 중에 이런 문제로 힘들게 보낸 사람이 있으면 그와 만나 보도록 하거나, 역할연기를 통해 처벌의 고통과 주변 사람들의 시선 등을 간접적으로나마 경험하게 하여 감정이 일어나게 할 수도 있습니다.

'자신의 느낌 전달'은 상대방의 현재 행동으로 예상되는 결과에 대한 자신의 느낌을 상대방에게 말해 주는 것입니다. 인간은 어떤 사실에 의해서도 행동에 영향을 받지만, 그 사실에 대한 상대방의 느낌을 알았을 때 더 큰 영향을 받는 경우가 많습니다. 앞의 예에서 본다면, 학생이 후배의 돈을 빼앗지 않도록 하기 위해서는 선생님께서 그 사실을 알고 계신다는 것만으로는 충분하지 않다는 것입니다. 그보다는 그 사실에 대해 '너무 마음이 아프다.'는 선생님의 감정을 알게 되었을 때 학생의 행동이 바뀔 가능성이 크다는 것입니다. 앞의 예를 그대로 이어서 본다면, "~너무 많이 걱정이 되고 가슴이 아프다."와 같이 말해 주는 것입니다.

'나 이해시키기'를 하는 중에도 상대방의 감정이 상할 것 같거나 말의 내용에 감정이 묻어 나오면, 바로 '너 이해'를 해서 그 감정을 가라앉히고 나서 '나 이해시키기'를 해야 합니다.

개인 상대 주장행동의 방법적 요소 이해 3 —'나 이해시키기'

ATP10-P1

1. **'내(제)' 사용:** 자신의 말이 진리가 아님을 강조
"내(제) 생각에는~" "내(제)가 보기에는~" "내(제)가 들은 바로는~" "내(제)가 알기로는~"과 같이 시작함

2. **현재 행동 지적:** 받아들일 수 없는 상대방의 행동 지적
"수업을 마치고 바로 집에 가지 않고 PC방에서 친구들과 어울리고, 심지어 오락할 비용이 모자라서 후배들의 돈을 빼앗는다면~"과 같이 말함

3. **예상되는 결과 지적:** 현재 행동으로 예상되는 결과 지적
"세 가지 정도의 문제가 있을 것 같다. 첫째는 행동이 지속될 경우 경찰에 붙잡혀 처벌을 받을 가능성이 높고, 둘째는 비행청소년이 될 가능성이 높으며, 마지막으로 부모님의 도움마저도 받지 못할 것 같다."와 같이 말함

4. **자신의 느낌 전달:** 예상되는 결과에 대한 느낌 보고
"걱정이 너무 많이 되고 가슴이 아프다."와 같이 말함

* '나 이해시키기'를 하는 중에도 상대방의 감정이 상할 것 같거나 말의 내용에 감정이 묻어 나오면, 바로 '너 이해'를 해서 감정을 가라앉히고 난 후에 '나 이해시키기'를 해야 함

개인 상대 주장행동의 방법적 요소 이해 3 — '나 이해시키기' 연습

ATP10-P2

다음 장면에 대해 주장행동의 방법적 요소 중 '나 이해시키기' 요소를 적용한 반응을 적어 보세요.

〈장 면〉

일동이는 친구인 이동이에게서 밤 11시가 넘어 전화를 받았다. 이동이는 전화에서, "오늘도 엄마가 11시에 들어오셨는데 기다리던 아버지가 엄마에게 나가라고 하니 엄마가 이혼하면 되지 않느냐면서 싸우고 계신다. 더러 겪는 일이지만 오늘은 정말 집에 있기가 힘들다. 전에도 몇 번 네가 도와주어 고마웠는데 오늘도 꼭 만나서 술이나 한 잔 했으면 좋겠다. 꼭 나와 줘." 라고 했다. 그러나 일동이는 내일 10시 반에 서울에서 사촌 형 결혼식이 있어 5시 이전에 일어나야 할 뿐만 아니라 오늘은 정말 가고 싶지 않다.

'내(제)' 사용	
현재 행동 지적	
예상되는 결과 지적	
자신의 느낌 전달	

개인 상대 주장행동의 음성적 · 체언적 · 방법적 요소 ('너 이해' · '나 이해시키기') 평가표 ATP10-P3

〈ATP8–P2〉, 〈ATP9–P2〉, 〈ATP10–P2〉에 기록한 내용을 가지고 실제로 역할연기를 해 보겠습니다. 3명이 한 조가 되어 교대로 (1) '일동이' 역할자, (2) '이동이' 역할자, (3) 일동이 역할에 대한 '평가자'의 역할을 해 봅니다. 평가자는 관련된 내용을 기록하고, 역할연기가 한 번씩 끝날 때마다 '일동이' 역할자, '이동이' 역할자, '평가자' 순으로 평가합니다.

반응 / 평가 요소		(1) 일동이 역할자 성명: (2) 이동이 역할자 성명: (3) 평가자 성명:
		반응 평가 자료
음성적 요소	적당한 목소리	
	자연스러운 억양	
	단호한 음성	
	또렷한 발음	
체언적 요소	몸 전체 이동	
	고개 끄덕임	
	허리 움직임	
	내용과 일치하는 표정	
	시선 접촉	
	신체적 접촉	

방법적 요소	너 이해	공감	
		존중	
		진실성	
		자기 노출	
		요약	
		인정	
		감정 보고	
		예측 보고	
	나 이해시키기	'내(제)' 사용	
		현재 행동 지적	
		예상되는 결과 지적	
		자신의 느낌 전달	

질의응답 및 평가 ATP10-P4

1. 질문이나 토의하고 싶은 내용

2. 다른 집단원에게 피드백을 해 주고 싶은 내용

3. 스스로 또는 집단원의 도움을 통해 배운 점이나 느낀 점

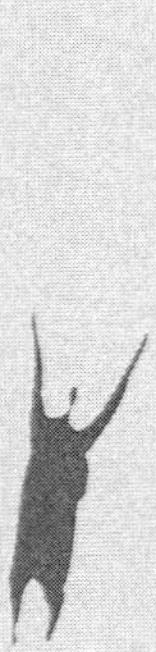

개인 상대 주장행동의 방법적 요소 이해 4
–'우리되기'

개인 상대 주장행동의 방법적 요소 이해 4 –'우리되기'	ATP11

1. **목표**: 1) '우리되기' 요소 이해하기
   2) '우리되기' 요소 반응하기
2. **준비물**: 〈ATP11–T1〉, 〈ATP11–P1〉, 〈ATP11–P2〉, 〈ATP11–P3〉, 〈ATP11–P4〉, 필기도구
3. **유의사항**: 가급적 역할연기 등 실습으로 예시하도록 함
4. **활동과정**

훈련자	참가자
1) 강의	1) 강의
(1) 과제 확인	(1) 과제 결과 발표
(2) 〈ATP11–P1〉 배부	(2) 〈ATP11–P1〉 수령
(3) 〈ATP11–T1〉 설명	(3) 〈ATP11–P1〉 보면서 경청
(4) 질의응답	(4) 질의응답
2) 적용	2) 적용
(1) 〈ATP11–P2〉 배부 및 실습 지도	(1) 〈ATP11–P2〉 수령 및 실습
(2) 〈ATP11–P3〉 배부 및 실습 지도	(2) 〈ATP11–P3〉 수령 및 실습
3) 종결	3) 종결
(1) 〈ATP11–P4〉 배부 및 작성 지도	(1) 〈ATP11–P4〉 수령 및 작성
(2) 〈ATP11–P4〉에 따라 평가 지도	(2) 〈ATP11–P4〉에 따라 평가
(3) 과제 제시: 다수 상대 주장행동 요소 알아 오기	(3) 과제 확인

개인 상대 주장행동의 방법적 요소 이해 4 —'우리되기' ATP11–T1

행동적 주장행동의 요소 중 방법적 요소의 마지막은 '우리되기'입니다. '우리되기'는 상대방에게 일방적으로 양보하거나 양보를 강요당하는 것이 아니고, 자신이 할 수 있는 것과 상대방이 나에게 해 줄 수 있는 것을 서로가 해 주는 것입니다. 이때 어느 쪽도 상대방으로부터 일방적으로 밀린다는 생각이 들지 않도록 하는 것이 중요합니다. 여기에는 내용에 대한 타협과 시간에 대한 타협이 있습니다.

상대방을 이해해 준 다음 자신을 이해시키고 나면 서로가 다르다는 점과, 그 다른 것 중 중요한 한 가지는 내용이라는 점도 알게 됩니다. 우리는 서로 다르기 때문에 그 내용을 100% 일치시킨다는 것이 거의 불가능합니다. 물론 한쪽이 완전히 양보하면 가능한 경우도 있습니다. 그러나 인간관계에서 어느 한쪽이 계속 양보하여 100% 일치시켜 나가는 경우는 드뭅니다. 만약 그렇게 된다면 양보한 사람의 마음은 편하지 않을 것입니다. 다시 말해 소극적 행동일 가능성이 크기 때문에 정신적 고통에서 벗어나기 어렵습니다.

따라서 그 관계를 오래, 그것도 불편하지 않게 잘 유지하려면 어느 한쪽이 계속 양보하는 경우는 바람직하지 않습니다. 이 문제의 해결을 위해서는 타협을 해야 하고, 그중에서도 '내용에 대한 타협'이 중요합니다.

내용의 타협을 위해서는 시차를 두어 각자가 원하는 것을 이어서 하거나, 번갈아 가면서 상대방이 원하는 것을 하거나, 두 사람 모두 자신이 원하는 것의 일부를 줄이거나, 두 사람이 원하는 것과 다른 제3의 것을 선택하는 타협점을 찾을 수도 있습니다. 시간이 많을 경우는 각자 자신이 원하는 것이나 원하는 것의 수준을 단계별로 모두 기록하여 상대방에게 요구하고, 이에 대해 상대방은 자신이 해 줄 수 없는 것과 해 줄 수 있는 것을 답해 주는 방법도 있습니다. 그러나 평상시 대화에서는 이 방법을 사용하기 어렵습니다.

타협의 전제는 내가 양보해야 상대방도 양보한다는 점입니다. 따라서 나는 무엇을 양보할 수 있는지에 대해 먼저 생각해야 합니다. 내가 얻고자 하는 것에만 집착하면 아무것도 얻기 어렵습니다. 앞의 예에서 본다면, "지금부터라도 네가 이러한 행동을 하지 않고 학교생활에 충실하려고 한다면, 지금까지 한 너의 행동에 대해 내가 도울 수 있는 데까지 최선을 다해 도와주겠다. 돈을 빼앗긴 후배의 부모님과 네 부모님을 만나서 네가 그럴 수밖에 없었던 사정에 대해 말씀을 드리겠다."라고 말하는 것입니다. 이 말을 한 사람이 교사라면 그는 학생을 위해 많은 일을 해야 하고 상당한 책임도 감수해야 합니다.

그런데 타협점을 찾다 보면 바로 결정할 수 있는 경우도 있지만, 그에 대한 정보가 부족하거나 다른 사람과 상의해야 할 경우도 있습니다. '시간에 대한 타협'은 이런 경우에 바로 결정을 내리지 않고 시간을 두고 일정한 기간이 지난 후 결정하는 것입니다.

인간의 많은 문제는, 특히 갈등 상황일 경우에는 일정한 시간이 지나면 저절로 해결되는 경우가 많고, 처음보다는 쉽게 해결되는 경우도 많습니다. 이는 시간이 촉박할 경우에는 다양한 측면에서 보기 어려운데, 시간을 가지고 다각적으로 검토하면 해결 방법을 다양하게 찾을 수 있기 때문입니다.

따라서 그 자리에서 주장행동 시 해결이 잘 되기 어려운 경우에 일정한 시간을 두고 타협하게 되는데, 이것이 '시간 타협'입니다. 앞의 예에서 "1주일 정도 시간을 줄 테니 네가 어떻게 할지를 알려 주렴. 나도 그 사이 학교와 경찰서에 시간이 필요하다고 요청해 볼게."와 같이 말하는 것입니다.

지금까지 주장행동의 방법적 요소를 알아보았습니다. 즉, '너 이해'와 관련된 요소 여덟 가지, '나 이해시키기'와 관련된 요소 네 가지, '우리되기'와 관련된 요소 두 가지에 대해 살펴보았습니다. 이를 충분히 익히고 주장행동을 한다면 많은 도움이 될 것입니다.

개인 상대 주장행동의 방법적 요소 이해 4 —'우리되기'	ATP11-P1

1. **내용 타협:** 서로 의견이 다를 경우, 불일치하는 내용에 대해 타협이 이루어 질 때까지 내용 측면에서 타협점을 계속 찾아봄
   ① 시차를 두어 각자가 원하는 것 연속하기
   ② 번갈아 가면서 상대방이 원하는 것 해 보기
   ③ 각자 원하는 것을 조금씩 양보하기
   ④ 각자 원하는 것과 다른 제3의 대안 선택하기
   ⑤ 각자 자신이 원하는 것(또는 수준)을 기록해 상대방에게 요구하고, 상대방은 자신이 해 줄 수 있는 것과 없는 것 답변하기

   "지금부터라도 네가 이러한 행동을 하지 않고 자신의 본분을 지켜 학업에 성실하게 임한다면, 지금까지 한 너의 행동에 대해 내가 도와줄 수 있는 한 도와주겠다. 돈을 빼앗긴 후배의 부모님과 네 부모님을 만나서 네가 그럴 수밖에 없었던 점에 대해 말씀을 드리겠다."와 같이 말함

2. **시간 타협:** 일정한 시간을 두고 타협점을 찾아봄
   "1주일 정도 시간을 줄 테니 네가 어떻게 할지를 알려 주렴. 나도 그 사이 학교와 경찰서에 시간이 필요하다고 요청해 보겠다."와 같이 말함

개인 상대 주장행동의 방법적 요소 이해 4 –'우리되기'

ATP11–P2

다음 장면에 대해 주장행동의 방법적 요소인 '우리되기'의 반응을 적어 보세요.

〈장 면〉

일동이는 친구인 이동이에게서 밤 11시가 넘어 전화를 받았다. 이동이는 전화에서, "오늘도 엄마가 11시에 들어오셨는데 기다리던 아버지가 엄마에게 나가라고 하니 엄마가 이혼하면 되지 않느냐면서 싸우고 계신다. 더러 겪는 일이지만 오늘은 정말 집에 있기가 힘들다. 전에도 몇 번 네가 도와주어 고마웠는데 오늘도 꼭 만나서 술이나 한 잔 했으면 좋겠다. 꼭 나와 줘." 라고 했다. 그러나 일동이는 내일 10시 반에 서울에서 사촌 형 결혼식이 있어 5시 이전에 일어나야 할 뿐만 아니라 오늘은 정말 가고 싶지 않다.

내용 타협	
시간 타협	

개인 상대 주장행동의 음성적 · 체언적 · 방법적 요소 평가표 ATP11-P3

〈ATP8-P2〉, 〈ATP9-P2〉, 〈ATP10-P2〉, 〈ATP11-P2〉에 기록한 내용을 가지고 실제로 역할연기를 해 보겠습니다. 3명이 한 조가 되어 교대로 (1) '일동이' 역할자, (2) '이동이' 역할자, (3) 일동이 역할에 대한 '평가자'의 역할을 해 봅니다. 평가자는 관련된 내용을 기록하고, 역할연기가 한 번씩 끝날 때마다 '일동이' 역할자, '이동이' 역할자, '평가자' 순으로 평가합니다.

반응 / 평가 요소		(1) 일동이 역할자 성명: (2) 이동이 역할자 성명: (3) 평가자 성명:
		반응 평가 자료
음성적 요소	적당한 목소리	
	자연스러운 억양	
	단호한 음성	
	또렷한 발음	
체언적 요소	몸 전체 이동	
	고개 끄덕임	
	허리 움직임	
	내용과 일치하는 표정	
	시선 접촉	
	신체적 접촉	

방법적 요소	너 이해	공감	
		존중	
		진실성	
		자기 노출	
		요약	
		인정	
		감정 보고	
		예측 보고	
	나 이해시키기	'내(제)'로 시작	
		현재 행동 지적	
		예상되는 결과 지적	
		자신의 느낌 전달	
	우리되기	내용 타협	
		시간 타협	

질의응답 및 평가 ATP11-P4

1. 질문이나 토의하고 싶은 내용

2. 다른 집단원에게 피드백을 해 주고 싶은 내용

3. 스스로 또는 집단원의 도움을 통해 배운 점이나 느낀 점

다수 상대 주장행동의 요소 이해

다수 상대 주장행동의 요소 이해 ATP12

1. **목표:** 1) 다수 상대 장면 주장행동의 방법적 요소 이해하기
   2) 다수 상대 장면 주장행동의 음성적 요소 이해하기
   3) 다수 상대 장면 주장행동의 체언적 요소 이해하기
   4) 다수 상대 장면 주장행동 요소 평가하기
2. **준비물:** 〈ATP12-T1〉, 〈ATP12-P1〉, 〈ATP12-P2〉, 〈ATP12-P3〉, 〈ATP12-P4〉, 필기도구
3. **유의사항:** • 가급적 녹화하여 평가하도록 함
   • 주장자 수를 고려하여 〈ATP12-P3〉 매수 준비함
4. **활동과정**

훈련자	참가자
1) 강의	1) 강의
(1) 과제 확인	(1) 과제 결과 발표
(2) 〈ATP12-P1〉, 〈ATP12-P2〉 배부	(2) 〈ATP12-P1〉, 〈ATP12-P2〉 수령
(3) 〈ATP12-T1〉 설명	(3) 〈ATP12-P1〉, 〈ATP12-P2〉 보면서 경청
(4) 질의응답	(4) 질의응답
2) 적용	2) 적용
(1) 〈ATP12-P2〉 장면 주장 지도	(1) 〈ATP12-P2〉 장면 주장 실시
(2) 〈ATP12-P3〉 평가 지도	(2) 〈ATP12-P3〉 평가 실시
(3) 질의응답	(3) 질의응답
3) 종결	3) 종결
(1) 〈ATP12-P4〉 배부 및 작성 지도	(1) 〈ATP12-P4〉 수령 및 작성
(2) 〈ATP12-P4〉에 따라 평가 지도	(2) 〈ATP12-P4〉에 따라 평가
(3) 과제 제시: 소극적 장면에서 주장행동 해보기	(3) 과제 확인

다수 상대 주장행동의 요소 이해 ATP12-T1

이제까지는 개인을 상대로 한 주장행동의 행동 요소에 대해 알아보았습니다. 그런데 우리는 여러 사람을 상대로 자신의 주장을 해야 할 경우도 많습니다. 다수를 상대로 자기 주장을 할 경우에는 개인을 상대로 한 주장행동의 행동 요소가 모두 활용되지는 않습니다. 그러나 여기에도 방법적 요소와 음성적 요소 및 체언적 요소가 있기 때문에 이에 대해 살펴보기로 하겠습니다.

여러분께 나누어 준 〈ATP12-P1〉에 요약된 내용과 〈ATP12-P2〉의 예문을 보시기 바랍니다. 다수를 상대로 자기 주장을 할 경우는 크게 시작, 너 이해, 나 이해시키기, 마무리로 나눌 수 있습니다.

'시작'에서는 주제의 배경 설명, 서로 대립되는 입장 소개, 자기 입장의 제시 순으로 합니다. 주제의 배경 설명에서는 주제와 관련하여 입장이 대립된 배경에 대해 언급합니다. 대립되는 입장의 소개에서는 대립되는 입장을 몇 가지로 요약하여 소개합니다. 자기 입장 제시에서는 자신이 지지하는 입장을 확실히 밝힙니다.

'너 이해'에서는 상대의 주장을 정당화하는 근거를 요약해서 먼저 제시하고, 그 각각의 근거가 나름대로 타당성을 지니고 있음을 인정합니다.

'나 이해시키기'에서는 상대 주장의 근거가 다른 측면에서 보면 문제가 있음을 논박합니다. 그러고 나서 자신이 주장하는 것과 관련된 근거를 추가하여 제시합니다.

'마무리'에서는 상대 주장과 자신의 주장을 요약해서 제시한 뒤 질문을 받습니다. 질문이 들어오면 일단 그 질문이 그 나름의 타당성이 있다고 인정한 다음, 다른 측면에서 질문의 문제점을 지적합니다. 마지막으로 자기 주장을 다시 확인해 줍니다.

다수 상대 주장행동의 음성적 요소는 개인 상대 주장행동의 음성적 요소와 같습니다. 즉, 모든 사람이 알아들을 수 있는 큰 목소리, 자연스러운 억양, 단호한 음성, 또렷한 발음입니다.

체언적 요소에는 개인 상대 주장행동의 요소와 달리 개별적 시선 접촉, 내용과 일치하는 표정, 자연스러운 손발 처리, 적절한 몸짓이 있습니다. '개별적 시선 접촉'은 말할 때 부담이 적은 특정한 사람부터 시작하여 모든 사람으로 옮겨가면서 시선을 맞추는 것입니다. '내용과 일치하는 표정'은 말하는 내용과 표정을 일치시키는 것을 말합니다. '자연스러운 손발 처리'는 손발 처리를 어색하지 않게 하는 것이며, 이는 신체적으로 안정되었다는 의미도 됩니다. '적절한 몸짓'은 필요한 경우에 몸짓을 적절히 취하는 것으로, 몸이 굳지 않아야 함을 말합니다.

다수 상대 주장행동의 요소 이해 ATP12-P1

1. 방법적 요소

1) 시작

① 주제 배경 설명
② 대립 입장 소개
③ 자기 입장 제시

2) 너 이해

① 상대 주장 근거 요약
② 상대 주장 근거 인정

3) 나 이해시키기

① 상대 주장 논박
② 자기 주장 근거 추가

4) 마무리

① 상대 주장 요약
② 자기 주장 요약
③ 질문 요청
④ 질문자 주장 인정
⑤ 질문자 주장 논박
⑥ 자기 주장 재확인

2. 음성적 요소

① 적당한 목소리
② 자연스러운 억양
③ 단호한 음성
④ 또렷한 발음

3. 체언적 요소

① 개별적 시선 접촉
② 내용과 일치하는 표정
③ 자연스러운 손발 처리
④ 적절한 몸짓

다수 상대 주장행동의 방법적 요소 예 ATP12-P2

시작	주제 배경 설명	최근 들어 자율성과 다양성이 중시되고 지역 간 학력차가 문제시되면서 1974년부터 시행해 오고 있는 고교평준화에 대한 찬반 대립이 더욱 심해지고 있습니다.
	대립 입장 소개	고교평준화정책과 관련하여 현재 대립되고 있는 입장은 크게 두 가지로 요약됩니다. 즉, 몇 가지 점에서 문제가 있더라도 특목고 등을 통해 이를 보완하되 평준화의 골격은 유지하자는 입장, 어차피 특목고를 둘 바에는 시험을 쳐서 학생들이 가고 싶은 고교에 가도록 하자는 입장으로 나눌 수 있습니다.
	자기 입장 제시	저는 개인적으로 평준화의 골격을 유지해야 한다는 입장을 지지합니다.
너 이해	상대 주장 근거 요약	평준화 골격 유지를 반대하는 사람들은 그 근거로 학급에서 학생들 간 성적 차이가 심해 효율적인 수업이 이루어질 수 없기 때문에 결국 학력이 저하된다는 점과 학생들의 학교 선택권이 제한받는다는 점을 들고 있습니다.
	상대 주장 근거 인정 1	평준화로 인해 성적 차이가 심한 학생들이 한 교실에서 수업을 하기 때문에 수업 분위기가 상대적으로 나쁘고 교사가 중위권을 중심으로 수업을 진행하다 보면 상·하위권의 학력이 저하될 수도 있다고 봅니다.
	상대 주장 근거 인정 2	학교 선택권 제한의 문제도 있습니다. 평준화로 인해 비종교 학생이나 타종교 학생의 원치 않는 종교 학교 진학, 종교 학생의 비종교 학교 진학, 원거리 통학, 여건이 좋은 학교 선택이 불가능한 점 등의 문제가 발생했습니다.
나 이해시키기	상대 주장 논박 1	앞에서 살펴본 바와 같이 평준화는 문제점이 있습니다. 그러나 수업 분위기나 학력 저하 문제는 어떤 제도하에서도 모든 학생이 만족하는 수업은 불가능하다는 점에서 한계가 있습니다. 오히려 사교육을 통한 광범한 선행학습이 수업 분위기를 해치는 주범이라는 점도 간과해서는 안 됩니다. 이러한 문제점은 수준별 이동식 수업과 교사의 수업 방법 개선을 통해 많은 부분을 보완할 수 있습니다.
	상대 주장 논박 2	학교 선택권 문제도 일리가 있지만 학생들은 다양한 종교에 접할 필요가 있으며, 그래야 건강한 비판도 가능합니다. 종교 문제나 통학거리 문제는 1지망, 2지망 등 학생의 선택을 반영하는 현재의 제도로 보완 가능하다고 봅니다. 자유경쟁을 해도 원하는 학교에 가기 어렵다는 점에서는 마찬가지입니다.
	자기 주장 근거 추가 1	평준화제도를 폐지하여 다시 완전 자율화하면 여러 가지 문제가 발생합니다. 첫째, 사교육비 격차의 증대로 인한 계층 간 교육기회의 불평등 심화입니다. 이로 인해 사회적 갈등이 증폭될 것이며 사회통합이 위협받게 될 것입니다.

	자기 주장 근거 추가 2	둘째, 초등학생 때부터 입시지옥을 경험하면 신체적, 정신적 건강에 장애를 가져와 심각한 아동 · 청소년 문제를 초래할 것입니다.
마무리	상대 주장 요약	이상에서 말씀 드린 바와 같이 평준화를 반대하는 사람들은 학력 저하와 학교 선택권 제한을 문제점으로 내세우고 있습니다.
	자기 주장 요약	그러나 학력 저하 문제는 수준별 수업과 교사의 수업 방법 개선으로, 학교 선택권 제한 문제는 다양한 종교의 체험, 통학거리를 고려한 배정 등으로 보완할 수 있으며, 평준화제도 완전 폐지 시 사교육비 증대, 초등학교에서부터 입시경쟁 유발 등의 문제점이 있기 때문에 고교평준화의 골격은 유지되어야 한다고 봅니다.
	질문 요청	혹시 질문 있습니까? 질문자: "현재도 사교육비는 많이 들고 있고, 초등학교 때부터 대학을 위해 과외를 받는 학생들이 많습니다. 이렇게 되면 국가정책만 믿고 초등학교에서 아이들을 학교에만 맡긴 학부모나 학생은 일찍부터 사교육을 받은 학생의 희생양이 된다고 보는데 어떻게 생각하십니까?"
	질문자 주장 인정	물론 현재도 사교육비가 문제가 되고, 초등학교에서부터 대학입시를 목표로 준비하는 학생들이 있어서 그렇지 않은 학생들이 심리적으로나 실제로 위축될 수 있는 면이 있습니다.
	질문자 주장 논박	그러나 고교입시가 부활되면 지금의 과외와는 비교가 안 될 것입니다. 지금은 초등학생 과외가 주로 예체능이나 영어에 집중되어 있지만 고교입시가 부활되면 전 교과목으로 확대될 것이고, 초등학교 분위기가 그렇게 되면 대부분의 부모는 자녀에게 과외를 시키지 않을 수 없습니다. 초등학교부터 과외를 한다고 해도 고교 3학년까지 계속 잘하는 학생은 많지 않습니다. 이런 분위기가 조성되면 몇몇 학생을 제외하고는 공부 문제뿐만 아니라 심리적 · 정신적으로 많은 문제가 발생하기 때문에 평준화로 인한 문제보다 더 큰 문제가 발생할 것으로 봅니다.
	자기 주장 재확인	이러한 점들에 비추어 본다면 고교평준화는 그 골격이 유지되어야 한다고 봅니다.

다수 상대 주장행동의 요소 평가표 ATP12-P3

〈ATP12-P2〉 예시 장면을 그대로 앞에 나가서 한 사람씩 주장하고, 다른 집단원들은 주장하는 사람의 이름을 적고 평가한 후 피드백을 해 줍니다.

다수 상대 주장행동 요소 \ 주장자 성명						
방법	시작	주제 배경 설명				
		대립 입장 소개				
		자기 입장 제시				
	너 이해	상대 주장 근거 요약				
		상대 주장 근거 인정 1				
		상대 주장 근거 인정 2				
	나 이해 시키기	상대 주장 논박 1				
		상대 주장 논박 2				
		자기 주장 근거 추가 1				
		자기 주장 근거 추가 2				
	마무리	상대 주장 요약				
		자기 주장 요약				
		질문 요청				
		질문자 주장 인정				
		질문자 주장 논박				
		자기 주장 재확인				
음성		적당한 목소리				
		자연스러운 억양				
		단호한 음성				
		또렷한 발음				
체언		개별적 시선 접촉				
		내용과 일치하는 표정				
		자연스러운 손발 처리				
		적절한 몸짓				

질의응답 및 평가 ATP12-P4

1. 질문이나 토의하고 싶은 내용

2. 다른 집단원에게 피드백을 해 주고 싶은 내용

3. 스스로 또는 집단원의 도움을 통해 배운 점이나 느낀 점

주장행동 방법 연습 1
–소극적 행동 장면

주장행동 방법 연습 1–소극적 행동 장면 ATP13

1. **목표:** 1) 예시된 소극적 행동 장면에서 주장행동 연습하기
   2) 자신의 소극적 행동 장면에서 주장행동 연습하기
2. **준비물:** 〈ATP13–T1〉, 〈ATP13–P1〉, 〈ATP13–P2〉, 〈ATP13–P3〉, 〈ATP13–P4〉, 필기도구, 캠코더
3. **유의사항:** • 연습할 때는 녹화하여 다시 볼 수 있게 함
   • 〈ATP13–P1〉, 〈ATP13–P2〉, 〈ATP13–P3〉를 각각 개인당 3매 이상 준비함
4. **활동과정**

훈련자	참가자
1) 강의	1) 강의
(1) 과제 확인	(1) 과제 결과 발표
(2) 〈ATP13–P1〉 3매 배부	(2) 〈ATP13–P1〉 3매 수령
(3) 〈ATP13–T1〉 설명	(3) 〈ATP13–P1〉 보면서 경청
(4) 질의응답	(4) 질의응답
2) 적용	2) 적용
(1) 〈ATP13–P1〉 시범 보이기	(1) 〈ATP13–P1〉 시범 관찰
(2) 〈ATP13–P1〉 연습 지도	(2) 〈ATP13–P1〉 연습
(3) 〈ATP13–P2〉 연습 지도	(3) 〈ATP13–P2〉 연습
(4) 〈ATP13–P3〉 연습 지도	(4) 〈ATP13–P3〉 연습
3) 종결	3) 종결
(1) 〈ATP13–P4〉 배부 및 작성 지도	(1) 〈ATP13–P4〉 수령 및 작성
(2) 〈ATP13–P4〉에 따라 평가 지도	(2) 〈ATP13–P4〉에 따라 평가
(3) 과제 제시: 공격적 장면에서 주장행동 해보기	(3) 과제 확인

주장행동 방법 연습 1－소극적 행동 장면 ATP13－T1

앞에서 우리는 주장행동의 요소를 익혔습니다. 그런데 이 요소를 모두 만족시키면서 주장행동을 한다는 것이 쉬운 일은 아닙니다. 여기서는 먼저 소극적 행동 장면에서의 주장행동 훈련을 해 보겠습니다. 이 훈련을 마치면 여러분은 소극적 장면에서 주장행동을 더 잘할 수 있게 될 것입니다.

나누어 준 주장행동 평가표 〈ATP13－P1〉을 봐 주시기 바랍니다. '소극적 행동 장면'에 〈ATP4－P1〉의 장면 1이 기록되어 있습니다. 이 장면에 대해 3명이 한 조가 되어 주장자, 대역자, 평가자 역할을 교대로 연습합니다. 먼저 각자가 자신의 〈ATP13－P1〉에 이제까지 연습한 것을 토대로 방법적 요소의 해당 사항을 기록합니다. 그런 다음 주장자와 대역자가 간단히 연습을 합니다. 주장자가 자신 있게 할 수 있다고 하면, 중단하지 않고 끝까지 역할연기를 합니다. 이때 평가자는 별지의 〈ATP13－P1〉에 필요한 사항을 기록합니다. 한 사람이 끝날 때마다 평가를 합니다. 주장자가 가장 먼저 자신의 주장행동을 평가표에 따라 평가합니다. 그 다음 대역자가 주장자의 주장행동을 평가하며, 마지막으로 평가자가 자신이 기록한 평가표를 근거로 주장자의 주장행동을 평가합니다.

〈ATP13－P2〉와 〈ATP13－P3〉은 여러분 각자가 〈ATP4－P1〉에서 소극적 행동 장면으로 제시한 장면 2와 장면 3에 대해 주장행동을 연습하도록 되어 있습니다. 〈ATP13－P1〉에서 연습한 것과 같은 요령으로 소극적 장면에서 주장행동을 연습하면 됩니다.

가능하면 캠코더로 녹화해서 그 결과를 보면서 평가하는 것이 좋습니다. 그리고 시간이 되면 반복해서 연습을 해 봅니다.

주장행동 방법 연습 1 – 소극적 행동 장면 1 ATP13–P1

1. 소극적 행동 장면(〈ATP4–P1〉장면 1)

친구가 휴대전화를 사러 시내에 가는데 같이 가자고 한다. 그런데 오늘은 몸이 너무 피곤하여 나가고 싶지 않았다. 그러나 "그래 알았어. 몇 시에 어디서 만날까?"라고 하였다.

2. 소극적 행동 장면(〈ATP4–P1〉장면 1)에 대한 반응 내용 및 평가

주장자: ________ 대역자: ________ 평가자: ________

평가 요소 \ 반응		반응 내용 및 평가 결과
음성적 요소	적당한 목소리	
	자연스러운 억양	
	단호한 음성	
	또렷한 발음	
체언적 요소	몸 전체 이동	
	고개 끄덕임	
	허리 움직임	
	내용과 일치하는 표정	
	시선 접촉	
	신체적 접촉	

방법적 요소	너 이해	공감	
		존중	
		진실성	
		자기 노출	
		요약	
		인정	
		감정 보고	
		예측 보고	
	나 이해시키기	'내(제)'로 시작	
		현재 행동 지적	
		예상되는 결과 지적	
		자신의 느낌 전달	
	우리되기	내용 타협	
		시간 타협	

주장행동 평가표 – 소극적 행동 장면 2 ATP13-P2

1. 자신의 소극적 행동 장면(〈ATP4-P1〉 장면 2 기록)

2. 소극적 행동 장면(〈ATP4-P1〉장면 2)에 대한 반응 내용 및 평가

주장자: ________ 대역자: ________ 평가자: ________

평가 요소 \ 반응		반응 내용 및 평가 결과
음성적 요소	적당한 목소리	
	자연스러운 억양	
	단호한 음성	
	또렷한 발음	
체언적 요소	몸 전체 이동	
	고개 끄덕임	
	허리 움직임	
	내용과 일치하는 표정	
	시선 접촉	
	신체적 접촉	

방법적 요소	너 이해	공감	
		존중	
		진실성	
		자기 노출	
		요약	
		인정	
		감정 보고	
		예측 보고	
	나 이해시키기	'내(제)'로 시작	
		현재 행동 지적	
		예상되는 결과 지적	
		자신의 느낌 전달	
	우리되기	내용 타협	
		시간 타협	

주장행동 평가표 – 소극적 행동 장면 3 ATP13-P3

1. 자신의 소극적 행동 장면(〈ATP4–P1〉장면 3 기록)

2. 소극적 행동 장면(〈ATP4–P1〉장면 3)에 대한 반응 내용 및 평가

주장자: ________ 대역자: ________ 평가자: ________

평가 요소 \ 반응		반응 내용 및 평가 결과
음성적 요소	적당한 목소리	
	자연스러운 억양	
	단호한 음성	
	또렷한 발음	
체언적 요소	몸 전체 이동	
	고개 끄덕임	
	허리 움직임	
	내용과 일치하는 표정	
	시선 접촉	
	신체적 접촉	

<table>
<tr><td rowspan="14">방법적 요소</td><td rowspan="8">너 이해</td><td>공감</td><td></td></tr>
<tr><td>존중</td><td></td></tr>
<tr><td>진실성</td><td></td></tr>
<tr><td>자기 노출</td><td></td></tr>
<tr><td>요약</td><td></td></tr>
<tr><td>인정</td><td></td></tr>
<tr><td>감정 보고</td><td></td></tr>
<tr><td>예측 보고</td><td></td></tr>
<tr><td rowspan="4">나 이해시키기</td><td>'내(제)'로 시작</td><td></td></tr>
<tr><td>현재 행동 지적</td><td></td></tr>
<tr><td>예상되는 결과 지적</td><td></td></tr>
<tr><td>자신의 느낌 전달</td><td></td></tr>
<tr><td rowspan="2">우리되기</td><td>내용 타협</td><td></td></tr>
<tr><td>시간 타협</td><td></td></tr>
</table>

질의응답 및 평가 ATP13-P4

1. 질문이나 토의하고 싶은 내용

2. 다른 집단원에게 피드백을 해 주고 싶은 내용

3. 스스로 또는 집단원의 도움을 통해 배운 점이나 느낀 점

주장행동 방법 연습 2
–공격적 행동 장면

주장행동 방법 연습 2 – 공격적 행동 장면 ATP14

1. **목표:** 1) 예시된 공격적 행동 장면에서 주장행동 연습하기
   2) 자신의 공격적 행동 장면에서 주장행동 연습하기
2. **준비물:** 〈ATP14–T1〉, 〈ATP14–P1〉, 〈ATP14–P2〉, 〈ATP14–P3〉, 〈ATP14–P4〉, 필기도구, 캠코더
3. **유의사항:**
   - 가급적 캠코더를 사용하여 연습하고 평가함
   - 〈ATP14–P1〉, 〈ATP14–P2〉, 〈ATP14–P3〉를 각각 개인당 3매 이상 준비함
4. **활동과정**

훈련자	참가자
1) 강의	1) 강의
(1) 과제 확인	(1) 과제 결과 발표
(2) 〈ATP14–P1〉 3매 배부	(2) 〈ATP14–P1〉 3매 수령
(3) 〈ATP14–T1〉 설명	(3) 〈ATP14–P1〉 보면서 경청
(4) 질의응답	(4) 질의응답
2) 적용	2) 적용
(1) 〈ATP14–P1〉 시범 보이기	(1) 〈ATP14–P1〉 시범 관찰
(2) 〈ATP14–P1〉 연습 지도	(2) 〈ATP14–P1〉 연습
(3) 〈ATP14–P2〉 연습 지도	(3) 〈ATP14–P2〉 연습
(4) 〈ATP14–P3〉 연습 지도	(4) 〈ATP14–P3〉 연습
3) 종결	3) 종결
(1) 〈ATP14–P4〉 배부 및 작성 지도	(1) 〈ATP14–P4〉 수령 및 작성
(2) 〈ATP14–P4〉에 따라 평가 지도	(2) 〈ATP14–P4〉에 따라 평가
(3) 과제 제시: 다수 상대 행동 장면 주장행동 해 보기	(3) 과제 확인

주장행동 방법 연습 2 - 공격적 행동 장면 ATP14-T1

앞에서 소극적 행동 장면에서 주장행동의 요소를 연습해 보았습니다. 이번에는 공격적 행동 장면에서 주장행동의 요소를 연습해 보겠습니다. 앞에서도 언급한 바와 같이 늘 공격적 행동을 해 오던 장면에서 모든 요소를 만족시키면서 주장행동을 한다는 것이 쉬운 일은 아닙니다. 그러나 이번 훈련을 마치면 여러분은 공격적 행동을 해 오던 장면에서 주장행동을 더 잘할 수 있게 될 것입니다.

나누어 준 주장행동 평가표 〈ATP14-P1〉을 봐 주시기 바랍니다. '공격적 행동 장면'에 〈ATP4-P1〉의 장면 4가 기록되어 있습니다. 이 장면에 대해 3명이 한 조로 주장자, 대역자, 평가자 역할을 교대로 연습합니다.

먼저 각자가 자신의 〈ATP14-P1〉에 이제까지 연습한 것을 토대로 방법적 요소의 해당 사항을 기록합니다. 그런 다음 주장자와 대역자가 간단히 연습을 합니다. 주장자가 자신 있게 할 수 있다고 하면, 중단하지 않고 끝까지 역할연기를 합니다. 이때 평가자는 별지의 〈ATP14-P1〉에 필요한 사항을 기록합니다. 한 사람이 끝날 때마다 평가를 합니다. 가장 먼저 주장자가 자신이 한 주장행동을 평가표에 따라 평가합니다. 그다음 대역자가 주장자의 주장행동을 평가하며, 마지막으로 평가자가 자신이 기록한 평가표를 근거로 주장자의 주장행동을 평가합니다.

〈ATP14-P2〉와 〈ATP14-P3〉은 여러분 각자가 〈ATP4-P1〉에서 공격적 행동 장면으로 제시한 장면 5와 장면 6에 대해 주장행동을 연습하도록 되어 있습니다. 〈ATP14-P1〉에서 연습한 것과 같은 요령으로 공격적 장면에 대한 주장행동을 연습해 보세요.

지난 시간에 언급한 것처럼 가능하다면 녹화한 결과를 보면서 평가하는 것이 가장 좋습니다. 그리고 시간이 되면 반복해서 연습을 해 봅니다.

주장행동 평가표 – 공격적 행동 장면 1 ATP14–P1

1. 공격적 행동 장면(〈ATP4–P1〉장면 4)

나도 아직 한두 번밖에 사용하지 않은 디지털 카메라를 친구가 등산 간다면서 1주일간 빌려 달라고 한다. 그래서 "야! 너도 좀 네 돈 주고 사서 사용해 봐라. 너는 모든 것을 다 빌리려고만 하니?"라고 했다.

2. 공격적 행동 장면(〈ATP4–P1〉장면 4)에 대한 반응 내용 및 평가

주장자: ________ 대역자: ________ 평가자: ________

평가 요소 \ 반응		반응 내용 및 평가 결과
음성적 요소	적당한 목소리	
	자연스러운 억양	
	단호한 음성	
	또렷한 발음	
체언적 요소	몸 전체 이동	
	고개 끄덕임	
	허리 움직임	
	내용과 일치하는 표정	
	시선 접촉	
	신체적 접촉	

방법적 요소	너 이해	공감	
		존중	
		진실성	
		자기 노출	
		요약	
		인정	
		감정 보고	
		예측 보고	
	나 이해시키기	'내(제)'로 시작	
		현재 행동 지적	
		예상되는 결과 지적	
		자신의 느낌 전달	
	우리되기	내용 타협	
		시간 타협	

주장행동 평가표 - 공격적 행동 장면 2 ATP14-P2

1. 자신의 공격적 행동 장면(〈ATP4-P1〉장면 5 기록)

2. 공격적 행동 장면(〈ATP4-P1〉장면 5)에 대한 반응 내용 및 평가

주장자: ________ 대역자: ________ 평가자: ________

평가 요소 \ 반응		반응 내용 및 평가 결과
음성적 요소	적당한 목소리	
	자연스러운 억양	
	단호한 음성	
	또렷한 발음	
체언적 요소	몸 전체 이동	
	고개 끄덕임	
	허리 움직임	
	내용과 일치하는 표정	
	시선 접촉	
	신체적 접촉	

<table>
<tr><td rowspan="14">방법적 요소</td><td rowspan="8">너 이해</td><td>공감</td><td></td></tr>
<tr><td>존중</td><td></td></tr>
<tr><td>진실성</td><td></td></tr>
<tr><td>자기 노출</td><td></td></tr>
<tr><td>요약</td><td></td></tr>
<tr><td>인정</td><td></td></tr>
<tr><td>감정 보고</td><td></td></tr>
<tr><td>예측 보고</td><td></td></tr>
<tr><td rowspan="4">나 이해시키기</td><td>'내(제)'로 시작</td><td></td></tr>
<tr><td>현재 행동 지적</td><td></td></tr>
<tr><td>예상되는 결과 지적</td><td></td></tr>
<tr><td>자신의 느낌 전달</td><td></td></tr>
<tr><td rowspan="2">우리되기</td><td>내용 타협</td><td></td></tr>
<tr><td>시간 타협</td><td></td></tr>
</table>

주장행동 평가표 – 공격적 행동 장면 3 ATP14-P3

1. 자신의 공격적 행동 장면(〈ATP4-P1〉장면 6 기록)

2. 공격적 행동 장면(〈ATP4-P1〉장면 6)에 대한 반응 내용 및 평가

주장자: ________ 대역자: ________ 평가자: ________

반응 평가 요소		반응 내용 및 평가 결과
음성적 요소	적당한 목소리	
	자연스러운 억양	
	단호한 음성	
	또렷한 발음	
체언적 요소	몸 전체 이동	
	고개 끄덕임	
	허리 움직임	
	내용과 일치하는 표정	
	시선 접촉	
	신체적 접촉	

방법적 요소	너 이해	공감	
		존중	
		진실성	
		자기 노출	
		요약	
		인정	
		감정 보고	
		예측 보고	
	나 이해시키기	'내(제)'로 시작	
		현재 행동 지적	
		예상되는 결과 지적	
		자신의 느낌 전달	
	우리되기	내용 타협	
		시간 타협	

질의응답 및 평가 ATP14-P4

1. 질문이나 토의하고 싶은 내용

2. 다른 집단원에게 피드백을 해 주고 싶은 내용

3. 스스로 또는 집단원의 도움을 통해 배운 점이나 느낀 점

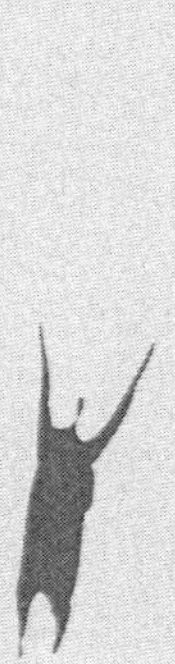

주장행동 방법 연습 3
-다수 상대 행동 장면

주장행동 방법 연습 3 - 다수 상대 행동 장면	ATP15

1. **목표:** 1) 다수 상대 주장행동 요소를 자신에게 적용하기
   2) 다수를 상대로 한 자신의 주장행동 평가하기
2. **준비물:** 〈ATP15-T1〉, 〈ATP15-P1〉, 〈ATP15-P2〉, 필기도구, 캠코더
3. **유의사항:** • 가급적 녹화하여 평가하도록 함
   • 참여자 수나 연습 횟수에 따라 〈ATP15-P1〉 매수 준비
4. **활동과정**

훈련자	참가자
1) 강의	1) 강의
(1) 과제 확인	(1) 과제 결과 발표
(2) 〈ATP15-P1〉 배부	(2) 〈ATP15-P1〉 수령
(3) 〈ATP15-T1〉 설명	(3) 〈ATP15-P1〉 보면서 경청
(4) 질의응답	(4) 질의응답
2) 적용	2) 적용
(1) 〈ATP15-P1〉 장면 작성 지도	(1) 〈ATP15-P1〉 장면 작성
(2) 〈ATP15-P1〉 주장 지도	(2) 〈ATP15-P1〉 주장
(3) 〈ATP15-P1〉 평가 지도	(3) 〈ATP15-P1〉 평가
(4) 교대로 주장 및 평가 지도	(4) 교대로 주장 및 평가
3) 종결	3) 종결
(1) 〈ATP15-P2〉 배부 및 작성 지도	(1) 〈ATP15-P2〉 수령 및 작성
(2) 〈ATP15-P2〉에 따라 평가 지도	(2) 〈ATP15-P2〉에 따라 평가
(3) 과제 제시: 자신의 비합리적 생각 탐색	(3) 과제 확인

주장행동 방법 연습 3 – 다수 상대 행동 장면 ATP15–T1

우리는 앞에서 다수 상대 장면에서 하는 주장행동 요소를 이해한 후 이를 적용한 예시를 보고 그 장면에 대해 실제로 주장행동을 하고 평가도 해 보았습니다. 이번에는 여러분이 다수를 상대로 주장행동을 해야 하는 장면 중 잘 되지 않는 장면에 대해 연습하겠습니다. 이 훈련을 마치면 다수를 상대로 한 장면에서도 주장행동을 더 잘할 수 있게 될 것입니다.

이제 잘 알고 있겠지만, 나누어 준 〈ATP15–P1〉을 봐 주시기 바랍니다. 여기에서 〈ATP4–P1〉의 장면 8을 그대로 기록하고 어떻게 주장할 것인지에 대해 간단히 메모를 합니다(10여 분간 시간을 줌).

메모가 끝났으면 여러 사람 앞에 나가서 자신이 메모한 내용을 토대로 주장을 합니다(한 사람씩 앞에 나가서 주장을 한다. 가능하면 이 장면을 녹화한다). 한 사람이 앞에 나가서 주장을 할 때 다른 사람들은 별지의 〈ATP15–P1〉을 사용하여, 주장하는 사람이 주장행동 요소를 잘 적용하여 주장하는지를 평가합니다. '주장자'에 주장하는 사람의 이름을 적고 나중에 피드백할 수 있도록 필요한 내용을 메모를 해 둡니다.

한 사람의 발표가 끝나면 평가를 합니다. 평가 순서는 주장을 한 사람이 자신의 주장행동을 먼저 평가하고, 그다음에 참가자들이 평가한 뒤에, 마지막으로 훈련자가 평가합니다. 같은 요령으로 모든 참가자가 주장을 하고 평가를 합니다.

주장행동 평가표 - 다수 상대 행동 장면 ATP15-P1

1. 장면: 자신의 다수 상대 주장행동 장면(〈ATP4-P1〉장면 8 기록)

2. 다수 상대 행동 장면(〈ATP4-P1〉 장면 8)에 대한 반응 내용 및 평가

주장자: ________

<table>
<tr><th colspan="3">다수 상대 주장행동 요소</th><th>주장 요지</th></tr>
<tr><td rowspan="16">방법</td><td rowspan="3">시작</td><td>주제 배경 설명</td><td></td></tr>
<tr><td>대립 입장 소개</td><td></td></tr>
<tr><td>자기 입장 제시</td><td></td></tr>
<tr><td rowspan="3">너 이해</td><td>상대 주장 근거 요약</td><td></td></tr>
<tr><td>상대 주장 근거 인정 1</td><td></td></tr>
<tr><td>상대 주장 근거 인정 2</td><td></td></tr>
<tr><td rowspan="4">나 이해 시키기</td><td>상대 주장 논박 1</td><td></td></tr>
<tr><td>상대 주장 논박 2</td><td></td></tr>
<tr><td>자기 주장 근거 추가 1</td><td></td></tr>
<tr><td>자기 주장 근거 추가 2</td><td></td></tr>
<tr><td rowspan="6">마무리</td><td>상대 주장 요약</td><td></td></tr>
<tr><td>자기 주장 요약</td><td></td></tr>
<tr><td>질문 요청</td><td></td></tr>
<tr><td>질문자 주장 인정</td><td></td></tr>
<tr><td>질문자 주장 논박</td><td></td></tr>
<tr><td>자기 주장 재확인</td><td></td></tr>
<tr><td colspan="2" rowspan="4">음성</td><td>적당한 목소리</td><td></td></tr>
<tr><td>자연스러운 억양</td><td></td></tr>
<tr><td>단호한 음성</td><td></td></tr>
<tr><td>또렷한 발음</td><td></td></tr>
<tr><td colspan="2" rowspan="4">체언</td><td>개별적 시선 접촉</td><td></td></tr>
<tr><td>내용과 일치하는 표정</td><td></td></tr>
<tr><td>자연스러운 손발 처리</td><td></td></tr>
<tr><td>적절한 몸짓</td><td></td></tr>
</table>

질의응답 및 평가 ATP14-P2

1. 질문이나 토의하고 싶은 내용

2. 다른 집단원에게 피드백을 해 주고 싶은 내용

3. 스스로 또는 집단원의 도움을 통해 배운 점이나 느낀 점

주장적 인지의 원리 이해 1
-ABCDE 원리

주장적 인지의 원리 이해 1-ABCDE 원리 ATP16

1. **목표:** 1) 주장적 인지의 원리 이해하기
   2) ABCDE의 의미 이해하기
2. **준비물:** 〈ATP16-T1〉, 〈ATP16-P1〉, 〈ATP16-T2〉, 〈ATP16-P2〉, 〈ATP16-P3〉, 〈ATP16-P4〉, 〈ATP16-P5〉, 〈ATP16-P6〉, 필기도구
3. **유의사항:** 참가자의 연령 및 지적 수준에 맞게 접근하도록 함
4. **활동과정**

훈련자	참가자
1) 강의	1) 강의
(1) 과제 확인	(1) 과제 결과 발표
(2) 〈ATP16-P1〉 배부	(2) 〈ATP16-P1〉 수령
(3) 〈ATP16-T1〉 설명	(3) 〈ATP16-P1〉 보면서 경청
(4) 질의응답	(4) 질의응답
2) 평가	2) 평가
(1) 〈ATP16-P2〉 배부 및 작성 지도	(1) 〈ATP16-P2〉 수령 및 작성
(2) 정답 확인 및 질의응답	(2) 정답 확인 및 질의응답
3) 강의	3) 강의
(1) 〈ATP16-P3〉 배부	(1) 〈ATP16-P3〉 수령
(2) 〈ATP16-T2〉 설명 및 질의응답	(2) 〈ATP16-P3〉 보면서 경청 및 질의응답
4) 평가	4) 평가
(1) 〈ATP16-P4〉 작성 및 발표 지도	(1) 〈ATP16-P4〉 작성 및 발표
(2) 정답 확인 및 질의응답	(2) 정답 확인 및 질의응답
5) 종결	5) 종결
(1) 〈ATP16-P6〉 배부 및 작성 지도	(1) 〈ATP16-P6〉 수령 및 작성
(2) 〈ATP16-P6〉에 따라 평가 지도	(2) 〈ATP16-P6〉에 따라 평가
(3) 과제 제시: 자신의 비합리적 생각을 〈ATP16-P5〉에 따라 논박해 보기	(3) 〈ATP16-P5〉 수령 및 과제 확인

주장적 인지의 원리 이해 1 – ABCDE 원리 ATP16-T1

여기서부터는 우리가 훈련 초기에 살펴보았던 비주장행동의 원인 세 가지 중 인지적 원인을 극복하기 위한 훈련을 시작하겠습니다. 우리 주위에는 똑같은 성적을 받았는데도 그 점수에 대해 만족해하는 사람이 있는가 하면 속상해하는 사람도 있습니다. 이는 어떤 개인이 받은 점수 그 자체도 중요하지만, 그 점수에 대해 어떻게 생각하느냐의 문제도 중요하다는 점을 말해 주고 있습니다. 또한 괴로워하는 문제와 관련된 자신의 생각을 바꿈으로써 그 괴로움을 줄일 수 있다는 말도 됩니다. ABCDE 원리를 익히면 비주장행동과 관련된 생각을 바꾸게 되어 주장행동을 더 잘할 수 있습니다. 여러분에게 나누어 준 〈ATP16-P1〉을 같이 보면서 보다 구체적으로 설명하겠습니다.

A(activating event)는 일상생활에서 경험하는 어떤 사실로, 자신의 행동 또는 그와 관련된 다른 사람의 행동 그 자체를 의미합니다. 따라서 그러한 행동과 관련되어 경험하는 생각이나 기분은 A에 해당되지 않습니다. 〈ATP16-P1〉의 예에서와 같이 경미와 영희가 사랑하는 사람과 헤어지게 된 사실이 A에 해당될 뿐 그때의 생각이나 기분은 해당되지 않습니다.

B(belief)는 A에 대한 자신의 생각 또는 신념입니다. 즉, A에 대해 어떻게 생각하고 있는가 하는 것입니다. 똑같은 경험을 두고, 경미는 "현실을 받아들이고 싶지는 않지만, 결혼하기 전에 헤어져 그나마 다행이고, 남자를 이해하는 데 좋은 경험이 되었다."라고 생각했고, 영희는 "어떤 경우에도 절대로 그 사람과 헤어지면 안 된다."라고 생각했는데, 이 생각은 모두 B에 해당됩니다. 여기서 B는 두 가지로 나누어집니다. 하나는 경미의 생각과 같은 합리적 생각(신념) 또는 조화 인지이고, 다른 하나는 영희의 생각과 같은 비합리적 생각(신념) 또는 부조화 인지입니다.

'합리적 생각' 또는 '비합리적 생각'이라는 말에서 '합리적'과 '비합리적'의 뜻을 분명히 아는 것이 중요합니다. 이 말은 여러분 각자의 삶의 목표나 하고자 하는 행동 그 자체가 '합리적' 또는 '비합리적'이라는 뜻은 아닙니다. 우리는 각기 다른 목표를 가질 수 있고 다르게 행동할 수 있지만, 이와 관련된 모든 생각이나 정서가 목표 달성에 도움을 주는 것은 아닙니다. 그래서 합리적 생각이란 그 목표를 달성하는 데 도움을 주는 생각, 즉 유용한 생각이면서 현실적으로 검증 가능하고 논리적으로 모순이 없는 생각을 말합니다. 같은 맥락에서 비합리적 생각은 유용성이 낮고 비현실적이며 비논리적인 생각을 말합니다.

〈ATP16－P1〉에서 보면 경미의 생각은 합리적인데 반해 영희의 생각은 비합리적입니다. 두 사람 모두 이성교제를 통한 결혼을 목표로 삼고 있다면, 경미의 생각은 목표를 달성하는 데 도움이 되지만 영희의 생각은 도움이 되지 않기 때문입니다.

C(consequence)는 사실 A에 대해 B와 같이 생각한 결과입니다. 경미의 경우는 사랑하는 사람과 헤어진 사실에 대해 불편해하면서 기분 전환을 위해 여행을 떠났습니다. 이때의 불편함은 정서적 결과고, 여행을 떠난 것은 행동적 결과입니다. 똑같이 경험한 사실에 대해 영희는 경미와 달랐습니다. 즉, 영희는 정서적으로는 우울해하면서, 행동적으로는 자살을 시도했습니다. 똑같은 사실에 대해 경미와 영희의 정서 상태나 행동이 다른 것은, 바로 사실 A에 대한 생각 B가 달랐기 때문입니다. 즉, B가 합리적이면 경미와 같이 적절한(조화적) 정서와 행동 결과가 나타나고, 비합리적이면 영희와 같이 부적절한(부조화) 정서와 행동 결과가 나타납니다.

D(disputing)는 부적절한 정서에서 벗어나고 부적절한 행동을 하지 않도록 하기 위해, 비합리적인 생각이 타당하지 못하다는 점을 밝히는 논박입니다. 그러기 위해 먼저 〈ATP16－P1〉의 D와 같이 비합리적 생각에 근거가 있는지를 의문문으로 진술한 후, 그에 대해 유용성, 현실성, 논리성 등에 따라 논박하면서 자신의 생각이 합리적이지 못함을 밝히는 것입니다.

E(effect)는 논박의 효과를 말합니다. 논박을 하면 먼저 비합리적 생각이 합리적 생각으로 바뀌는 인지적 효과가 나타납니다. 그렇게 되면 비합리적 생각 때문에 일어난 부적절한 정서가 적절한 정서로 바뀌는 정서적 효과와 부적절한 행동이 적절한 행동으로 바뀌는 행동적 효과가 나타납니다.

ABCDE 원리 도표 ATP16-P1

A-사실	B-사실에 대한 생각	C-사실에 대한 생각의 결과
영희와 경미는 사랑하는 사람과 거의 비슷한 상황에서 헤어지게 되었다.	경미 — (rB) 합리적 생각: 결혼하기 전에 헤어져 다행이고, 남자를 이해하는 데 좋은 경험이 되었다.	(deC) 적절한 정서적 결과: 마음이 불편하다. (dbC) 적절한 행동적 결과: 기분 전환을 위해 여행을 떠난다.
	영희 — (iB) 비합리적 생각: 어떤 경우에도 절대로 그 사람과 헤어지면 안 된다.	(ueC) 부적절한 정서적 결과: 우울하다. (ubC) 부적절한 행동적 결과: 자살을 시도한다.

D-비합리적 생각에 대한 논박

1. 비합리적 생각을 의문문으로 진술
"어떤 경우에도 절대로 그 사람과 헤어지면 안 된다는 근거가 무엇인가?"라고 물은 후, 아래와 같이 추가 질문을 하고, 그에 대해 답(논박)하는 가운데 그 생각이 비합리적임을 밝힌다.
2. 유용성에 따른 질문과 답
'어떤 경우에도 절대 그 사람과 헤어지면 안 된다.'는 생각이 앞으로 남자를 사귀는 데 도움이 되는가? → 아니다. 남자에 대한 불신 때문에 다시는 남자를 사귀지 않을 가능성이 더 크다.
3. 현실성에 따른 질문과 답
주위에서 보면 사랑하는 사람들은 아무도 헤어지지 않던가?
→ 아니다. 주변의 많은 사람은 사랑하다 헤어진다.
4. 논리성에 따른 질문과 답
다른 사람들은 헤어질 수도 있는데 나는 절대로 헤어지면 안 된다는 것이 논리적으로 맞는가?
→ 아니다. 나와 다른 사람에게 적용한 기준이 크게 다르므로 논리적 비약이 심하다.

E-비합리적 생각에 대한 논박의 결과로 나타난 효과

(cE) 인지적 효과(합리적 생각)	(eE) 정서적 효과(적절한 정서)	(bE) 행동적 효과(적절한 행동)
남자를 더 잘 이해할 수 있는 등 남자에 대해 배운 것이 많다.	마음이 편해진다.	남자를 보다 신중하게 사귄다.

ABCDE 원리 이해 평가 ATP16-P2

다음 글에서 각 문장의 내용이 A, iB, rB, deC, dbC, ueC, ubC, D, cE, eE 및 bE 중 어디에 해당되는지 ( ) 안에 적어 보세요.

1
나는 취직시험에 떨어졌다(1:). 부모님께 죄책감이 들고, 자신에게 절망감이 들어서 (2:), 방안에서만 지내면서 아무도 만나지 않았다(3:). 왜냐하면, 취직시험에 떨어진 것은 곧 나의 파멸이라는 생각이 들었기 때문이다(4:). 그런데 어머니께서 부르시더니 "다른 사람들도 떨어지는데 너라고 떨어지지 말란 법이라도 있느냐?" 라고 하시면서 위로해 주셨다. 이 말씀을 듣고 나 자신에게 "시험에 떨어지면 파멸이라는 근거가 무엇이냐? 시험에 떨어진 다른 사람들도 모두 파멸하더냐?" 라고 물어보았다(5:). 그랬더니 "시험에 떨어진 것이 자랑할 만한 좋은 일은 결코 아니지만, 그렇다고 나의 파멸을 가져오는 것은 아니다." 라는 생각이 들었으며(6:), 시험에 떨어진 것이 불쾌하기는 하지만 절망감이 들지는 않아서(7:), 다른 취업 자리를 알아보러 나서게 되었다(8:).

2
순희와 만나기로 약속했는데 1시간을 기다려도 나오지 않았다(9:). 나는 그녀에게 무시당한 느낌이 들어 그 친구가 미워졌다(10:). 그래서 나는 다음날 그녀에게 이유도 묻지 않고 더 이상 친구가 되고 싶지 않다고 말했다(11:). 왜냐하면, 누구라도 약속을 했으면 반드시 지켜야 하고 약속을 지키지 않는다는 것은 상대방을 무시하는 것이라고 생각했기 때문이다(12:). 그러나 잘 생각해 보니, 나도 약속을 지키지 않았던 때가 있었고, 그때 내가 친구를 무시해서 그런 것은 아니었다는 생각이 들었다. 그래서 "나는 누구와의 약속이든 항상 지키는가? 인간이 어떻게 모든 약속을 반드시 지킬 수 있나? 또 순희가 나를 무시했다는 분명한 증거가 있는가?" 라고 나 자신에게 물어보았다(13:). 그랬더니 '최선을 다해도 약속을 지키지 못할 경우가 있으며, 나를 정말 무시해서 약속을 지키지 않았는지, 피치 못할 사정이 있었는지 확인해 보고 나서 행동했어야 했다.'는 생각이 들었다(14:). 그러자 순희에 대한 적개심은 사라지고 오히려 무슨 사정이 있었는지 걱정이 되어서(15:) 순희에게 사과하고 무슨 사정이 있었는지 물어보게 되었다(16:).

합리적 생각과 비합리적 생각의 구별 ATP16-T2

생각에는 합리적 생각(rB: rational belief)과 비합리적 생각(iB: irrational belief)이 있습니다. 이번에는 〈ATP16-P3〉을 참고로 유용성, 현실성, 논리성 및 표현 방식으로 나누어 차이점을 살펴보겠습니다.

먼저, 유용성 측면에서 보면, 하고자 하는 일에 도움이 되면(유용하면) 합리적 생각이고, 방해가 되면(유용하지 않으면) 비합리적 생각입니다.

현실성 측면에서 보면, 합리적 생각은 현실적으로 확인할 수 있고 검증과 실천이 가능한 생각입니다. 이에 비해 비합리적 생각은 현실적으로 검증과 실천이 불가능하거나 확인도 안 되는 것과 관련된 생각입니다.

논리성 측면에서 보면, 합리적 생각은 논리적 모순이 거의 없는 생각입니다. 따라서 자기 자신에게 적용한 기준과 상대방에게 적용한 기준이 같습니다. 그러나 비합리적 생각은 자기 자신에게 적용한 기준과 상대방에게 적용한 기준이 다르며 논리적 비약이 심합니다.

합리적 생각과 비합리적 생각은 표현 방식도 다릅니다. 합리적 생각은 '나는 ~하기를 바란다.', '나는 ~을 하고 싶다.', '나는 ~을 하지 않았으면 좋았겠다.' 등으로 표현됩니다. 그러나 비합리적 생각은 '항상(반드시, 틀림없이, 꼭, 어떤 일이 있더라도, 하늘이 무너지는 한이 있어도, 마땅히) ~해야만 한다.' 라든가, '그런 일은 정말로 끔찍한(무시무시한, 무서운, 지독한, 견딜 수 없는, 엄청난, 어마어마한, 도저히 있을 수 없는, 절대로 있어서는 안 될) 일이다.' 등과 같이 표현됩니다.

이에 따라 비합리적 생각은 비현실적이고, 실패나 좌절에 대해 참을성이 낮으며, '그는 나쁜 사람이다.', '나는 가치 없는 존재다.' 와 같이 타인이나 자신의 한두 가지 특징으로 전체를 평가하는 특성을 보입니다.

그러므로 합리적 생각은 개인의 삶에 도움이 되는 적절한 정서와 행동을 유발시키는 반면, 비합리적 생각은 개인의 삶에 방해가 되는 부적절한 정서와 행동으로 이어질 가능성이 큽니다.

합리적 생각과 비합리적 생각의 구별 ATP16–P3

구분	합리적 생각	비합리적 생각
유용성	하고자 하는 일과 삶의 목적 달성에 도움이 된다.	하고자 하는 일과 삶의 목적 달성에 방해가 된다.
현실성	현실적으로 검증이나 실천이 가능하다.	현실적으로 검증이나 실천이 불가능하다.
논리성	논리적으로 모순이 적다. 자신에게 적용한 기준과 타인에게 적용한 기준이 같다.	논리적으로 모순이 많다. 자신에게 적용한 기준과 타인에게 적용한 기준이 다르다.
표현 방식	'나는 ~하기를 바란다.' '나는 ~을 하고 싶다.' '나는 ~을 하지 않았으면 좋겠다.'	'항상(반드시, 틀림없이, 꼭, 어떤 일이 있더라도, 하늘이 무너져도, 마땅히) ~해야만 한다.' '그런 일은 정말로 끔찍한(무시무시한, 무서운, 지독한, 견딜 수 없는, 엄청난, 어머어마한, 도저히 있을 수 없는, 절대로 있어서는 안 될) 일이다.'
파급 효과	적절한 정서, 적절한 행동을 유발한다.	부적절한 정서, 부적절한 행동을 유발한다.

평가: 비합리적 생각 찾기 ATP16-P4

다음 장면에 대해 예시한 여러 가지 생각이 합리적인 생각이면 '합', 비합리적인 생각이면 '비'라고 ( ) 안에 표시하세요.

1. 아버지께서 아끼시는 디지털 사진기를 말씀도 드리지 않고 사용하다가 잘못하여 망가뜨렸을 때, 다음과 같은 생각을 하게 되었다.

1) 내가 어쩌다 이렇게 부주의할 수가 있나? 이 사진기를 떨어뜨려서는 절대로 안 되는데!…………………………………………………………( )
2) 아버지는 누구보다도 나를 믿고 계시는데, 이러한 행동을 했으니 아버지께서는 얼마나 실망을 하실까!……………………………………………( )
3) 나는 역시 모자라는구나! 이래서야 어디에 쓸모가 있겠나!………………( )
4) 내가 부주의했구나! 부주의는 인간이 피할 수 없는 것이긴 하지만 떨어뜨리지 않았으면 더욱 좋았을 것이다.…………………………………………( )
5) 내가 조심을 해서 다루었는데도 떨어뜨렸구나. 아버지께 솔직히 말씀 드리고 앞으로는 더욱 주의하도록 노력해야겠다.…………………………( )

2. 친구들과 함께 이성친구 이야기를 하는데, 나는 이성친구가 없다. 이때 다음과 같은 생각을 하게 되었다.

1) 이성친구도 하나 없는 나는 내가 생각해도 바보다.……………………( )
2) 나도 이성친구를 사귀고 싶지만 지금 시험을 앞두고 병행할 자신이 없다. 합격하고 나면 사귈 것이다.………………………………………………( )
3) 내가 이성친구를 만나는 것을 부모님이 아시면 큰일이다. 그래서 나는 절대로 이성친구를 만나서는 안 된다.……………………………………( )
4) 나처럼 못난 사람을 좋아할 사람은 이 세상에 아무도 없다.……………( )
5) 이성 친구가 없어서 조금은 아쉽지만 그렇다고 내가 못난 사람이 되는 것은 아니다.……………………………………………………………………( )

ABCDE 원리 적용 ATP16-P5

A-사실

B-사실에 대한 생각

(iB) 비합리적 생각

C-사실에 대한 생각의 결과

(ueC) 부적절한 정서적 결과

(ubC) 부적절한 행동적 결과

D-비합리적 생각에 대한 논박

1. 비합리적 생각을 의문문으로 진술

2. 유용성에 따른 질문과 답

3. 현실성에 따른 질문과 답

4. 논리성에 따른 질문과 답

E-비합리적 생각에 대한 논박의 결과로 나타난 효과

(cE) 인지적 효과(합리적 생각)

(eE) 정서적 효과(적절한 정서)

(bE) 행동적 효과(적절한 행동)

질의응답 및 평가 ATP16-P6

1. 질문이나 토의하고 싶은 내용

2. 다른 집단원에게 피드백을 해 주고 싶은 내용

3. 스스로 또는 집단원의 도움을 통해 배운 점이나 느낀 점

주장적 인지의 원리 이해 2
–실존주의적 역설

주장적 인지의 원리 이해 2 – 실존주의적 역설 ATP17

1. **목표:** 1) 실존주의적 역설의 의미 이해하기
   2) 실존주의적 역설을 자신의 삶에서 각성하기
   3) 실존주의적 역설을 자신의 주장행동과 관련짓기
2. **준비물:** 〈ATP17–T1〉, 〈ATP17–P1〉, 〈ATP17–T2〉, 〈ATP17–P2〉, 〈ATP17–P3〉, 〈ATP17–P4〉, 〈ATP17–P5〉, 필기도구
3. **유의사항:** 참가자의 연령 및 지적 수준에 맞게 접근하도록 함
4. **활동과정**

훈련자	참가자
1) 강의 1	1) 강의 1
(1) 과제 확인	(1) 과제 결과 발표
(2) 〈ATP17–P1〉 배부	(2) 〈ATP17–P1〉 수령
(3) 〈ATP17–T1〉 설명	(3) 〈ATP17–P1〉 보면서 경청
(4) 질의응답	(4) 질의응답
2) 강의 2	2) 강의 2
(1) 〈ATP17–P2〉 배부	(1) 〈ATP17–P2〉 수령
(2) 〈ATP17–T2〉 설명	(2) 〈ATP17–P2〉 보면서 경청
(3) 질의응답	(3) 질의응답
3) 적용 1	3) 적용 1
(1) 〈ATP17–P3〉 배부 및 실시 지도	(1) 〈ATP17–P3〉 수령 및 실시
(2) 〈ATP17–P3〉 경험 나누기	(2) 〈ATP17–P3〉 경험 나누기
4) 적용 2	4) 적용 2
(1) 〈ATP17–P4〉 배부 및 실시 지도	(1) 〈ATP17–P4〉 수령 및 실시
(2) 〈ATP17–P4〉 경험 나누기	(2) 〈ATP17–P4〉 경험 나누기
5) 종결	5) 종결
(1) 〈ATP17–P5〉 배부 및 작성 지도	(1) 〈ATP17–P5〉 수령 및 작성
(2) 〈ATP17–P5〉에 따라 평가 지도	(2) 〈ATP17–P5〉에 따라 평가
(3) 과제 제시: 실존주의적 역설 경험 찾아오기	(3) 과제 확인

주장적 인지의 원리 이해 2 – 실존주의적 역설 ATP17–T1

실존주의적 상담에서 다루는 주요 개념인 '실존(Existenz)'은 원래 'Ex-Sistere', 즉 '밖에(Ex)'와 '나타나다(Sistere)'라는 라틴말에서 유래합니다. 이러한 실존의 의미는 학자에 따라 조금씩 다르게 사용되고 있습니다. 그러나 공통적으로 포함하는 의미는 자기를 대상화하여 자신이 왜 살아야 하는지 등에 대해 자기 자신에게 근원적 의문을 제기하고 그것에 답하면서 살아가는 존재 방식이라고 할 수 있습니다.

실존을 문제 삼는 실존주의는 그 접근에서 역설적인 면이 많습니다. 상식적 논리로 볼 때는 그릇된 주장같이 보이지만 사실은 옳은 논리를 나타낼 때 역설을 사용하는 경우가 많은데, 실존주의자들이 자신들의 철학을 전개하는 데 많이 활용했습니다. 원래 역설(Paradox)은 희랍어 'Paradoxa'에서 온 말입니다. 'Para'는 'against', 'contrary to', 즉 '반대한다'는 뜻이요, 'doxa'는 'opinion', 즉 '의견'이란 뜻입니다. 따라서 역설은 일반적으로 옳다고 인정된 의견(doxa)과 정반대가 되는(para) 설을 주장하는 것입니다.

역설은 S. Kierkegaard가 실존의 3단계이자 최고 최후의 단계인 종교적 실존을 설명할 때 사용했습니다. 그는 인간의 이성으로 보아서는 예수를 하느님의 아들로 도저히 믿을 수가 없기 때문에 예수를 하느님의 아들로 믿어야만 한다면서, 그 근거를 역설적으로 제시했습니다.

실존주의의 역설성은 인간 존재의 의미를 설명하는 데서도 찾아볼 수 있습니다. 자신이 누구인지를 스스로에게 물어보는, 즉 실존할 때는 자기 의지와는 관계없이 이미 자신이 이 세상에 던져진 상태로 존재하고 있음을 발견하게 됩니다. 이는 인간 존재의 피투성(被投性)을 말합니다. 인간이 던져진 존재이기 때문에 본래의 존재 의미를 찾기 위해서는 미래에 나 자신을 던지는, 즉 기투(企投)를 할 수밖에 없습니다. 이렇게 볼 때 인간의 피투성은 역설적으로 인간을 기투적으로 살아가게 하는 근거가 됩니다.

인간의 피투성은 인간의 본질이 인간 존재에 앞서 결정되어 있지 않음을 의미합니다. 즉, 인간이 태어날 때는 본질이 없는 상태인 인간 존재의 '무본질성'을 말하는 것입니다. 만약 인간이 태어나기 이전에 어떤 본질이 있었다면 인간 존재는 그 본질을 규정한 무엇에 의해 살아갈 수밖에 없을 것입니다. 그러나 그 본질은 정해져 있지 않기 때문에 존재한 후, 특히 실존하면서부터 자신의 본질을 자신이 만들어 간다고 볼 수 있습니다. 즉, 인간은 자신의 행위를 통해서 자신의 본질을 형성해 갑니다. 이렇게 볼 때 인간은 태어날 때 본질이 없다는 것이 역설적으로 인간의 본질인 동시에 본질을 형성할 수 있는 근거가 됩니다.

인간 존재의 피투성과 무본질성은 인간 존재가 어디에 근거하여 자신의 삶을 살아가고 행동해야 할지를 포함한 선택과 결정의 근거에 대해 의문을 제기하도록 합니다. 그러나 인간은 어디서도 그 근거를 찾아낼 수 없습니다. 설령, 찾았다 해도 주위의 모든 사람이 인정하거나 본인이 변함없이 그 근거에 따라 선택하고 결정하는 경우는 거의 없습니다. 인간 존재의 선택과 결정에 근거가 없다는 무근거성은 역설적으로 인간 존재가 선택과 결정의 근거임을 말해 주는 것이기도 합니다.

인간 존재의 피투성, 무본질성, 무근거성은 인간 존재가 존재할 때도 무(無)였지만 결국은 무로 돌아갈 수밖에 없고, 따라서 무의미할 수밖에 없다는 인간 존재의 무의미성을 뜻합니다. 그런데 원래 인간이 인간 이외의 도구나 존재자들처럼 본질이나 목적이 존재에 앞서 결정되어 있지 않은, 즉 아무것도 아닌 것은, 역설적으로 인간이 무엇이든지 될 수 있는 근거라고 할 수 있습니다. 요컨대, 인간은 아무것도 아니기 때문에 자유롭게 선택(가치부여)하고, 선택한 그대로 행동한 후 책임지는 가운데 자신의 본질을 스스로 만들어 가는 존재라고 할 수 있습니다.

주장적 인지의 원리 이해 2 – 실존주의적 역설 ATP17-P1

1. 실존의 의미

자기를 대상화하여 자신이 왜 살아야 하는지를 포함하여 자기 자신에 대한 근원적 의문을 제기하고 그것에 답하면서 살아가는 존재 방식

2. 역설의 의미

일반적으로 옳다고 인정된 의견(설)과 반대되는 의견을 주장함

3. 역설의 예

인간의 이성으로 보아서는 예수를 하느님의 아들로 도저히 믿을 수가 없기 때문에 예수를 하느님의 아들로 믿음

4. 실존주의적 역설

① 인간은 자기 의지와는 관계없이 현재 여기에 있기 때문에(인간의 피투성) 역설적으로 자기 존재를 근원적으로 이해하고 본래적인 자기로 자기 자신을 내던지는 기투를 할 수밖에 없다.

② 인간은 태어날 때 본질이 없다는 것이 역설적으로 자신의 본질인 동시에 본질을 형성할 수 있는 근거가 된다.

③ 인간 존재는 선택에 근거가 없다는, 즉 선택의 무근거성은 역설적으로 인간 존재가 무엇을 선택할 수 있는 근거가 된다.

④ 인간 존재가 결국은 무(無)이고 결국 무로 돌아가는, 즉 인간 존재가 아무것도 아니라는 것은, 역설적으로 인간이 무엇이든지 될 수 있는 근거가 된다.

⑤ 인간은 무이기 때문에 자유롭게 선택(가치 부여)하고, 그에 대해 책임지는 가운데 자신의 본질을 스스로 만들어 갈 수 있다.

자신의 삶에서 실존주의적 역설 각성 ATP17-T2

실존주의의 역설적 측면은 우리 자신의 일상적인 삶에서도 찾을 수 있습니다. 그리고 이러한 측면에 대한 각성은 자신의 관점을 바꾸는 데 큰 도움이 될 수 있습니다. 이에 대해 좀 더 구체적으로 살펴보기로 하겠습니다.

먼저, 만남과 부담감의 관계에 대한 각성입니다. 인간은 자기 자신을 위한 욕구와 자기 이외의 다른 사람이나 자연과 관계를 가지려는 욕구를 동시에 가지고 있습니다. 인간이 상대방에 대한 믿음으로 만남의 인간관계를 형성할 때 인간은 소외감에서 벗어날 수 있습니다. 그러나 한 개인과 만남의 관계가 깊으면 깊을수록 상대방에 대한 부담감이 커지고 감정이 상할 가능성도 높아집니다. 따라서 헤어질 위험성도 커진다는 점을 각성해야 합니다. 또한 특정 개인에 대한 새로운 만남의 관계가 형성되면, 이전까지의 관계가 스침의 관계로 바뀌거나 헤어질 가능성을 높인다는 점도 각성해야 합니다.

자기 자신에 대한 각성과 불안의 관계를 각성하는 것도 역설적입니다. 실존주의에서 말하는 각성이란 비본래적인 상태에서 본래적인 상태로 깨어나는 것을 말합니다. 여기서 말하는 비본래적인 상태란 바로 자기를 상실한 상태입니다. 그래서 본래적 자기를 찾기 위해 '나는 정말 죽어야 하며, 죽으면 어디로 가는가?', '나는 왜 살아야 하는가?' 등의 의문을 제기하고 여기에 답할수록, 다른 말로 실존하려고 할수록 불안도 그만큼 커집니다.

자유와 구속의 관계도 역설적입니다. 인간은 원래 아무것도 아니어서 제한된 범위에서는 자유로운 존재입니다. 그러나 그 자유는 자신을 구속할 수 있는 자에게만 부여됩니다. 스스로를 구속하지 못하면 가족이나 친구 등 주변 사람이 먼저 나를 구속하게 됩니다. 그래도 내가 나를 구속하지 못하면 법이 나를 구속하게 됩니다. 따라서 자유는 자신을 구속하는 만큼만 부여될 수 있다는, 자유와 구속 간의 역설적인 면을 각성할 필요가 있습니다.

자유와 책임의 관계도 역설적입니다. 자유도 아무에게나 주어지는 것이 아니라 자신이 자유롭게 선택한 것에 대해 책임질 수 있는 사람에게만 부여됩니다. 책임을 지지 못하면 그 자유는 바로 제한을 받습니다. 책임이 전제되지 않은 자유란 있을 수 없음을 각성하는 것이 중요합니다.

선택과 포기의 관계도 역설적입니다. 인간은 제한된 범위 내에서는 자유롭게 선택할 수 있습니다. 그러나 그 선택은 항상 불확실한 가운데 이루어지고 선택한 것들을 제외하고는 모두 포기해야 한다는 점을 각성해야 합니다. 특정한 시간과 공간을 선택하면 그 시간에 점할 수 있는 나머지 공간은 모두 포기해야 합니다. 한순간에 특정인을 만나고 있으면 나머지 사람은 모두 만날 수 없다는 것입니다.

성장과 위기 및 불안의 관계도 역설적입니다. 우리 모두는 성장이나 발전을 추구합니다. 그렇지만 성장과 발전은 많은 위험이 수반됩니다. 다시 말해 위험과 그에 따른 불안을 감당하겠다는 사람에게만 성장과 발전이 약속됩니다.

행복과 불행 또는 고통의 관계도 역설적입니다. 행복을 추구하는 사람들은 먼저 그에 상응하는 불행을 직접 또는 간접적으로 경험하였을 경우에만 가능하다는 점을 각성해야 합니다. 다시 말해, 행복은 그것을 얻기 위해 고통스러웠던 것만큼만 주어진다는 것입니다.

삶의 의미와 죽음의 관계는 더욱 역설적입니다. '인간은 결국 죽는다.'는 인간의 유한성은 삶의 의미를 각성하게 할 수도 있습니다. 만약 우리에게 자신의 가능성을 실현하는 데 무한한 시간이 주어진다면 오늘 해야 할 일을 계속 뒤로 미룰 가능성이 큽니다. 우리는 언젠가 죽기 때문에 많은 불안을 경험하고 위기를 맞으면서도 오늘을 진지하게 최선을 다해 살아가고 있는지도 모릅니다. 비록, 죽음의 공포 속에서 살아서는 안 되겠지만, 죽는다는 사실에 대한 분명한 각성은 한순간이라도 우리에게 소중하다는 점을 일깨워 줍니다.

자신의 삶에서 실존주의적 역설 각성 ATP17-P2

1. 타인과 친밀한 관계를 가지려고 한다.

⇨ 친밀하면 할수록 부담감과 헤어질 가능성이 그만큼 더 커진다.

2. 실존적 삶을 살아가려고 한다.

⇨ 실존적으로 살려고 할수록 불안도 그만큼 더 높아진다.

3. 자유롭게 살아가려고 한다.

⇨ 자유로워지는 것만큼 자신을 구속해야 한다.

⇨ 자유로워지는 것만큼 책임질 수 있어야 한다.

4. 선택을 하려고 한다.

⇨ 선택하는 것 이외의 것은 모두 포기해야 한다.

5. 인간적으로 더 성장하려고 한다.

⇨ 더 많은 성장을 원할수록 위기를 맞아야 한다.

⇨ 더 많은 성장을 원할수록 불안을 경험해야 한다.

6. 행복하게 살아가려고 한다.

⇨ 어떤 것을 얻기 위해 겪은 고통만큼 행복해진다.

7. 삶의 의미를 찾고 싶다.

⇨ 자신의 삶이 의미가 있는 것은 자신이 죽기 때문이다.

⇨ 매 순간 죽을 수도 있음을 각성할 때 현재 살아 있음이 각성된다.

실존주의적 역설 경험 나누기 ATP17-P3

다음 물음에 솔직히 답한 후 함께 경험을 나누어 보겠습니다.

1. 친밀한 관계에서 부담감을 경험한 경우는?

2. 실존적 삶에 대한 고민으로 불안을 경험한 경우는?

3. 자유롭게 살려고 하다가 타인으로부터 자유가 제지된 경우는?

4. 자신이 한 행동 때문에 자유가 구속된 경우는?

5. 중요한 선택으로 다른 중요한 것을 잃은 경우는?

6. 개인적 성장과 발전을 기하려다 위기나 불안을 경험한 경우는?

7. 참기 어려운 고통을 겪은 후 달성한 것 때문에 행복했던 경우는?

8. 죽음이 있으므로 삶이 더 값지다는 경험을 한 경우는?

실존주의적 역설과 주장행동 ATP17－P4

다음 물음에 솔직히 답한 후 함께 경험을 나누어 보겠습니다.

1. 친밀한 관계를 유지하기 위해 주장행동을 못한 경우는?

2. 불안 때문에 삶의 고민을 타인에게 표현하지 못한 경우는?

3. 자신의 자유를 강조하다 다른 사람을 공격한 경우는?

4. 책임질 수 없는 주장으로 인해 어려움을 겪은 경우는?

5. 주장행동으로 인해 다른 중요한 것을 잃은 경우는?

6. 불안 때문에 신상 변화와 관련된 사항을 주장하지 못한 경우는?

7. 상대가 주는 고통을 잘 참아서 행복감을 느껴 본 경우는?

8. 자신이 죽을지도 모른다는 생각 때문에 주장하기 힘들었던 경우는?

질의응답 및 평가 ATP17-P5

1. 질문이나 토의하고 싶은 내용

2. 다른 집단원에게 피드백을 해 주고 싶은 내용

3. 스스로 또는 집단원의 도움을 통해 배운 점이나 느낀 점

주장적 인지의 원리 이해 3
-리듬모델적 관점

주장적 인지의 원리 이해 3-리듬모델적 관점 ATP18

1. **목표:** 1) 리듬모델적 관점 이해하기
   2) 리듬모델적 관점으로 사물과 현상 이해하기
   3) 리듬모델적 관점을 대인관계에 적용하기
2. **준비물:** 〈ATP18-T1〉, 〈ATP18-P1〉, 〈ATP18-T2〉, 〈ATP18-P2〉, 〈ATP18-P3〉, 〈ATP18-P4〉, 필기도구
3. **유의사항:** 참가자의 이해력에 맞게 접근하도록 함
4. **활동과정**

훈련자	참가자
1) 강의 1	1) 강의 1
(1) 과제 확인	(1) 과제 결과 발표
(2) 〈ATP18-P1〉 배부	(2) 〈ATP18-P1〉 수령
(3) 〈ATP18-T1〉 설명	(3) 〈ATP18-P1〉 보면서 경청
(4) 질의응답	(4) 질의응답
2) 강의 2	2) 강의 2
(1) 〈ATP18-P2〉 배부	(1) 〈ATP18-P2〉 수령
(2) 〈ATP18-T2〉 설명	(2) 〈ATP18-P2〉 보면서 경청
(3) 질의응답	(3) 질의응답
3) 적용	3) 적용
(1) 〈ATP18-P3〉 배부 및 실시 지도	(1) 〈ATP18-P3〉 수령 및 실시
(2) 발표 지도 및 질의응답	(2) 발표 및 질의응답
4) 종결	4) 종결
(1) 〈ATP18-P4〉 배부 및 작성 지도	(1) 〈ATP18-P4〉 수령 및 작성
(2) 〈ATP18-P4〉에 따라 평가 지도	(2) 〈ATP18-P4〉에 따라 평가
(3) 과제 제시: 소극적 행동 관련 부조화 인지 확인해 오기	(3) 과제 확인

통제모델과 리듬모델 ATP18-T1

사물이나 현상을 보는 관점은 매우 다양합니다. 그중 하나는 통제모델(control model) 관점이고, 이와 대조를 이루는 다른 하나는 리듬모델(rhythm model) 관점입니다.

통제모델에서는 존재하는 모든 사물과 현상에는 동양에서 말하는 양(陽, good)의 측면과 음(陰, not good)의 측면이 있는데, 양의 측면을 가진 극소수가 음의 측면을 가진 절대 다수를 통제한다고 봅니다. 따라서 음의 측면을 가진 절대 다수는 양의 측면을 가진 소수의 통제에서 벗어나려고 하기 때문에, 이들 집단 간에는 끊임없는 투쟁이 일어날 수밖에 없습니다.

역사적으로 보면 프롤레타리아 혁명론이나 이념적 대립은 그러한 경우가 많았습니다. 돈을 많이 가진 극소수의 부르주아가 돈을 적게 가진 다수의 프롤레타리아를 통제하는데, 이 통제에서 벗어나기 위해서는 프롤레타리아 혁명이 있어야 한다는 논리입니다. 자신이 믿는 종교와 관련된 전쟁은 성전(聖戰)이 되지만, 자신이 믿지 않는 종교와 그 종교를 믿는 사람 및 그들의 종교문제와 관련된 전쟁은 반대 입장에서 봅니다.

우리의 일상생활에서도 공부를 잘하는가 못하는가, 부자인가 가난한가, 키가 큰가 작은가, 체력이 강한가 약한가 등 많은 사실이나 경험에 대해 어느 한편을 양의 측면으로만, 그 반대를 음의 측면으로만 보면서 즐거워하기도 하고 괴로워하기도 합니다. 그래서 음의 측면에서 벗어나 양의 측면을 쟁취하려고 노력하고, 경우에 따라서는 투쟁도 합니다. 이러한 관점에서 사물이나 경험 또는 현상을 보게 되면 목표 달성에는 도움이 될 경우도 있으나 신체적, 물질적, 정신적 대가를 지불해야 합니다. 대부분의 경우 인간관계를 악화시킬 가능성이 크고, 장기적으로는 목표 달성이 어려우며, 비록 목표가 달성되어도 유지하는 데 힘이 듭니다.

통제모델과는 달리 리듬모델은 양의 측면과 음의 측면을 통합해서 보려고 합니다. 통합성을 동시적 관점에서 보면, 천장에 걸린 추가 중앙에서 오른쪽(양의 측면으로 가정)에 있을수록 그 거리만큼 왼쪽(오른쪽이 양의 측면이면 왼쪽은 음의 측면으로 가정할 수 있음)으로 갈 가능성을 가지고 있습니다. 통합성을 시간적 관점에서 보면 어떤 사실이나 경험 또는 현상은 시간이 지남에 따라 양과 음이 서로 바뀝니다. 이 예는 '새옹지마(塞翁之馬)'라는 고사성어에도 잘 나타납니다. 말이 집을 나가고 들어오는 것, 심지어 아들이 신체적 불구가 되는 것도 시간이 지남에 따라 양의 측면으로 작용하기도 하고 음의 측면으로 작용하기도 한다는 점입니다.

이 같이 리듬모델에서는 존재하는 모든 사물과 현상에 양의 측면과 음의 측면이 따로 있는 게 아니라 함께 있다고 보고 있습니다. 달리 말하면 좋다고 하는 것은 그만큼 좋지 않은 것을 동시에 가지고 있으며, 긴 시간을 두고 보면 어떤 사실이든 좋게 작용할 때도 있고 좋지 않게 작용할 때도 있다는 것입니다.

통제모델과 리듬모델의 이해 ATP18-P1

1. 통제모델

① 존재하는 모든 사물과 현상에는 우리가 일반적으로 좋다고 하는 '양(good)의 측면'과 좋지 않다고 하는 '음(not good)의 측면'이 있다.
② 양을 가진 극소수가 음을 가진 절대 다수를 통제한다.
③ 음을 가진 다수는 양을 가진 소수의 통제에서 벗어나려고 한다.
④ 양을 가진 사람들과 음을 가진 사람들 간에 갈등과 투쟁이 계속 일어난다.
⑤ 프롤레타리아 혁명론, 이념 전쟁의 정당성은 이 모델로 설명이 가능하다.
⑥ 인간관계에서 상호 간에 관계를 악화시킬 가능성이 크다.

2. 리듬모델

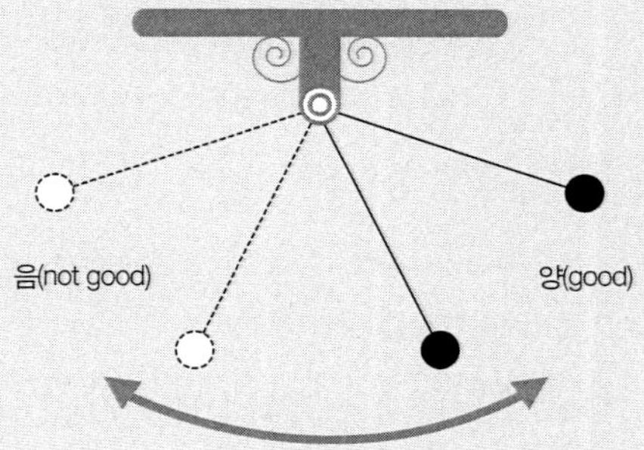

〈동시적 관점에서 본 리듬모델〉

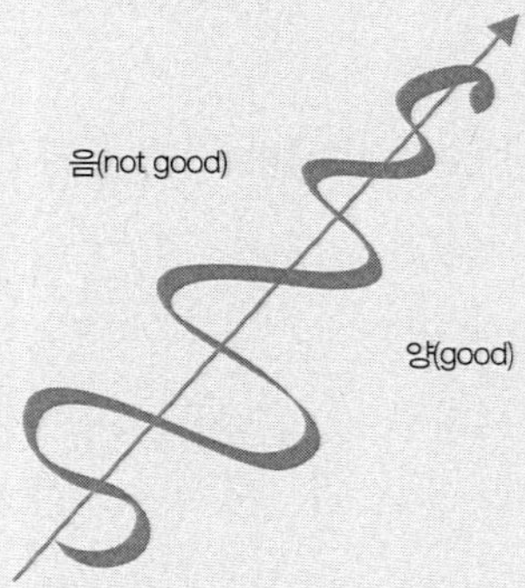

〈시간적 관점에서 본 리듬모델〉

① 존재하는 모든 사물과 현상은 양의 측면과 음의 측면이 따로 있지 않고, 양과 음을 함께 가지고 있다.

② 양의 측면과 음의 측면을 통합해서 본다.

③ 시간이 지남에 따라 양의 측면과 음의 측면은 반대 측면으로 작용한다.

④ 통제모델보다 갈등과 투쟁이 적다.

⑤ 인간관계에서 상호 간에 관계를 촉진시킬 가능성이 크다.

⑥ 통제모델보다 단기적으로 보면 목표 달성이 힘들지만, 장기적으로는 후유증이 적을 뿐만 아니라 목표 달성도 더 쉽다.

⑦ 일단 달성된 목표는 더 오래 지속될 수 있으며 후유증이 적게 새로운 변화를 수용할 수 있다.

리듬모델 관점으로 보기 ATP18-T2

리듬모델에서는 매 순간 양과 음이 함께 있지만, 시간이 경과함에 따라서도 계속 바뀐다는 것을 앞에서 강조하였습니다. 양과 음은 분리되는 것이 아니고 늘 함께 있는데, 인간이 어떤 순간에는 특정한 사실이나 경험 또는 현상을 양의 측면에서만 보고, 다른 어떤 순간에는 이들을 음의 측면에서만 보는 데서 인간의 어려움이 생긴다는 것입니다. 그 의미를 우리 자신과 관련지어 다시 한 번 생각해 보자는 뜻에서 구체적인 예를 들어 보겠습니다.

우리 모두는 사랑을 받고 싶고 사랑을 하고 싶습니다. 그래서 서로에게 더 많은 사랑을 요구합니다. 그런데 그 요구는 끝이 없기 때문에 모두 들어줄 수는 없습니다. 이렇게 되면 상대방에게 섭섭해하고 자신을 사랑하던 감정이 다른 이성에게 가지 않았을까 의심하기 시작합니다. 그러다가 조그마한 단서라도 잡히면 질투와 미움이 시작됩니다. 사랑한 만큼 미워하게 됩니다. 그래서 "사랑은 미움을 잉태한다."라고 했습니다.

우리는 돈을 많이 가지고 싶어 합니다. 물론 돈이 많으면 편리한 것은 사실이지만 그 돈 때문에 신상에 위협을 받을 가능성도 그만큼 커집니다. 또한 부모자식 간이나 형제자매 간에 사이가 나빠질 가능성도 커집니다. 돈이 삶에서 주된 관심사가 되면 그만큼 스트레스도 많이 받습니다.

명예도 많은 사람이 추구하는 덕목입니다. 그러나 명예는 인간이 가진 동물적 속성을 참고 견디거나 상당 부분에서 위선적으로 처신할 때만 가능합니다. 명예를 지키기 위해 목숨을 바친 분들이 얼마나 많은가를 생각해 보면 잘 알 수 있습니다.

권력은 인간의 동물적 공격성을 사회제도를 통해 추구하는 것입니다. 권력은 그 지위를 통해 영향력을 행사하는데, 지위가 높아질수록 영향력도 커집니다. 그러나 영향력은 특정인의 희생을 요구합니다. 희생당한 사람은 끊임없이 권력에 도전하고, 그로 인해 권력이 높을수록 적이 많아지며 물러날 때 목숨을 잃는 경우도 있다는 점을 우리는 역사를 통해 많이 보아 왔습니다. 높은 직위에 오를수록 그 직위를 잃게 될 때 더 비참할 수 있습니다. 이는 자전거를 타고 있는 사람과 비행기를 타고 있는 사람 중에 잘못되어 떨어진다면 누가 더 크게 다치겠는지에 대한 답과 같은 이치입니다.

많은 학부모는 자녀가 공부를 잘하기를 바랍니다. 그러나 공부를 잘하는 것이 긍정적이지만은 않습니다. 일반적으로 천재라고 하는 사람들은 대체로 정서적으로 민감하고 요구 수준이 높기 때문에 스트레스를 더 많이 받습니다. 그러므로 천재 본인은 정신적으로나 신체적으로 아주 힘든 삶을 살아야 합니다. 공부를 잘하는 자녀를 둔 부모도 자녀가 자랑스럽기는 하지만 '인류의 자식'이나 '조국의 자식'으로 내보내야 해서 오랫동안 함께 있기가 어렵습니다. 우리의 옛 속담에 '등 굽은 소나무가 선산을 지킨다.'는 말이 있듯이 공부를 못한 자녀가 부모 곁에 더 오래 있을 가능성이 큽니다.

좋다고 하는 직업도 양과 음의 측면이 동시에 있다는 것을 우리는 잘 알고 있습니다. 판검사, 의사, 교수 등 소위 전문직이나 사업가, 대기업 중역 등을 생각해 봅시다. 우선 판검사는 주로 죄를 다룹니다. 법이라는 잣대가 있지만, 판검사도 인간이기 때문에 오류를 범하지 않을 수 없습니다. 죄 없는 사람이 자신의 잘못으로 죄인이 되거나 목숨을 잃게 될 수도 있다는 인간적 고뇌에서 판검사는 자유로울 수 없습니다. 개업한 의사는 병원이 경제적으로 안정된 단계에 이르기까지 장기간 정신적 · 물질적 투자를 해야 합니다. 의사는 늘 심리적으로 민감한 상태에 있는 환자를 상대로 생명과 직결된 의술을 행해야 하는 부담을 가지고 있습니다. 자신의 전공 분야에 따라 다르겠지만 본의 아니게 사람을 죽일 수도 있고, 환자의 건강을 더 해칠 수도 있다는 부담에서 자유로울 수 없습니다. 교수도 평생 연구를 해야 하고 끊임없이 업적에 대해 평가를 받아야 합니다. 더구나 학문은 끝이 없기 때문에 심한 스트레스에서 벗어날 수 없습니다. 사업가는 은행에서 자금줄을 막거나, 다른 사람의 부도 때문에 자신의 의지와 무관하게 파산할 수도 있는 위험이 늘 도사리고 있습니다. 대기업 중역도 업적 평가에 따라 언제든지 회사에서 퇴출될 수 있다는 부담에서 벗어날 수 없습니다.

성격도 마찬가지입니다. 착한 성격은 주변 사람을 편하게 할 수 있지만 본인은 괴로울 가능성이 크고, 자기 발전도 어려울 경우가 많습니다. 사회성이 높은 사람은 가정에 충실하기 어려운 반면에, 가정만 잘 챙기는 사람은 사회적으로 발전하기 어렵습니다.

외모가 빼어난 경우도 같은 맥락에서 볼 수 있습니다. 이런 사람은 주변 이성으로부터 오는 유혹에서 벗어나기 어렵습니다. 또한 배우자에 대해 고마움과 사랑을 느끼지 못할 가능성도 큽니다. 왜냐하면, 배우자가 아니더라도 마음만 먹으면 따르는 이성이 많기 때문입니다. 그래서 외모가 멋있거나 예쁠수록 배우자는 물론 이성에 대해 그 소중함을 잘 모릅니다. 이 때문에 옛 어른들은 '얼굴값 한다.'고 하였습니다.

실존주의적 역설도 크게 보면 리듬모델의 통합적 관점과 그 맥을 같이합니다. 실존주의적 역설을 리듬모델 관점에서 보면, 친밀한 관계(양의 측면) ⇔ 부담감(음의 측면), 실존적 삶(양) ⇔ 불안(음), 자유(양) ⇔ 구속과 책임(음), 선택(양) ⇔ 포기(음), 인간적 성장과 발전(양) ⇔ 위기와 불안 및 초조, 행복(양) ⇔ 불행(음), 삶의 의미 각성(양) ⇔ 죽음 각성(음)으로 연결할 수 있습니다. 그래서 앞으로는 실존주의적 역설과 리듬모델 관점을 합하여 '통합성'이라는 단어를 사용하고자 합니다. 이제부터는 '통합성'이라고 하면 이 둘을 합친 것으로 이해하면 되겠습니다.

이상에서 보는 바와 같이 어떤 사실이나 경험 또는 현상을 통합해 보려는 자세를 가질 때 개인의 정신적 건강에도 큰 도움을 줄 것이라고 생각합니다.

리듬모델 관점으로 보기 ATP18-P2

1. 사랑하고 사랑받아 행복하다.

⇨ 서로 상대에게 더 많은 사랑을 요구한다.

⇨ 바라는 만큼의 사랑을 받지 못해 섭섭해한다.

⇨ 사랑이 다른 사람에게 가는 것같이 느껴지면 질투한다.

⇨ 사랑이 떠날 것 같으면 사랑한 만큼 미워하게 된다.

2. 돈이 많아 편리하고 원하는 것을 대부분 가질 수 있다.

⇨ 돈을 노리는 자들로부터 신변에 위협을 느낀다.

⇨ 돈 때문에 부모나 자식 또는 동기를 잃을 수 있다.

⇨ 주된 관심사인 돈에 대한 스트레스에서 벗어날 수 없다.

3. 명예롭게 살아 사람들부터 많은 존경을 받는다.

⇨ 명예를 얻고 유지하는 데 필요한 희생을 요구받는다.

⇨ 명예를 지키기 위해 동물적 속성을 거의 포기해야 한다.

⇨ 위선된 모습도 보여야 하는 인간적 고뇌에서 벗어날 수 없다.

⇨ 명예가 목숨을 요구하기도 한다.

4. 권력을 휘두르면서 큰 영향력을 행사한다.

⇨ 경쟁자들로부터 계속 도전을 받아야 한다.

⇨ 지위가 높을수록 더 많은 적이 생겨난다.

⇨ 권력이 약화되면 목숨을 잃을 수도 있다.

5. 자녀가 공부를 잘해서 자랑스럽다.

⇨ 공부를 잘할수록 더 민감하여 스트레스를 많이 받는다.

⇨ 공부를 잘할수록 요구 수준이 높아 스트레스를 많이 받는다.

⇨ 공부를 잘할수록 오랫동안 부모와 함께할 수 없다.

⇨ 공부를 잘할수록 정서적으로 부모와 멀어진다.

⇨ 공부를 잘할수록 '인류의 자식', '조국의 자식'이 된다.

6. 판사 또는 검사는 권력과 명예를 함께 얻을 수 있는 직업이다.

⇨ 주로 대하는 사람이 죄인이다.

⇨ 죄 없는 사람을 죄인으로 만들어 극형에 처할 수도 있다.

⇨ 강력범 등과 관련된 신변 안전문제로 행동이 자유롭지 못하다.

⇨ 잘못된 검거나 재판으로 인한 인간적 고뇌가 있다.

7. 의사는 생명을 구하고 돈과 명예를 얻을 수 있는 직업이다.

⇨ 대하는 사람이 심리적으로 민감한 환자나 보호자다.

⇨ 의료사고에서 자유로울 수 없다.

⇨ 개업을 하기까지 많은 시간과 자금을 투자해야 한다.

8. 교수는 경제적으로도 안정되고 명예로운 직업이다.

⇨ 평생 연구를 해야 한다.

⇨ 매년 또는 승진할 때마다 평가를 받아야 한다.

⇨ 높은 목표와 경쟁으로 심한 스트레스를 받아야 한다.

9. 사업가는 자유롭고 돈을 많이 벌어서 좋은 직업이다.

⇨ 은행에서 자금줄을 막으면 바로 파산할 수도 있다.

⇨ 타 회사의 부도로 자신과 무관하게 부도가 날 수 있다.

⇨ 국내외 출장이 많고 늦게 퇴근할 가능성이 크다.

10. 대기업(공기업) 중역은 경제적으로 안정되고 명예로운 직업이다.

⇨ 가정생활을 포함한 사생활이 거의 없다.

⇨ 업적 평가에 따라 언제든지 그만두어야 하는 경우가 있다.

11. 그 사람은 배려심이 많고 가정적이어서 좋다.

⇨ 남을 배려하느라 본인은 너무나 괴롭다.

⇨ 자신의 발전을 기하기 어렵다.

12. 외모가 빼어나 좋다.

⇨ 유혹하는 이성이 많아 이성의 소중함을 잘 모른다.

⇨ 얼굴값을 할 가능성이 크다.

⇨ 내면적 성장보다는 외면에 대한 시선에 더 관심을 가진다.

*통합성: 실존주의적 역설과 리듬모델의 관점을 통합한 개념

리듬모델 관점의 대인관계 적용 ATP18-P3

📄 리듬모델 관점에 대한 다음 예를 참고로 더 많은 예를 적은 후 함께 경험을 나누어 보겠습니다.

1. 누가 나를 너무나 사랑한다.

⇨ (예) 나는 그가 부담이 된다.

⇨

2. 누가 나를 함부로 대한다.

⇨ (예) 그는 나를 편안하게 느낀다.

⇨

3. 누가 나에게 무관심하다.

⇨ (예) 그는 나에게 부담을 주지 않는다.

⇨

4. 누가 나를 괴롭힌다.

⇨ (예) 그는 나의 위대한 스승이다. 어느 곳이든 이런 사람이 있을 텐데, 괴롭혀도 내가 괴로워하지 않을 수 있는 방법을 배우는 기회다.

⇨

5. 지금 그와 관계가 좋지 않다.

⇨ (예) 내가 그와 더 가까워질 수 있는 기회다.

⇨

6. 나는 그와 너무 좋은 관계를 유지하고 있다.

⇨ (예) 아주 작은 일로도 그가 섭섭해할 수 있다.

⇨

7. 나는 그의 이런 행동을 도저히 수용할 수 없다.

⇨ (예) 그를 통해 나의 인간적 자질을 키울 수 있다.

⇨

8. 나는 그를 대할 때마다 위축된다.

⇨ (예) 그가 나의 잠재력을 계발하도록 자극을 준다.

⇨

질의응답 및 평가 ATP18-P4

1. 질문이나 토의하고 싶은 내용

2. 다른 집단원에게 피드백을 해 주고 싶은 내용

3. 스스로 또는 집단원의 도움을 통해 배운 점이나 느낀 점

주장적 인지 연습 1
–소극적 행동 장면

주장적 인지 연습 1 – 소극적 행동 장면	ATP-19

1. **목표:** 1) 소극적 행동과 관련된 부조화 인지 확인하기
   2) 소극적 행동과 관련된 부조화 인지를 조화 인지로 바꾸기
2. **준비물:** 〈ATP19–T1〉, 〈ATP19–P1〉, 〈ATP19–P2〉, 〈ATP19–P3〉, 〈ATP19–P4〉, 〈ATP19–P5〉, 필기도구
3. **유의사항:** 빈칸을 빠짐없이 기록해야 하는 부담을 갖지 않도록 함
4. **활동과정**

훈련자	참가자
1) 강의	1) 강의
(1) 과제 확인	(1) 과제 결과 발표
(2) 〈ATP19–P1〉 배부	(2) 〈ATP19–P1〉 수령
(3) 〈ATP19–T1〉 설명	(3) 〈ATP19–P1〉 보면서 경청
(4) 질의응답	(4) 질의응답
(5) 〈ATP19–P2〉 배부 및 설명	(5) 〈ATP19–P2〉 수령 및 경청
2) 적용	2) 적용
(1) 〈ATP19–P3〉 배부 및 작성 지도	(1) 〈ATP19–P3〉 수령 및 작성
(2) 발표 지도 및 질의응답	(2) 발표 및 질의응답
(3) 〈ATP19–P4〉 배부 및 작성 지도	(3) 〈ATP19–P4〉 수령 및 작성
(4) 발표 지도 및 질의응답	(4) 발표 및 질의응답
3) 종결	3) 종결
(1) 〈ATP19–P5〉 배부 및 작성 지도	(1) 〈ATP19–P5〉 수령 및 작성
(2) 〈ATP19–P5〉에 따라 평가 지도	(2) 〈ATP19–P5〉에 따라 평가
(3) 과제 제시: 공격적 행동 관련 부조화 인지 확인해 오기	(3) 과제 확인

소극적 행동 관련 부조화 인지 논박 ATP19-T1

앞에서 인간행동의 변화를 위해서 인지를 변화시키는 것이 중요하다는 점을 함께 공부하고 실습도 해 보았습니다. 이제부터는 이 프로그램의 목적인 주장행동 신장을 위해 주장적 인지의 원리를 적용해 보고자 합니다. 먼저 소극적 행동을 주장행동으로 바꾸는 데 도움이 되는 주장적 인지의 원리를 찾아, 이를 실제로 적용해 보겠습니다. 소극적 행동과 관련된 대표적인 부조화 인지에는 다음과 같은 네 가지가 있습니다. 여기서는 부조화 인지 각각을 먼저 ABCDE의 원리 중 유용성, 현실성 및 논리성에 따라 논박할 것입니다. 이어서 통합성의 관점인 실존주의적 역설과 리듬모델 관점에 따라 논박하여 조화 인지로 바꾸어 보겠습니다.

첫째, '말을 잘 못하면 큰일이 나기 때문에 말을 잘 못해서는 절대로 안 된다.'는 생각입니다. 이를 유용성 측면에서 살펴보면, 이런 생각을 가질 경우 말을 할 기회가 줄어들어 결국 말을 더 못하게 되기 때문에, 말을 더 잘하는 데 도움이 되지 않습니다. 현실적 측면에서 보면, 세상에는 말을 잘 못하는 사람들이 많지만 이들은 하고 싶은 말을 하며, 남이 말을 잘 못하는 것도 수용하고 있습니다. 논리적으로 보면, 다른 사람은 말을 잘 못해도 되는데 자신은 그래서는 안 된다는 것은 논리적 비약입니다.

통합성의 관점 중 실존주의적 역설의 측면에서 보면, 실수나 실패를 통해 많은 고통을 겪을수록 성공했을 때의 기쁨도 그만큼 커지고, 리듬모델 관점에서 보면, 잘하지 못함은 잘하는 것으로 가기 위한 출발점이므로 말을 잘 못하기 때문에 오히려 말을 더 자주해야 합니다.

따라서 이 생각을 다음과 같은 조화 인지로 바꾸면 주장행동을 할 가능성을 높일 수 있습니다. 즉, '말을 잘하지 못해서 파멸을 가져오는 경우는 거의 없다.', '잘못한 것에서 잘하는 데 도움이 되는 것을 배울 수 있다.', '잘못을 통해 배울 수 있으면 목표를 달성할 수 있다.', '결과도 중요하지만 과정도 나에게 많은 의미가 있다.', '시간을 길게 보면 전화위복의 계기가 될 수도 있다.'와 같이 생각하는 것입니다.

둘째, '내가 좋아하는 사람, 부모님, 교사, 상급자 등 나에게 중요한 의미를 가진 사람들에게 인정을 받으려면 이들이 싫어할 주장을 해서는 안 된다.'는 생각입니다. 이를 유용성 측면에서 살펴보면, 이러한 생각을 가지면 상대방이 원하는 것을 주로 해야 하기 때문에 내가 하고 싶은 것은 거의 할 수 없습니다. 즉, 자신의 삶이나 원하는 것을 얻는 데 거의 도움이 되지 않습니다. 현실적 측면에서 보면, 나를 위한 것보다는 상대방이 원하는 것을 더 많이 하는 사람은 실제로 거의 없습니다. 일시적으로는 가능할지 몰라도 장기적으로는 불가능합니다. 만약 장기적으로 가능한 사람이 있다면, 그는 스트레스를 너무 심하게 받아 결국 대부분의 대인관계를 차단할 수밖에 없습니다. 논리적으로 보면, 현실적으로 불가능한 것을 하려는 것은 자기모순입니다.

통합성의 관점 중 실존주의적 역설의 측면에서 보면, 상대방의 요구대로 하면 내 요구는 포기해야 합니다. 내 것을 철저히 포기해야 상대방의 인정을 받을 수 있는데, 포기가 어느 수준까지 가능할지가 문제입니다. 리듬모델 관점에서 보면, 상대방이 원하는 것만 해 주면 일시적으로는 상대방에게 좋지만 장기적으로는 나의 정체성 때문에 오히려 상대방에게 걱정을 끼치게 됩니다. 많은 사람은 상대방이 자기에게 잘해 주면 줄수록 그만큼 부담을 가집니다.

따라서 이 생각을, '있는 그대로의 나를 인정해 줄 때 정말 인정받는 것이다.', '인정받기 위해 마음에 없는 행동을 한다면 나는 위선자다.', '내가 먼저 남을 인정하고 사랑하면 그들이 나를 인정할 것이다.', '내가 하고 싶은 것을 열심히 하면 인정을 받을 것이다.'와 같은 조화 인지로 바꿀 때 소극적 행동을 하지 않고 주장행동을 할 수 있을 것으로 봅니다.

셋째, '나처럼 말을 잘하지 못하는 사람이 말을 하면, 사람들이 정말로 나를 무시할 것이다.'라는 생각입니다. 다시 말해 "나는 능력이 모자라는 사람이기 때문에 아무것도 할 수 없고, 어떤 일을 해도 결국은 무시만 당할 것이다."라고 생각하는 것입니다. 이를 유용성 측면에서 보면, 말을 잘하지 못하기 때문에 말을 하지 않으려고 한다면, 점점 더 말을 잘하지 못합니다. 그 때문에 결국 무시당할 가능성도 그만큼 커집니다. 즉, 이 생각은 말을 잘하는 데도 도움이 되지 않고 무시를 당하지 않게 되는 데도 도움이 되지 않습니다. 현실성 측면에서 보면, 말을 잘하지 못해도 자기 주장을 하는 사람이 있습니다. 대부분의 사람은 자신이 말을 좀 못하고 주장행동의 요소를 잘 갖추어서 말할 줄 몰라도 나름대로 주장행동을 합니다. 그리고 자신이 말을 잘하지 못한다고 하더라도 그 때문에 다른 사람이 자기를 무시할 것이라고 생각하는 사람은 많지 않습니다. 실제로 말을 잘하지 못한다는 이유로 누군가를 무시하는 사람은 극히 적습니다. 논리적 측면에서 보면, 어떤 사람이 말을 잘하지 못하더라도 내가 그를 무시하지는 않는데, 내가 말을 잘 못한다고 남들이 나를 무시할 것으로 생각하는 것은 논리적 비약입니다.

통합성의 관점 중 실존주의적 역설의 측면에서 보면, 말을 잘하지 못하는 데 따른 고통을 겪지 않으면 앞으로 잘할 수 없습니다. 성장과 발전을 위해서는 고통을 맞닥뜨려야지 피해서는 안 됩니다. 리듬모델 관점에서 보면, 말을 잘하지 못하기 때문에 오히려 다른 사람들이 편하게 대할 수 있습니다. 많은 사람은 자기보다 잘하는 사람에게는 경쟁심과 부담감을 느끼지만 잘하지 못하는 사람에게는 부담감이 없기 때문에 도와주려고 합니다.

따라서 이러한 생각을, '나를 포함한 존재하는 모든 것은 그 나름대로 존재가치를 가졌다.', '말을 잘하거나 잘하지 못하는 것과 같은 인간의 어떤 특성이 그 인간의 가치를 결정하지는 않는다.', '내 친구가 말을 잘하기 때문에 그를 친구로 사귄 것은 아니다.'와 같은 조화 인지로 바꾸면 주장행동을 하는 데 더 도움이 될 것입니다.

넷째, '내 주장을 해서 상대방과 갈등에 부딪치기보다는 아무 말도 하지 않고 참는 것이 인간관계에 금이 가지 않는다.'라는 생각입니다. 이를 유용성 측면에서 보면, 기분이 상하더라도 참고 형식적으로 계속 만날 경우, 과연 그 관계가 더 좋아지겠는지를 스스로에게 물어보아야 할 것입니다. 대부분 이러한 관계가 지속되면, 서로 부담을 느껴 결국 두 사람 사이가 점점 더 멀어지기 쉽습니다. 현실적 측면에서 보면, 갈등에 부딪치지 않으려고 하면 할 수 있는 일이 거의 없다는 점입니다. 많은 사람은 갈등이 있을 때 솔직하게 이야기하면 고마워합니다. 그리고 그 갈등을 말하기 전보다 관계가 더 좋아지는 것을 경험합니다. 논리적 측면에서 보면, 관계가 좋아지기 위해서 참았지만 실제로는 더 나빠졌다면, 이는 생각과 실제가 맞지 않는 것으로 모순입니다.

통합성의 관점 중 실존주의적 역설의 측면에서 보면, 인간적 만남은 스침의 관계를 버려야 가능합니다. 서로가 솔직하게 드러내지 않는 형식적인 스침의 관계와 있는 그대로의 너와 내가 부딪치는 만남의 관계는 공존할 수 없습니다. 리듬모델 관점에서 보면, 갈등과 만남은 함께 있습니다. 친하게 지냈거나 지내고 있는 사람과 이제까지 갈등을 경험하지 않은 경우는 극히 드물 것입니다. 아무런 관계가 없는 사람과는 갈등도 없습니다.

따라서 이 생각을, '마음속에 있는 문제나 갈등을 억지로 참는 것보다 그것을 해소할 때 인간관계가 더욱 풍성해질 수 있다.', '너와 내가 있는 그대로 솔직하게 만날 때, 진정한 인간관계가 형성될 수 있다.', '친한 친구가 되려면 세 번은 싸워야 한다더라.'와 같은 조화 인지로 바꾸면 주장행동을 하는 데 더 도움이 될 것입니다.

소극적 행동 관련 부조화 인지 논박 ATP19-P1

1. 말을 잘 못하면 큰일 나기 때문에 그래서는 절대로 안 된다.

▷ 유용성: 말을 할 기회가 줄어들어 결국 말을 더 못하게 된다.

▷ 현실성: 세상에는 말을 잘 못하는 사람들이 많지만 하고 싶은 말을 하며, 남이 말을 잘 못하는 것도 수용한다.

▷ 논리성: 다른 사람은 말을 잘 못해도 되는데 자신은 그래서는 안 된다는 것은 논리적 비약이다.

▷ 통합성: 실수나 실패의 고통만큼 성공의 기쁨도 커진다. 잘하지 못함은 잘하는 것으로 가기 위한 출발점이므로, 말을 잘 못하기 때문에 오히려 말을 더 자주해야 한다.

⇨ 조화 인지

* 말을 잘하지 못해서 파멸을 가져오는 경우는 거의 없다.

* 잘못을 통해 배울 수 있으면 목표를 달성할 수 있다.

* 결과도 중요하지만 과정도 나에게 많은 의미가 있다.

* 시간을 길게 보면 전화위복의 계기가 될 수도 있다.

2. 내가 좋아하는 사람, 부모, 교사, 상급자 등 나에게 중요한 의미를 가진 사람들에게 인정을 받으려면, 이들이 싫어할 주장을 해서는 안 된다.

▷ 유용성: 상대방이 원하는 것만 하면 내가 원하는 것은 얻을 수 없다.

▷ 현실성: 상대방이 원하는 것만 한다는 것은 현실적으로 불가능하다.

▷ 논리성: 현실적으로 불가능한 것을 하려는 것은 모순이다.

▷ 통합성: 상대방의 요구에 따르려면 내 요구는 모두 포기해야 한다. 상대방이 원하는 것만 해 주면 일시적으로는 상대방에게 좋지만 장기적으로는 나의 정체성 때문에 걱정을 끼칠 수도 있다.

⇨ 조화 인지

* 있는 그대로의 나를 인정해 줄 때 정말 인정받는 것이다.
* 인정받기 위해 마음에 없는 행동을 한다면 나는 위선자다.
* 내가 먼저 남을 인정하고 사랑하면 그들이 나를 인정할 것이다.
* 내가 하고 싶은 것을 열심히 하면 인정을 받을 것이다.

3. 나처럼 말을 잘 못하는 사람이 말하면 사람들이 정말 나를 무시한다.

▷ 유용성: 말을 잘 못한다고 안 하면 말을 점점 더 잘 못하게 된다.

▷ 현실성: 말을 잘하지 못하는 사람도 자기 주장을 하는 사람이 있다. 그럴 때 사람들이 그를 무시하지는 않는다.

▷ 논리성: 다른 사람이 주장을 잘 못하더라도 나는 그를 늘 무시하지는 않았다. 그런데 내가 말을 잘 못할 때만 다른 사람들이 나를 무시한다는 것은 논리적 비약이다.

▷ 통합성: 말을 잘 못하는 데 따른 고통을 겪지 않으면 말을 잘할 수 없다. 말을 잘 못하기 때문에 다른 사람들이 나를 편하게 대한다.

⇨ 조화 인지

* 나를 포함한 존재하는 모든 것은 그 나름의 존재 가치를 가졌다.
* 인간의 어떤 특성이 그 인간의 가치를 결정하지는 않는다. 즉, 말을 잘하기 때문에 어떤 사람을 친구로 사귀지는 않는다.

4. 내 주장을 해서 상대방과 갈등에 부딪치기보다는, 아무 말도 하지 않고 참는 것이 인간관계에 금이 가지 않는다.

▷ 유용성: 형식적으로 참고 만난다고 그 관계가 더 좋아지지는 않는다.

▷ 현실성: 갈등에 부딪치지 않으려고 하면 할 수 있는 일이 거의 없다. 갈등이 있을 때 솔직하게 말해 주면 많은 경우 고맙게 여긴다.

▷ 논리성: 관계가 좋아지기 위해서 참았지만 실제로는 나빠졌다면 이는 생각과 실제가 맞지 않는 것이다.

▷ 통합성: 인간적 만남은 스침의 관계를 버려야 가능하다. 갈등과 만남은 함께 있다. 친하게 지냈거나 지내고 있는 사람과 이제까지 갈등이 없었던 경우는 없다. 아무런 관계가 없는 사람과는 갈등도 없다.

⇨ 조화 인지

* 마음속에 있는 문제나 갈등을 억지로 참는 것보다 그것을 해소할 때 더욱 인간관계가 풍성해질 수 있다.
* 너와 내가 있는 그대로 솔직하게 만날 때 진정한 인간관계가 형성될 수 있다.
* 친한 친구가 되려면 세 번은 싸워야 한다.

소극적 행동 관련 부조화 인지 논박 예 ATP19－P2

〈ATP4－P1〉의 장면 1과 관련된 부조화 인지를 찾아서 이를 조화 인지로 바꾸면 다음과 같습니다.

〈장 면 1〉

친구가 휴대전화를 사러 시내에 가는데 같이 가자고 한다. 그런데 오늘은 몸이 너무 피곤하여 나가고 싶지 않다. 그러나 "그래 알았어. 몇 시에 어디서 만날까?"라고 하였다.

부조화 인지	같이 가지 않으면 친구가 나를 틀림없이 싫어할 것이다. 친구가 싫어하는 행동을 해서는 절대로 안 된다.
유용성	거짓된 모습을 보이는 친구관계는 진정한 관계가 아니기 때문에, 친구관계를 유지하는 데 도움이 되지 않는다.
현실성	친구도 내 부탁을 들어주지 않은 적이 있다. 그때 서운하기는 했지만 그렇다고 친구가 싫지는 않았다.
논리성	친구가 내 부탁을 거절할 경우 내가 그를 싫어하지 않을 때도 있는데, 내가 친구의 부탁을 거절하면 친구가 반드시 나를 싫어할 것이라는 생각은 논리적 비약이다.
통합성	싫어도 친구와 같이 가겠다고 한 것을 앞으로 후회하지 않을 수 있는가? 후회할 가능성이 크다. 내가 싫은데도 같이 가겠다고 한 사실을 알면, 친구는 나에게 부담을 갖게 된다.
조화 인지	정말 친한 친구라면 부담 없이 부탁하고 부담 없이 거절할 수 있어야 한다.

자신의 소극적 행동 관련 부조화 인지 논박 1 ATP19-P3

〈ATP19-P2〉를 참고하여 〈ATP4-P1〉 장면 2에 선정했던 자신의 소극적 행동 장면과 관련된 부조화 인지를 찾아 이를 조화 인지로 바꾸어 보세요.

〈장 면 2〉

부조화 인지	
유용성	
현실성	
논리성	
통합성	
조화 인지	

자신의 소극적 행동 관련 부조화 인지 논박 2 ATP19-P4

〈ATP19-P2〉를 참고하여 〈ATP4-P1〉 장면 3에 선정했던 자신의 소극적 행동 장면과 관련된 부조화 인지를 찾아 이를 조화 인지로 바꾸어 보세요.

〈장 면 3〉

부조화 인지	
유용성	
현실성	
논리성	
통합성	
조화 인지	

질의응답 및 평가 ATP19-P5

1. 질문이나 토의하고 싶은 내용

2. 다른 집단원에게 피드백을 해 주고 싶은 내용

3. 스스로 또는 집단원의 도움을 통해 배운 점이나 느낀 점

주장적 인지 연습 2
–공격적 행동 장면

주장적 인지 연습 2 –공격적 행동 장면	ATP20

1. **목표:** 1) 공격적 행동과 관련된 부조화 인지 확인하기
   2) 공격적 행동과 관련된 부조화 인지를 조화 인지로 바꾸기
2. **준비물:** 〈ATP20–T1〉, 〈ATP20–P1〉, 〈ATP20–P2〉, 〈ATP20–P3〉, 〈ATP20–P4〉, 〈ATP20–P5〉, 필기도구
3. **유의사항:** 자신의 논리로 논박할 수 있게 함
4. **활동과정**

훈련자	참가자
1) 강의	1) 강의
(1) 과제 확인	(1) 과제 결과 발표
(2) 〈ATP20–P1〉 배부	(2) 〈ATP20–P1〉 수령
(3) 〈ATP20–T1〉 설명	(3) 〈ATP20–P1〉 보면서 경청
(4) 질의응답	(4) 질의응답
(5) 〈ATP20–P2〉 배부 및 설명	(5) 〈ATP20–P2〉 수령 및 경청
2) 적용	2) 적용
(1) 〈ATP20–P3〉 배부 및 작성 지도	(1) 〈ATP20–P3〉 수령 및 작성
(2) 발표 지도 및 질의응답	(2) 발표 및 질의응답
(3) 〈ATP20–P4〉 배부 및 작성 지도	(3) 〈ATP20–P4〉 수령 및 작성
(4) 발표 및 질의응답	(4) 발표 및 질의응답
3) 종결	3) 종결
(1) 〈ATP20–P5〉 배부 및 작성 지도	(1) 〈ATP20–P5〉 수령 및 작성
(2) 〈ATP20–P5〉에 따라 평가 지도	(2) 〈ATP20–P5〉에 따라 평가
(3) 과제 제시: 다수 상대 주장행동 관련 부조화 인지 확인해 오기	(3) 과제 확인

공격적 행동 관련 부조화 인지 논박 ATP20-T1

이번에는 공격적 행동 장면에 대한 주장적 인지를 연습하겠습니다. 공격적 행동을 불러일으키는 대표적인 부조화 인지가 무엇인지와 이를 어떻게 논박할 수 있을지 함께 보겠습니다. 공격적 행동과 관련된 부조화 인지에는 어떤 것이 있을까요? (다양한 의견을 함께 나눈다.) 그러면 이런 부조화 인지를 대표할 수 있는 하나의 문장을 만들어 봅시다. (의견을 나눈다.) 이런 생각들은 '너는 나에게 그런 말이나 행동을 해서는 절대로 안 된다.'라는 말로 압축할 수 있습니다. 이제 이 생각에 대해 우리가 함께 논박을 해 보도록 하겠습니다. ABCDE이론의 유용성, 현실성, 논리성 측면에 따라 먼저 논박한 후 실존주의적 역설과 리듬모델 관점이 강조하는 통합성 측면을 중심으로 논박해 보기로 합니다. 여러분에게 나누어 준 〈ATP20-P1〉을 함께 봐 주시기 바랍니다.

먼저 '너는 나에게 그런 말이나 행동을 해서는 절대로 안 된다.'라는 생각을 유용성 측면에서 살펴보겠습니다. 그러면 이 생각이 상대방의 언행을 바꾸는 데 도움이 되겠는지와 관련된 질문에 답해 봅시다. 이런 생각은 대개 부조화 정서인 분노, 적개심, 시기심, 질투심, 미움 등을 일으킵니다. 부조화 정서는 상대방을 공격할 가능성을 높이는데, 이렇게 되면 주장행동을 하기 어렵습니다. 따라서 어떤 사람에 대해 '인간이 어떻게 그럴 수 있나?', '용서할 수 없다.'는 생각이 들더라도, 그를 비난하는 것은 그의 언행을 고치는 데 도움을 주지 못하며, 자신의 정서적 안정에도 해롭습니다. 뿐만 아니라 그가 비난을 받고서 자책하는 자기 언어를 구성하거나 화를 내면, 그의 언행을 고치기는커녕 더 나쁘게 만들 가능성이 커집니다.

둘째는 현실성에 따른 질문입니다. 어떤 행동을 하는 사람을 우리가 보고서 그 사람은 '나쁘다', '사악하다', '악랄하다'라는 판단을 할 경우가 많은데, 그 근거가 명백하지 않습니다. 많은 경우에 그 판단이나 생각의 기준은 사람에 따라 다릅니다. 사람은 각기 달라서 서로의 마음에 들지 않는 말이나 행동을 얼마든지 할 수 있으며, 이것은 현실적으로 일어날 수밖에 없는 일입니다.

셋째는 논리성에 따른 질문입니다. 즉, '너는 나에게 그런 말이나 행동을 해서는 절대로 안 된다.'는 생각이 논리적으로 문제가 없는지와 관련된 질문입니다. 우리가 특정인의 행동에 대해 서로 다르게 볼 수 있다는 현실적 근거가 있는데도, 자신이 보고 판단한 것만이 옳다고 하는 것은 논리적으로 모순입니다. 누구를 비난하거나 그에게 화를 낸다는 것은, 자신의 생각이 올바르기 때문에 상대방을 자신의 생각대로 이끌어 가려고 하는 것입니다. 내가 어느 누구의 생각대로 이끌려 갈 수 없듯이, 다른 사람도 나의 의견에 일방적으로 끌려오지 않으려는 것은 당연합니다. 그런데 '나는 너에게 끌려갈 수 없지만, 너는 나에게 끌려와야 한다.'는 논리는 성립할 수 없습니다.

넷째는 통합성에 따른 질문입니다. 그 사람의 말이나 행동이 나에게 피해만 주고 도움을 주는 측면은 없는지와 관련된 질문입니다. 이에 대한 답은, '도움을 주는 면도 있다.' 입니다. 어떤 말이나 행동을 수용하기 어려운 것은 그 말이나 행동과 관련된 문제에 대해서 내가 아직 여유가 없기 때문입니다. 따라서 내가 화를 내는 것은 상대방의 문제라기보다는 내 문제일 가능성이 큽니다. 이는 힘들지만 나를 다시 돌아보게 하는 기회가 될 수 있습니다. 다시 말해 나를 더 인간적으로 성장시킬 수 있는 계기를 마련해 줄 수 있다는 것입니다.

그러면 '너는 나에게 그런 말이나 행동을 해서는 절대로 안 된다.' 라는 생각과 대치될 수 있는 조화 인지는 무엇이겠습니까? "그럴 만한 사정이 있을 것이다. 그 사정을 한번 들어 보자."라고 생각하는 것입니다. 실제로 그 사정을 듣는 중에 나 자신의 감정이 가라앉게 되고, 보다 객관적으로 상대방의 문제를 볼 수 있게 됩니다. 그렇게 되면 서로를 더 잘 이해할 수 있게 되고 화나는 감정이 줄어 들어 문제를 보다 합리적으로 해결할 수 있습니다.

공격적 행동 관련 부조화 인지 논박 ATP20-P1

공격적 행동과 관련된 대표적인 부조화 인지는 '너는 나에게 그런 말이나 행동을 해서는 절대로 안 된다.'라는 것이다. 이에 대해 유용성, 현실성, 논리성 및 통합성(실존주의적 역설과 리듬모델 관점에서 보는 양면의 통합) 측면에서 논박해 보면 다음과 같다.

▷ 유용성: 그런 생각을 하는 것이 상대방의 행동을 바꾸는 데 도움이 되는가?
  * 비난을 받아서 행동을 고치는 사람은 극히 드물다.
  * 비난해도 상대방이 고치지 않으면 나의 정서적 안정에도 해롭다.
  * 비난 때문에 그가 자책하는 자기 언어를 구성하면 그의 문제를 더 악화시킬 수 있다.

▷ 현실성: 상대방의 행동에 대한 절대적인 판단 기준이 현실적으로 존재하는가?
  * 상대방이 항상 내 마음에 들도록 행동하는 것은 현실적으로 불가능하다.
  * 현실적으로 절대적인 판단 기준이 없다.

▷ 논리성: '절대로 저래서는 안 된다.'는 말이 논리적으로 맞는가?
  * 행동을 판단하는 기준은 사람마다 다르다.
  * 나는 상대방의 마음에 들도록 행동할 수는 없지만, 상대방은 내 마음에 들도록 행동해야 한다는 것은 모순이다.

▷ 통합성: 저 사람의 행동이 나에게 피해만 주고 도움을 주는 측면은 없는가?
  * 내가 그 사람의 행동을 수용하여 성장할 수 있는 기회가 된다.
  * 나의 그릇이 작음을 돌아보는 기회가 된다.

  ⇨ 조화 인지: 그럴 만한 사정이 있을 것이다. 그 사정을 한번 들어 보고 내 입장을 말하자(상대방의 말을 들어 본다).

공격적 행동 관련 부조화 인지 논박 예 ATP20－P2

〈ATP4－P1〉 장면 4의 공격적 행동과 관련된 부조화 인지를 찾아 이를 조화 인지로 바꾸면 다음과 같습니다.

〈장 면 4〉

나도 아직 한두 번밖에 사용하지 않은 디지털 카메라를 친구가 등산을 간다면서 1주일간 빌려 달라고 한다. 그래서 "야! 너도 좀 네 돈 주고 사서 사용해 봐라. 너는 모든 것을 다 빌리려고만 하니?" 라고 했다.

부조화 인지	저 친구는 거의 모든 것을 빌려서만 쓰려고 하니 이번 기회에 버릇을 고쳐 주어야겠다.
유용성	친구의 버릇을 고치지도 못하고, 두 사람 관계만 서먹서먹해진다.
현실성	남에게 거의 빌리지 않고 살아가는 사람은 없다. 나도 빌릴 때가 있다.
논리성	다른 사람들이나 나는 물건을 빌려서 사용해야 할 경우가 있는데, 그 친구만은 그래서는 안 된다는 것은 논리적으로 모순이다.
통합성	남에게 빌려 줘 봐야 빌려 준 사람의 심정을 안다. 빌려 준 만큼 빌릴 수 있는 자산이 생기는 것이다.
조화 인지	아직 몇 번 사용하지도 않았고 내가 아끼는 물건이라는 것을 잘 알면서도 빌려 달라고 하는 것을 보면, 특별한 사정이 있는 것 같다. 그 이유를 한번 잘 들어 보고 결정을 해야겠다(친구의 말을 들어본다).

자신의 공격적 행동 관련 부조화 인지 논박 1 ATP20-P3

〈ATP20-P2〉를 참고로 〈ATP4-P1〉 장면 5의 자신의 공격적 행동과 관련된 부조화 인지를 찾아 이를 조화 인지로 바꾸어 보세요.

〈장 면 5〉

부조화 인지	
유용성	
현실성	
논리성	
통합성	
조화 인지	

자신의 공격적 행동 관련 부조화 인지 논박 2 ATP20-P4

〈ATP20-P2〉를 참고로 〈ATP4-P1〉 장면 6의 자신의 공격적 행동과 관련된 부조화 인지를 찾아 이를 조화 인지로 바꾸어 보세요.

〈장 면 6〉

부조화 인지	
유용성	
현실성	
논리성	
통합성	
조화 인지	

질의응답 및 평가 ATP20-P5

1. 질문이나 토의하고 싶은 내용

2. 다른 집단원에게 피드백을 해 주고 싶은 내용

3. 스스로 또는 집단원의 도움을 통해 배운 점이나 느낀 점

주장적 인지 연습 3
–다수 상대 행동 장면

주장적 인지 연습 3 – 다수 상대 행동 장면 ATP21

1. **목표:** 1) 다수 상대 주장행동과 관련된 부조화 인지 확인하기
   2) 다수 상대 주장행동과 관련된 부조화 인지를 조화 인지로 바꾸기
2. **준비물:** 〈ATP21–T1〉, 〈ATP21–P1〉, 〈ATP21–P2〉, 〈ATP21–P3〉, 〈ATP21–P4〉, 필기도구
3. **유의사항:** 자신의 논리로 논박할 수 있게 지도함
4. **활동과정**

훈련자	참가자
1) 강의	1) 강의
(1) 과제 확인	(1) 과제 결과 발표
(2) 〈ATP21–P1〉 배부	(2) 〈ATP21–P1〉 수령
(3) 〈ATP21–T1〉 설명	(3) 〈ATP21–P1〉 보면서 경청
(4) 질의응답	(4) 질의응답
(5) 〈ATP21–P2〉 배부 및 설명	(5) 〈ATP21–P2〉 수령 및 경청
2) 적용	2) 적용
(1) 〈ATP21–P3〉 배부 및 작성 지도	(1) 〈ATP21–P3〉 수령 및 작성
(2) 발표 지도 및 질의응답	(2) 발표 및 질의응답
3) 종결	3) 종결
(1) 〈ATP21–P4〉 배부 및 작성 지도	(1) 〈ATP21–P4〉 수령 및 작성
(2) 〈ATP21–P4〉에 따라 평가 지도	(2) 〈ATP21–P4〉에 따라 평가
(3) 과제 제시: 불안 때문에 주장행동을 못하는 장면 알아 오기	(3) 과제 확인

다수 상대 주장행동 관련 부조화 인지 논박 ATP21-T1

지난번까지 개인을 상대로 한 소극적 행동 장면과 공격적 행동 장면을 설정한 후, 그 장면과 관련된 부조화 인지에 대해 논박을 통하여 주장적 인지를 가질 수 있도록 연습하였습니다. 이제 다수를 상대로 한 장면에서 흔히 나타날 수 있는 부조화 인지에 대해 논박하여 이것을 조화 인지로 바꾸는 훈련을 해 보겠습니다.

첫째는 "여러 사람 앞에서 말을 잘 못하면 이는 너무나 끔찍한 일이다."라고 생각하는 것입니다. 여러 사람이 모인 자리에서 자기소개를 하거나, 준비한 자료를 발표할 때가 이런 경우에 해당합니다. 이 생각을 먼저 유용성 측면에서 보기로 하겠습니다. 이런 생각을 가지면 계속 여러 사람 앞에 나가지 않게 됩니다. 결과의 끔찍한 장면이 생생하게 떠오르며 그 장면이 여러 사람 앞에 나가는 행동을 막습니다. 정도가 심해지면 여러 사람이 모일 것으로 생각되는 장소에는 아예 나가지 않게 됩니다. 그래서 결국 일상생활에 많은 지장을 받게 됩니다. 즉, 여러 사람 앞에 나가서 말을 하지 않음으로써 여러 사람이 있는 자리에서 편안하길 원했는데 결국은 더 불편하게 되는 것입니다. 현실적 측면에서 보면, 여러 사람 앞에서 말을 잘하는 사람은 드뭅니다. 특히, 청중은 말을 잘하였다고 평가해도, 말하는 본인은 그렇지 않다고 생각합니다. 물론 실제로 말을 잘하지 못하는 사람도 있습니다. 그렇다고 청중이 말을 잘하지 못한 사람을 끔찍하게 만드는 일은 없습니다. 스스로 말을 잘하지 못한다고 생각하는 사람들도 이러한 점을 부정하지는 않습니다. 논리성 측면에서 보면, 다른 사람은 말을 잘하지 못할 수 있더라도 자신은 그래서는 안 된다고 하는 것은 논리적으로 모순입니다. 자신에게 적용한 기준과 다른 사람에게 적용한 기준이 서로 다릅니다. 통합성 측면에서 보면 실수나 실패의 고통만큼 성공의 기쁨도 커집니다. 앞의 소극적 행동 장면에 대한 주장적 인지 훈련에서도 언급한 바와 같이, 잘하게 되면 잘하지 못하여 고통스러웠던 만큼 기쁩니다. 잘못하여 힘든 것이 바로 나중의 기쁨을 위한 자산입니다. 그리고 말을 잘하지 못하면 다시는 하지 말아야겠다고 생각하는 사람도 있지만, 더 강한 동기를 가지는 사람도 있습니다.

따라서 이 생각을 조화 인지로 바꾸면 여러 사람 앞에서 주장행동을 더 잘할 수 있습니다. 즉, "말을 잘하지 못해서 끔찍한 일이 일어나는 경우는 거의 없다.", "말을 잘하지 못해도 포기하지 않고 계속 해 봐야 잘할 수 있다."라고 생각하는 것입니다. 또한 많은 사람은 자신이 여러 사람 앞에서 말을 잘 못한다고 생각하고 있기 때문에 말을 잘하는 사람에 대해 부담감을 느낍니다. 이 경우에 대한 조화 인지는 "내가 말을 잘하지 못하면 오히려 듣는 사람이 편안해할 수도 있다.", "다른 사람들이 내가 말을 잘하지 못한다는 점을 알면 진심으로 나를 도와주려고 할 것이다."와 같이 생각하는 것입니다.

둘째는 '모든 청중에게 항상 인정을 받을 수 있을 정도로 말을 잘해야 한다.'는 생각입니다. 먼저 유용성 측면에서 보겠습니다. 100% 만족스럽게 하려고 하면 여러 사람 앞에 나갈 수 없습니다. 잘하려다가 아예 나가지도 못하게 되는 것이지요. 현실성 측면에서 보면, 모든 청중이 만족할 수 있을 정도로 말을 잘하는 사람은 많지 않습니다. 게다가 아무리 말을 잘하더라도 마음에 들어 하지 않는 사람은 있기 마련입니다. 논리성 측면에서 보면, 다른 사람들은 그 정도까지는 말을 잘하지 못해도 되지만 자신만은 그 수준까지 잘해야 한다고 생각하는 것은 모순입니다. 통합성 측면에서 보면, 인정을 못 받게 될 때 인정받기 위해 더 열심히 하고 싶은 마음이 생기고, 할 수 있는 잠재력이 더 많이 발휘될 수 있다는 것입니다.

따라서 이러한 생각을 '나를 있는 그대로 인정해 줄 때 정말 인정받는 것이다.'라는 조화 인지로 바꾸어 봅니다. 만약 잘하면 인정해 주고 못하면 무시하거나 외면하는 사람이 있다면, 그런 사람의 인정은 받지 않는 것이 낫습니다. 나를 있는 그대로 인정하고 사랑해 줄 때 그것이 진정한 인정이고 사랑이기 때문입니다. '말을 잘해서 인정을 받으려면 계속 나가서 말을 해야 한다.', '청중의 인정도 중요하지만 내 뜻을 알리는 것이 더 중요하다.'고 생각해야 말을 잘하지 못하더라도 말을 계속하게 되고, 그런 가운데 약점을 보완하여 결국 잘하게 됩니다.

다수 상대 주장행동 관련 부조화 인지 논박 ATP21-P1

1. 여러 사람 앞에서 말을 잘하지 못하면 이는 너무나 끔찍한 일이다.

▷ 유용성: 계속 여러 사람 앞에 나가지 않게 된다. 여러 사람이 모이는 곳에도 가지 않으려고 한다. 일상생활에 지장이 따른다.

▷ 현실성: 여러 사람 앞에서 말을 잘하지 못한다고 해서 실제로 끔찍한 결과가 일어나지는 않는다.

▷ 논리성: 다른 사람은 말을 잘하지 못해도 되는데 자신은 잘하지 못하면 안 된다고 하는 것은 논리적으로 모순이다.

▷ 통합성: 실수나 실패의 고통만큼 성공의 기쁨도 커진다. 큰 실수나 실패는 성공에 대한 열망을 높인다.

⇨ 조화 인지

* 말을 잘하지 못해서 끔찍한 일이 일어나는 경우는 거의 없다.
* 말을 잘하지 못해도 계속 해 봐야 잘할 수 있다.
* 내가 말을 잘하지 못하면 듣는 사람들이 편안해할 수도 있다.
* 내가 말을 잘하지 못하면 다른 사람이 진심으로 나를 도와준다.

2. 모든 청중에게 인정을 받을 수 있을 만큼 말을 잘해야 한다.

▷ 유용성: 100% 만족스럽게 하려고 하면 여러 사람 앞에 나갈 수 없다.

▷ 현실성: 모든 청중이 만족할 정도로 말을 잘하는 사람은 극히 드물다.

▷ 논리성: 다른 사람들은 만족스럽게 말을 잘하지 못해도 되지만 자신만은 모두가 만족할 정도로 말을 잘해야 한다고 생각하는 것은 모순이다.

▷ 통합성: 인정을 못 받게 될 때 잠재력이 더 많이 발휘될 수 있다.

⇨ 조화 인지

* 나를 있는 그대로 인정해 줄 때 정말 인정받는 것이다.
* 말을 잘해서 인정받으려면 계속 나가서 말을 해야 한다.
* 청중의 인정도 중요하지만 내 뜻을 알리는 것이 더 중요하다.

다수 상대 주장행동 관련 부조화 인지 논박 예 ATP21-P2

〈ATP4-P1〉 장면 7의 다수 상대 주장행동과 관련된 부조화 인지를 찾아 이를 조화 인지로 바꾸면 다음과 같습니다.

〈장 면 7〉

고교평준화와 관련하여 나의 주장을 하려고 나갔으나 말이 잘 연결되지 않아 어물거리다가 도중에 들어왔다.

부조화 인지	말을 잘하지 못하면, 틀림없이 모든 사람이 나를 무능하다고 할 것이다.
유용성	점점 더 앞에 나가서 말을 하지 않으려 할 것이고, 그렇게 되면 말을 점점 더 못하게 된다.
현실성	현실적으로 앞에 나가서 말을 잘하는 사람은 드물고, 말을 잘 못하는 사람에 대해 내가 그를 무시하는 경우는 별로 없다.
논리성	다른 사람이 말을 잘 못해도 나는 무시하지 않는데, 내가 말을 잘 못하면 다른 사람들이 나를 무시할 것이라고 확신하는 것은 판단 기준이 다른 것으로 논리적으로 모순이다.
통합성	실수나 실패의 고통만큼 성공의 기쁨도 커진다. 큰 실수나 실패는 성공에 대한 열망을 높인다.
조화 인지	* 말을 잘 못해도 계속 해 봐야 잘할 수 있다. * 잘 못하면서도 계속하면 용기 있는 사람이라고 한다. * 말을 잘 못하면 다른 사람이 진심으로 나를 도와준다. * 내가 말을 잘 못하면 듣는 사람들이 오히려 편안해할 수도 있다.

자신의 다수 상대 주장행동 관련 부조화 인지 논박 ATP21-P3

〈ATP21-P2〉를 참고하여 〈ATP4-P1〉 장면 8의 자신의 다수 상대 주장행동과 관련된 부조화 인지를 찾아 이를 조화 인지로 바꾸어 보세요.

〈장 면 8〉

부조화 인지	
유용성	
현실성	
논리성	
통합성	
조화 인지	

질의응답 및 평가 ATP21-P4

1. 질문이나 토의하고 싶은 내용

2. 다른 집단원에게 피드백을 해 주고 싶은 내용

3. 스스로 또는 집단원의 도움을 통해 배운 점이나 느낀 점

주장적 정서의 원리 이해 1
–근육이완법

주장적 정서의 원리 이해 1 – 근육이완법	ATP22

1. **목표:** 근육이완하기
2. **준비물:** 〈ATP22–T1〉, 〈ATP22–P1〉, 〈ATP22–T2〉, 〈ATP22–P2〉, 〈ATP22–T3〉, 〈ATP22–P3〉, 〈ATP22–T4〉, 〈ATP22–P4〉, 〈ATP22–T5〉, 〈ATP22–T6〉, 〈ATP22–T7〉, 필기도구, 녹음기, 근육이완훈련 녹음테이프
3. **유의사항 :** 정확한 동작을 하도록 지도하며, 분위기를 지루하지 않도록 조성함
4. **활동과정**

훈련자	참가자
1) 강의	1) 강의
(1) 과제 확인	(1) 과제 결과 발표
(2) 〈ATP22–P1〉 배부	(2) 〈ATP22–P1〉 수령
(3) 〈ATP22–T1〉 설명	(3) 〈ATP22–P1〉 보면서 경청
2) 적용	2) 적용
(1) 〈ATP22–T2〉 시범 실시	(1) 시범에 따라 실시
(2) 〈ATP22–P2〉 배부	(2) 〈ATP22–P2〉 수령
(3) 〈ATP22–T3〉 설명 및 질의응답	(3) 경청 및 질의응답
(4) 〈ATP22–T4〉에 따라 지도	(4) 〈ATP22–T4〉에 따라 실시
(5) 〈ATP22–P3〉 배부	(5) 〈ATP22–P3〉 수령
(6) 〈ATP22–T5〉에 따라 지도	(6) 〈ATP22–T5〉의 지시에 따라 실시
(7) 〈ATP22–T6〉에 따라 지도	(7) 〈ATP22–T6〉의 지시에 따라 실시
(8) 〈ATP22–T7〉에 따라 지도	(8) 〈ATP22–T7〉의 지시에 따라 실시
3) 종결	3) 종결
(1) 〈ATP22–P4〉 배부 및 작성 지도	(1) 〈ATP22–P4〉 수령 및 작성
(2) 〈ATP22–P4〉에 따라 평가 지도	(2) 〈ATP22–P4〉에 따라 평가
(3) 과제 제시: 근육이완훈련 순서 익히기	(3) 과제 확인

근육이완법의 원리 ATP22-T1

주장적 인지를 가지고 있으며, 주장행동의 방법적 요소와 음성적 요소 및 체언적 요소를 익혀서 평소에는 주장행동을 잘할 수 있는 사람도 특정한 상황에 가면 주장행동을 못하는 경우가 많습니다. 이는 주로 불안이나 두려움과 같은 정서적 원인 때문입니다. 이번부터는 이러한 불안이나 두려움 때문에 주장행동을 못하는 문제를 극복하는 방법에 대해 배워 보고자 합니다. 주장행동과 관련된 불안, 두려움, 긴장, 초조 등 부조화 정서를 걱정하는 정도인 조화 정서로 바꾸는 훈련을 하겠습니다.

주장행동과 관련된 부조화 정서는 악순환의 고리를 통해 주장행동에 악영향을 미칩니다. 자신이 기대하던 만큼 주장행동을 하지 못하면, 주장행동과 관련하여 두려움이나 불안을 경험합니다. 이러한 정서적 긴장은 근육을 긴장시킵니다. 근육이 긴장되면 음성이나 손발이 떨리고 말을 더듬거리게 됩니다. 이렇게 되면 주장행동을 계속할 수 없게 되거나 원하는 수준만큼 할 수 없습니다. 원하는 수준에 이르지 못하면 더 심한 불안과 두려움을 경험하게 됩니다. 이렇게 되면 음성이나 손발이 이전보다 더 떨리고, 말을 더욱 더듬거리게 되며, 몸이 더 떨립니다. 이러한 악순환이 반복되면 결국 주장행동 자체를 포기하게 됩니다.

악순환의 고리를 끊는 방법 중 하나는 상호 제지의 원리를 이용하는 것입니다. 이 원리에 따르면, 근육이완의 강도가 불안 유발의 강도보다 크면 불안한 장면에서도 불안하지 않게 됩니다. 이완된 근육이 정서적 불안을 제지하는 것입니다. 근육만 완전히 이완하여 유지할 수 있으면, 불안을 일으키는 장면일지라도 불안해하지 않고 안정된 상태에서 주장행동을 할 수 있습니다.

근육을 이완하는 방법 가운데 중요한 한 가지는 근육에 힘을 주었다가 빼는 것입니다. 처음에는 녹음테이프와 모델을 따라서 구체적으로 어떻게 하는지를 익힙니다. 그러고 나서는 모델 없이 녹음테이프만 들으면서 따라 합니다. 녹음테이프를 따라서 할 수 있게 된 후에는 스스로 자신에게 지시하는 자기 지시에 따라 근육을 이완해 봅니다. 그런데 테이프에 있는 순서대로 몸 전체의 각 부위에 대해 이완훈련을 하면 시간이 많이 걸립니다. 주장행동 중 이완이 필요하면 단시간에 할 수 있어야 합니다. 그래서 단시간에 이완을 할 수 있도록 연습합니다. 마지막으로 불안이 수반되는 장면을 상상하면서도 근육이 이완된 상태를 유지하거나 긴장되는 근육을 이완할 수 있도록 훈련을 합니다.

근육이완법의 원리 ATP22-P1

1. 주장행동과 관련된 불안, 두려움, 긴장, 초조 등 부조화 정서

⇨ 걱정하는 정도의 조화 정서

2. 부조화 정서의 악순환 고리

주장행동을 기대만큼 하지 못함 ⇨ 불안이나 두려움 ⇨ 근육의 긴장 ⇨ 음성이나 손발이 떨리고 말을 더듬거림 ⇨ 주장행동 실패 ⇨ 더 심한 불안과 두려움 경험 ⇨ 주장행동 실패 증가 ⇨ 주장행동 완전히 포기

3. 상호 제지의 원리

긴장된 근육이완 ⇨ 심리적 이완

4. 근육을 이완하는 방법

① 녹음테이프와 모델을 통해 근육을 이완하는 방법
② 모델 없이 녹음테이프에 따라 근육을 이완하는 방법
③ 자기 지시에 따라 근육을 이완하는 방법
④ 단시간 내 근육을 이완하는 방법
⑤ 불안한 장면을 상상하면서 근육을 이완하는 방법

모델을 통한 근육이완훈련 ATP22-T2

앞에서 불안을 줄이기 위해서는 근육의 긴장을 푸는 것이 중요하다고 하였습니다. 이에 따라 여기서는 근육의 긴장을 푸는 구체적인 훈련을 하겠습니다.

앞으로 약 20분간 실시할 이 훈련 방법은 내가 몸의 어떤 부분을 말하면 그 부분에 여러분의 생각을 집중시켜서 근육에 힘을 꽉 주었다가 서서히 힘을 빼는 것입니다. 훈련을 할 때는 여러분의 앞에 있는 지도자를 쳐다보면서 하나하나의 동작을 따라서 합니다. 잘 듣고 잘 보면서 따라 해 봅시다.

1. 팔

자, 편한 자세로 의자에 푹 기대 앉아서 우선 숨을 깊게 한두 번 쉽니다. 온몸에 힘을 빼면서 푹 쉽니다. 먼저 오른손과 팔에 힘을 주는 것부터 시작해 봅시다. 자, 오른손을 어깨 높이로 들고 오른손의 주먹을 꽉 쥡니다. 점점 세게, 점점 세게, 손에 쥐가 날 정도로 꽉 쥐어 봅니다. 그리고 서서히 손에 힘을 풀어 보세요. 서서히 풀어 보세요. 이때 팔에 힘이 빠지면서 팔이 축 처지는 것 같고, 손가락이 막 커지는 것같이 느껴지지요? 손에 힘을 주었을 때와 손에 힘을 빼고 난 뒤 손과 팔에 오는 기분에 어떤 차이가 있는지 느껴 보세요.

그럼 한번 더 해 봅시다. 오른손을 어깨 높이로 들고, 오른손의 주먹을 꽉 쥡니다. 그리고 서서히 힘을 풉니다. 천천히, 천천히 손가락이 길어지는 것같이 느껴지지요? 이제 오른손과 팔이 편안해지는 것을 느끼게 됩니다.

이번에는 왼손으로 똑같이 해 봅시다. 왼손을 어깨 높이로 들고, 왼손의 주먹을 꽉 쥡니다. 팔에 힘을 느낄 정도로 꽉 쥡니다. 자, 팔의 힘을 서서히 풀면서 팔에 어떤 느낌이 오는지 느껴 보세요. 손에 힘을 주었을 때와 힘을 빼고 난 뒤 손과 팔에 드는 기분에 어떤 차이가 있는지 느껴 보세요. 그럼 한번 더, 왼손의 주먹을 꽉 쥐세요. 손가락에 쥐가 날 정도로 꽉 쥐어 봅니다. 그리고 서서히 힘을 뺍니다. 서서히, 서서히 손에 힘을 주었을 때와 힘을 빼고 난 뒤 차이를 느껴 보세요. 이때 손가락이 길어지고 막 커지는 것 같지요? 그대로 얼마동안 두 손을 자유롭게 떨어뜨린 채 푹 쉬세요. 손가락을 잘 움직일 수 없을 정도로 푹 쉽니다.

자, 이번에는 양손을 어깨 높이로 들어서 양쪽 주먹을 꽉 쥐고 팔에 힘을 느껴 봅니다. 자, 세게, 세게 쥐세요. 그런 다음 서서히 팔에 힘을 뺍니다. 천천히, 천천히 팔이 내려지는 대로 두고, 팔에 오는 느낌을 느껴 봅시다. 그리고 편안히, 편안히 쉽니다.

이번에는 팔 위쪽입니다. 양쪽 팔꿈치를 꺾어서 팔 위쪽에 힘을 주세요. 팔꿈치 상단근육에 최대로 힘을 주세요. 그리고 서서히 풀어 주세요. 서서히, 서서히 온 팔에 힘이 풀려 손가락이 모두 커지는 것을 느낍니다. 자, 양팔을 편안히, 편안히, 완전히, 완전히 힘이 빠지도록 푹 쉽니다. 잘 움직일 수 없을 정도로 몸을 축 늘어뜨리면서 완전히 쉽니다. 자, 됐습니다.

2. 어깨 근육

이번에는 어깨 근육에 주의해 주세요. 팔 근육에 힘을 풀고 있는 동안 축 늘어진 어깨에다 힘을 주어 두 어깨를 귀에 닿을 만큼 올립니다. 목뒤와 어깨에 힘을 주면서, 자, 힘을 주세요. 꽉 조이는 것같이 느끼게 됩니다. 그리고 서서히 힘을 뺍니다. 어깨가 축 처지면서 편안한 기분이 듭니다. 어깨에서 팔로, 팔에서 손가락 끝까지, 편안한 기분이 흐르는 것을 느끼게 됩니다. 푹 쉬면서 온몸의 힘을 빼 봅니다. 편안히, 편안히 쉬세요.

3. 머 리

이번에는 머리 쪽입니다. 자, 머리를 뒤로 힘껏 젖혀 봅시다. 목의 뒷부분을 누르듯이 하여, 목에 힘을 느껴 보세요. 매우 세게 누릅니다. 자, 세게, 뻐근한 느낌을 느끼면서, 그리고 서서히 목에 힘을 빼면서 목을 편안하게 하세요. 그리고 목을 둥글게 돌려 봅시다. 자, 한두 번 돌려 봅시다. 목의 근육이 모두 풀리는 것을 느끼면서, 목을 편안히 자기 마음대로 둡니다. 잘했습니다. 자, 팔도 편안하고, 어깨도 편안하고, 목 근육도 편안해졌습니다. 그럼 여러분도 근육에 힘을 주었을 때와 빼고 난 뒤의 편안한 기분의 차이를 느껴서 알게 되었습니다. 자, 편안해지도록 노력합시다.

4. 얼굴 근육(턱, 혀, 눈, 이마)

몸 전체에 힘을 쭉 빼 보세요. 그리고 편안히 뒤로 기대 주세요. 이번에는 얼굴 근육입니다. 자, 턱부터 해 봅시다. 입을 가볍게 다물고, 아래윗니를 꽉 물고, 목구멍이 당기는 것과 같은 것을 느끼면서 턱에 힘을 꽉 줍니다. 그리고 입술을 상하로 가볍게 떼면서 턱에 힘을 뺍니다. 턱이 축 처지는 것을 느끼게 됩니다. 턱이 축 처지면서 목, 어깨, 팔도 편안히 계속 쉽니다.

다음에는 혀입니다. 혀끝을 아래 앞니 뒤편에 강하게 밀착시키면 혀가 눌리는 것 같고, 입 바닥이 당기는 것처럼 느껴집니다. 점점 더 세게 힘을 주었다가, 서서히 힘을 빼 봅니다. 본래의 위치에 혀를 내려 주면서 입 안에 힘을 뺍니다. 계속 어깨도 편안하게 하고, 목 뒤의 근육과 손도 편안히 둡니다. 잘했습니다.

다음에는 눈 근육입니다. 자, 눈을 감습니다. 눈을 꼭 감고 눈의 근육에 힘을 줍니다. 세게, 세게 감습니다. 그리고 눈의 근육에 힘을 서서히, 서서히 풀면서 편안히 있습니다. 그다음 상하좌우로 돌려 보세요. 이제 눈을 뜨세요. 계속 턱도 편안히 하고, 어깨, 팔, 목 뒤 근육 모두 편안히 쉽니다. 다시 한 번, 눈을 꼭 감고 눈에 힘을 꽉 주었다가 서서히 힘을 빼면서 눈을 떠 봅니다. 그리고 얼굴 근육을 편안히 합니다.

자, 이번에는 이마입니다. 코와 함께 이마에 주름을 잡아 봅니다. 먼저 코를 주름지게 하면서 이마에 주름을 잡습니다. 세게, 세게 주름을 잡습니다. 그리고 서서히 얼굴을 펴 보세요. 코와 이마에 주름을 완전히 풀면서 얼굴 근육을 편안히 풀어 줍니다.

턱, 혀, 눈, 이마, 모든 얼굴의 근육에 힘을 빼고 편안히, 편안히 합니다. 그리고 계속 목 뒤의 근육, 머리, 어깨, 팔에 힘을 빼면서 편안히 쉽니다.

5. 배와 등

되도록 몸 전체가 풀어지도록 하세요. 그렇게 하면 편안한 기분을 느끼게 됩니다. 이번에는 배의 근육에 주의를 합니다.

숨을 깊이 들이마셨다 내쉬었다 합니다. 깊게, 깊게 숨을 쉽니다. 숨을 깊게 들이마시며 배에 힘을 줍니다. 숨을 멈추면서 세게, 세게 힘을 줍니다. 그리고 숨을 푹 내쉬면서 배의 근육에 힘을 풀어 봅니다. 숨을 내쉴 때 몸이 확 풀어지는 것을 느끼게 됩니다. 이제는 숨을 자유스럽게 쉬어 보세요. 규칙적으로 천천히 쉽니다. 고르게 쉴 수 있도록 합니다. 팔, 어깨, 얼굴 근육, 이젠 배까지 편안하게 쉽니다. 천천히 푹 쉽니다. 자, 됐습니다.

다음은 등입니다. 자, 등을 활모양으로 둥글게 구부려 봅니다. 등 근육에 힘을 느끼면서 세게, 세게 힘을 줍니다. 그리고 등을 일으키면서 등 근육에 힘을 서서히 뺍니다. 온몸을 의자에 맡기면서 숨을 푹 내쉽니다.

6. 다 리

자, 마지막으로 다리 근육입니다. 두 다리를 앞으로 뻗어 다리와 발가락을 머리 쪽으로 구부려서 허벅다리에 오는 힘을 느껴 봅니다. 다리에 힘을 꽉 주면서 힘을 느껴 보세요. 그리고 다리에 힘을 서서히 풀어 봅니다. 두 다리를 늘어뜨리고 힘을 주었을 때와 힘을 풀었을 때의 기분의 차이를 느껴 보세요.

자, 두 다리를 한 번 더 앞으로 뻗어 보세요. 이번에는 발가락을 머리로부터 반대쪽으로 굽히면서 무릎 뒤쪽 부분 근육에 힘을 느껴 봅니다. 다리에 힘을 주면서 느껴 보세요. 그리고 다리에 힘을 서서히 풀어 봅니다. 이젠 힘이 완전히 풀렸지요. 자, 온몸을 편안히, 편안히 뒤로 기대면서 몸에 힘을 쫙 빼 봅니다. 어떠한 근육도 움직일 수 없을 정도로 편안히, 편안히 푹 쉬면서 힘을 뺍니다. 기분이 좋아지는 것을 느끼게 되며 편안해집니다. 편안한 기분을 맛보면서 푹 기대어 쉬다가 일어나고 싶을 때 일어나면 됩니다. 푹 쉬세요.

불안척도 ATP22-T3

근육이완법을 배울 때 이완의 정도를 알아보기 위해서는 여러분에게 나누어 준 '불안척도'를 사용하는 것이 좋습니다. 이 척도는 연습을 하기 전의 불안지수와 그 회기에서 바라는 불안지수, 그리고 마친 후의 불안지수를 기록하기 위한 것입니다.

불안척도는 객관적인 척도가 아닙니다. 즉, 자기가 주관적으로 생각하여 가장 긴장된 상태를 100, 가장 이완된 상태를 0으로 정해 놓고 그 사이를 100등분한 척도입니다.

불안척도가 주관적이기 때문에 만약 여러분이 80이라고 불안지수를 적어 넣었다고 한다면 그 수치는 별 의미가 없습니다. 그러나 이완훈련을 할 때마다 불안척도를 사용하면, 여러분이 느끼는 불안 정도, 다른 말로 이완 정도를 구별하는 것을 배울 수 있습니다. 그리고 80의 수치가 나타내는 불안의 정도도 알 수 있게 됩니다.

이 척도가 주관적이기 때문에, 40이나 25와 같은 수치가 긴장이나 이완 상황에서 다른 사람과 같음을 의미하는 것은 물론 아닙니다. 그렇지만 각자가 특정한 시간에 느끼는 주관적인 이완의 정도를 다른 시간대의 이완 정도와 구별하는 방법을 배울 수 있습니다. 즉, 절대적인 자(尺)는 될 수 없지만, 특정한 시간에 각자가 느끼는 이완의 상대적 차이를 구별해 줄 수는 있습니다.

여러분에게 나누어 준 〈ATP22-P2〉의 '일시'에는 여러분이 이완훈련을 할 때마다 그 일시를 적어 넣기 위한 난입니다. 앞으로 어떤 장면을 상상하면서 이완훈련을 할 경우는 그 장면을 '장면' 란에 적어 넣으면 됩니다. 현재 '장면' 란에 기록된 내용은 훈련 중 연습할 장면을 구분할 수 있도록 하기 위해서 입니다.

불안척도 ATP22-P2

다음 표는 이완훈련을 하기 전후에 여러분이 주관적으로 느끼는 불안지수를 기록하는 도표입니다. 여러분이 가장 긴장된 상태를 100, 가장 이완된 상태를 0으로 정해 놓고, 그 사이를 100등분하여 주관적으로 느끼는 불안 정도를 기록하면 됩니다.

1. 불안척도

0 25 50 75 100

가장 이완됨 긴장과 이완이 반반 정도 가장 긴장됨

2. 불안지수 기록표

일 시	장 면	시작하기 전의 불안지수	이번 회에 바라는 불안지수	마친 후의 불안지수
	녹음테이프 지시 근육이완			
	자기 지시 근육이완			
	단시간 근육이완			
	단시간 몸 전체 이완			
	동해 바닷가 장면			
	즐거운 장면			
	개인 대상 장면			
	다수 대상 장면			

녹음테이프 지시 근육이완훈련 ATP22-T4

1. 도 입

앞에서는 녹음테이프의 지시에 따라 제가(모델이) 하는 것을 보면서 근육이완훈련을 하였습니다. 이제 여러분은 녹음테이프만 듣고도 잘할 수 있으리라 믿습니다.

근육이완훈련이 여러분의 불안을 줄이는 데 실질적인 도움을 줄 수 있기 위해서는 녹음테이프 같은 외부 지시에 따라 하는 것이 아니라, 여러분 스스로 할 수 있어야 합니다. 그래서 이번에는 혼자서 긴장된 근육을 이완하는 훈련을 하겠습니다.

2. 실시: 녹음테이프 지시에 따른 근육이완훈련

먼저 〈ATP22-P2〉의 불안지수 기록표 첫째 줄(녹음테이프 지시 근육이완)의 일시, 시작하기 전의 불안지수, 이번 회에 바라는 이완지수를 기록해 주세요(참가자들이 완성할 때까지 기다린다). 그러면 녹음테이프의 지시에 따라 근육이완훈련을 해 봅니다(근육이완훈련 테이프를 들려 주고 참가자들이 하는 것을 잘 관찰한다). 수고했습니다. 그러면 〈ATP22-P2〉 불안지수 기록표 첫째 줄(녹음테이프 지시 근육이완)의 마친 후의 불안지수를 기록하세요(기록이 끝날 때까지 기다린다). (끝나면 잘 안 되는 동작에 대해 시범을 보이고 따라 해 보게 한다. 동작을 완전히 할 수 있을 때까지 훈련을 한다.)

자기 지시 근육이완훈련 순서 ATP22-P3

1. 불안지수 기록표 〈ATP22-P2〉의 해당 사항 기록

2. 자기 지시 근육이완훈련 순서
 (1) 온몸에 힘을 빼고
 (2) 오른팔을 들고 ……주먹을 꽉 쥐었다가 ……서서히 풀고,
 (3) 왼팔을 들고 ……주먹을 꽉 쥐었다가 ……서서히 풀고,
 (4) 양팔을 다 들고 ……두 주먹을 꽉 쥐었다가 ……서서히 풀고,
 (5) 어깨를 귀밑까지 올려서 힘을 주었다가 ……서서히 풀고,
 (6) 머리를 뒤로 젖혀서 목에 힘을 주었다가 ……서서히 풀면서 목을 한두 번 돌려보고,
 (7) 입을 다물고 아래윗니를 꽉 물고 턱에 힘을 꽉 주었다가 ……입술을 떼면서 턱에 힘을 빼고,
 (8) 혀끝을 앞니 뒤편에 갖다 대어 힘을 주었다가 ……서서히 풀고,
 (9) 두 눈을 꼭 감고 ……눈알을 굴렸다가 ……서서히 풀고,
 (10) 코와 함께 눈썹을 찡그려 이마에 주름을 잡았다가 ……서서히 풀고,
 (11) 숨을 깊게 들이마시며 배에 힘을 세게 주었다가 ……숨을 내쉬면서 서서히 풀고,
 (12) 등을 힘껏 구부렸다가 ……서서히 풀고,
 (13) 두 다리를 늘어뜨리고 ……발끝을 머리 쪽으로 세게 구부렸다가 ……서서히 풀고,
 (14) 온몸에 힘을 풀고 ……숨을 한 번 크게 쉬고 ……다시 한 번 크게 숨을 쉬고,
 (15) 완전히 눈을 뜨고 정신을 차린다.

3. 불안지수 기록표 〈ATP22-P2〉의 해당 사항 기록 완료

자기 지시 근육이완훈련 ATP22-T5

처음에는 녹음테이프를 듣고 모델도 보면서 근육이완훈련을 했습니다. 그다음에는 모델 없이 테이프만 들으면서 근육이완훈련을 했습니다. 이번에는 녹음테이프도 없고 모델도 없이 여러분이 스스로에게 지시하고 그 지시에 따라 근육이완훈련을 해 봅니다. 마음속으로 스스로에게 지시하면서 실시합니다. 순서를 잘 모를 경우에는 여러분에게 나누어 준 자기 지시 근육이완훈련 순서 〈ATP22-P3〉을 참고하세요(자기 앞에 펴 둔다).

자, 먼저 〈ATP22-P2〉 '자기 지시 근육이완' 줄의 해당 사항을 기록하세요(불안지수를 기록할 때까지 기다린다).

기록이 끝났으면 내가 첫 부분만 하겠으니, 그 뒤에는 여러분이 마음속으로 스스로에게 지시하면서 합니다. 준비되었습니까? (준비가 될 때까지 기다린다.)

온몸에 힘을 빼고…… (지도자는 참가자가 순서에 맞게 잘하는지를 관찰했다가 나중에 고칠 점을 말해 준다.)

(끝나면) 잘했습니다. 그러면 〈ATP22-P2〉 '자기 지시 근육이완' 줄의 '마친 후의 불안지수'를 기록하세요(기록이 끝날 때까지 기다린다). 하는 중에 어떻게 하는지 잘 모르는 동작은 없었습니까? (질문을 받고 의문점을 해결한다.)

단시간 근육이완훈련 ATP22-T6

여러분이 주장행동을 해야 하는 구체적인 장면에서 주장행동을 하기 직전에 테이프의 지시에 따르거나 자기 지시에 따라 근육이완훈련의 전 과정을 실시한다는 것은 불가능합니다. 그래서 평소에 많은 연습을 하여 빠른 시간 내에 근육을 이완시킬 수 있게 되는 것이 중요합니다. 많은 연습을 하면 자신의 근육 중 긴장된 근육을 쉽게 알 수 있고, 따라서 그 근육만 빨리 이완시키면 몸 전체가 이완됩니다. 어느 부분의 근육이 긴장되었는지 잘 모를 때에는 몸 전체에 힘을 주었다가 이완하면 됩니다.

그럼 실제로 해 보도록 하겠습니다. 먼저 〈ATP22-P2〉의 '단시간 근육이완' 줄의 해당 사항을 기록하세요(기록할 시간을 준다).

기록이 끝났으면 먼저 자신의 근육 중에서 가장 긴장되었다고 생각되는 부분에 힘을 주세요. 다른 사람이 알아차리지 못하게 힘을 줍니다. 그리고 힘을 빼세요. 완전히 이완되었다고 생각하면 오른손을 살짝 들었다가 내려 주세요(완전히 이완될 때까지 기다린다). 잘했습니다. 그럼 불안지수 기록표의 '단시간 근육이완' 줄의 '마친 후의 불안지수'를 기록해 주세요.

이번에는 단시간에 몸 전체를 이완하는 훈련을 하겠습니다. 먼저 〈ATP22-P2〉의 '단시간 몸 전체 이완' 줄의 해당 사항을 기록하세요(기록할 시간을 준다). 기록이 끝났으면 몸 전체에 힘을 주세요. 다른 사람이 알아차릴 수 없도록 하면서 세게 힘을 주세요. 그리고 힘을 빼세요. 완전히 이완되었다고 생각되면 오른손을 들었다가 내려 주세요(완전히 이완될 때까지 기다린다).

잘했습니다. 그럼 불안지수 기록표의 '단시간 몸 전체 이완' 줄을 앞에서와 같이 완성하세요(완성할 때까지 기다린다).

장면 상상 근육이완훈련 ATP22-T7

1. 도입

지금까지 여러분은 녹음테이프나 훈련자의 지시에 따라서뿐만 아니라, 자신에게 마음속으로 지시하면서도 몸 전체 근육 또는 긴장된 근육을 이완하는 훈련을 했습니다. 이제 여러분은 혼자서도 단시간에 긴장된 근육을 잘 이완할 수 있게 되었으리라고 봅니다.

근육이완훈련이 여러분의 불안을 보다 더 줄일 수 있기 위해서는 구체적인 장면을 상상하면서 훈련을 할 필요가 있습니다. 왜냐하면, 많은 불안이 구체적인 장면과 관련되어 일어나기 때문입니다. 이번에는 어떤 장면을 상상하면서 근육을 이완하는 훈련을 해 보도록 하겠습니다.

2. 실시

1) 장면 상상

먼저 여러분이 얼마만큼 잘 상상할 수 있는지를 보겠습니다. 다음과 같은 상황을 될 수 있는 대로 생생하게 떠올려 보세요. 눈을 감고 해도 좋습니다.

여러분은 지금 동해 바닷가의 백사장에 서 있습니다. 멀리 큰 배가 보이고 가까이에서 작은 고기잡이 배가 지나갑니다. 파도가 모래사장의 모래를 쓸어 갑니다. 생생하게 상상이 되면 오른손을 살짝 들었다가 내려 주세요(오른손을 들어 표시하면 5초 정도 뒤에 상상을 중지시킨다). 그만 멈추세요.

이번에는 여러분이 가장 즐거웠고 신났던 일을 상상해 보는 것입니다. 그것이 무엇이라도 좋습니다. 여러분 마음대로 장면을 정해서 상상하면 됩니다(정할 때까지 기다린 후 확인한다). 그럼 그 장면을 상상해 보세요. 생생하게 상상이 되면 역시 오른손을 들었다가 내려 주세요(오른손을 들어 표시하면 5초 정도 뒤에 상상을 중지시킨다). 그만 멈추세요.

2) 이완+장면 상상

먼저 〈ATP22-P2〉 불안지수 기록표의 '동해 바닷가'의 해당 사항을 기록하세요(기록할 시간을 준다). 이제 이완을 한 후 어떤 장면을 상상하는 훈련을 하겠습니다. 자, 먼저 근육을 이완해 봅니다. 최대로 몸에 힘을 주었다가 빼 봅니다. 몇 번 반복하여 온몸에 힘을 완전히 빼 봅니다(근육이 완전히 이완될 때까지 기다린다).

이완이 되었으면 유지하려고 노력하면서 다음에 이야기하는 장면을 생생하게 떠올려 봅니다. 여러분은 지금 동해 바닷가의 백사장에 서 있습니다. 멀리 큰 배가 보이고 가까이에서 작은 고기잡이 배가 지나갑니다. 파도가 모래사장의 모래를 쓸어 갑니다. 근육의 이완을 유지하면서 생생하게 떠올려 보세요. 생생하게 상상이 되면 오른손을 들었다가 내려 주세요(오른손을 들어 표시하면 5초 정도 뒤에 상상을 중지시킨다). 자, 그만 멈추세요. 수고했어요. 마친 후의 불안지수를 기록하세요.

다시 〈ATP22-P2〉 불안지수 기록표의 '즐거운 장면'의 해당 사항을 기록하세요. 그럼 다시 한 번 근육을 이완합니다. 최대로 이완합니다. 온몸에 힘을 주었다가 빼기를 반복해 보세요(근육이 완전히 이완될 때까지 기다린다).

이완이 되었으면 유지하려고 노력하면서 여러분이 앞에서 찾은 즐거웠던 장면을 상상해 보는 것입니다. 이완된 상태에서도 그 장면이 생생하게 상상되면 역시 오른손을 들었다가 내려 주세요(오른손을 들어 표시하면 5초 정도 뒤에 상상을 중지시킨다). 자, 그만 멈추세요. 수고했어요. 마친 후의 불안지수를 기록하세요.

이제까지는 근육을 이완한 후 불안이 수반되지 않는 장면을 상상했습니다. 이번에는 불안이 수반되는 장면을 상상해 봅니다. 특정 개인을 대상으로 주장행동을 하려고 할 때 가장 불안을 유발하는 장면을 찾아보세요(개인 상대 불안 장면을 찾아서 확인한다). 그 장면을 찾았으면 생생하게 상상해 보세요. 생생하게 상상되면 오른손을 들었다가 내리세요. (오른손을 들어 표시하면) 그러면 앞에서와 같은 방법으로 〈ATP22-P2〉 불안지수 기록표의 '개인 대상 장면' 줄의 해당란을 기록해 주세요(기록할 시간을 준다).

이번에는 근육을 이완한 상태에서 그 장면을 상상해 보겠습니다. 이전과 같이 몸 전체에 최대한 힘을 주었다가 빼면서 근육을 이완합니다. 반복해서 실시합니다. 몸이 완전히 이완될 때까지 실시합니다. 완전히 이완되면 오른손을 들었다가 내리세요. (오른손을 들어 표시하면) 근육이 이완된 상태에서 앞에서 상상한 개인 대상 불안 장면을 상상합니다. 생생하게 상상합니다. 근육을 최대한 이완하면서 그 장면을 계속 상상합니다. (20초 정도 지나면) 수고했습니다. 그러면 앞에서와 같은 방법으로 〈ATP22-P2〉 불안지수 기록표의 '개인 대상 장면' 줄의 해당란을 완성하세요(이완된 상태에서 불안한 장면을 상상하였는데도 다시 근육이 긴장되면 불안장면에 대한 위계를 정해 낮은 불안 수준에서 높은 수준으로 이어가면서 연습한다).

이번에는 다수를 상대로 자기주장을 할 경우 가장 불안을 유발하는 장면을 찾아보세요(찾을 때까지 기다린 후 확인한다). 그 장면을 생생하게 상상해 보세요. 생생하게 상상되면 오른손을 들었다가 내리세요. (오른손을 들어 표시하면) 그러면 앞에서와 같은 방법으로 〈ATP22-P2〉 불안지수 기록표의 '다수 대상 장면' 줄의 해당란을 기록해 주세요(이하 앞의 '개인 대상 장면'에서와 같은 요령으로 다수를 대상으로 한 불안감소훈련을 한다).

질의응답 및 평가 ATP22-P4

1. 질문이나 토의하고 싶은 내용

2. 다른 집단원에게 피드백을 해 주고 싶은 내용

3. 스스로 또는 집단원의 도움을 통해 배운 점이나 느낀 점

주장적 정서의 원리 이해 2
-심상법

주장적 정서의 원리 이해 2-심상법 ATP23

1. **목표**: 1) 심상법의 원리 이해하기
   2) 정서와 심상의 관계 확인하기
2. **준비물**: 〈ATP23-T1〉, 〈ATP23-P1〉, 〈ATP23-P2〉, 〈ATP23-P3〉, 필기도구
3. **유의사항**: 임산부 또는 정서적으로 민감한 사람이 있는지 확인 후 실시하며, 이 경우 혐오스러운 심상은 실시하지 않도록 주의함
4. **활동과정**

훈련자	참가자
1) 강의	1) 강의
(1) 과제 확인	(1) 과제 결과 발표
(2) 〈ATP23-P1〉 배부	(2) 〈ATP23-P1〉 수령
(3) 〈ATP23-T1〉 설명	(3) 〈ATP23-P1〉 보면서 경청
2) 적용	2) 적용
(1) 〈ATP23-P2〉 배부	(1) 〈ATP23-P2〉 수령
(2) 〈ATP23-P2〉 작성 지도	(2) 〈ATP23-P2〉 작성
(3) 〈ATP23-P2〉 발표 지도 및 질의응답	(3) 〈ATP23-P2〉 발표 및 질의응답
3) 종결	3) 종결
(1) 〈ATP23-P3〉 배부 및 작성 지도	(1) 〈ATP23-P3〉 수령 및 작성
(2) 〈ATP23-P3〉에 따라 평가 지도	(2) 〈ATP23-P3〉에 따라 평가
(3) 과제 제시: 주장행동을 방해하는 심상 찾아보기	(3) 과제 확인

심상법의 원리 ATP23-T1

심상(心像, imagery)은 외적 자극에 의해 의식에 나타난 직관적 표상이라고 할 수 있습니다. 바닷가에 앉아서 저녁놀을 보고 있는 심상, 백두산 정상에서 소리치는 심상 등을 그 예로 들 수 있습니다. 어떤 심상을 가지느냐에 따라 정서가 크게 달라지는 것은 우리가 흔히 경험하는 일입니다.

모든 사람이 그런 것은 아니지만 심상에 따라 경험하는 정서가 크게 달라질 수 있는 예를 들어 보겠습니다. 친구들과 노래하고 춤추며 노는 심상을 떠올리면 기분이 즐겁습니다. 초등학교 단짝을 10년만에 만나는 심상을 떠올리면 반갑고 기쁩니다. 초등학교 때 친구들과 즐겁게 뛰노는 심상을 떠올리면 어린 시절이 그리워집니다. 파도소리와 갈매기 소리가 들리는 해변의 심상을 떠올리면 편안해지고, 새소리와 시냇물 소리, 그윽한 계곡의 심상을 떠올리면 아늑하고 마음이 안정됨을 느낍니다. 그러나 비바람 몰아치는 밤에 혼자서 시신을 발견한 심상을 떠올리면 불안해지고, 천 마리가 넘는 뱀이 우글대는 구덩이에 빠졌다고 상상하면 공포가 느껴집니다.

어떤 상황에서 개인이 경험하는 불안이나 공포와 관련된 심상보다 즐거움, 기쁨, 그리움과 관련된 심상이나 편안함, 아늑함같이 신체 이완도 함께할 수 있는 심상의 힘이 더욱 강하면, 관련된 불안이나 공포를 제지할 수 있습니다. 또한 자신을 강하고 크게 심상화하고 불안이나 공포를 유발하는 대상을 나약하고 작게 심상화하면 관련된 불안이나 공포를 극복할 수 있습니다.

주장행동과 관련하여 생각해 보면 주장을 잘하는 심상, 주장을 잘하지 못해도 상대방이 이해해 주는 심상, 또는 이전에 주장행동을 잘하여 칭찬받은 심상이 주장과 관련된 불안보다 더 강하면 이 불안을 제지할 수 있습니다.

심상법의 원리 ATP23–P1

1. 심상의 의미

심상은 외적 자극에 의해 의식에 나타난 직관적 표상으로서 바닷가에 앉아서 저녁놀을 보고 있는 심상, 백두산 정상에서 소리치는 심상 등을 그 예로 들 수 있음

2. 심상과 정서의 관계

우리가 어떤 심상을 가지느냐에 따라 정서가 크게 달라질 수 있음

*친구들과 노래하고 춤추며 노는 심상 ⇨ 즐거움
*초등학교 단짝을 10년만에 만나는 심상 ⇨ 기쁨
*초등학교 때 친구들과 즐겁게 뛰노는 심상 ⇨ 그리움
*파도소리와 갈매기 소리가 들리는 해변의 심상 ⇨ 편안함
*새소리, 시냇물 소리, 그윽한 계곡의 심상 ⇨ 아늑함
*비바람 몰아치는 밤에 혼자서 시신을 발견한 심상 ⇨ 불안
*뱀 천 마리가 있는 구덩이에 빠진 심상 ⇨ 공포

3. 상황에 대한 불안과 공포보다 더 강한 심상은 불안과 공포를 제지

*즐거운 심상 〉 불안, 공포
*기쁜 심상 〉 불안, 공포
*그리운 심상 〉 불안, 공포
*편안한 심상 〉 불안, 공포
*아늑한 심상 〉 불안, 공포

4. 주장행동 관련 불안을 제지할 수 있는 심상

*주장을 잘하는 심상 〉 주장 관련 불안
*주장을 못해도 상대방이 이해해 주는 심상 〉 주장 관련 불안
*이제까지 주장을 잘해서 칭찬받은 심상 〉 주장 관련 불안

심상 적용 ATP23-P2

예를 참고로 하여 다음에 제시하는 정서를 유발할 수 있는 심상을 찾아보고, 그 경험을 함께 나누어 봅시다.

정서	심상
(예) 즐겁다	(예) 고향의 산과 들에서 뛰어논다.
기쁘다	
편안하다	
아늑하다	
사랑스럽다	
불안하다	
두렵다	
압도된다	
화가 난다	

질의응답 및 평가 ATP23-P3

1. 질문이나 토의하고 싶은 내용

2. 다른 집단원에게 피드백을 해 주고 싶은 내용

3. 스스로 또는 집단원의 도움을 통해 배운 점이나 느낀 점

주장적 정서의 원리 이해 3
–자기 진술 및 자기 지시

주장적 정서의 원리 이해 3–자기 진술 및 자기 지시	ATP24

1. **목표:** 1) 자기 진술 및 자기 지시의 원리 이해하기
   2) 정서와 자기 진술 및 자기 지시의 관계 확인하기
2. **준비물:** 〈ATP24–T1〉, 〈ATP24–P1〉, 〈ATP24–P2〉, 〈ATP24–P3〉, 필기도구
3. **유의사항:** 처음에는 큰 소리로 말하고 마지막에는 속으로 말할 수 있게 함
4. **활동과정**

훈련자	참가자
1) 강의	1) 강의
(1) 과제 확인	(1) 과제 결과 발표
(2) 〈ATP24–P1〉 배부	(2) 〈ATP24–P1〉 수령
(3) 〈ATP24–T1〉 설명	(3) 〈ATP24–P1〉 보면서 경청
2) 적용	2) 적용
(1) 〈ATP24–P2〉 배부	(1) 〈ATP24–P2〉 수령
(2) 〈ATP24–P2〉 작성 지도	(2) 〈ATP24–P2〉 작성
(3) 〈ATP24–P2〉 발표 지도 및 질의응답	(3) 〈ATP24–P2〉 발표 및 질의응답
3) 종결	3) 종결
(1) 〈ATP24–P3〉 배부 및 작성 지도	(1) 〈ATP24–P3〉 수령 및 작성
(2) 〈ATP24–P3〉에 따라 평가 지도	(2) 〈ATP24–P3〉에 따라 평가
(3) 과제 제시: 소극적 행동을 하는 장면과 관련된 정서를 확인하고 감소 방법 알아오기	(3) 과제 확인

자기 진술 및 자기 지시의 원리 ATP24-T1

자기 진술은 특정 행동과 관련된 정서의 수준을 높이거나 낮추는 데 도움이 되는 생각 또는 자신이 원하는 행동을 하거나 원하지 않는 행동을 하지 않는 데 도움이 되는 생각을 자기 스스로 말하는 것입니다. 이때 진술은 주로 조화 인지를 자기 스스로 다짐합니다. 이를 통해 조화 인지가 강해지고, 강해진 조화 인지가 관련된 정서의 수준을 높이거나 낮추며, 원하는 행동을 하거나 원하지 않는 행동을 하지 않도록 도와줍니다.

자기 지시는 특정 행동과 관련된 정서의 수준을 높이거나 낮추는 데 도움이 되는 동작 또는 자신이 원하는 행동을 하거나 원하지 않는 행동을 하지 않도록 자기 스스로에게 구체적 동작을 지시하는 것을 말합니다. 자기 지시를 하면 그 지시에 따라 행동할 가능성이 높아지며, 그대로 행동하면 관련된 불안이 줄어들거나 자신이 하고자 하는 목표 행동을 할 수 있고, 원하지 않는 행동은 하지 않을 수 있습니다.

자기 진술이나 자기 지시에 의해 조절되는 정서나 행동의 예는 많습니다. '말을 하려고 하니 말을 잘 못할 것 같다.'는 생각이 들어 불안한 경우에 자기 진술은 '말을 못할수록 계속 해 봐야 말을 더 잘할 수 있게 된다.'고 스스로 반복해서 말을 하는 것입니다. 이 경우 자기 지시를 한다면 '불안하다고 말하자.'와 같이 자기 자신에게 지시하고, 실제로 "제가 말을 잘 못할 것 같아 불안합니다."와 같이 말하려고 노력하는 것입니다.

자기 진술이나 자기 지시는 처음에는 큰 소리로 하고 차차 목소리를 줄여서, 나중에는 속으로 해도 정서와 행동에 영향을 미칠 수 있게 합니다.

자기 진술 및 자기 지시의 원리 ATP24-P1

1. 자기 진술의 의미

* 특정 정서의 수준을 높이거나 낮추는 데 도움이 되는 생각 또는 자신이 원하는 행동을 하거나 원하지 않는 행동을 하지 않는 데 도움이 되는 생각을 자기 스스로에게 말함
* 주로 조화 인지를 자기 스스로에게 다짐하는 것이며, 이를 통해 조화 인지가 강해지고, 강해진 조화 인지가 관련된 정서의 수준을 높이거나 낮출 수 있으며, 원하는 행동을 하거나 원하지 않는 행동을 하지 않도록 함

2. 자기 지시의 의미

* 특정 정서의 수준을 높이거나 낮추는 데 도움이 되는 동작 또는 자신이 원하는 행동을 하거나 원하지 않는 행동을 하지 않도록 자기 스스로에게 구체적 동작을 지시함
* 자기 지시를 하면 그 지시에 따라 행동할 가능성이 높아지며, 그대로 행동하면 관련된 불안이 줄어들거나 자신이 하고자 하는 목표 행동을 할 수 있고, 원하지 않는 행동은 하지 않을 수 있음

3. 예

* 말을 하려고 하니 말을 잘 못할까 봐 불안한 경우

⇨ 자기 진술: '말을 못할수록 계속 해 봐야 말을 잘하게 된다.'

⇨ 자기 지시: '불안하다고 말하자.' 와 같이 자기 자신에게 지시하고 실제로 그렇게 말하려고 노력함

자기 진술 및 자기 지시 적용 ATP24-P2

예를 참고하여, 자신에게 불안을 유발하는 장면을 떠올려 본 후에 이 불안을 줄일 수 있는 자기 진술과 자기 지시문을 적어 보세요.

장 면	(예) 맞선 자리에 나가게 되었다. 이제까지 경험으로 보아 1시간 이상 이야기를 이어가는 게 어려울 것 같다. 그래서 나가는 것이 부담스럽다.
1. 자기 진술	(예) '그래도 자주 해 봐야 늘지 이러다가 결혼도 못한다.'
2. 자기 지시	(예) '생각만 하고 있다가는 또 못 나간다. 지금 바로 일어나서 나갈 준비를 해라.'

질의응답 및 평가 ATP24-P3

1. 질문이나 토의하고 싶은 내용

2. 다른 집단원에게 피드백을 해 주고 싶은 내용

3. 스스로 또는 집단원의 도움을 통해 배운 점이나 느낀 점

주장적 정서 연습 1
–소극적 행동 장면

주장적 정서 연습 1 – 소극적 행동 장면 ATP25

1. **목표:** 1) 소극적 행동 장면에서 근육이완하기
   2) 소극적 행동 장면에 심상법 적용하기
   3) 소극적 행동 장면에서 자기 진술 및 자기 지시 사용하기
2. **준비물:** 〈ATP25–T1〉, 〈ATP25–P1〉, 〈ATP25–P2〉, 〈ATP25–P3〉, 〈ATP25–P4〉, 필기도구
3. **유의사항:** 목표에 확실히 도달하였을 경우는 손으로 표시하게 함
4. **활동과정**

훈련자	참가자
1) 강의	1) 강의
(1) 과제 확인	(1) 과제 결과 발표
(2) 〈ATP25–P1〉 배부	(2) 〈ATP25–P1〉 수령
(3) 〈ATP25–T1〉 설명	(3) 〈ATP25–P1〉 보면서 경청
2) 적용	2) 적용
(1) 〈ATP25–P2〉 배부	(1) 〈ATP25–P2〉 수령
(2) 〈ATP25–P2〉 실시 지도	(2) 〈ATP25–P2〉 실시
(3) 발표 지도 및 질의응답	(3) 발표 및 질의응답
(4) 〈ATP25–P3〉 배부	(4) 〈ATP25–P3〉 수령
(5) 〈ATP25–P3〉 실시 지도	(5) 〈ATP25–P3〉 실시
(6) 발표 지도 및 질의응답	(6) 발표 및 질의응답
3) 종결	3) 종결
(1) 〈ATP25–P4〉 배부 및 작성 지도	(1) 〈ATP25–P4〉 수령 및 작성
(2) 〈ATP25–P4〉에 따라 평가 지도	(2) 〈ATP25–P4〉에 따라 평가
(3) 과제 제시: 공격적 행동을 하는 장면과 관련된 정서를 확인하고 감소 방법 알아오기	(3) 과제 확인

주장적 정서 연습 1 – 소극적 행동 장면 ATP25-T1

우리는 특정한 상황에서 정서적 원인 때문에 주장행동을 못하는 문제를 극복하기 위해 근육이완법, 심상법, 자기 진술 및 자기 지시를 차례로 익혔습니다. 이번에는 그동안 익힌 기법을 적용해서 주장행동과 관련된 불안을 줄이는 연습을 해 보겠습니다. 제일 먼저 〈ATP4-P1〉의 장면 1에 예시한 소극적 행동 장면에 적용한 예를 확인해 보겠습니다. 그리고 여러분이 선정한 소극적 행동 장면인 〈ATP4-P1〉의 장면 2와 장면 3에 대해 적용해 보겠습니다.

〈ATP25-P1〉을 보면, 〈ATP4-P1〉의 장면 1에 예시한 소극적 행동 장면에 적용한 예가 나와 있습니다. '부조화 정서'에는 주어진 장면과 관련된 부조화 정서를 기록합니다. '근육이완 후 불안지수'에는 근육이완훈련을 하고 난 후 불안지수를 기록합니다. 근육이완훈련은 상황에 따라 다릅니다. 시간적 여유가 있을 경우는 테이프나 자기 지시 방법에 따라 전 과정을 할 수 있습니다. 그러나 시간적 여유가 없으면 단시간 근육이완훈련을 할 수 있습니다. 주어진 상황에 맞는 이완훈련을 실시하고 그 불안지수를 기록하면 됩니다.

'심상구상 후 불안지수'에는 이 장면과 관련된 부조화 정서를 가장 잘 줄일 수 있는 심상을 생생하게 떠올려 봅니다. 그리고 그때의 불안지수를 기록합니다.

'자기 진술 후 불안지수'에는 이 장면과 관련된 부조화 정서를 가장 잘 줄일 수 있는 자기 진술문을 찾아 자기 진술을 합니다. 여러 번 반복해서 상당한 수준의 이완이 이루어질 때까지 자기 진술을 합니다. 그러고 나서 그때의 불안지수를 기록합니다.

'자기 지시 후 불안지수'에는 이 장면과 관련된 부조화 정서를 가장 잘 줄일 수 있는 자기 지시문을 찾아 자기 지시를 합니다. 여러 번 반복해서 상당한 수준의 이완이 이루어질 때까지 자기 지시를 합니다. 그러고 나서 그때의 불안지수를 기록합니다.

주장적 정서 연습 1 - 소극적 행동 장면 예 ATP25-P1

〈ATP4-P1〉의 장면 1과 관련된 부조화 정서를 찾아 이를 조화 정서로 바꾼 예가 다음에 나와 있습니다. 이를 참고로 여러분이 이 장면을 대상으로 관련된 사항을 그 아래에 기록하면서 불안을 줄여 보세요.

〈장 면 1〉

친구가 휴대전화를 사러 시내에 같이 가자고 전화가 왔는데 오늘은 몸이 너무 피곤하여 가기가 싫다. 그러나 그 말을 하려니 불안해서 못하고 결국 "그래 알았어. 몇 시에 어디서 만날까?"라고 하였다.

부조화 정서	불안(불안지수: 98)
근육이완 후 불안지수	그 상황에 가장 적절한 이완훈련 방법을 선택하여 실시하고 난 후에 불안지수 기록(불안지수: 85)
심상구상 후 불안지수	친구가 "솔직하게 말해 줘 고맙다."라고 말하는 모습의 심상을 생생하게 떠올려 본 후에 불안지수 기록(불안지수: 75)
자기 진술 후 불안지수	"진정한 친구 간에는 부담 없이 부탁하고 부담 없이 거절해야 한다."라고 여러 번 반복해서 자기 진술한 후에 불안지수 기록(불안지수: 60)
자기 지시 후 불안지수	"일단 피곤하여 못 가니 이해해 달라고 말해 봐라."라고 자기 자신에게 여러 번 반복해서 지시하고 그렇게 해 보려고 노력한 후에 불안지수 기록(불안지수: 50)
조화 정서	편안함(불안지수: 30)

주장적 정서 연습 1 – 소극적 행동 장면 1 ATP25-P2

〈ATP25-P1〉을 참고하여 〈ATP4-P1〉의 장면 2와 관련된 부조화 정서를 찾아 이를 조화 정서로 바꾸어 보세요.

〈장 면 2〉

부조화 정서	
근육이완 후 불안지수	
심상구상 후 불안지수	
자기 진술 후 불안지수	
자기 지시 후 불안지수	
조화 정서	

주장적 정서 연습 1 – 소극적 행동 장면 2 ATP25–P3

〈ATP25–P1〉을 참고하여 〈ATP4–P1〉의 장면 3과 관련된 부조화 정서를 찾아 이를 조화 정서로 바꾸어 보세요.

〈장 면 3〉

부조화 정서	
근육이완 후 불안지수	
심상구상 후 불안지수	
자기 진술 후 불안지수	
자기 지시 후 불안지수	
조화 정서	

질의응답 및 평가 ATP25-P4

1. 질문이나 토의하고 싶은 내용

2. 다른 집단원에게 피드백을 해 주고 싶은 내용

3. 스스로 또는 집단원의 도움을 통해 배운 점이나 느낀 점

주장적 정서 연습 2
–공격적 행동 장면

주장적 정서 연습 2 –공격적 행동 장면 ATP26

1. **목표:** 1) 공격적 행동 장면에서 근육이완하기
   2) 공격적 행동 장면에서 심상법 적용하기
   3) 공격적 행동 장면에서 자기 진술 및 자기 지시 사용하기
2. **준비물:** 〈ATP26–T1〉, 〈ATP26–P1〉, 〈ATP26–P2〉, 〈ATP26–P3〉, 〈ATP26–P4〉, 필기도구
3. **유의사항:** 기록하는 데 시간을 많이 소비하지 말고 메모만 하게 함
4. **활동과정**

훈련자	참가자
1) 강의	1) 강의
(1) 과제 확인	(1) 과제 결과 발표
(2) 〈ATP26–P1〉 배부	(2) 〈ATP26–P1〉 수령
(3) 〈ATP26–T1〉 설명	(3) 〈ATP26–P1〉 보면서 경청
2) 적용	2) 적용
(1) 〈ATP26–P2〉 배부	(1) 〈ATP26–P2〉 수령
(2) 〈ATP26–P2〉 실시 지도	(2) 〈ATP26–P2〉 실시
(3) 발표 지도 및 질의응답	(3) 발표 및 질의응답
(4) 〈ATP26–P3〉 배부	(4) 〈ATP26–P3〉 수령
(5) 〈ATP26–P3〉 실시 지도	(5) 〈ATP26–P3〉 실시
(6) 발표 지도 및 질의응답	(6) 발표 및 질의응답
3) 종결	3) 종결
(1) 〈ATP26–P4〉 배부 및 작성 지도	(1) 〈ATP26–P4〉 수령 및 작성
(2) 〈ATP26–P4〉에 따라 평가 지도	(2) 〈ATP26–P4〉에 따라 평가
(3) 과제 제시: 다수 상대 장면과 관련된 정서를 확인하고 감소 방법 알아 오기	(3) 과제 확인

주장적 정서 연습 2 – 공격적 행동 장면 ATP26-T1

이번에는 그동안 익힌 기법을 적용해서 공격적 행동과 관련된 화나 분노를 줄이는 연습을 해 보겠습니다. 제일 먼저 〈ATP4-P1〉의 장면 4에 예시한 공격적 행동 장면에 적용한 예를 확인해 보겠습니다. 그리고 여러분이 선정한 공격적 행동 장면인 〈ATP4-P1〉의 장면 5와 장면 6에 대해 적용해 보겠습니다.

〈ATP26-P1〉을 보면, 〈ATP4-P1〉의 장면 4에 예시한 공격적 행동 장면에 이 기법을 적용한 예가 나와 있습니다. 방법은 지난번에 연습했던 소극적 행동 장면의 경우와 같습니다. 먼저 이 장면과 관련된 부조화 정서를 확인합니다. 그 후 '근육이완 후 불안지수'에 근육이완훈련을 하고 난 후 불안지수를 기록합니다. 근육이완훈련은 상황에 따라 다릅니다. 시간적 여유가 있을 경우는 테이프나 자기 지시 방법에 따라 전 과정을 할 수 있지만 시간적 여유가 없으면 단시간 근육이완훈련을 합니다. 주어진 상황에 맞는 이완훈련을 실시하고 그때의 불안지수를 기록합니다.

'심상구상 후 불안지수'에는 이 장면과 관련된 조화 정서를 가장 잘 줄일 수 있는 심상을 생생하게 떠올려 봅니다. 그리고 그때의 불안지수를 기록합니다.

'자기 진술 후 불안지수'에는 이 장면과 관련된 조화 정서를 가장 잘 줄일 수 있는 자기 진술문을 찾아봅니다. 그리고 그 진술문을 상당 수준의 이완이 이루어질 때까지 여러 번 반복합니다. 그러고 나서 그때의 불안지수를 기록합니다.

'자기 지시 후 불안지수'에는 이 장면과 관련된 조화 정서를 가장 잘 줄일 수 있는 자기 지시문을 찾아 자기 지시를 합니다. 상당 수준의 이완이 이루어질 때까지 여러 번 반복해서 자기 지시를 합니다. 그러고 나서 그때의 불안지수를 기록합니다.

주장적 정서 연습 2-공격적 행동 장면 예 ATP26-P1

〈ATP4-P1〉의 장면 4와 관련된 부조화 정서를 찾아 이를 조화 정서로 바꾼 예가 다음에 나와 있습니다. 이를 참고로 여러분이 이 장면을 대상으로 관련된 사항을 그 아래에 기록하면서 불안을 줄여 보세요.

〈장 면 4〉

나도 아직 한두 번밖에 사용하지 않은 디지털 카메라를 친구가 등산을 간다면서 1주일간 빌려 달라고 한다. 그래서 "야! 너도 좀 네 돈 주고 사서 사용해 봐라. 너는 모든 것을 다 빌리려고만 하니?" 라고 했다.

부조화 정서	분노, 화(불안지수: 95)
근육이완 후 불안지수	그 상황에 가장 적절한 이완훈련 방법을 선택하여 실시하고 난 후에 불안지수 기록(불안지수: 80)
심상구상 후 불안지수	친구의 도움을 받아 고마웠던 자신의 모습을 생생하게 떠올려 본 후에 불안지수 기록(불안지수: 70)
자기 진술 후 불안지수	"그만한 사정이 있을 거야." 라고 여러 번 반복해서 진술한 후에 불안지수 기록(불안지수: 60)
자기 지시 후 불안지수	"그 사정을 물어봐라." 라고 자기 자신에게 여러 번 반복해서 지시하고, 실제로 그 사정을 물어보려고 노력한 후에 불안지수 기록(불안지수: 50)
조화 정서	편안함(불안지수: 20)

주장적 정서 연습 2 – 공격적 행동 장면 1 ATP26-P2

〈ATP26–P1〉을 참고하여 〈ATP4–P1〉의 장면 5와 관련된 부조화 정서를 찾아 이를 조화 정서로 바꾸어 보세요.

〈장 면 5〉

부조화 정서	
근육이완 후 불안지수	
심상구상 후 불안지수	
자기 진술 후 불안지수	
자기 지시 후 불안지수	
조화 정서	

주장적 정서 연습 2-공격적 행동 장면 2 ATP26-P3

〈ATP26-P1〉을 참고하여 〈ATP4-P1〉의 장면 6과 관련된 부조화 정서를 찾아 이를 조화 정서로 바꾸어 보세요.

〈장 면 6〉

부조화 정서	
근육이완 후 불안지수	
심상구상 후 불안지수	
자기 진술 후 불안지수	
자기 지시 후 불안지수	
조화 정서	

질의응답 및 평가 ATP26-P4

1. 질문이나 토의하고 싶은 내용

2. 다른 집단원에게 피드백을 해 주고 싶은 내용

3. 스스로 또는 집단원의 도움을 통해 배운 점이나 느낀 점

주장적 정서 연습 3
– 다수 상대 행동 장면

주장적 정서 연습 3 – 다수 상대 행동 장면 **ATP27**

1. **목표**: 1) 다수 상대 주장행동 장면에서 근육이완하기
   2) 다수 상대 주장행동 장면에서 심상법 적용하기
   3) 다수 상대 주장행동 장면에서 자기 진술 및 자기 지시 사용하기
2. **준비물**: 〈ATP27–T1〉, 〈ATP27–P1〉, 〈ATP27–P2〉, 〈ATP27–P3〉, 필기도구
3. **유의사항**: 주장행동 장면을 녹화하여 평가함
4. **활동과정**

훈련자	참가자
1) 강의	1) 강의
(1) 과제 확인	(1) 과제 결과 발표
(2) 〈ATP27–P1〉 배부	(2) 〈ATP27–P1〉 수령
(3) 〈ATP27–T1〉 설명	(3) 〈ATP27–P1〉 보면서 경청
2) 적용	2) 적용
(1) 〈ATP27–P2〉 배부	(1) 〈ATP27–P2〉 수령
(2) 〈ATP27–P2〉 실시 지도	(2) 〈ATP27–P2〉 실시
(3) 발표 지도 및 질의응답	(3) 발표 및 질의응답
3) 종결	3) 종결
(1) 〈ATP27–P3〉 배부 및 작성 지도	(1) 〈ATP27–P3〉 수령 및 작성
(2) 〈ATP27–P3〉에 따라 평가 지도	(2) 〈ATP27–P3〉에 따라 평가
(3) 과제 제시: 소극적 행동 장면에 대해 주장행동 종합연습 해 보고 오기	(3) 과제 확인

주장적 정서 연습 3 – 다수 상대 행동 장면 ATP27–T1

앞에서는 근육이완훈련, 심상법 및 자기 진술과 자기 지시 기법을 사용하여 관련된 공격적 행동 장면과 분노를 줄이는 방법을 알아보았습니다. 여기서는 여러 사람을 상대로 주장을 할 때 경험하는 불안을 줄이는 방법을 연습해 보겠습니다. 먼저, 〈ATP4–P1〉의 장면 7에 예시한 다수 상대 주장행동 장면에 적용한 예를 확인해 보고, 여러분이 선정한 〈ATP4–P1〉의 다수 상대 행동 장면 8에 대해 이들 기법을 적용해 보겠습니다.

〈ATP27–P1〉을 보면, 〈ATP4–P1〉의 장면 7의 다수 상대 행동 장면에 이 기법을 적용한 예가 나와 있습니다. 먼저 다수 상대 행동 장면과 관련된 부조화 정서를 확인합니다. 그 후 '근육이완 후 불안지수'에 근육이완훈련을 하고 난 후 불안지수를 기록합니다. 근육이완훈련은 상황에 따라 다릅니다. 시간적 여유가 있을 경우는 테이프나 자기 지시 방법에 따라 전 과정을 할 수 있지만 시간적 여유가 없으면 단시간 근육이완훈련을 합니다. 주어진 상황에 맞는 이완훈련을 실시하고 그때의 불안지수를 기록하면 됩니다.

'심상구상 후 불안지수'에는 이 장면과 관련하여 일어나는 부조화 정서를 가장 잘 줄일 수 있는 심상을 생생하게 떠올려 봅니다. 그리고 그때의 불안지수를 기록합니다. '자기 진술 후 불안지수'에는 이 장면과 관련된 부조화 정서를 가장 잘 줄일 수 있는 자기 진술문을 찾아 자기 진술을 합니다. 상당 수준의 이완이 이루어질 때까지 여러 번 반복해서 자기 진술을 합니다. 그러고 나서 그때의 불안지수를 기록합니다. '자기 지시 후 불안지수'에는 이 장면과 관련된 부조화 정서를 가장 잘 줄일 수 있는 자기 지시문을 찾아 자기 지시를 합니다. 상당 수준의 이완이 이루어질 때까지 여러 번 반복해서 자기 지시를 합니다. 그러고 나서 그때의 불안지수를 기록합니다.

주장적 정서 연습 3 – 다수 상대 행동 장면 예 ATP27–P1

〈ATP4–P1〉의 장면 7과 관련된 부조화 정서를 찾아 이를 조화 정서로 바꾼 예가 다음에 나와 있습니다. 이를 참고로 여러분이 이 장면을 대상으로 관련된 사항을 그 아래에 기록하면서 불안을 줄여 보세요.

〈장 면 7〉

고교평준화정책에 대한 자신의 의견을 제시하기 위해 여러 사람 앞에 나갔으나 불안하여 말을 이어가지 못하고 있다.

부조화 정서	불안(불안지수: 96)
근육이완 후 불안지수	그 상황에 가장 적절한 이완훈련 방법을 선택하여 실시하고 난 후에 불안지수 기록(불안지수: 80)
심상구상 후 불안지수	자기가 여러 사람 앞에서 이제까지 말했던 경험 중 가장 잘했던 모습을 생생하게 떠올려 본 후에 불안지수 기록(불안지수: 75)
자기 진술 후 불안지수	"여러 사람 앞에서 불안한 것은 당연한 거야. 그래도 끝까지 하고 들어가야 다음에 더 잘할 수 있다."라고 여러 번 반복해서 자기 진술한 후에 불안지수 기록(불안지수: 60)
자기 지시 후 불안지수	"심호흡을 한 후 나와 가장 친한 성회를 보면서 말해라."라고 자기 자신에게 여러 번 반복해서 지시하고 실제로 성회를 보면서 말하려고 노력한 후에 불안지수 기록(불안지수: 50)
조화 정서	편안함(불안지수: 30)

주장적 정서 연습 3 – 다수 상대 행동 장면 ATP27–P2

〈ATP27–P1〉을 참고하여 〈ATP4–P1〉의 장면 8과 관련된 부조화 정서를 찾아 이를 조화 정서로 바꾸어 보세요.

〈장 면 8〉

부조화 정서	
근육이완 후 불안지수	
심상구상 후 불안지수	
자기 진술 후 불안지수	
자기 지시 후 불안지수	
조화 정서	

질의응답 및 평가 ATP27-P3

1. 질문이나 토의하고 싶은 내용

2. 다른 집단원에게 피드백을 해 주고 싶은 내용

3. 스스로 또는 집단원의 도움을 통해 배운 점이나 느낀 점

주장행동 종합연습 1

– 소극적 행동 장면

주장행동 종합연습 1–소극적 행동 장면 ATP28

1. **목표:** 소극적 행동 장면에서 주장행동하기
2. **준비물:** 〈ATP28–T1〉, 〈ATP28–P1〉, 〈ATP28–P2〉, 〈ATP28–P3〉, 〈ATP28–P4〉, 캠코더, 필기도구
3. **유의사항:**
   - 인지와 정서 및 행동 요소를 자연스럽게 연결시킴
   - 각 장면의 연습 용지를 인원수의 3배 이상 준비함
   - 캠코더 관련 비품과 작동 상태를 충분히 점검함
4. **활동과정**

훈련자	참가자
1) 강의	1) 강의
(1) 과제 확인	(1) 과제 결과 발표
(2) 〈ATP28–P1〉 필요한 매수 배부	(2) 〈ATP28–P1〉 필요한 매수 수령
(3) 〈ATP28–T1〉 설명	(3) 〈ATP28–P1〉 보면서 경청
2) 적용	2) 적용
(1) 3명 1조 실습 지도 및 시범	(1) 3명 1조 실습
(2) 녹화 장면 시청 지도	(2) 녹화 장면 시청 및 메모
(3) 〈ATP28–P1〉에 따라 평가 지도	(3) 〈ATP28–P1〉에 따라 평가
(4) 역할을 바꾸어 실습 지도	(4) 역할을 바꾸어 실습
(5) 〈ATP28–P2〉 실습 지도	(5) 〈ATP28–P2〉 실습
(6) 〈ATP28–P3〉 실습 지도	(6) 〈ATP28–P3〉 실습
3) 종결	3) 종결
(1) 〈ATP28–P4〉 배부 및 작성 지도	(1) 〈ATP28–P4〉 수령 및 작성
(2) 〈ATP28–P4〉에 따라 평가 지도	(2) 〈ATP28–P4〉에 따라 평가
(3) 과제 제시: 공격적 행동 장면에 대해 주장행동 종합연습 해 보고 오기	(3) 과제 확인

주장행동 종합연습 – 소극적 행동 장면 ATP28-T1

지금까지 소극적 행동 장면, 공격적 행동 장면, 다수 상대 행동 장면에 대해 주장행동의 요소를 중심으로 주장행동 방법, 주장행동과 관련된 인지의 수정 및 정서의 변화에 대해 공부하고 실제로 연습도 해 보았습니다. 여기서부터는 이제까지 행동, 인지, 정서를 각각 구분해서 연습한 것을 각 장면에서 종합해서 연습해 볼 것입니다. 이번에는 소극적 행동 장면에 대해 종합적으로 연습을 해 보겠습니다. 실습하는 장면은 〈ATP4–P1〉에서 예시한 장면 1과 여러분이 선정한 장면 2 및 장면 3입니다. 장면 2에 관련된 〈ATP28–P2〉와 장면 3에 관련된 〈ATP28–P3〉은 장면 1에 관련된 〈ATP28–P1〉을 실습한 것과 같은 요령으로 하면 됩니다.

먼저 세 사람씩 조를 짜세요(세 사람이 한 조가 되도록 한다. 개인적으로 훈련할 때는 대역자와 평가자 역할을 훈련자가 맡는다). 그런 다음 서로 의논해서 주장자, 대역자, 평가자를 정하고 그 이름을 〈ATP28–P1〉에 적으세요. 주장자는 소극적 행동을 하기 때문에 주장행동을 연습하려는 사람이고, 대역자는 주장자의 상대역을 대신하는 사람이며, 평가자는 주장자의 주장행동 연습 후 그 행동을 평가하는 사람입니다.

주장자와 대역자 및 평가자는 이제까지 실습한 내용을 참고로 서로 협의하여 각자의 〈ATP28–P1〉에 필요한 사항을 메모한 후 서로 검토하고 나서 대역자와 몇 번 연습해 봅니다(필요하다고 판단되면 훈련자가 시범을 보인다).

주장자가 충분히 연습했다고 보고하면 녹화가 시작됩니다. 주장자는 먼저 자기에게 가장 익숙한 방법으로 근육을 이완합니다. 그리고 어떤 조화 심상이 떠오르는지를 보고하고 조화 인지를 큰 소리로 진술한 후 자기 지시를 합니다. 정서적으로 안정될 때까지 반복하고 나서 대역자와 역할연기를 시작합니다.

역할연기가 시작되면 주장자와 대역자는 간단히 메모해 둔 〈ATP28–P1〉을 보면서 중단하지 않고 끝까지 합니다. 이때 평가자는 나중에 평가해 줄 수 있도록 필요한 내용을 별지의 〈APT28-P1〉에 기록합니다. 녹화는 역할연기가 끝날 때까지 진행합니다.

역할연기가 끝나면 평가를 할 차례입니다. 먼저 녹화한 테이프를 중지하지 않고 끝까지 함께 봅니다. 녹화 테이프를 보면서 평가자는 〈ATP28-P1〉에 평가한 것에 추가나 삭제할 것이 없는지를 검토하고 필요할 경우 자신이 이전에 평가한 내용을 수정합니다. 테이프 시청이 끝나면 제일 먼저 주장자가 〈ATP28-P1〉에 따라 자신이 주장행동을 연습한 것에 대해 평가합니다. 그러고 나서 대역자가 평가하고 마지막으로 평가자가 평가한 후 더 잘할 수 있는 방법을 함께 찾아봅니다.

한 사람이 끝나면 역할을 바꾸어 세 사람 모두가 같은 요령으로 실시합니다. 시간이 허락하면 반복하고, 익숙하게 할 수 있을 때까지 계속하는 것이 좋습니다. 장면 1에 대해 충분히 연습했다고 생각하면 장면 2와 3에 대해서도 같은 요령으로 연습해 봅니다.

주장행동 종합연습 1 – 소극적 행동 예시 장면 ATP28-P1

주장자: ________ 대역자: ________ 평가자: ________

<table>
<tr><td colspan="3">〈ATP4-P1〉의 장면 1</td><td colspan="2">친구가 휴대전화를 사러 시내에 같이 가자고 전화가 왔는데 오늘은 몸이 너무 피곤하여 가기가 싫었다. 그러나 그 말을 하려니 불안해서 못하고 "그래 알았어. 몇 시에 어디서 만날까?" 라고 하였다.</td></tr>
<tr><td colspan="3">주장 인지 요소</td><td>조화 인지</td><td></td></tr>
<tr><td colspan="3" rowspan="4">주장 정서 요소</td><td>근육이완</td><td></td></tr>
<tr><td>심상 구상</td><td></td></tr>
<tr><td>자기 진술</td><td></td></tr>
<tr><td>자기 지시</td><td></td></tr>
<tr><td rowspan="24">주장행동 요소</td><td colspan="2" rowspan="4">음성적 요소</td><td>적당한 목소리</td><td></td></tr>
<tr><td>자연스러운 억양</td><td></td></tr>
<tr><td>단호한 음성</td><td></td></tr>
<tr><td>또렷한 발음</td><td></td></tr>
<tr><td colspan="2" rowspan="6">체언적 요소</td><td>몸 전체 이동</td><td></td></tr>
<tr><td>고개 끄덕임</td><td></td></tr>
<tr><td>허리 움직임</td><td></td></tr>
<tr><td>내용과 일치하는 표정</td><td></td></tr>
<tr><td>시선 접촉</td><td></td></tr>
<tr><td>신체적 접촉</td><td></td></tr>
<tr><td rowspan="14">방법적 요소</td><td rowspan="8">너 이해</td><td>공감</td><td></td></tr>
<tr><td>존중</td><td></td></tr>
<tr><td>진실성</td><td></td></tr>
<tr><td>자기 노출</td><td></td></tr>
<tr><td>요약</td><td></td></tr>
<tr><td>인정</td><td></td></tr>
<tr><td>감정 보고</td><td></td></tr>
<tr><td>예측 보고</td><td></td></tr>
<tr><td rowspan="4">나 이해 시키기</td><td>'내(제)'로 시작</td><td></td></tr>
<tr><td>현재 행동 지적</td><td></td></tr>
<tr><td>예상되는 결과 지적</td><td></td></tr>
<tr><td>자신의 느낌 전달</td><td></td></tr>
<tr><td rowspan="2">우리 되기</td><td>내용 타협</td><td></td></tr>
<tr><td>시간 타협</td><td></td></tr>
</table>

주장행동 종합연습 1 - 자신의 소극적 행동 장면 1 ATP28-P2

주장자: ________ 대역자: ________ 평가자: ________

<table>
<tr><td colspan="3">〈ATP4-P1〉의 장면 2</td><td colspan="2"></td></tr>
<tr><td colspan="3">주장 인지 요소</td><td>조화 인지</td><td></td></tr>
<tr><td colspan="3" rowspan="4">주장 정서 요소</td><td>근육이완</td><td></td></tr>
<tr><td>심상 구상</td><td></td></tr>
<tr><td>자기 진술</td><td></td></tr>
<tr><td>자기 지시</td><td></td></tr>
<tr><td rowspan="24">주장행동 요소</td><td colspan="2" rowspan="4">음성적 요소</td><td>적당한 목소리</td><td></td></tr>
<tr><td>자연스러운 억양</td><td></td></tr>
<tr><td>단호한 음성</td><td></td></tr>
<tr><td>또렷한 발음</td><td></td></tr>
<tr><td colspan="2" rowspan="6">체언적 요소</td><td>몸 전체 이동</td><td></td></tr>
<tr><td>고개 끄덕임</td><td></td></tr>
<tr><td>허리 움직임</td><td></td></tr>
<tr><td>내용과 일치하는 표정</td><td></td></tr>
<tr><td>시선 접촉</td><td></td></tr>
<tr><td>신체적 접촉</td><td></td></tr>
<tr><td rowspan="14">방법적 요소</td><td rowspan="8">너 이해</td><td>공감</td><td></td></tr>
<tr><td>존중</td><td></td></tr>
<tr><td>진실성</td><td></td></tr>
<tr><td>자기 노출</td><td></td></tr>
<tr><td>요약</td><td></td></tr>
<tr><td>인정</td><td></td></tr>
<tr><td>감정 보고</td><td></td></tr>
<tr><td>예측 보고</td><td></td></tr>
<tr><td rowspan="4">나 이해 시키기</td><td>'내(제)'로 시작</td><td></td></tr>
<tr><td>현재 행동 지적</td><td></td></tr>
<tr><td>예상되는 결과 지적</td><td></td></tr>
<tr><td>자신의 느낌 전달</td><td></td></tr>
<tr><td rowspan="2">우리 되기</td><td>내용 타협</td><td></td></tr>
<tr><td>시간 타협</td><td></td></tr>
</table>

주장행동 종합연습 1 – 자신의 소극적 행동 장면 2 ATP28–P3

주장자: ________ 대역자: ________ 평가자: ________

<table>
<tr><td colspan="3">〈ATP4–P1〉의
장면 3</td><td colspan="2"></td></tr>
<tr><td colspan="3">주장 인지 요소</td><td>조화 인지</td><td></td></tr>
<tr><td colspan="3" rowspan="4">주장 정서 요소</td><td>근육이완</td><td></td></tr>
<tr><td>심상 구상</td><td></td></tr>
<tr><td>자기 진술</td><td></td></tr>
<tr><td>자기 지시</td><td></td></tr>
<tr><td rowspan="24">주장행동 요소</td><td colspan="2" rowspan="4">음성적
요소</td><td>적당한 목소리</td><td></td></tr>
<tr><td>자연스러운 억양</td><td></td></tr>
<tr><td>단호한 음성</td><td></td></tr>
<tr><td>또렷한 발음</td><td></td></tr>
<tr><td colspan="2" rowspan="6">체언적
요소</td><td>몸 전체 이동</td><td></td></tr>
<tr><td>고개 끄덕임</td><td></td></tr>
<tr><td>허리 움직임</td><td></td></tr>
<tr><td>내용과 일치하는 표정</td><td></td></tr>
<tr><td>시선 접촉</td><td></td></tr>
<tr><td>신체적 접촉</td><td></td></tr>
<tr><td rowspan="14">방법적 요소</td><td rowspan="8">너
이해</td><td>공감</td><td></td></tr>
<tr><td>존중</td><td></td></tr>
<tr><td>진실성</td><td></td></tr>
<tr><td>자기 노출</td><td></td></tr>
<tr><td>요약</td><td></td></tr>
<tr><td>인정</td><td></td></tr>
<tr><td>감정 보고</td><td></td></tr>
<tr><td>예측 보고</td><td></td></tr>
<tr><td rowspan="4">나
이해
시키기</td><td>'내(제)'로 시작</td><td></td></tr>
<tr><td>현재 행동 지적</td><td></td></tr>
<tr><td>예상되는 결과 지적</td><td></td></tr>
<tr><td>자신의 느낌 전달</td><td></td></tr>
<tr><td rowspan="2">우리
되기</td><td>내용 타협</td><td></td></tr>
<tr><td>시간 타협</td><td></td></tr>
</table>

질의응답 및 평가 ATP28-P4

1. 질문이나 토의하고 싶은 내용

2. 다른 집단원에게 피드백을 해 주고 싶은 내용

3. 스스로 또는 집단원의 도움을 통해 배운 점이나 느낀 점

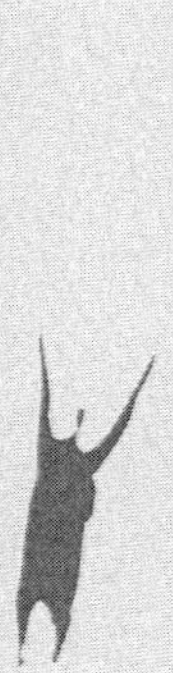

주장행동 종합연습 2
–공격적 행동 장면

주장행동 종합연습 2–공격적 행동 장면	ATP29

1. **목표:** 공격적 행동 장면에서 주장행동하기
2. **준비물:** 〈ATP29–T1〉, 〈ATP29–P1〉, 〈ATP29–P2〉, 〈ATP29–P3〉, 〈ATP29–P4〉, 캠코더, 필기도구
3. **유의사항:**
   - 인지와 정서 및 행동 요소를 자연스럽게 연결시킴
   - 각 장면의 연습 용지를 인원수의 3배 이상 준비함
   - 캠코더 관련 비품과 작동 상태를 충분히 점검함
4. **활동과정**

훈련자	참가자
1) 강의	1) 강의
(1) 과제 확인	(1) 과제 결과 발표
(2) 〈ATP29–P1〉 필요한 매수 배부	(2) 〈ATP29–P1〉 필요한 매수 수령
(3) 〈ATP29–T1〉 설명	(3) 〈ATP29–P1〉 보면서 경청
2) 적용	2) 적용
(1) 3명 1조 실습 지도 및 시범	(1) 3명 1조 실습
(2) 녹화 장면 시청 지도	(2) 녹화 장면 시청 및 메모
(3) 〈ATP29–P1〉에 따라 평가 지도	(3) 〈ATP29–P1〉에 따라 평가
(4) 역할을 바꾸어 실습 지도	(4) 역할을 바꾸어 실습
(5) 〈ATP29–P2〉 실습 지도	(5) 〈ATP29–P2〉 실습
(6) 〈ATP29–P3〉 실습 지도	(6) 〈ATP29–P3〉 실습
3) 종결	3) 종결
(1) 〈ATP29–P4〉 배부 및 작성 지도	(1) 〈ATP29–P4〉 수령 및 작성
(2) 〈ATP29–P4〉에 따라 평가 지도	(2) 〈ATP29–P4〉에 따라 평가
(3) 과제 제시: 다수 상대 행동 장면에 대해 주장행동 종합연습 해 보고 오기	(3) 과제 확인

주장행동 종합연습 2 – 공격적 행동 예시 장면 ATP29-T1

이번에는 공격적 행동 장면에 대해 종합적으로 연습해 보겠습니다. 방법은 소극적 행동 장면에서와 같습니다. 실습하는 장면은 〈ATP4-P1〉에서 예시한 장면 4와 여러분이 선정한 장면 5 및 장면 6입니다. 장면 5에 관련된 〈ATP 29-P2〉와 장면 6에 관련된 〈ATP29-P3〉은 장면 4에 관련된 〈ATP29-P1〉을 실습한 것과 같은 요령으로 하면 됩니다.

이번에도 먼저 세 사람씩 조를 짜세요(세 사람이 한 조가 되도록 한다. 개인적으로 훈련할 때는 대역자와 평가자 역할을 훈련자가 맡는다). 조가 정해지면 서로 협의하여 여러분이 가지고 있는 〈ATP29-P1〉에 주장자와 대역자 및 평가자의 이름을 적습니다.

주장자와 대역자 및 평가자는 이제까지 실습한 내용을 참고로 서로 협의하여 각자의 〈ATP29-P1〉에 필요한 사항을 간단히 메모합니다. 그리고 주장자와 대역자는 몇 번 연습을 해 봅니다(필요하다고 판단되면 훈련자가 시범을 보인다).

주장자가 충분히 연습했다고 보고하면 녹화가 시작됩니다. 그러면 주장자는 자기에게 가장 익숙한 방법으로 근육을 이완합니다. 그리고 어떤 조화 심상이 떠오르는지를 보고하고 조화 인지를 큰 소리로 진술한 후 자기 지시를 합니다. 정서적으로 안정될 때까지 반복하고 나서 대역자와 역할연기를 시작합니다.

역할연기가 시작되면 주장자와 대역자는 간단히 메모해 둔 〈ATP29-P1〉을 보면서 중단하지 않고 끝까지 합니다. 이때 평가자는 나중에 평가해 줄 수 있도록 필요한 내용을 별지의 〈APT29-P1〉에 기록합니다. 녹화는 역할연기가 끝날 때까지 진행합니다.

역할연기가 끝나면 평가할 차례입니다. 먼저 녹화한 테이프를 중지하지 않고 끝까지 함께 봅니다. 평가자는 〈ATP29-P1〉에 평가한 것에 추가나 삭제할 것이 없는지 살펴보고 필요할 때 자신이 이전에 평가한 내용을 수정합니다. 테이프 시청이 끝나면 제일 먼저 주장자가 〈ATP29-P1〉에 따라 자신이 주장행동을 연습한 것에 대해 평가합니다. 그러고 나서 대역자가 평가하고 마지막으로 평가자가 평가한 후 더 잘할 수 있는 방법을 함께 찾아봅니다.

한 사람이 끝나면 역할을 바꾸어 세 사람 모두가 같은 요령으로 실시합니다. 시간이 허락하면 반복하고, 익숙하게 할 수 있을 때까지 계속하는 것이 좋습니다. 장면 4에 대해 충분히 연습했다고 생각하면 장면 5와 6에 대해서도 같은 요령으로 연습해 봅니다.

주장행동 종합연습 2– 공격적 행동 예시 장면 ATP29–P1

주장자: ________ 대역자: ________ 평가자: ________

구분			항목	
〈ATP4–P1〉의 장면 4			나도 아직 한두 번밖에 사용하지 않은 디지털 카메라를 친구가 등산을 간다면서 1주일간 빌려 달라고 한다. 그래서 "야! 너도 좀 네 돈 주고 사서 사용해 봐라. 너는 모든 것을 다 빌리려고만 하니?"라고 했다.	
주장 인지 요소			조화 인지	
주장 정서 요소			근육이완	
			심상 구상	
			자기 진술	
			자기 지시	
주장행동 요소	음성적 요소		적당한 목소리	
			자연스러운 억양	
			단호한 음성	
			또렷한 발음	
	체언적 요소		몸 전체 이동	
			고개 끄덕임	
			허리 움직임	
			내용과 일치하는 표정	
			시선 접촉	
			신체적 접촉	
	방법적 요소	너 이해	공감	
			존중	
			진실성	
			자기 노출	
			요약	
			인정	
			감정 보고	
			예측 보고	
		나 이해시키기	'내(제)'로 시작	
			현재 행동 지적	
			예상되는 결과 지적	
			자신의 느낌 전달	
		우리 되기	내용 타협	
			시간 타협	

주장행동 종합연습 2 - 자신의 공격적 행동 장면 1 ATP29-P2

주장자: ________ 대역자: ________ 평가자: ________

〈ATP4-P1〉의 장면 5				
주장 인지 요소			조화 인지	
주장 정서 요소			근육이완	
			심상 구상	
			자기 진술	
			자기 지시	
주장행동 요소	음성적 요소		적당한 목소리	
			자연스러운 억양	
			단호한 음성	
			또렷한 발음	
	체언적 요소		몸 전체 이동	
			고개 끄덕임	
			허리 움직임	
			내용과 일치하는 표정	
			시선 접촉	
			신체적 접촉	
	방법적 요소	너 이해	공감	
			존중	
			진실성	
			자기 노출	
			요약	
			인정	
			감정 보고	
			예측 보고	
		나 이해 시키기	'내(제)'로 시작	
			현재 행동 지적	
			예상되는 결과 지적	
			자신의 느낌 전달	
		우리 되기	내용 타협	
			시간 타협	

주장행동 종합연습 2 – 자신의 공격적 행동 장면 2 ATP29-P3

주장자: ________ 대역자: ________ 평가자: ________

〈ATP4-P1〉의 장면 6				
주장 인지 요소			조화 인지	
주장 정서 요소			근육이완	
			심상 구상	
			자기 진술	
			자기 지시	
주장행동 요소	음성적 요소		적당한 목소리	
			자연스러운 억양	
			단호한 음성	
			또렷한 발음	
	체언적 요소		몸 전체 이동	
			고개 끄덕임	
			허리 움직임	
			내용과 일치하는 표정	
			시선 접촉	
			신체적 접촉	
	방법적 요소	너 이해	공감	
			존중	
			진실성	
			자기 노출	
			요약	
			인정	
			감정 보고	
			예측 보고	
		나 이해시키기	'내(제)'로 시작	
			현재 행동 지적	
			예상되는 결과 지적	
			자신의 느낌 전달	
		우리 되기	내용 타협	
			시간 타협	

질의응답 및 평가 ATP29-P4

1. 질문이나 토의하고 싶은 내용

2. 다른 집단원에게 피드백을 해 주고 싶은 내용

3. 스스로 또는 집단원의 도움을 통해 배운 점이나 느낀 점

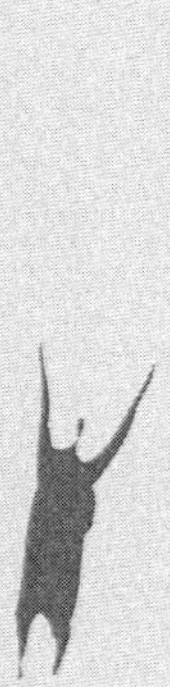

주장행동 종합연습 3
– 다수 상대 행동 장면

주장행동 종합연습 3 – 다수 상대 행동 장면 ATP30

1. **목표:** 다수를 상대로 주장행동하기
2. **준비물:** 〈ATP30–T1〉, 〈ATP30–P1〉, 〈ATP30–P2〉, 〈ATP30–P3〉, 캠코더, 필기도구
3. **유의사항:** • 인지와 정서 및 행동 요소를 자연스럽게 연결시킴
   • 연습 용지를 인원의 제곱수만큼 준비함
   • 캠코더 관련 비품과 작동 상태를 충분히 점검함
4. **활동과정**

훈련자	참가자
1) 강의	1) 강의
(1) 과제 확인	(1) 과제 결과 발표
(2) 〈ATP30–P1〉 필요 매수 배부	(2) 〈ATP30–P1〉 필요 매수 수령
(3) 〈ATP30–T1〉 설명	(3) 〈ATP30–P1〉 보면서 경청
2) 적용	2) 적용
(1) 지원자 순으로 실습 지도	(1) 자원하여 실습
(2) 녹화 장면 시청 지도	(2) 녹화 장면 시청 및 메모
(3) 〈ATP30–P1〉에 따라 평가 지도	(3) 〈ATP30–P1〉에 따라 평가
(4) 〈ATP30–P2〉 실습 지도	(4) 〈ATP30–P2〉 실습
3) 종결	3) 종결
(1) 〈ATP30–P3〉 배부 및 작성 지도	(1) 〈ATP30–P3〉 수령 및 작성
(2) 〈ATP30–P3〉에 따라 평가 지도	(2) 〈ATP30–P3〉에 따라 평가
(3) 과제 제시: 프로그램 전체에 대해 느낀 점 생각해 보고 오기	(3) 과제 확인

주장행동 종합연습 3 – 다수 상대 행동 장면 ATP30–T1

이번에는 다수를 상대로 주장행동을 하는 장면에 대해 종합적으로 연습해 보겠습니다. 실습하는 장면은 〈ATP4–P1〉에서 예시한 장면 7과 여러분이 선정한 장면 8입니다. 장면 8과 관련된 〈ATP30–P2〉는 장면 7과 관련된〈ATP30–P1〉을 실습한 것과 같은 요령으로 하면 됩니다.

〈ATP30–P1〉은 예시 장면이고 〈ATP30–P2〉는 여러분 각자가 선정한 장면입니다. 〈ATP30–P1〉의 장면을 먼저 연습하고 나서 〈ATP30–P2〉를 연습하겠습니다.

먼저 옆 사람과 협의하여 자신이 주장할 내용을 〈ATP30–P1〉에 간단히 메모합니다. 그러고 나서 자신 있는 사람부터 앞에 나가서 주장을 합니다. 이때 평가자(시청자)는 별도의 〈ATP30–P1〉에 주장자 및 평가자의 이름을 기록합니다.

주장자는 앞에 나가서 먼저 주장적 인지 요소의 유용성, 현실성, 논리성, 통합성 중 어느 하나만을 사용하거나 몇 가지를 함께 사용해서 마지막에는 가장 도움이 되는 조화 인지를 한 문장으로 진술한 후 그 이유를 간단히 설명합니다. 그다음에는 최대한 이완을 한 후 가장 도움이 되는 심상을 구상하면서 조화 인지를 큰 소리로 반복해서 말합니다. 어느 정도 마음이 안정되면 자기 지시를 큰 소리로 몇 번 한 후 자신감이 생기면 여러 사람 앞에서(필요 시 메모한 내용을 보면서) 해당 장면에 대해 주장행동을 시작합니다. 평가자(녹화 담당자)는 주장자가 앞에 나갈 때부터 녹화를 시작합니다.

주장자는 일단 시작하면 중단하지 않고 끝까지 합니다. 참가자들은 주장자가 주장을 하는 동안 별도의 〈ATP30–P1〉을 보면서 필요한 사항을 메모합니다.

주장행동이 끝나면 테이프를 보면서 평가합니다. 먼저 테이프를 중지하지 않고 끝까지 봅니다. 주장자를 포함한 모든 참가자는 주장자의 녹화된 주장행동을 실제로 보면서 〈ATP30–P1〉에 이미 평가한 것에 추가나 삭제할 것이 있는지를 보고 필요할 때 자신이 이전에 평가한 내용을 수정합니다. 테이프 시청이 끝나면 제일 먼저 주장자가 〈ATP30-P1〉에 따라 자신이 주장행동을 연습한 것에 대해 평가합니다. 그러고 나서 참가자들이 평가하고 마지막으로 평가자가 종합하여 평가합니다.

한 사람이 끝나면 다른 사람이 나가서 같은 요령으로 실시합니다. 시간이 허락하면 반복하고, 익숙하게 할 수 있을 때까지 계속하는 것이 좋습니다. 장면 7에 대해 충분히 연습했다고 생각하면 장면 8에 대해서도 같은 요령으로 연습해 봅니다.

주장행동 종합연습 3 – 다수 상대 행동 예시 장면 ATP30–P1

주장자: ________ 평가자: ________

<table>
<tr><td colspan="3">〈ATP4–P1〉의 장면 7</td><td colspan="2">고교평준화정책에 대한 자신의 의견을 제시하기 위해 여러 사람 앞에 나갔으나 불안하여 말을 이어가지 못하고 있다.</td></tr>
<tr><td colspan="3">주장 인지 요소</td><td>조화 인지</td><td></td></tr>
<tr><td colspan="3" rowspan="4">주장 정서 요소</td><td>근육이완</td><td></td></tr>
<tr><td>심상 구상</td><td></td></tr>
<tr><td>자기 진술</td><td></td></tr>
<tr><td>자기 지시</td><td></td></tr>
<tr><td rowspan="24">주장행동 요소</td><td colspan="2" rowspan="4">음성적 요소</td><td>적당한 목소리</td><td></td></tr>
<tr><td>자연스러운 억양</td><td></td></tr>
<tr><td>단호한 음성</td><td></td></tr>
<tr><td>또렷한 발음</td><td></td></tr>
<tr><td colspan="2" rowspan="4">체언적 요소</td><td>개별적 시선 접촉</td><td></td></tr>
<tr><td>내용과 일치하는 표정</td><td></td></tr>
<tr><td>자연스러운 손발 처리</td><td></td></tr>
<tr><td>적절한 몸짓</td><td></td></tr>
<tr><td rowspan="16">방법적 요소</td><td rowspan="3">시작</td><td>주제 배경 설명</td><td></td></tr>
<tr><td>대립 입장 소개</td><td></td></tr>
<tr><td>자기 입장 제시</td><td></td></tr>
<tr><td rowspan="3">너 이해</td><td>상대 주장 근거 요약</td><td></td></tr>
<tr><td>상대 주장 근거 인정 1</td><td></td></tr>
<tr><td>상대 주장 근거 인정 2</td><td></td></tr>
<tr><td rowspan="4">나 이해시키기</td><td>상대 주장 논박 1</td><td></td></tr>
<tr><td>상대 주장 논박 2</td><td></td></tr>
<tr><td>자기 주장 근거 추가 1</td><td></td></tr>
<tr><td>자기 주장 근거 추가 2</td><td></td></tr>
<tr><td rowspan="6">마무리</td><td>상대 주장 요약</td><td></td></tr>
<tr><td>자기 주장 요약</td><td></td></tr>
<tr><td>질문 요청</td><td></td></tr>
<tr><td>질문자 주장 인정</td><td></td></tr>
<tr><td>질문자 주장 논박</td><td></td></tr>
<tr><td>자기 주장 재확인</td><td></td></tr>
</table>

주장행동 종합연습 3-자신의 다수 상대 행동 장면 ATP30-P2

주장자: ________ 평가자: ________

<table>
<tr><td colspan="3">〈ATP4-P1〉의 장면 8</td><td colspan="2"></td></tr>
<tr><td colspan="3">주장 인지 요소</td><td>조화 인지</td><td></td></tr>
<tr><td colspan="3" rowspan="4">주장 정서 요소</td><td>근육이완</td><td></td></tr>
<tr><td>심상 구상</td><td></td></tr>
<tr><td>자기 진술</td><td></td></tr>
<tr><td>자기 지시</td><td></td></tr>
<tr><td rowspan="25">주장행동 요소</td><td colspan="2" rowspan="4">음성적 요소</td><td>적당한 목소리</td><td></td></tr>
<tr><td>자연스러운 억양</td><td></td></tr>
<tr><td>단호한 음성</td><td></td></tr>
<tr><td>또렷한 발음</td><td></td></tr>
<tr><td colspan="2" rowspan="4">체언적 요소</td><td>개별적 시선 접촉</td><td></td></tr>
<tr><td>내용과 일치하는 표정</td><td></td></tr>
<tr><td>자연스러운 손발 처리</td><td></td></tr>
<tr><td>적절한 몸짓</td><td></td></tr>
<tr><td rowspan="17">방법적 요소</td><td rowspan="3">시작</td><td>주제 배경 설명</td><td></td></tr>
<tr><td>대립 입장 소개</td><td></td></tr>
<tr><td>자기 입장 제시</td><td></td></tr>
<tr><td rowspan="3">너 이해</td><td>상대 주장 근거 요약</td><td></td></tr>
<tr><td>상대 주장 근거 인정 1</td><td></td></tr>
<tr><td>상대 주장 근거 인정 2</td><td></td></tr>
<tr><td rowspan="4">나 이해 시키기</td><td>상대 주장 논박 1</td><td></td></tr>
<tr><td>상대 주장 논박 2</td><td></td></tr>
<tr><td>자기 주장 근거 추가 1</td><td></td></tr>
<tr><td>자기 주장 근거 추가 2</td><td></td></tr>
<tr><td rowspan="6">마무리</td><td>상대 주장 요약</td><td></td></tr>
<tr><td>자기 주장 요약</td><td></td></tr>
<tr><td>질문 요청</td><td></td></tr>
<tr><td>질문자 주장 인정</td><td></td></tr>
<tr><td>질문자 주장 논박</td><td></td></tr>
<tr><td>자기 주장 재확인</td><td></td></tr>
</table>

질의응답 및 평가 ATP30-P3

1. 질문이나 토의하고 싶은 내용

2. 다른 집단원에게 피드백을 해 주고 싶은 내용

3. 스스로 또는 집단원의 도움을 통해 배운 점이나 느낀 점

주장훈련 마무리 및 평가

주장훈련 마무리 및 평가 ATP31

1. **목표:** 1) 전체 훈련에 대한 내용 확인하기
   2) 자신의 주장훈련 성과 평가하기
   3) 상호 피드백 주고받기
   4) 프로그램과 지도자 평가하기
   5) 이별 감정 나누기
2. **준비물:** 〈ATP31-T1〉, 〈ATP31-P1〉, 〈ATP31-P2〉, 〈ATP31-P3〉, 〈ATP31-P4〉, 필기도구
3. **유의사항:** 감정의 찌꺼기가 남은 채 종결하지 않도록 함
4. **활동과정**

훈련자	참가자
1) 강의	1) 강의
(1) 과제 확인	(1) 과제 결과 발표
(2) 〈ATP31-T1〉 설명	(2) 경청
(3) 질의응답	(3) 질의응답
2) 적용	2) 적용
(1) 〈ATP31-P1〉 배부 및 작성 지도	(1) 〈ATP31-P1〉 수령 및 작성
(2) 〈ATP31-P1〉 발표 지도	(2) 〈ATP31-P1〉 발표
(3) 〈ATP31-P2〉, 〈ATP31-P3〉 배부 및 작성 지도	(3) 〈ATP31-P2〉, 〈ATP31-P3〉 수령 및 작성
(4) 〈ATP31-P2〉, 〈ATP31-P3〉 발표 지도 및 질의응답	(4) 〈ATP31-P2〉, 〈ATP31-P3〉 발표 및 질의응답
3) 종결	3) 종결
(1) 〈ATP31-P4〉 배부 및 작성 지도	(1) 〈ATP31-P4〉 수령 및 작성
(2) 〈ATP31-P4〉 발표 지도	(2) 〈ATP31-P4〉 발표
(3) 고마운 마음 전하기	(3) 고마운 마음 전하기

주장훈련의 마무리 ATP31-T1

마침내 자기계발을 위한 주장훈련을 마무리할 시간이 왔습니다. 우리는 주장행동을 통해 대인관계에서 개인의 인지, 정서 및 행동 간의 부조화를 줄여 잠재력을 증진시킴으로써 개인의 잠재력 계발이라는 목적을 달성하기 위하여 여기까지 달려왔습니다. 그렇게 하기 위해서 우리가 거쳐 온 길을 잠시 되돌아보겠습니다.

먼저 자신의 행동을 주장행동 측면에서 이해한 후에, 자신이 비주장행동을 하는 장면을 선정해서 그 원인을 알아보았습니다. 이와 함께 주장행동을 하는 데는 시기가 있다는 것도 배웠습니다. 이러한 바탕 위에서 개인이나 다수를 상대로 주장행동의 행동 요소를 이해한 다음, 소극적이거나 공격적인 행동 장면 및 다수 상대 행동 장면에서 주장행동을 연습하였습니다. 이어서 주장적 인지를 위한 원리를 이해한 후 소극적, 공격적, 다수 상대 행동 장면에서 주장적 인지를 연습하였습니다. 다음에는 주장과 관련된 부조화 정서를 극복하기 위한 원리를 이해한 후 불안이나 분노 등 부조화 정서를 조화 정서로 바꾸는 연습을 하였습니다. 끝으로 소극적, 공격적, 다수 상대 행동 장면 각각에서 주장행동을 종합연습한 후 훈련을 마무리하였습니다.

지금까지의 훈련을 통해 여러분은 상대방의 권리를 침해하거나 상대방을 불쾌하게 하지 않는 범위 내에서, 자신의 권리 · 욕구 · 의견 · 생각 · 느낌 등 자신이 표현하고 싶은 것을, 마음속에 있는 그대로 솔직하게 상대방에게 직접 나타낼 수 있게 되었으리라 믿습니다.

주장훈련에 처음 참가하였을 때보다 주장행동과 관련하여 인지나 행동 그리고 정서적인 측면에서 달라진 점이 있을 것입니다. 물론 원하는 수준에 비해 아직 부족하다고 생각하는 부분도 있을 것입니다. 이와 더불어 실생활에서 주장행동을 적용하고자 할 때, 여러분 각자에게 어떤 걸림돌이 예상되며 그것을 어떻게 극복할 것인지 확인해 보는 일은 우리의 새로운 모습을 다지는 데 도움이 될 것입니다. 그래서 이번에는 이러한 점들을 함께 나누어 보겠습니다. 지금까지 여러분은 주장행동을 할 수 있는 방법과 개인적인 보완책을 모두 알고 실습해 보았기 때문에, 훈련이 더 필요한 부분은 이를 토대로 앞으로 계속 관심을 가지고 실제 장면에서 연습해 보시기 바랍니다.

우리가 어느 정도 주장행동을 할 수 있게 된 것은 자기 혼자만의 힘으로 이루어진 것이 아니고, 여기 있는 다른 집단원들의 도움이 많았습니다. 그래서 서로 감사한 마음을 전하는 기회를 가지겠습니다. 한 사람씩 자원하면 다른 집단원들이 그 사람에 대해 돌아가며 훈련 기간 중 감사했던 점과 자신이 보는 그 사람의 장단점을 얘기해 주도록 하겠습니다. 나에게 관심이 없는 사람은 아무도 이러한 이야기를 해 주지 않습니다. 따라서 이야기를 듣는 사람은 또다른 배움의 기회라고 생각하고 스승의 말씀처럼 귀하게 받아 적으면 좋겠습니다. 모든 사람이 자신에게 이야기를 다 해 주면 감사하다는 소감을 간단히 나타내고 마치겠습니다. 이어서 다른 사람이 자원하면 같은 방법으로 진행합니다.

귀한 시간을 내어 적극적으로 참여하신 여러분이 앞으로 주장행동을 통해 잠재력을 더욱 계발하고 원하는 성과를 거둘 수 있기를 바랍니다.

주장훈련을 마치며 ATP31-P1

1. 주장행동과 관련해 나의 인지 측면에서 달라진 점 및 앞으로 더 달라지고 싶은 점이 있다면?

2. 주장행동과 관련해 나의 행동 측면에서 달라진 점 및 앞으로 더 달라지고 싶은 점이 있다면?

3. 주장행동과 관련해 나의 정서 측면에서 달라진 점 및 앞으로 더 달라지고 싶은 점이 있다면?

4. 주장훈련을 마친 지금 나의 느낌은?

5. 앞으로 내가 주장행동을 하는 데 예상되는 주요 걸림돌과 극복 방법은?

너에게 해 주고 싶은 말 ATP31-P2

집단원 별칭	너에게 해 주고 싶은 말

집단원들이 나에게 해 준 말 ATP31-P3

집단원 별칭	집단원들이 나에게 해 준 말

주장훈련 프로그램 및 지도자에 대한 평가 ATP31-P4

주장훈련 프로그램을 마치면서 이 프로그램의 장단점과 집단 지도자의 긍정적 또는 부정적인 면에 대해 솔직하게 말해 주면 프로그램 개선과 지도자의 자기 성장 및 자기계발에 많은 도움이 되겠습니다.

1. 이 프로그램의 장단점을 적어 주세요.

2. 이 프로그램 지도자의 장단점을 적어 주세요.

참고문헌

강명자(2004). 주장훈련이 간호사의 의사소통 관련 요인과 이직 의도에 미치는 효과. 박사학위논문, 부산대학교.

강선희(2004). 자기주장훈련이 초등학생의 자아개념에 미치는 효과. 석사학위논문, 울산대학교.

고혜영(2005). 자기주장훈련이 초등학생의 분노표현에 미치는 효과. 석사학위논문, 대구교육대학교.

곽성재(1999). 인지적 주장훈련과 행동적 주장훈련이 여고생의 공격성에 미치는 효과 비교. 석사학위논문, 경북대학교.

권영숙(2000). 주장훈련이 알코올중독 환자의 우울 및 공격성에 미치는 영향. 석사학위논문, 상지대학교.

김규탁(1992). 행동적 · 인지적 주장훈련이 국민학생의 주장행동에 미치는 효과. 석사학위논문, 경북대학교.

김두규(1989). 주장훈련과 다른 절차의 결합이 주장행동과 불안 감소에 미치는 효과. 석사학위논문, 경북대학교.

김미경(2003). 자기주장훈련이 또래수용도가 낮은 아동의 또래수용도와 학교생활 적응에 미치는 영향. 석사학위논문, 경남대학교.

김성회(1982). 고등학생들을 대상으로 한 주장훈련의 효과. 석사학위논문, 경북대학교.

김성회(1984). 주장행동의 요소. **학생지도연구**, 17, 11-25. 경북대학교 학생생활연구소.

김성회(1986). 대학생들을 대상으로 한 일반화된 주장훈련 프로그램의 효과. **학생지도연구**, 19, 39-54. 경북대학교 학생생활연구소.

김성회(1988). 상담에서의 실존주의적 역설. **교육학연구**, 26, 151-163.

김성회(1989). 주장훈련 프로그램이 주장행동과 자아실현 경향성에 미치는 효과. **학생지도연구**, 22, 19-30. 경북대학교 학생생활연구소.

김성회(1990). 비주장행동 원인별 주장훈련방법이 주장행동에 미치는 효과 비교. 박사학위논문, 계명대학교.

김성회(1993). 주장훈련과 개인성장훈련이 일반인의 주장행동에 미치는 효과 비교. **학생지도연구**, 26, 23-36. 경북대학교 학생생활연구소.

김성회(1997). 비주장행동 원인분석 척도개발. **발달상담연구**, 4, 61-96.

김성회(2002). 집중적 주장훈련이 주장적 행동, 생각, 정서에 미치는 효과. **상담학연구**, 3, 81-96.

김성회(2005). HITS 상담의 이론과 실제. **상담과 지도**, 40, 95-100.

김성회, 하영석, 문창현, 석수룡, 윤정륜, 이명자(1983). 공격적 · 소극적인 대학생을 위한 자기주장훈련 프로그램. **학생지도연구**, 16, 1-50. 경북대학교 학생생활연구소.

김숙향(2002). 주장훈련이 집단 따돌림 피해 중학생의 사회적 기술과 자아개념에 미치는 효과. 석사학위논문, 경북대학교.

김숙희(2005). 자기주장훈련이 초등학생의 발표불안 감소에 미치는 효과. 석사학위논문, 울산대학교.

김애자(2002). 자기주장훈련 프로그램이 아동의 주장성과 학교 적응에 미치는 효과. 석사학위논문, 제주대학교.

김영옥(2000). 공격적 행동 감소 주장훈련이 아동의 공격행동 감소에 미치는 효과. 석사학위논문, 경북대학교.

김영채 역(1979). **학습심리학**. 서울: 중앙적성출판사.

김은희(2005). 공격행동 감소 주장훈련이 저학년 학생의 공격행동에 미치는 효과. 석사학위논문, 경북대학교.

김인자 역(2004). **인간관계와 자기표현**. 서울: 한국심리상담연구소.

김재인(2004). 주장훈련이 농촌 인문계 여고생의 학습된 무력감에 미치는 효과. 석사학위논문, 경북대학교.

김종숙(2004). 자기주장훈련 프로그램이 아동의 대인불안 및 자기효능감에 미치는 영향. 석사학위논문, 한국교원대학교.

김지영(2005). 자기주장훈련이 경도정신지체 청소년의 자아존중감, 학교생활 적응도, 학교생활 만족도에 미치는 영향. 석사학위논문, 단국대학교.

김진규(2003). 프로그램 구성방법에 따른 학급단위 주장훈련이 여중생의 주장행동에 미치는 효과. 박사학위논문, 경북대학교.

남궁달화(1984). 인간성 회복과 교육-실존주의자적 접근. 교육학연구, 22, 59-72.

노안녕(1983). 비행청소년에 있어서 공격성과 불안의 감소에 미치는 주장훈련의 효과. 석사학위논문, 서울대학교.

류주형(2004). 자기주장훈련이 지체부자유 중학생의 자기효능감에 미치는 효과. 석사학위논문, 동아대학교.

문정식(1992). 자기주장훈련이 여중생의 불안 감소에 미치는 효과. 석사학위논문, 전남대학교.

박미숙(2005). 자기표현훈련 프로그램이 농촌지역 소인수 학급 아동의 주장성과 사회성 발달에 미치는 영향. 석사학위논문, 공주교육대학교.

박상연(1987a). 간호학생을 대상으로 한 주장훈련의 효과. 최신의학, 30, 121-129.

박상연(1987b). 주장훈련이 간호학생의 주장행동과 불안 감소에 미치는 영향. 석사학위논문, 이화여자대학교.

박상연(1993). 주장훈련과 가치명료화훈련이 간호사의 갈등 정도와 갈등 관리양식에 미치는 효과. 박사학위논문, 이화여자대학교.

박상연(1998). 주장훈련과 가치명료화훈련이 간호사의 역할갈등에 미치는 효과. 성인간호학회지, 10, 535-547.

박상연, 김문실(1995). (간호사를 위한) 주장훈련의 실제. 서울: 정담.

박상연, 김미예(1991). 주장훈련이 간호학생의 자아개념과 인간관계에 미치는 효과. 최신의학, 34, 53-60.

박숙희(2004). 주장훈련이 초등학생의 대인불안에 미치는 효과. 석사학위논문, 울산대학교.

박재근(1991). 주장훈련이 고교생의 자기주장과 자아실현 수준에 미치는 효과. 석사학위논문, 강원대학교.

박점용(2001). 자기주장훈련이 공업계고등학교 학생의 자아정체감에 미치는 효과. 석사학위논문, 경남대학교.

박희량(2004). 놀이 중심의 주장훈련이 초등학생의 부끄러움 감소와 주장성 증가에 미치는 영향. 석사학위논문, 한서대학교.

반만점(1993). 주장훈련이 국민학생의 자기표현과 공격성에 미치는 효과. 석사학위논문, 울산대학교.

방곤 역(1973). 실존주의는 휴머니즘이다. 안병욱과 방곤 및 김붕구 편, 세계의 대사상 17 (pp. 199-243). 서울: 휘문출판사.

백경기(2005). 자기주장훈련이 중학생의 자기주장 신장 및 수줍음 극복에 미치는 효과. 석사학위논문, 강원대학교.

백승균 역(1987). 실존철학과 현대. 대구: 계명대학교 출판부.

변창진, 김성회(1980). 주장훈련프로그램. 학생지도연구, 13, 51-85. 경북대학교 학생생활연구소.

서진원(2003). 주장훈련 프로그램이 중학교 남학생의 자아존중감 향상에 미치는 효과. 석사학위논문, 국민대학교.

손영재(2001). 자기주장훈련이 실업계 여고생의 자기존중감 향상에 미치는 효과. 석사학위논문, 울산대학교.

손영주(1992). 정신질환자를 위한 주장훈련 프로그램의 효과 연구. 석사학위논문, 이화여자대학교.

송경숙 역(2002). 수줍음. 서울: 한국기독학생회출판부.

송영미(2004). 주장훈련 프로그램이 고립아의 대인불안 감소에 미치는 영향. 석사학위논문, 대구대학교.

신태상(2001). 주장훈련이 중학생의 불안 감소에 미치는 효과. 석사학위논문, 국민대학교.

신홍민 역(2004). 고집불통아이의 올바른 자기주장을 돕는 법. 서울: 한울림.

심후섭(1989). 자기주장훈련이 아동의 우울성향, 주장행동, 귀인양식 및 자아개념에 미치는 효과. 석사학위논문, 경북대학교.

안병욱(1972). 키어케고어의 생애와 사상. 안병욱, 표재명, 곽복록, 강두식, 박환덕 편, 세계의 대사상 9 (pp. 11-40). 서울: 휘문출판사.

안병욱(1973). 실존주의와 현대의 과제. 안병욱, 방곤, 김붕구 편, 세계의 대사상 17, (pp. 23-38). 서울: 휘문출판사.

안순애(2002). 주장훈련이 여성 노인의 주장행동과 갈등 해결방식에 미치는 효과. 석사학위논문, 경북대학교.

안영숙(2004). 성적 자기주장훈련 집단상담이 아동의 성의식과 성역할에 미치는 효과. 석사학위논문, 동아대학교.

안욱영(2005). 주장훈련이 중학교 남학생의 주장성 향상 및 자기존중감에 미치는 영향. 석사학위논문, 강원대학교.

음정순(2003). 자기주장훈련 프로그램이 초등학생의 대인불안감에 미치는 영향. 석사학위논문, 인천교육대학교.

이건순(2004). 자기주장훈련 집단상담 프로그램이 초등학생의 주장성 발달과 학교생활 적응에 미치는 효과. 석사학위논문, 공주교육대학교.

이경선(2003). 자기주장훈련이 대학생의 분노 억제와 분노 표출의 감소에 미치는 영향. 석사학위논문, 전북대학교.

이규학(1996). 주장성훈련이 초등학생의 자기주장 및 인간관계에 미치는 영향. 석사학위논문, 충남대학교.

이기헌(2000). 주장훈련 Program을 통한 초등학생의 공격성행동 감소 방안. 석사학위논문, 순천향대학교.

이복녀(2003). 자기주장훈련이 초등학생의 사회성숙도에 미치는 영향. 석사학위논문, 인하대학교.

이상미(1993). 주장훈련이 국민학생의 공격성 감소와 주장성 향상에 미치는 효과. 석사학위논문, 인하대학교.

이소현(2004). 놀이 중심의 주장훈련 프로그램이 초등학교 3학년의 교우관계에 미치는 영향. 석사학위논문, 신라대학교.

이숙희(2000). 주장훈련이 비행청소년의 공격성과 자아개념 변화에 미치는 효과. 석사학위논문, 국민대학교.

이승구(1985). 주장훈련이 여중학생의 자아개념에 미치는 효과. 석사학위논문, 동아대학교.

이승연(2005). 주장훈련이 시설청소년의 주장행동과 우울에 미치는 효과. 석사학위논문, 경북대학교.

이승열(2000). 자기주장훈련이 고교생의 우울 수준과 자살관념 감소에 미치는 영향. 석사학위논문, 경남대학교.

이양희 역(2007). **아니오라고 하고 싶을 때 예하지 마라.** 서울: 말글빛냄.

이원석(2004). 자기주장훈련이 초등학생의 자기효능감에 미치는 효과. 석사학위논문, 경북대학교.

이재천(2005). 놀이 활용 자기표현훈련 프로그램이 초등학생의 자기표현, 대인관계, 자기효능감에 미치는 효과. 석사학위논문, 공주교육대학교.

이종숙(2001). 소극적 행동 감소 주장훈련이 고립아동의 사회성에 미치는 효과. 석사학위논문, 경북대학교.

이창식 역(2002). **남 기쁘게 해 주기라는 병.** 서울: 넥서스.

이태열(2003). 공격행동 감소 주장훈련이 중학생의 공격행동 감소에 미치는 효과. 석사학위논문, 경북대학교.

이현경(1992). 주장훈련이 아동의 공격성 감소 및 주장성 향상에 미치는 효과. 석사학위논문, 계명대학교.

장화순(2003). 자기주장훈련 프로그램이 정신분열병환자의 주장행동과 대인관계에 미치는 영향. 석사학위논문, 이화여자대학교.

정경희(2004). 놀이 중심의 주장훈련 프로그램이 초등학생의 주장성과 사회성에 미치는 효과. 석사학위논문, 동아대학교.

정명오(1972). 하이데거의 생애와 사상. 정순철 편, **세계대사상전집 38** (pp. 10-50). 서울: 대양서적.

정상철(2000). 자기주장 기술훈련이 정신지체아의 대화와 참여하기 및 갈등 해결에 미치는 효과. 석사학위논문, 우석대학교.

정수자(2005). 주장훈련이 인문계 남고생의 학습된 무력감에 미치는 효과. 석사학위논문, 경북대학교.

정은영(1997). 인지적 주장훈련 프로그램이 직장 여성의 자기존중감에 미치는 효과. 석사학위논문, 계명대학교.

정희자(2004). 비주장행동 원인에 따른 주장훈련 효과 비교. 석사학위논문, 경북대학교.

조순영(2005). 자기주장훈련 프로그램이 입원 정신질환자의 자아존중감 및 상태불안에 미치는 효과. 석사학위논문, 경희대학교.

조영미(2001). 주장훈련이 중학생의 학습된 무력감 감소에 미치는 영향. 석사학위논문, 경북대학교.

조영희 역(2002). **(공격적이지 않으면서 단호하게 나를 표현하는) 대화의 기술**. 서울: 푸른숲.

조증렬, 조영희 역(1997). **성공적인 대인관계를 위한 자기주장**. 서울: 학지사.

차재옥(2005). 놀이 중심 주장훈련 프로그램이 주장성 · 부끄러움 및 또래관계에 미치는 효과: 초등학교 4학년을 중심으로. 석사학위논문, 공주교육대학교.

최일성 역(1996). **소신 있는 자기주장법: 자신감 있는 직장생활을 위한 실제적 안내**. 서울: 열린세상.

최정은(2003). 부모-자녀관련 주장훈련이 아동의 부모-자녀 간 의사소통에 미치는 효과. 석사학위논문, 경북대학교.

최진옥(2005). 놀이 중심의 주장훈련이 초등학생의 자아존중감과 부끄러움 수준에 미치는 효과. 석사학위논문, 충남대학교.

홍경자(1981). 한국대학생에 있어서 주장훈련의 타당성에 관한 연구. **학생생활연구, 13**, 97-116. 전남대학교 학생생활연구소.

홍경자(2006). **자기주장과 멋진 대화**. 서울: 학지사.

홍경자(2007). **자기주장의 심리학**. 서울: 이너북스.

홍경희(1984). 잠재력 개발과 주장훈련의 효과에 관한 비교 연구: 여고생의 자아개념 변화를 중심으로. 석사학위논문, 한국외국어대학교.

황영희(1992). 주장훈련이 함묵 학생의 불안 · 우울 · 편집경향 변화에 미치는 효과. 석사학위논문, 영남대학교.

Aiduk, R., & Karoly, P. (1975). Self regulatory techniques in the modification of nonassertive behavior. *Psychological Reports, 36*, 895-905.

Alberti, R. E., & Emmons, M. L. (1970). *Your perfect right: A guide to assertive behavior.* San Luis Obispo, Calif.: Impact.

Alberti, R. E., & Emmons, M. L. (1982). *Your perfect right*(4th ed.). San Luis Obispo, Calif.: Impact.

Alberti, R. E., & Emmons, M. L. (1986). *The professional edition of your perfect right: A manual for assertiveness trainers.* San Luis Obispo, Calif.: Impact.

Alberti, R. E., & Emmons, M. L. (2001). *Your perfect right: A guide to assertive living*(8th ed.). San Luis Obispo, Calif.: Impact.

Alden, L. (1984). An attributional analysis of assertiveness. *Cognitive Therapy and Research, 8,* 607-618.

Alden, L., Safran, J., & Weideman, R. A. (1978). Comparison of cognitive and skills training strategies in the treatment of unassertive clients. *Behavior Therapy, 9*, 843-846.

Balzer-Riley, J. W. (2003). *Communications in nursing*(5th ed.). St. Louis: Mosby.

Bandura, A. (1977). *Social learning theory.* New Jersey: Prentice-Hall.

Benun, I. (2006). *Stop pushing me around!: A workplace guide for the timid, shy, and less assertive.* N. J.: Career Press.

Berry, C. A. (1980). The effect of assertive training, cognitive assertive training and self-reinforcement assertive training on the generalization of assertive behavior. *Dissertation Abstracts International B, 41*, 340.

Bishop, S. (2006). *Develop your assertiveness(creating success)*(2nd ed.). Philadelphia: Kogan Page.

Bloom, L. Z., Coburn, K. L., & Pearlman, J. C. (2000). *The new assertive woman.* LA: Wellness Institute.

Booraem, C. D. (1974). The differential effectiveness of external versus self-reinforcement on the acquisition and performance of assertive responses. *Dissertation Abstracts International B, 35*, 1902.

Booraem, C. D., & Flowers, J. V. (1972). Reduction of anxiety and personal space as a function of assertion training with severely disturbed neuropsychiatric inpatients. *Psychological Reports, 30,* 923-929.

Borgart, E. J. (1985). Kognitive prozesse und selbstunsicherheit. [Cognitive processes and nonassertiveness.] *Forschung und Praxis, 14,* 185-199.

Boultinghouse, H. M. (1981). The relative effectiveness of assertion training with behavior rehearsal and assertion training with imagery as applied to a target population of single parents. *Dissertation Abstracts International A, 42,* 607.

Braiker, H. (2002). *The disease to please.* New York: McGraw-Hill.

Burley-Allen, M. (1995). *Managing assertively: How to improve your people skills.* New York: Wiley.

Butler, P. E. (1992). *Self–assertion for women*(Rev. ed.). New York: Harper & Row.

Canter, L. (1993). *Assertive discipline for parents: A proven, step-by-step approach to solving everyday behavior problems*(Rev. ed.). New York: Collins.

Canter, L. (2002). *Assertive discipline elementary workbook*(Rev. ed.). Bloomington: National Educational Service.

Canter, L., & Canter, M. (2001). *Assertive discipline: Positive behavior management for today's classroom*(3rd ed.). Bloomington: National Educational Service.

Canter, L., & Canter, M. (2007). *Assertive discipline for secondary school educators: Teacher workbook.* Bloomington: Solution Tree.

Carlson, L. J. (1979). The role of relaxation and systematic desensitization in the efficacy of assertiveness training. *Dissertation Abstracts International B, 40,* 905.

Chaplin, J. (1999). *Feminist counselling in action*(2nd ed.). Calif.: Sage Publications.

Christensen, A., & Arkowitz, H. (1974). Preliminary report on practice dating and feedback as treatment for college dating problems. *Journal of Counseling Psychology, 21,* 92-95.

Cianni, M. (1986). *The separate and combined effects of cognitive and behavioral approach to assertion training.* Unpublished doctorial dissertation, Pennsylvania

State University.

Clark, C. C. (2003). *Holistic assertiveness skills for nurses: Empower yourself and others.* New York: Springer Publishing Company.

Corey, G. (1986). *Theory and practice of counseling and psychotherapy*(3rd ed.). Pacific Grove, Calif.: Brooks/cole.

Dale, P. (2001). *Did you say something susan?: How any woman can gain confidence with assertive communication.* New York: C Trade Paper.

Davidson, J. (1997). *The complete idiot's guide to assertiveness.* New York: Alpha.

Deese, J., & Hulse, S. H. (1967). *The psychology of learning.* New York: McGraw-Hill.

Deffenbacher, J. L., & Payne, D. M. (1977). Two procedures for relaxation as self-control in the treatment of communication apprehension. *Journal of Counseling Psychology, 24,* 255-258.

Dryden, W. (2005). *Assertiveness step by step.* London: Sheldon Press.

Eades, J. M. (1981). The effects of the cognitive components of rational emotive therapy and behavioral assertion training on assertiveness and irrational beliefs. *Dissertation Abstracts International A, 41,* 3422.

Eisler, R. M., & Hersen, M. (1973). Behavioral techniques in family-oriented crisis intervention. *Archives of General Psychiatry, 28,* 111-116.

Eisler, R. M., Hersen, M., & Miller, P. M. (1973). Effects of modeling on components of assertive behavior. *Journal of Behavior Therapy & Experimental Psychiatry, 4,* 1-6.

Eisler, R. M., Hersen, M., Miller, P. M., & Alford, H. (1974). Effects of assertive training on marital interaction. *Archives of General Psychiatry, 30,* 643-649.

Eisler, R. M., Hersen, M., Miller, P. M., & Blanchard, E. B. (1975). Situational determinants of assertive behavior. *Journal of Consulting and Clinical Psychology, 43,* 330-340.

Ellis, A. (1962). *Reason and emotion in psychotherapy.* New York: Lyle Stuart.

Ellis, A. (1979). Rational-emotive therapy. In R. J. Corsini (Ed.), *Current psychothera-*

pies(2nd ed., pp. 185-229). Itasca, Ill.: F. E. Peacock.

Ellis, A., & Harper, R. (1975). *A new guide to rational living*(Rev. ed.). Hollywood: Wilshire Books.

Fensterheim, H., & Baer, J. (1975). *Don't say yes without you want to say no.* New York: David Mckay.

Flowers, J. V., & Booraem, C. (1975). Assertion training: The training of trainers. *The Counseling Psychologist, 5,* 29-36.

Freundlich, A. (1978). Modeling and behavior rehearsal versus cognitive self-statement modification approaches in assertive training. *Dissertation Abstracts International B, 39,* 975-9765.

Friedman, P. H. (1971). The effects of modeling and roleplaying on assertive behavior. In R. Rubin, H. Fensterheim, A. A. Lazarus, & C. M. Franks (Eds.), *Advances in behavior therapy* (pp. 34-42). New York: Academic Press.

Galassi, J. R., Delo, J. S., Galassi, M. D., & Bestien, S. (1974). The college self-expression scale: A measure of assertiveness. *Behavior Therapy*, *5*, 165-171.

Galassi, M. D., & Galassi, J. P. (1977). *Assert yourself!: How to be your own person.* New York: Human Sciences Press.

Gambrill, E. D. (1973). *A behavioral program for increasing social interaction.* Paper presented at the seventh annual meeting of the association for the advancement of behavior therapy.

Gardner, F. L. (1981). A comparison of rational-emotive therapy, stress inoculation training and behavioral assertion training in the alleviation of social anxiety. *Dissertation Abstracts International B*, *41*, 4661-4662.

Gay, M. L., Hollandsworth, J. G. Jr., & Galassi, J. P. (1975). An assertiveness inventory for adults. *Journal of Counseling Psychology*, *22*, 340-344.

Gelber, H. (1967). The use of psychological learning theory in the development of assertion. *Canadian Psychiatric Association Journal, 12,* 207-208.

George, R. L., & Cristiani, T. S. (1981). *Theory, methods, process of counseling and psychotherapy*. Englewood Cliffs, N. J.: Prentice-Hall.

Greiner, J. M., & Karoly, P. (1976). Effects of self-control training on study activity and academic performance: An analysis of self-monitoring, self-reward, and systematic-planning components. *Journal of Counseling Psychology, 23*, 495-502.

Groveman, A. M., Richards, C. S., & Caple, R. B. (1975). Literature review, treatment manuals, and bibliography for study skill counseling and behavioral self-control approaches to improving study behavior. *JSAS Catalog of selected Documents in Psychology, 5*, 342-343.

Guthrie, E. R. (1942). Conditioning: A theory of learning in terms of stimulus, response, and association. In N. B. Henry (Ed.), *The forty-first yearbook of the national society for the study of education* (Part II: The psychology of learning). Chicago: University of Chicago Press.

Hall, C. S., & Lindzey, C. (1978). *Theories of personality*(3rd ed.). New York: John Wiley and Sons.

Hartley, M. (2006). *The assertiveness handbook*. London: Sheldon Press.

Heimberg, R. G., & Beker, R. E. (1981). Cognitive and behavioral models of assertive behavior: Review, analysis and integration. *Clinical Psychology Review, 1*, 353-373.

Hersen, M., Eisler, P. M., Miller, P. M., Johnson, M. B., & Pinkston, S. G. (1973). Effects of practice, instructions, and modeling on components of assertive behavior. *Behavior Research and Therapy, 11*, 443-451.

Horan, J. J. , & Dellinger, J. K. (1974). In vivo emotive imagery: A preliminary test. *Perceptual and Moter Skills, 39*, 359-362.

Hull, C. L. (1943). *Principles of behavior*. New York: Appleton Century Crofts.

Jakubowski, P., & Lange, A. J. (1978). *The assertive option: Your right and responsibilities*. Champaign, IL: Research Press.

James, W., & Lange, C. G. (1922). *The emotions*. Baltimore: Williams and Wilkins.

Johnson, P. A. (1977). The relationships of trait anxiety, personality characteristics and values to assertiveness in the adult woman. *Dissertation Abstracts International*

B, 37, 5833.

Johnson, R. R. (2006). *Assertive management: The key to effective leadership*(2nd ed.). Wolfgang Press.

Jones, M. C. (1924). A laboratory study of fear: The case of peter. *Pedagog Sem., 31*, 308-315.

Kanfer, F. H. (1970). Self-monitoring: Methodological limitations and clinical applications. *Journal of Consulting and Clinical Psychology, 35*, 148-152.

Kazdin, A. E. (1974). Effects of covert modeling and modes reinforcement on assertive behavior. *Journal of Abnormal Psychology, 83*, 240-252.

Kazdin, A. E. (1980). Covert and overt rehearsal and elaboration during treatment in the development of assertive behavior. *Bebaviour Research & Therapy, 18*, 191-201.

Kraizer, S. (2007). *Bully-proof your child: 10 ways to help kids be assertive, build confidence, and make positive friendships*. New York: Marlowe & Company.

Kuperminc, M., & Heimberg, R. G. (1983). Consequence probability and utility as factors in the decision to behave assertively. *Behavior Therapy, 14*, 637-646.

Lamont, J. J., Gilner, F. H., Spector, N. J., & Skinner, K. K. (1969). Assertion training and group insight therapies. *Psychological Reports, 25*, 463-470.

Lange, A. J., & Jakubowski, P. (1980). *Responsible assertive behavior: Cognitive/ behavioral procedures for trainers*. Champaign, IL: Research Press.

Laws, D. R., & Serber, M. (1971). *Measurement and evaluation of assertive training with sexual offenders*. Paper presented at association for the advancement of behavior therapy. Washington. D. C.

Lawson, K. (2006). *Successful assertive management*. New York: Barron's Educational Series.

Lazarus, A. A. (1971). *Behavior therapy and beyond*. New York: McGraw-Hill.

Lazarus, A. A., & Abramovitz, A. (1962). The use of "emotive imagery" in the treatment of children's phobias. *Journal of Mental Science, 108*, 191-195.

Lerner, I. M. (1968). *Heredity, evaluation, and society*. San Francisco: W. H. Freeman.

Lin, D. L. S. (1994). *Assessment of assertiveness and acculturation in Asian-Americans.* Unpublished doctoral dissertation, Loyola University of Chicago.

Lohr, J. M., & Bonge, D. (1982). Relationships between assertiveness and factorially validated measures of irrational beliefs. *Cognitive Therapy and Research, 6,* 353-356.

Ludwig, L. D., & Lazarus, A. A. (1972). A cognitive and behavioral approach to the treatment of social inhibition. *Psychotherapy: Theory, Research & Practice, 9,* 204-206.

MacDonald, M. L. (1975). A behavioral assessment methodology applied to the measurement of assertion. *Dissertation Abstracts International B, 35,* 6101.

Macpherson, E. L. R. (1972). Selective operant conditioning and deconditioning of assertive modes of behavior. *Journal of Behavior Therapy & Experimental Psychiatry, 13,* 99-102.

Markham, D. J. (1980). Behavioral rehearsal vs. group systematic desensitization in assertiveness training. *Dissertation Abstracts International B, 41,* 357-358.

Mansfield, P. (1994). *Why am I afraid to be assertive?* New York: HarperCollins.

Masters, J. C., Burish, T. G., Hollon, S. D., & Rimm, D. C. (1987). *Behavior therapy*(3rd ed.). Florida: Harcourt Brace Jovanovich.

McBride, P. (1998). *The assertive social worker.* Brookfield: Ashgate.

McClure, J. S. (2003). *Civilized assertiveness for women: Communication with backbone…not bite.* Denver: Albion Street Press.

McFall, M. E., Winnett, R. L., Bordewick, M. C., & Bornstein, P. H. (1982). Nonverbal components in the communication of assertiveness. *Behavior Modification, 6,* 121-140.

McFall, R. M., & Marston, A. R. (1970). An experimental investigation of behavior rehearsal in assertive training. *Journal of Abnormal Psychology, 76,* 295-303.

McFall, R. M., & Twentyman, C. T. (1973). Four experiments on the relative contributions of rehearsal, modeling, and coaching to assertion training. *Journal of Abnormal Psychology, 81,* 199-218.

Meichenbaum, D. (1977). *Cognitive-behavior modification: An integrative approach.* New York: Plenum.

Melnick, J., & Stocker, R. B. (1977). An experimental analysis of the behavior rehearsal with feedback technique in assertiveness training. *Behavior Therapy, 8,* 222-228.

Michelson, L., & Wood, R. (1980). A group assertive training program for elementary school children. *Child Behavior Therapy, 2,* 1-9.

Mischel, W. (1968). *Personality and assessment.* New York: John Wiley.

Morgan, M. (1987). Self-monitoring and goal setting in private study. *Contemporary Educational Psychology, 12,* 1-6.

Morris, V. C. (1966). *Existentialism in education: What it menans.* New York: Harpen & Row.

Morris, V. C., & Thoutner, L. (1966). On existentialism and education. *Teachers College Record, 68,* 155-163.

Orenstein, H., Orenstein, E., & Carr, J. E. (1975). Assertiveness and anxiety: A correlational study. *Journal of Behavior Therapy & Experimental Psychiatry, 6,* 203-207.

Pachter, B., & Magee, S. (2001). *The power of positive confrontation: The skills you need to know to handle conflicts at work, at home, and in life.* New York: Marlowe & Company.

Paterson, R. J. (2000). *The assertiveness workbook: How to express your ideas and stand up for yourself at work and in relationships.* Oakland: New Harbinger Publications.

Percell, L. P., Berwick, P. T., & Beigel, A. (1974). The effects of assertive training on self-concept and anxiety. *Archives of General Psychiatry, 31,* 502-504.

Phelps, S., & Austin, N. (2002). *The assertive woman*(4th ed.). Atascadero, Calif.: Impact Publishers.

Prescott, B. U. (1981). *Behavioral versus cognitive: A comparison of the efficacy of tow assertion training methodologies with nonassertive adults.* Unpublished doctorial dissertation B, Florida State University.

Rakos, R. F., & Schroeder, H. E. (1979). Development and empirical evaluation of a self-administered assertiveness training program. *Journal of Consulting and Clinical Psychology, 47,* 991-993.

Rakos, R. M., & Schroeder, H. E. (1980). *Self-directed assertiveness training.* New York: Bio Monitoring Applications(BMA).

Rathus, S. A. (1972). An experimental investigation of assertive training in a group setting. *Journal of Behavior Therapy & Experimental Psychiatry, 3,* 81-86.

Rathus, S. A. (1973). A 30-item schedule for assessing assertive behavior. *Behavior Therapy, 4,* 398-406.

Rees, S., & Graham, R. S. (1991). *Assertion training: How to be who you really are.* New York: Routledge.

Rehm, L. P., & Marston, A. R. (1968). Reduction of social anxiety through modification of self-reinforcement: An instigation technique. *Journal of Consulting and Clinical Psychology, 32,* 564-574.

Richards, C. S. (1975). Behavior modification of studying through study skill advice and self-control procedure. *Journal of Counseling Psychology, 22,* 431-436.

Richards, C. S. (1976). Improving study behaviors through self-control techniques. In J. D. Krumboltz & C. E. Thoresen (Eds.), *Counseling methods* (pp. 462-467). New York: Holt, Rinehart &Winston.

Rimm, D. C., & Masters, J. C. (1979). *Behavior therapy: Techniques and empirical findings*(2nd ed.). New York: Academic Press.

Robinson, D. (2000). *Too nice for your own good: How to stop making 9 self-sabotaging mistakes.* New York: Warner Books.

Salter, A. (1949). *Conditioned reflex therapy.* New York: Creative Age Press.

Sappington, A. A., Fritschi, O., Sandefer, D., & Tauxe, M. (1980). Self-directed study skill program for student on probation. *Journal of Counseling Psychology, 27,* 616-619.

Shaw, M. E., Corsini, R. J., Blake, R. R., & Mouton, J. S. (1980). *Role-playing: A practical manual for group facilitators.* San Diego: California University Associations.

Small, B. (2006). *What about me, What do I want? Becoming assertive.* Victory, BC: Trafford Publishing.

Spates, C. R., & Kanfer, F. H. (1977). Self-monitoring, self-evaluation, and self-reinforcement in children's learning: A test of a multistage self-regulation model. *Behavior Therapy, 8,* 9-16.

Thoresen, C. E., & Mahoney, M. J. (1974). *Behavioral self-control.* New York: Holt.

Wanda, W. M. (1996). *The efficacy of a brief classroom format assertiveness training program on assertive behavior, assertiveness knowledge, anxiety, and locus of control in fifth-grade students.* Unpublished doctoral dissertation B, The Johns Hopkins University.

Wehr, S. H., & Kaufman, M. E. (1987). The effects of assertive training on performance in highly anxious adolescents. *Adolescence, 22,* 195-205.

Wolpe, J. (1958). *Psychotherapy by reciprocal inhibition.* California: Stanford University Press.

Wolpe, J. (1970). The instigations of assertive training. *Journal of Behavior Therapy and Experimental Psychiatry, 1,* 145-151.

Wolpe, J. (1973). *The practice of behavior therapy*(2nd ed.). New York: Pergamon Press.

Wolpe, J. (1977). *Assertiveness training for women.* New York: Bio Monitoring Applications(BMI).

Wolpe, J., & Lazarus, A. A. (1966). *Behavior therapy techniques: A guide to the treatment of neuroses.* New York: Pergamon Press.

Young, E. R., Rimm, D. C., & Kennedy, T. D. (1973). An experimental investigation of modeling and verbal reinforcement in the modification of assertive behavior. *Behavior Research and Therapy, 11,* 317-319.

Zarzour, K. (2000). *Facing the schoolyard bully: How to raise an assertive child in an aggressive world.* Buffalo: Firefly Books.

부록

[부록 1]

비주장행동 원인분석척도 – 1

학교 학년 반 번 이름: (남, 여)

〈일러두기〉

우리는 일상생활에서 자신의 생각이나 느낌 등을 다른 사람에게 말하고 싶어도 잘 표현하지 못하는 경우가 적지 않습니다. 이 설문지는 여러분이 다른 사람에게 말하고 싶은 것이 있어도 잘 말하지 못하는 이유를 알아, 앞으로 여러분이 자신의 생각이나 느낌 등을 좀 더 마음 놓고 자연스럽게 말할 수 있도록 돕는 데 필요한 자료를 수집하기 위해 만든 비주장행동 원인분석척도입니다.

이 설문지에는 시험문제와 달리 맞는 답이나 틀린 답은 물론 좋은 답이나 나쁜 답이란 있을 수가 없습니다. 여러분은 이 설문지의 45개 진술문(문장)을 하나씩 차례로 주의 깊게 읽은 다음, 한 문제도 빠짐없이 여러분 자신의 평소 행동을 솔직하고 성실하게 답하면 됩니다.

이 척도에 답하는 방법은 각 진술문을 차례로 하나씩 읽어 가면서 여러분 자신의 행동이나 생각 또는 느낌과 각 진술문의 내용이 일치하는 정도에 따라 아래의 기준에 맞게 해당란의 번호에 ○표 하면 됩니다. 진술문 중 여러분이 경험하지 못한 내용일 경우에는 여러분이 그러한 경우에 처했다고 가정하고 답하면 됩니다. 각 진술문은 비슷한 내용이 많기 때문에 고딕 부분에 유의해서 답해 주기 바랍니다.

	거의 불일치	대체로 불일치	반 정도 일치	대체로 일치	거의 일치
1. 거의 일치하지 않는다고 여기면	①	2	3	4	5
2. 대체로 일치하지 않는다고 여기면	1	②	3	4	5
3. 반 정도 일치한다고 여기면	1	2	③	4	5
4. 대체로 일치한다고 여기면	1	2	3	④	5
5. 거의 일치한다고 여기면	1	2	3	4	⑤

* 시간이 제한되어 있지는 않으나 되도록 빨리 답해 주기 바랍니다.

	거의 불일치	대체로 불일치	반 정도 일치	대체로 일치	거의 일치
1. 내가 상대방의 요구를 거절하거나 나의 생각, 의견 등을 잘 표현하지 못하는 가장 큰 이유는, 다른 사람을 너무 의식하기 때문이다.	1	2	3	4	5
2. 잘못 알고 꾸중하시는 선생님께 말씀 드리고 싶은 것이 있어도 선생님께 미움을 사서는 안 된다는 생각 때문에 대개는 말하지 않는다.	1	2	3	4	5
3. 선생님께 질문을 하고 싶지만 질문다운 질문을 해야 한다는 생각 때문에 거의 질문하지 않는다.	1	2	3	4	5
4. 친구가 나의 흉을 보았다는 소문을 확인해 보고 싶어도 인간관계를 위해서는 참아야 한다는 생각 때문에 대개는 모르는 것처럼 지낸다.	1	2	3	4	5
5. 친구에게 무엇을 부탁하고 싶지만 친구가 나의 부탁을 들어주면 나도 친구의 부탁을 들어주어야 한다는 생각 때문에 부탁하지 않는다.	1	2	3	4	5
6. 내가 잘못하여 물건에 흠이 생겼다면서 판매원이 계속 사라고 해도 내 잘못이 아니라는 점을 분명하게 말한다.	1	2	3	4	5
7. 새로 사온 옷이 마음에 들지 않아 바꾸고 싶으면 바꾸어 주는 데 따른 어려움을 이해해 준 후, 그래도 바꾸어 주면 좋겠다고 말한다.	1	2	3	4	5
8. 담배연기 때문에 견디기 어렵다고 아저씨께 말씀 드리고 싶어도 아저씨의 기분을 상하지 않게 말하는 방법을 모르기 때문에 대개는 참고 견딘다.	1	2	3	4	5
9. 공부하라는 잔소리에 대해 어머니께 말씀 드리고 싶은 것이 있어도 어떻게 말씀 드려야 좋을지 모르기 때문에 거의 말씀 드리지 못한다.	1	2	3	4	5
10. 내용을 잘 모르고 꾸중하시는 아버지께 말씀 드리고 싶은 것이 있어도 어떻게 말씀 드려야 할지 모르기 때문에 거의 가만히 있는다.	1	2	3	4	5
11. 친한 친구에게 돈을 빌리고 싶어도 친구가 난처해할 것 같은 염려 때문에 대개는 말하지 못한다.	1	2	3	4	5
12. 이성(異性)과 부담 없이 이야기하고 싶어도 어딘가 어색해지기 때문에 말을 잘 하지 못한다.	1	2	3	4	5

	거의 불일치	대체로 불일치	반 정도 일치	대체로 일치	거의 일치
13. 회의 시간에 나의 의견을 발표하고 싶어도 일어나서 말하려고 하면 불안해지기 때문에 거의 발표하지 못한다.	1	2	3	4	5
14. 잘 모르는 사람이 섞인 자리에서 나의 의견을 발표하고 싶지만 일어서서 말한다는 것 자체가 두렵기 때문에 대개는 발표하지 못한다.	1	2	3	4	5
15. 친한 친구에게 어려운 문제를 물어보고 싶어도 친구가 몰라서 부담스러워할 것 같은 염려 때문에 거의 물어보지 못한다.	1	2	3	4	5
16. 내가 상대방의 요구를 거절하거나 나의 생각과 의견 등을 잘 표현하지 못하는 가장 큰 이유는 상대방의 기분을 상하지 않게 말하는 방법을 모르기 때문이다.	1	2	3	4	5
17. 잘못 알고 꾸중하시는 선생님께 말씀 드리고 싶은 것이 있으면, 선생님께 직접 말씀 드린다.	1	2	3	4	5
18. 선생님께서 설명하신 내용에 대해 물어보고 싶은 것이 있으면, 그때마다 선생님께 물어보는 편이다.	1	2	3	4	5
19. 친구가 나의 흉을 보았다는 소문을 확인하고 싶어도 화내지 않고 말하는 방법을 모르기 때문에 대개는 모르는 것처럼 행동한다.	1	2	3	4	5
20. 친구에게 부탁하고 싶은 것이 있어도 친구에게 부담 주지 않고 말하는 방법을 모르기 때문에 거의 부탁하지 못한다.	1	2	3	4	5
21. 내 잘못으로 물건에 흠이 생겼다면서 판매원이 계속 사라고 하면 서로 다투면서 신경을 쓰기보다는 내가 손해 보는 편이 더 낫다는 생각 때문에 대개는 그 물건을 산다.	1	2	3	4	5
22. 새로 사온 옷이 마음에 들지 않아 바꾸고 싶어도 점원에게 변덕스러운 학생이란 말을 들어서는 안 된다는 생각 때문에 거의 그대로 입는다.	1	2	3	4	5
23. 담배연기 때문에 견디기 어렵다고 아저씨께 말씀 드리고 싶어도 당돌한 학생이란 말을 들어서는 안 된다는 생각 때문에 대개는 참고 견딘다.	1	2	3	4	5

	거의 불일치	대체로 불일치	반 정도 일치	대체로 일치	거의 일치
24. 공부하라는 잔소리에 대해 어머니께 말씀 드리고 싶은 것이 있어도 어머니께 실망을 드려서는 안 된다는 생각 때문에 거의 말씀 드리지 않는다.	1	2	3	4	5
25. 내용을 잘 모르고 꾸중하시는 아버지께 말씀 드리고 싶은 것이 있어도 아버지의 말씀에 대꾸하는 것은 자식의 도리가 아니라는 생각 때문에 그대로 꾸중을 듣는다.	1	2	3	4	5
26. 내가 잘못하여 물건에 흠이 생겼다면서 판매원이 계속 사라고 하면 겁이 나기 때문에 대개는 거절하지 못한다.	1	2	3	4	5
27. 새로 사온 옷이 마음에 들지 않아서 바꾸고 싶어도 점원과 대하는 것이 겁이 나기 때문에 대개는 그대로 입는다.	1	2	3	4	5
28. 담배연기 때문에 견디기 어렵다고 아저씨께 말씀 드리고 싶어도 겁이 나기 때문에 거의 말씀 드리지 못한다.	1	2	3	4	5
29. 공부하라는 잔소리에 대해 어머니께 말씀 드리고 싶은 것이 있어도 어머니께서 화를 낼까 두렵기 때문에 거의 말씀 드리지 못한다.	1	2	3	4	5
30. 잘 모르고 꾸중을 하신다는 점을 아버지께 말씀 드리고 싶어도 아버지께서 화를 내실까 겁이 나기 때문에 거의 말씀 드리지 못한다.	1	2	3	4	5
31. 친한 친구에게 돈을 빌리고 싶어도 가까운 사이일수록 어려운 부탁을 해서는 안 된다는 생각 때문에 부탁하지 않는다.	1	2	3	4	5
32. 친한 친구에게 모르는 문제를 물어보고 싶어도 친구에게 얕잡아 보여서는 안 된다는 생각 때문에 물어보지 않는다.	1	2	3	4	5
33. 이성(異性)과 부담 없이 이야기하고 싶으나 여자(남자)답지 못하다는 말을 들어서는 안 된다는 생각 때문에 아주 조심해서 말한다.	1	2	3	4	5
34. 회의 시간에 나의 의견을 발표하고 싶어도 논리적으로 말해야 한다는 생각 때문에 거의 발표하지 않는다.	1	2	3	4	5

	거의 불일치	대체로 불일치	반 정도 일치	대체로 일치	거의 일치
35. 잘 모르는 사람이 섞인 자리에서 나의 의견을 말하고 싶어도 실수를 해서는 안 된다는 생각 때문에 말하는 경우가 거의 없다.	1	2	3	4	5
36. 내가 상대방의 요구를 거절하거나 나의 생각을 잘 표현하지 못하는 가장 큰 이유는 불안 때문이다.	1	2	3	4	5
37. 잘못 알고 꾸중을 하시는 선생님께 오해하고 계신다는 점을 말씀 드리고 싶지만 겁이 나기 때문에 대개는 말씀 드리지 못한다.	1	2	3	4	5
38. 선생님께 질문을 하고 싶지만 말을 시작하면 떨리기 때문에 거의 질문을 하지 못한다.	1	2	3	4	5
39. 친구가 나의 흉을 보았다는 소문을 확인해 보고 싶지만 친구가 화를 낼까 두렵기 때문에 대개는 못 들은 것처럼 지낸다.	1	2	3	4	5
40. 친구에게 무엇을 부탁하고 싶지만 친구의 거절이 두렵기 때문에 거의 부탁하지 못한다.	1	2	3	4	5
41. 친한 친구에게 돈을 빌리고 싶어도 친구에게 부담을 주지 않고 말하는 방법을 모르기 때문에 대개는 말하지 못한다.	1	2	3	4	5
42. 친한 친구가 나에게 섭섭한 말을 하면, 내 느낌을 그대로 솔직하게 친구에게 말한다.	1	2	3	4	5
43. 이성(異性)에게 하고 싶은 말이 있으면, 남을 통하지 않고 직접 이야기한다.	1	2	3	4	5
44. 나와 의견을 달리 하는 사람이 있으면 일단 그 사람의 의견에 관심을 가지고 잘 듣고 난 후, 내 의견을 말한다.	1	2	3	4	5
45. 잘 모르는 사람이 섞인 자리에서 나의 의견을 발표하고 싶어도 어떻게 표현해야 좋을지 모르기 때문에 거의 발표하지 않는다.	1	2	3	4	5

[부록 2-1]

비주장행동 원인분석척도 – 2

실시일자: 년 월 일 성명: 성별: 남, 여

소 속 : 학교 (대학) (학과) 학년 반 번(학번)

〈일러두기〉

우리는 일상생활에서 다른 사람에게 하고 싶은 말이 있어도 여러 가지 이유로 잘 표현하지 못하는 경우가 있습니다. 이 설문지는 여러분이 다른 사람에게 하고 싶은 말을 잘 못하는 이유를 알아보는 데 필요한 자료를 수집하기 위해 만든 비주장행동 원인분석척도입니다.

이 척도는 능력을 평가하는 척도가 아닙니다. 따라서 틀리거나 맞는 답은 물론 시간 제한도 없습니다. 정직하게만 답하면 됩니다. 혹 자신과 관계가 없는 질문일 경우는 자신이 그러한 상황에 처했다고 가정하고 답하면 됩니다.

답하는 요령은, 각 문항을 읽고, 자신이 그 상황에 세 번 처했다고 가정하고 보기와 같이 자신과 일치하는 정도에 따라 각 문항의 세 가지 항목(a, b, c)을 합친 점수가 반드시 3점이 되게 해당 점수를 각 문항의 a, b, c 앞 _____곳에 기록하면 됩니다.

보기: 질문한 문항과 같은 상황에 세 번 처했을 경우 a에 줄 수 있는 점수:

(1) 세 번 중 a항목의 이유가 세 번일 경우는 a에 3점(이 경우 b와 c항목의 합은 0점)

(2) 세 번 중 a항목의 이유가 두 번일 경우는 a에 2점(이 경우 b와 c항목의 합은 1점)

(3) 세 번 중 a항목의 이유가 한 번일 경우는 a에 1점(이 경우 b와 c항목의 합은 2점)

(4) 세 번 중 a항목의 이유가 없는 경우는 a에 0점(이 경우 b와 c항목의 합은 3점)

1. 시내에 함께 가자는 친구의 요구를 거절하지 못한다면, 그 이유는?

____ a) 거절하려고 하면 마음이 편하지 못하기 때문이다.

____ b) 친구의 기분을 상하지 않게 말하는 방법을 모르기 때문이다.

____ c) 친구가 싫어할 것 같은 행동을 해서는 안 된다고 생각하기 때문이다.

2. 잘못 알고 꾸중하시는 아버지께 하고 싶은 말을 못한다면, 그 이유는?

____ a) 말을 하려고 하거나 실제로 말하는 중에 몸이 떨리기 때문이다.

____ b) 말하지 않고 가만히 있는 것이 더 편하기 때문이다.

____ c) 부모님께 대꾸하는 것은 자식의 도리가 아니라고 생각하기 때문이다.

3. 선생님께 질문을 하고 싶어도 그러지 못한다면, 그 이유는?

____ a) 질문 도중 불안해지고 그 불안을 잘 처리하지 못하기 때문이다.

____ b) 질문하는 중에 말이 자주 끊어지기 때문이다.

____ c) 질문다운 질문을 해야만 한다고 생각하기 때문이다.

4. 친구가 여러분 자신에 대해 흉을 보았다는 사실을 확인해 보고 싶어도 그러지 못한다면, 그 이유는?

____ a) 친구가 화를 낼까 두렵기 때문이다.

____ b) 친구의 기분을 상하지 않게 말하는 방법을 모르기 때문이다.

____ c) 인간관계를 위해서는 참아야 한다고 생각하기 때문이다.

5. 친구에게 무엇을 부탁하고 싶어도 그러지 못한다면, 그 이유는?

____ a) 친구의 거절이 부담스럽기 때문이다.

____ b) 친구에게 부담되지 않도록 말하는 방법을 모르기 때문이다.

____ c) 자기 일은 자기 혼자 힘으로 해야만 한다고 생각하기 때문이다.

6. 사실은 그렇지 않은데 여러분 자신이 잘못하여 물건에 흠이 생겼다면서 판매원이 계속 사라고 해서 그 물건을 샀다면, 그 이유는?

____ a) 말을 하려고 하면 얼굴이 붉어지고 가슴이 두근거리기 때문이다.

____ b) 자신의 입장을 조리 있게 판매원에게 말하는 방법을 모르기 때문이다.

____ c) 다투면서 신경쓰기보다는 손해 보는 편이 더 낫다고 생각하기 때문이다.

7. 사온 물건이 마음에 들지 않아 바꾸고 싶어도 그러지 못한다면, 그 이유는?

____ a) 다시 가서 점원과 대하는 것이 불안하기 때문이다.

____ b) 말하려는 의도를 분명하게 전달하는 것이 어렵기 때문이다.

____ c) 점원에게 변덕스러운 학생이란 말을 들어서는 안 된다고 생각하기 때문이다.

8. 담배연기 때문에 견디기 어렵다고 아저씨께 말씀 드리고 싶어도 그러지 못한다면, 그 이유는?

____ a) 이야기를 했다가 아저씨가 화를 낼까 두렵기 때문이다.

____ b) 아저씨의 마음을 상하지 않게 말을 잘하지 못하기 때문이다.

____ c) 당돌한 학생이란 말을 들어서는 안 되기 때문이다.

9. 방을 잘 정리하라는 잔소리에 대해 어머니께 말씀 드리고 싶은 것이 있어도 그러지 못한다면, 그 이유는?

____ a) 이야기를 하려고 할 경우 감정 통제가 되지 않기 때문이다.

____ b) 설득력 있게 어머니께 이야기를 하지 못하기 때문이다.

____ c) 어머니께 실망을 드려서는 안 된다고 생각하기 때문이다.

10. 내용을 잘 모르고 꾸중하시는 아버지께 말씀 드리고 싶은 것이 있어도 그러지 못한다면, 그 이유는?

____ a) 아버지께서 더 화를 내실까 두렵기 때문이다.

____ b) 말씀을 드릴 경우 아버지께서 더 화내는 경우가 많기 때문이다.

____ c) 아버지의 말씀에 대꾸하는 것은 자식으로서의 도리가 아니기 때문이다.

11. 친한 친구에게 돈을 빌리고 싶어도 그러지 못한다면, 그 이유는?

____ a) 말하려고 하면 어딘가 어색해지기 때문이다.

____ b) 친구에게 부담을 주지 않고 말하는 방법을 모르기 때문이다.

____ c) 가까운 사이일수록 어려운 부탁을 해서는 안 된다고 생각하기 때문이다.

12. 이성에게 말을 걸고 싶어도 그러지 못한다면, 그 이유는?

____ a) 부끄럽기 때문이다.

____ b) 말을 자연스럽게 이어가지 못하기 때문이다.

____ c) 이성이 싫어하면 자신이 너무 비참해진다는 생각이 들기 때문이다.

13. 회의 시간에 자신의 의견을 발표하고 싶어도 그러지 못한다면, 그 이유는?

____ a) 일어서서 말을 하려고 하면 떨리기 때문이다.

____ b) 설득력 있게 논리적으로 말할 줄 모르기 때문이다.

____ c) 잘못 말하면 안 하기보다 못하다고 생각하기 때문이다.

14. 잘 모르는 사람이 섞인 자리에서 앞에 나가 자신의 의견을 발표하고 싶지만 그러지 못한다면, 그 이유는?

____ a) 말하려고 하거나 말하는 도중에 당황하기 때문이다.

____ b) 하고 싶은 말을 유창하게 잘 이어가지 못하기 때문이다.

____ c) 여러 사람 앞에서 실수를 해서는 안 된다고 생각하기 때문이다.

15. 친구에게 어려운 과제에 대해 물어보고 싶어도 그러지 못한다면, 그 이유는?

____ a) 물어보려고 하면 무언지 어색해지고 부담이 되기 때문이다.

____ b) 질문의 핵심을 친구에게 잘 전달하지 못하기 때문이다.

____ c) 친구에게 얕잡아 보여서는 안 된다고 생각하기 때문이다.

[부록 2-2]

비주장행동 원인분석척도 – 신뢰도 관련자료

학교구분	성별	인원수	정서적 원인			행동적 원인			인지적 원인		
			Cronbach의 α계수	반분 신뢰도	1주간 재검사 신뢰도	Cronbach의 α계수	반분 신뢰도	1주간 재검사 신뢰도	Cronbach의 α계수	반분 신뢰도	1주간 재검사 신뢰도
초등	남	258	.7077	.7832	.8712	.7738	.8045	.8716	.8146	.8369	.8977
	여	256	.6958	.6740	.8374	.6673	.6535	.7823	.7914	.7969	.8828
	전체	514	.6996	.7322	.8559	.7339	.7468	.8374	.8036	.8153	.8907
중등	남	326	.6367	.6803	.8179	.7247	.7361	.8451	.7349	.7450	.8496
	여	312	.6234	.6885	.7868	.6826	.7366	.8803	.7062	.7700	.8394
	전체	638	.6315	.6803	.8052	.7173	.7361	.8690	.7212	.7450	.8456
고등	남	300	.6559	.7534	.7981	.7379	.7207	.8359	.7904	.7963	.8771
	여	358	.6337	.6382	.7978	.7258	.7324	.8624	.7893	.7867	.8927
	전체	658	.6583	.7066	.8102	.7286	.7274	.8489	.7942	.7995	.8904
대학	남	344	.7026	.7030	.8347	.8223	.8338	.9113	.8277	.8157	.9141
	여	384	.7106	.7078	.8969	.8114	.8172	.8971	.8048	.8057	.9100
	전체	728	.7132	.7163	.8743	.8149	.8243	.9046	.8137	.8110	.9123
총계	남	1,228	.6987	.7532	.8481	.7686	.7801	.8706	.8026	.8102	.8928
	여	1,310	.6645	.6785	.8343	.7594	.7706	.8743	.7905	.8058	.8927
	전체	2,538	.6809	.7178	.8686	.7624	.7766	.8066	.7956	.8085	.8496

[부록 3]

주장행동척도

학교 학년 반 번 이름: (남, 여)

〈일러두기〉

우리는 일상생활에서 자신의 생각이나 느낌 등을 다른 사람에게 말하고 싶어도 잘 표현하지 못하는 경우가 적지 않습니다. 이 설문지는 여러분이 다른 사람에게 말하고 싶은 것을 얼마나 잘 말하는지를 알아보려는 주장행동척도입니다.

이 설문지에는 시험문제와 달리 맞는 답이나 틀린 답은 물론 좋은 답이나 나쁜 답이란 있을 수가 없습니다. 여러분은 이 설문지의 100개 진술문(문장)을 하나씩 차례로 주의 깊게 읽은 다음, 여러분 자신의 평소 행동을 솔직하고 성실하게 답하면 됩니다.

이 척도에 답하는 방법은 각 진술문을 차례로 하나씩 읽어 가면서 여러분 자신의 행동이나 생각 또는 느낌과 각 진술문의 내용이 일치하는 정도에 따라 아래의 기준에 맞게 해당란의 번호에 ○표 하면 됩니다. 진술문 중 여러분이 경험하지 못한 내용일 경우에는 여러분이 그러한 경우에 처했다고 가정하고 답하면 됩니다. 각 진술문은 비슷한 내용이 많기 때문에 특히 고딕으로 된 부분에 유의해 주기 바랍니다.

	거의 불일치	대체로 불일치	반 정도 일치	대체로 일치	거의 일치
1. 거의 일치하지 않는다고 여기면	①	2	3	4	5
2. 대체로 일치하지 않는다고 여기면	1	②	3	4	5
3. 반 정도 일치한다고 여기면	1	2	③	4	5
4. 대체로 일치한다고 여기면	1	2	3	④	5
5. 거의 일치한다고 여기면	1	2	3	4	⑤

* 시간은 제한되어 있지 않으나 되도록 빨리 답해 주기 바랍니다.

	거의 불일치	대체로 불일치	반 정도 일치	대체로 일치	거의 일치
1. 잘 아는 사람의 좋은 일을 축하해 줄 경우, 서두른다.	1	2	3	4	5
2. 누가 나를 무시하는 듯한 말을 하면, 섭섭하다는 점을 그 사람에게 또렷또렷하게 말한다.	1	2	3	4	5
3. 책을 빌려 달라는 요구를 거절할 경우, 마음에도 없는 사과나 변명을 한다.	1	2	3	4	5
4. 부모님이 주시려는 용돈과 내가 요구한 용돈에 차이가 있으면 타협안을 내놓는다.	1	2	3	4	5
5. 주위 사람의 흡연으로 견디기 어려울 경우, 그 사람에게 어떻게 말해야 좋을지를 모른다.	1	2	3	4	5
6. 친한 사람이 시내에 가자고 하면 싫어도 같이 간다.	1	2	3	4	5
7. 누구와 함께 가고 싶은 곳이 있으면 그 사람이 싫어하더라도 같이 가자고 말한다.	1	2	3	4	5
8. 상대하고 싶지 않은 이성(異性)이 계속 불쾌한 행동을 하면 불쾌감을 바로 말한다.	1	2	3	4	5
9. 싫은 경우라도 심부름은 불평 없이 한다.	1	2	3	4	5
10. 여러 사람이 모인 자리에서 모르는 내용이 있을 경우, 그 내용에 대해 질문한다.	1	2	3	4	5
11. 나의 흉을 보는 사람에게 그 이유를 알아보려고 할 경우, 그 사람에게 직접 물어본다.	1	2	3	4	5
12. 상대하기 싫은 이성이 같이 사진을 찍자고 하면, 적절한 몸짓을 취하면서 싫다고 말한다.	1	2	3	4	5
13. 개인적인 고민을 말할 경우, 상대방이 알아들을 수 있을 정도의 목소리로 말한다.	1	2	3	4	5
14. 나를 멀리 하려는 사람에게 섭섭하다는 말을 하고 싶을 경우, 내 마음속에 있는 그대로 솔직하게 말한다.	1	2	3	4	5
15. 사귀고 싶은 이성과 이야기를 하려고 할 경우, 손발의 처리가 부자연스러워진다.	1	2	3	4	5
16. 구입한 물건을 교환할 경우, 판매원과 적당한 거리(50~60㎝)를 유지하면서 말한다.	1	2	3	4	5
17. 주위에서 시끄럽게 떠드는 사람이 있어서 그에게 조용히 해 달라는 말을 할 경우, 그 뜻을 분명하게 말한다.	1	2	3	4	5

	거의 불일치	대체로 불일치	반 정도 일치	대체로 일치	거의 일치
18. 칭찬해 주는 사람에 대해 고마움을 표시할 경우, 건성으로 하지 않고 얼굴에도 고마운 표정을 지으면서 말한다.	1	2	3	4	5
19. 빌려 준 돈을 갚아 달라고 말할 경우, 그 말을 하기 전에 그 사람의 어려운 점을 먼저 이해해 준다(예: 사정이 어렵다는 것을 알지만~).	1	2	3	4	5
20. 새치기하는 사람에게 비켜 주지 않을 경우, 상대방 연령 등에 맞게 예절을 지키면서 말한다.	1	2	3	4	5
21. 별로 친하지도 않은 사람의 방문 요청을 거절하려고 할 때, 말이나 행동이 어색해진다.	1	2	3	4	5
22. 사귀고 싶은 사람에게 사귀고 싶다는 말을 하려고 할 때, 가슴이 두근거린다.	1	2	3	4	5
23. 필요한 물건이 있어 주위 사람에게 빌려 달라는 말을 하려고 할 때, 어색한 기분이 든다.	1	2	3	4	5
24. 돈을 빌려 달라는 사람의 요청을 거절하려고 할 때, 불안해진다.	1	2	3	4	5
25. 여러 사람 앞에서 자신의 의견을 발표하려고 할 때, 불안해진다.	1	2	3	4	5
26. 잘 아는 사람의 좋은 일을 축하해 줄 때, 자신은 아주 무능하다는 생각이 든다.	1	2	3	4	5
27. 나를 무시하는 어른에게 내 기분을 말함으로써 그로부터 버릇없는 학생이란 말을 들어서는 안 된다고 생각한다.	1	2	3	4	5
28. 책을 빌려 달라는 부탁을 거절함으로써 그 사람에게 미움을 사서는 안 된다고 생각한다.	1	2	3	4	5
29. 용돈이 부족하다고 부모님께 말씀 드림으로써 부모님께 돈 걱정을 끼쳐서는 안 된다고 생각한다.	1	2	3	4	5
30. 어른에게 담배연기 고통 때문에 견디기 어렵다는 말씀을 드림으로써, 버릇없는 학생이라는 말을 들어서는 안 된다고 생각한다.	1	2	3	4	5
31. 시내에 같이 가자는 사람의 요구를 거절할 경우, "에…"나 "음…" 등이 말 사이에 들어가면서 말이 자주 중단된다.	1	2	3	4	5

	거의 불일치	대체로 불일치	반 정도 일치	대체로 일치	거의 일치
32. 누구에게 하고 싶은 말이 있을 경우, 이야기가 시작되면 바로 그 말을 한다.	1	2	3	4	5
33. 불쾌하게 대하는 이성에게 불쾌감을 표현할 경우, 단호하게 말한다.	1	2	3	4	5
34. 사정에 의해 거절해야 할 경우, 상대방의 말을 관심 있게 듣지 않는다.	1	2	3	4	5
35. 모르는 것을 어떤 사람에게 질문할 경우, 자연스러운 억양으로 말한다.	1	2	3	4	5
36. 흉을 보는 사람에게 이유를 물어보려고 할 때, 가슴이 두근거린다.	1	2	3	4	5
37. 관심을 보이는 이성의 사진 찍자는 부탁을 거절하려고 할 때, 불안해진다.	1	2	3	4	5
38. 개인적인 고민을 잘 아는 어른에게 말씀 드리려 할 때, 얼굴이 붉어진다.	1	2	3	4	5
39. 잘 알고 지내던 사람이 나를 멀리하기에 섭섭하다고 말하려고 할 때, 가슴이 북받친다.	1	2	3	4	5
40. 사귀고 싶은 이성에게 말을 하려고 할 때, 가슴이 두근거린다.	1	2	3	4	5
41. 조금이라도 나의 잘못이 있다면, 구입한 물건을 교환하려고 해서는 안 된다고 생각한다.	1	2	3	4	5
42. 주위에서 시끄럽게 떠드는 사람에게 조용히 해달라는 말을 함으로써 상대방을 미안하게 해서는 안 된다고 생각한다.	1	2	3	4	5
43. 칭찬해 주는 사람에게 나의 자랑을 함으로써 그로부터 겸손하지 못하다는 말을 들어서는 안 된다고 생각한다.	1	2	3	4	5
44. 빌려 간 돈을 갚아 달라고 말함으로써 그 사람과 아주 멀어지게 되어서는 안 된다고 생각한다.	1	2	3	4	5
45. 새치기를 허락하지 않음으로써 상대와 실랑이할 필요는 없다고 생각한다.	1	2	3	4	5
46. 누가 집에 놀러 오려고 하면 싫어도 오라고 한다.	1	2	3	4	5
47. 서로 사귀고 싶은 사람이 있으면 자신이 먼저 사귀고 싶다고 말한다.	1	2	3	4	5

	거의 불일치	대체로 불일치	반 정도 일치	대체로 일치	거의 일치
48. 필요한 것이 있으면 주위 사람에게 빌려 달라고 한다.	1	2	3	4	5
49. 누가 돈을 빌려 달라고 하면 싫어도 빌려 준다.	1	2	3	4	5
50. 여러 사람이 토의할 때에 자신의 의견이 있으면, 이를 발표한다.	1	2	3	4	5
51. 잘 아는 사람에게 좋은 일이 있어 축하해 주려고 할 때, 어딘가 어색해진다.	1	2	3	4	5
52. 무시하는 듯한 말을 하는 사람에게 어떤 말을 하려고 할 때, 가슴이 답답해진다.	1	2	3	4	5
53. 아끼던 책을 빌려 달라는 사람의 요구를 거절하려고 할 때, 불안하여 말이 떨린다.	1	2	3	4	5
54. 부모님께 용돈을 더 달라는 말을 하려고 할 때, 긴장이 된다.	1	2	3	4	5
55. 담배연기 때문에 견디기가 힘들다는 말을 하려고 할 때, 긴장이 되어 말을 잘 못한다.	1	2	3	4	5
56. 시내에 같이 가자는 사람의 부탁을 거절함으로써 그 사람도 나중에 나의 부탁을 거절하게 해서는 안 된다고 생각한다.	1	2	3	4	5
57. 내가 가고 싶다고 바쁜 사람에게 같이 가자고 해서는 안 된다고 생각한다.	1	2	3	4	5
58. 이성이 나에게 보이는 관심에 대해 싫다는 이유만으로 불쾌한 반응을 보여 그의 마음에 상처를 주어서는 안 된다고 생각한다.	1	2	3	4	5
59. 바쁘다고 어른의 심부름을 하지 않음으로써 그의 마음을 섭섭하게 해서는 안 된다고 생각한다.	1	2	3	4	5
60. 질문을 하려면 질문다운 질문을 해야 한다고 생각한다.	1	2	3	4	5
61. 누가 자신의 흉을 보면 그 이유를 물어본다.	1	2	3	4	5
62. 나는 싫으나 관심을 보이는 이성이 같이 사진을 찍자고 하면 거절한다.	1	2	3	4	5
63. 개인적인 고민이 있으면 도와줄 만한 사람에게 그 고민을 말한다.	1	2	3	4	5
64. 잘 알고 지내던 사람이 나를 멀리하면 그 사람에게 섭섭하다고 말한다.	1	2	3	4	5

	거의 불일치	대체로 불일치	반 정도 일치	대체로 일치	거의 일치
65. 사귀고 싶은 이성에게 관심을 나타내 보인다.	1	2	3	4	5
66. 구입한 물건에 잘못이 있어 교환하려고 할 때, 불안해진다.	1	2	3	4	5
67. 주위에서 시끄럽게 떠드는 사람에게 조용히 해 달라는 말을 하려고 할 때, 겁이 난다.	1	2	3	4	5
68. 칭찬을 받으면 어색하여 어찌할 바를 모른다.	1	2	3	4	5
69. 돈을 빌려 간 사람에게 돈을 갚아 달라는 말을 하려고 할 때, 불안해진다.	1	2	3	4	5
70. 새치기를 하려는 사람에게 비켜 주지 못하겠다는 말을 하려고 할 때, 두려움을 느낀다.	1	2	3	4	5
71. 어떤 사람의 방문을 거절할 경우, 그 이유를 간단히 설명한다.	1	2	3	4	5
72. 서로 사귀고 싶을 경우, 그 말을 하기 전에 상대가 가질 수 있는 느낌을 내가 먼저 말해 준다(예: 이런 말을 들으면 놀라겠지만~)	1	2	3	4	5
73. 어른에게 부탁을 드릴 경우, 그분과 자주 눈을 마주치면서 말한다.	1	2	3	4	5
74. 아는 사람의 돈 빌려 달라는 요구를 거절할 경우, 몸 전체에 힘을 주면서 말한다.	1	2	3	4	5
75. 여러 사람이 토의하는 장소에서 나의 의견을 발표할 경우, 그것이 진리인 것처럼 말하지 않고 다만 나의 의견임을 강조하여 말한다.	1	2	3	4	5
76. 누구에게 축하해 주고 싶을 경우, 언제든지 바로 축하해 준다.	1	2	3	4	5
77. 누가 자신을 무시하는 듯한 말을 하면 섭섭한 마음을 그 사람에게 이야기한다.	1	2	3	4	5
78. 아끼던 책이라서 빌려 주기 싫어도 아는 사람이 빌려 달라고 하면 빌려 준다.	1	2	3	4	5
79. 용돈이 더 필요하면 부모님께 사정을 말하고 용돈을 더 달라고 한다.	1	2	3	4	5
80. 주위 사람의 흡연으로 견디기 어려우면 그 점에 대해 그 사람에게 말한다.	1	2	3	4	5

	거의 불일치	대체로 불일치	반 정도 일치	대체로 일치	거의 일치
81. 시내에 같이 가자는 사람의 요구를 거절하려고 할 때, 어색함을 느낀다.	1	2	3	4	5
82. 잘 아는 사이지만 싫어할 것 같은 사람에게 같이 놀러 가자는 부탁을 할 경우, 불안해진다.	1	2	3	4	5
83. 이성이 치근덕거려 싫다고 말하려 할 때, 불안하여 말이 떨린다.	1	2	3	4	5
84. 어른의 심부름을 할 수 없다고 말하려 할 때, 긴장이 된다.	1	2	3	4	5
85. 모르는 내용이 있어 질문하려고 할 때, 불안해진다.	1	2	3	4	5
86. 나의 흉을 보는 사람에게 따짐으로써 주위 사람으로부터 좋지 않은 인상을 받아서는 안 된다고 생각한다.	1	2	3	4	5
87. 관심을 보이는 이성의 사진 찍자는 부탁을 거절함으로써 그에게 미움을 사서는 안 된다고 생각한다.	1	2	3	4	5
88. 아는 사람에게 개인적인 고민을 말하려고 할 때, 자신이 못난 사람이라는 생각이 든다.	1	2	3	4	5
89. 나를 멀리 하는 사람에게 잘 지내자고 말함으로써, 나의 자존심을 잃을 수는 없다고 생각한다.	1	2	3	4	5
90. 사귀고 싶은 이성에게 내 마음을 보였다가 상대가 나를 무시하는 듯한 반응을 보인다면, 이는 너무나 끔찍한 일이라고 생각한다.	1	2	3	4	5
91. 구입한 물건이 마음에 들지 않으면, 바로 가서 교환해 달라고 말한다.	1	2	3	4	5
92. 주위를 시끄럽게 하는 사람이 있으면, 조용히 해 달라고 말한다.	1	2	3	4	5
93. 칭찬을 받으면, 진지하게 고맙다고 말한다.	1	2	3	4	5
94. 돈을 빌려 간 사람이 약속한 날짜를 넘기면, 돈을 갚아 달라고 말한다.	1	2	3	4	5
95. 새치기를 하려는 사람이 있으면, 비켜 주고 싶지 않다고 말한다.	1	2	3	4	5
96. 집에 놀러 오려는 사람의 요청을 거절한다면, 이는 사람의 도리가 아니라고 생각한다.	1	2	3	4	5

	거의 불일치	대체로 불일치	반 정도 일치	대체로 일치	거의 일치
97. 어떤 사람에게 사귀고 싶다는 말을 했다가 거절당하면, 이는 내가 못난 때문이라고 생각한다.	1	2	3	4	5
98. 주위 사람에게 도움을 청함으로써 무능하다는 말을 들어서는 안 된다고 생각한다.	1	2	3	4	5
99. 나를 믿고 돈을 빌려 달라고 하는 사람에게 박절하게 거절함으로써 그 사람과의 사이가 나빠져서는 안 된다고 생각한다.	1	2	3	4	5
100. 여러 사람이 모인 자리에서 나의 의견을 발표하려면, 거의 완벽할 정도로 준비가 되어 있어야 한다고 생각한다.	1	2	3	4	5

찾아보기

인 명

내 용

| 김성회(金晟會) dkshoi@hanmail.net |

경북대학교 사범대학 교육학과 학사 · 석사

계명대학교 대학원 교육학과 박사(상담심리 전공)

한국상담학회 집단상담학회장 역임

한국카운슬러협회장

한국상담학회 부회장

한국상담학회 대구경북상담학회장

한국상담학회 수련감독 전문상담사(집단상담, 학교상담)

한국상담심리학회 상담심리사 1급

경북대학교 교육학과 교수

[저서 및 역서]

집단상담(공저, 중앙적성출판사, 2002)

상담이론(공저, 교육과학사, 1992)

대학생활 오리엔테이션(공역, 형설출판사, 1988)

자율적 자녀 육성을 위한 부모교육(공역, 형설출판사, 1987)

학교에서의 자율적 인간육성의 원리(공역, 형설출판사, 1986)

상담의 이론적 접근(공저, 형설출판사, 1984)

| 본 저서는 2005학년도 경북대학교 저술 장려 연구비에 의하여 저술되었음.

자기계발을 위한
주장훈련의 이론과 실제

2007년 1월 25일 1판 1쇄 발행
2012년 11월 15일 1판 3쇄 발행

지은이 • 김성회
펴낸이 • 김진환
펴낸곳 • (주) 학지사
121-837 서울특별시 마포구 서교동 352-29 마인드월드빌딩 5층
대표전화 • 02)330-5114 팩스 • 02)324-2345
등록번호 • 제313-2006-000265호

홈페이지 • http://www.hakjisa.co.kr
커뮤니티 • http://cafe.naver.com/hakjisa

ISBN 978-89-6330-167-9 93370

정가 18,000원